Arbeitszeitkonten in der (Alters-)Vorsorge

HAFTUNGS- UND VERSICHERUNGSRECHT

Rechtliche Probleme der vertraglichen
und außervertraglichen Haftung
sowie des Versicherungsrechts

Herausgegeben von
Erwin Deutsch, Hans-Peter Schwintowski
und Jochen Taupitz

Band 9

PETER LANG
Frankfurt am Main · Berlin · Bern · Bruxelles · New York · Oxford · Wien

Susann Rochlitz

Arbeitszeitkonten in der (Alters-)Vorsorge

Rechtliche Perspektiven nach der Flexi II-Reform

PETER LANG
Internationaler Verlag der Wissenschaften

Bibliografische Information der Deutschen Nationalbibliothek
Die Deutsche Nationalbibliothek verzeichnet diese Publikation in der Deutschen Nationalbibliografie; detaillierte bibliografische Daten sind im Internet über http://dnb.d-nb.de abrufbar.

Zugl.: Berlin, Humboldt- Univ., Diss., 2010

Gedruckt auf alterungsbeständigem,
säurefreiem Papier.

11
ISSN 0945-3628
ISBN 978-3-631-61971-1

www.peterlang.de

Vorwort

Die vorliegende Arbeit wurde im Mai 2010 von der juristischen Fakultät der Humboldt- Universität zu Berlin als Dissertation angenommen. Die Arbeit befindet sich in leicht überarbeiteter und aktualisierter Fassung auf dem Stand von Januar 2011.

An dieser Stelle möchte ich mich bei all denjenigen bedanken, die mich während der Promotionszeit unterstützt und begleitet haben. Mein besonderer Dank gilt meinem Doktorvater Herrn Prof. Dr. Hans-Peter Schwintowski, der mir bei der Wahl des Themas geholfen und den Fortgang der Arbeit durch Anregungen und intensive Gespräche gefördert hat.

Bei Herrn Prof. Dr. Christoph G. Paulus LL.M. möchte ich mich für die Anfertigung des Zweitgutachtens sowie bei Frau Prof. Dr. Susanne Baer für die Leitung der Disputation und weitere anregende Hinweise bedanken.

Dankbar bin ich darüber hinaus allen Kollegen und Freunden am Lehrstuhl von Prof. Dr. Schwintowski, die einen ganz besonderen Anteil an dem Gelingen der Arbeit tragen. Ein ganz herzlicher Dank gebührt den ehemaligen Mitarbeitern des nestor-Forschungsinstitutes, insbesondere Frau Dr. Julia Wernicke und Herrn Alexander Sajkow für die vielen anregenden Diskussionen.

Bedanken möchte ich mich ferner bei Herrn Dr. Thomas Frank für wertvolle Fachinformationen und Hinweise.

Für die fortwährende Unterstützung und die Zuversicht danke ich meiner Familie und meinen Freunden, ohne die diese Arbeit niemals möglich gewesen wäre.

Berlin, März 2011 *Susann Rochlitz*

Inhaltsverzeichnis

Abkürzungsverzeichnis

5. VermBG	5. Vermögensbildungsgesetz
a.A.	andere Ansicht
Abl.	Amtsblatt
AcP	Archiv für die civilistische Praxis (Fachzeitschrift)
AEUV	Vertrag über die Arbeitsweise der Europäischen Union
AiB	Arbeitsrecht im Betrieb (Fachzeitschrift)
allg. A.	allgemeine Ansicht
AltEinkG	Alterseinkünftegesetz
AltTzG	Altersteilzeitgesetz
AlV	Arbeitslosenversicherung
ArbnErfG	Arbeitnehmererfindungsgesetz
ArbR	Arbeitsrecht
ArbZG	Arbeitszeitgesetz
AT	Allgemeiner Teil
AuA	Arbeit und Arbeitsrecht (Fachzeitschrift)
AuR	Arbeit und Recht (Fachzeitschrift)
AVmG	Altersvermögensgesetz
AWbG	Gesetz zur Freistellung von Arbeitnehmern zum Zweck der beruflichen und politischen Weiterbildung (Arbeitnehmerweiterbildungsgesetz)
AZO	Arbeitszeitordnung
BAG	Bundesarbeitsgericht
bAV	Betriebliche Altersversorgung
BB	Betriebsberater (Fachzeitschrift)
BBiG	Berufsbildungsgesetz
BeckOK	Beck´scher Onlinekommentar
BEEG	Gesetz zum Erziehungsgeld und zur Elternzeit (Bundeselterngeld- und Elternzeitgesetz)
Beil.	Beilage
BErzGG	Bundeserziehungsgeldgesetz
BetrAV	Betriebliche Altersversorgung (Fachzeitschrift)
BetrAVG	Gesetz zur Verbesserung der betrieblichen Altersversorgung
BetrVG	Betriebsverfassungsgesetz
BFH	Bundesfinanzhof
BGB	Bürgerliches Gesetzbuch
BGBl.	Bundesgesetzblatt

BGH	Bundesgerichtshof
BMF	Bundesministerium für Finanzen
BSG	Bundessozialgericht
BStBl.	Bundessteuerblatt
BR-Drucks.	Bundesratsdrucksache
BT-Drucks.	Bundestagsdrucksache
BUrlG	Bundesurlaubsgesetz
BVerfG	Bundesverfassungsgericht
BVerwG	Bundesverwaltungsgericht
BVV	Beitragsverfahrensordnung
DB	Der Betrieb (Fachzeitschrift)
Def.	Definition
Destatis	Statistisches Bundesamt Deutschland
DEÜV	Datenerfassungs- und -übermittlungsverordnung
DIW	Deutsches Institut für Wirtschaftsforschung
DRV	Deutsche Rentenversicherung Bund
DSWR	Datenverarbeitung Steuer Wirtschaft Recht (Fachzeitschrift)
DVBl.	Deutsches Verwaltungsblatt (Fachzeitschrift)
E	Entscheidung
EG	Europäische Gemeinschaft
EGV	EG-Vertrag
EigRentG	Eigenheimrentengesetz
Einl.	Einleitung
EMRK	Europäische Menschenrechtskonvention
ErfK	Erfurter Kommentar zum Arbeitsrecht
ESC	Europäische Sozialcharta
EU	Europäische Union
EuGH	Europäischer Gerichtshof
EU-GRCharta	Charta der Grundrechte der Europäischen Union
EUR	Euro (Währung)
FB	Finanz Betrieb (Fachzeitschrift)
Flexi II	Gesetz zur Verbesserung der Rahmenbedingungen für die Absicherung flexibler Arbeitszeitregelungen v. 21.12.2008
Flexi-Gesetz	Gesetz zur sozialrechtlichen Absicherung flexibler Arbeitszeitregelungen v. 6.4.1998
FN	Fußnote
FS	Festschrift

GDV	Gesamtverband der Deutschen Versicherungswirtschaft
GG	Grundgesetz für die Bundesrepublik Deutschland
gRV	gesetzliche Rentenversicherung
GSiG	Gesetz über eine bedarfsorientierte Grundsicherung im Alter und bei Erwerbsminderung
h.L.	herrschende Lehre
h.M.	herrschende Meinung
HdbStR	Handbuch des Staatsrechts der Bundesrepublik Deutschland
HeimarbeitsG	Heimarbeitsgesetz
HS	Halbsatz
i.d.F.	in der Fassung
i.H.	in Höhe
i.S.d.	im Sinne des
i.S.v.	im Sinne von
i.Ü.	im Übrigen
IAB	Institut für Arbeitsmarkt- und Berufsforschung
ILO	International Labour Organisation (im deutschen: Internationale Arbeitsorganisation – IAO)
JArbSchG	Jugendarbeitsschutzgesetz
Jura	Juristische Ausbildung (Fachzeitschrift)
JurisPK	Juris Praxiskommentar
JuS	Juristische Schulung (Fachzeitschrift)
JZ	Juristenzeitung (Fachzeitschrift)
KSchG	Kündigungsschutzgesetz
KV	Krankenversicherung
Lit.	Literatur
LPK	Lehr- und Praxiskommentar
LSchlG	Ladenschlussgesetz
m.N.	mit Nachweisen
mglw.	möglicherweise
m.w.N.	mit weiteren Nachweisen
MitbestG	Mitbestimmungsgesetz
MPIDR	Max-Planck-Institut für demografische Forschung
MüHdb	Münchner Handbuch
MüKo	Münchner Kommentar
MuSchG	Mutterschutzgesetz

NachwG	Nachweisgesetz
NJW	Neue Juristische Wochenschrift (Fachzeitschrift)
NVwZ	Neue Zeitschrift für Verwaltungsrecht (Fachzeitschrift)
NZA	Neue Zeitschrift für Arbeitsrecht (Fachzeitschrift)
obj.	objektiv
PflegeZG	Pflegezeitgesetz
PSVaG	Pensions-Sicherungs-Verein Versicherungsverein auf Gegenseitigkeit
PV	Pflegeversicherung
PWC	PricewaterhouseCoopers
RdA	Recht der Arbeit (Fachzeitschrift)
RL	Richtlinie
Rspr.	Rechtsprechung
RV	Rentenversicherung
RVO	Reichsversicherungsordnung
SGB III	Sozialgesetzbuch Drittes Buch – Arbeitsförderung
SGB IV	Sozialgesetzbuch Viertes Buch – Gemeinsame Vorschriften für die Sozialversicherung
SGB V	Sozialgesetzbuch Fünftes Buch – Gesetzliche Krankenversicherung
SGB VI	Sozialgesetzbuch Sechstes Buch – Gesetzliche Rentenversicherung
SGB VII	Sozialgesetzbuch Siebtes Buch – Gesetzliche Unfallversicherung
SGB XI	Sozialgesetzbuch Elftes Buch – Soziale Pflegeversicherung
SGB XII	Sozialgesetzbuch Zwölftes Buch – Sozialhilfe
Slg.	Sammlung
st. Rspr.	ständige Rechtsprechung
subj.	subjektiv
SV	Sozialversicherung
TzBfG	Teilzeit- und Befristungsgesetz
UV	Unfallversicherung
VersR	Versicherungsrecht (Fachzeitschrift)
VN	Versicherungsnehmer
VO	Verordnung
Vorbem.	Vorbemerkung

VSSR	Vierteljahresschrift für Sozialrecht
VuR	Verbraucher und Recht (Fachzeitschrift)
VW	Versicherungswirtschaft (Fachzeitschrift)
WSI	Wirtschafts- und Sozialwissenschaftliches Institut der Hans-Böckler-Stiftung
ZfA	Zeitschrift für Arbeitsrecht (Fachzeitschrift)
ZG	Zeitschrift für Gesetzgebung (Fachzeitschrift)

Einleitung

Flexibilität ermöglicht, dem Druck ständig wachsender Anforderungen und sich permanent verändernder Märkte leichter standzuhalten. Dessen wurden sich nicht wenige Unternehmen erst kürzlich (neuerlich) bewusst, als sie in der Folge der Wirtschaftskrise der Jahre 2008 bis 2010 aufgrund von Auslastungsdefiziten in wirtschaftliche Schwierigkeiten gerieten. Starre Personalkostenregelungen verursachten außerplanmäßige finanzielle Belastungen. Grund dafür war, dass Arbeitnehmer nicht in dem Umfang, wie in Boom-Zeiten, gewinnbringend beschäftigt, im Gegenzug Arbeitsentgelte jedoch nicht in dem nötigen Umfang an die neue Beschäftigungssituation angepasst werden konnten. In der Folge kam es vermehrt zu Entlassungen und Unternehmensinsolvenzen.[1]

Einmal mehr bewährten sich in dieser Zeit gleichwohl vorausschauende Planung und flexibles Handeln, die viele Unternehmen und Arbeitnehmer durch die Rezession brachten, ohne substanzielle Verluste zu erleiden. Zumindest konnte im internationalen Vergleich der deutsche Arbeitsmarkt der Wirtschaftskrise mittels zunehmender Nutzung flexibler Personalmaßnahmen lange Zeit trotzen.[2] Zurückgegriffen wurde vor allem auf die staatlich geförderte Kurzarbeit.[3] Darüber hinaus wurden angesammelte Überstunden und Wertguthaben auf Arbeitszeitkonten abgebaut - letztere sogar ‚ins minus' aufgebaut.[4]

Arbeitszeitkonten sind flexible Personalplanungsinstrumente. Sie entkoppeln Arbeitszeit und Arbeitslohn. Mit ihrer Hilfe kann Arbeitszeit innerhalb des gesetzlichen Rahmens flexibel an die Bedürfnisse des Unternehmens angepasst und so die Wirtschaftlichkeit optimiert werden. Diese Art der Flexibilität ist für Arbeitnehmer zwar nicht unbedingt bequem. Dafür kann sie auf lange Sicht Arbeitsplätze - sogar ganze Unternehmen - retten. Macht man sich bewusst, dass Entlassungen vermieden werden können - und das nicht nur in Krisenzeiten - zeigt sich ein nicht zu unterschätzender Vorteil gegenüber starren Personalkostenregelungen.

Bereits Entwicklungen vor der Krise bewirkten, dass das Thema Arbeitszeitkonten fortwährend en vogue ist. Hierzu gehören vor allem die anhaltenden

1 Zu der Entwicklung der Erwerbsquoten sowie der Anzahl der Insolvenzverfahren, Destatis, Eckzahlen Arbeitsmarkt und Destatis, Insolvenzverfahren, insbes. S. 6.

2 Vgl. zu dem aktuellen Stand bei Fertigstellung der Arbeit im Mai 2010: Brönstrup, Der Tagesspiegel v. 6.1.2010, S. 16 und Lange, Die Welt v. 6.1.2010, S. 15.

3 Vgl. Bach/Spitznagel, IAB-Kurzbericht 17/2009, 1 ff.; Cohnen/Röger, BB 2009, 46 ff.; Heckmann/Kettner/Pausch/Szameitat/Vogler-Ludwig, IAB-Kurzbericht 18/2009, 1 (6); IAB Presseinformation v. 4.6.2009; Seitz/Reiche, BB 2009, 1862 ff.

4 Vgl. IAB Presseinformation v. 4.6.2009; IAB Presseinformation v. 10.6.2009 sowie IAB Presseinformation v. 2.2.2010; Brönstrup, Der Tagesspiegel v. 6.1.2010, S. 16.

demografischen Entwicklungen, die eine Überalterung der Bevölkerung prognostizieren. Arbeitszeitkonten (als Wertguthabenvereinbarungen) ermöglichen, sich auch darauf flexibel einzustellen. Zum einen können ‚Lebensarbeitszeitkonten' für eine (Teil-)Freistellung vor dem Ruhestand genutzt werden und damit dem auf das 67. Lebensjahr angehobenen Eintrittsalter in der gesetzlichen Rentenversicherung begegnen. Zum anderen kann vereinbart werden, Wertguthaben in eine betriebliche Altersvorsorge umzuwandeln und auf diese Art die individuelle zusätzliche Altersvorsorge zu stärken. Wurde die zugrundeliegende Wertguthabenvereinbarung bis einschließlich 13. November 2008 geschlossen, erfolgt die Umwandlung überdies vollständig sozialversicherungsfrei.[5] Auch der drohende Fachkräftemangel aufgrund des anhaltenden Geburtendefizites ist Gegenstand von Publikationen im Zusammenhang mit Arbeitszeitkonten.[6] So ist es möglich, Aus- und Weiterbildungen ohne zusätzliche finanzielle Belastungen für das Unternehmen zu fördern, soweit Wertguthaben für Freistellungen zu Bildungszwecken eingesetzt werden.

Nach dem vorstehend Dargestellten erscheint die Nutzung von Arbeitszeitkonten in vielfacher Hinsicht vorteilhaft. Ein zentrales Anliegen dieser Arbeit wird es daher sein, herauszufinden, ob die Flexibilität und die Möglichkeiten der Nutzung von Arbeitszeitkonten ihre andauernde Beliebtheit in dem wissenschaftlichen Diskurs tatsächlich rechtfertigen. Denn in der Unternehmenspraxis sind Arbeitszeitkonten bisher fast ausschließlich in Großunternehmen anzutreffen.[7] Das sollte sich in Zukunft ändern, soweit Arbeitszeitkonten gegenüber starren Personalregelungen vorzugswürdig sind. Dem Anliegen widmet sich das

---

5 Für Vereinbarungen nach dem 13.11.2008 ist die Umwandlung vollständig sozialversicherungspflichtig.

6 Zum Geburtenrückgang, Destatis, Geburtenziffer. Durch die Wirtschaftskrise und ihre anhaltenden Folgen fehlt jedoch derzeit noch vielen Unternehmen das nötige finanzielle Puffer, ihre Arbeitnehmer entsprechend aus- und weiterzubilden, vgl. Solga, WSI-Mitteilungen 2009, 406 ff.; dagegen gerade zur Nutzung von Qualifizierungen in der Krise, Jentgens, AiB 2009, 559 ff.

7 Arbeitszeitkonten (alle Modelle) sind in 41 % der Unternehmen mit 10.000 bis zu 100.000 Mitarbeitern angesiedelt, mit 5.000 bis zu 10.000 44 %; 1.000 bis zu 5.000 Mitarbeitern nur noch 24 % und unter 1.000 lediglich 23 %, vgl. Rauser Towers Perrin, Umfrage 2007, S. 5. Ähnlich PWC, Umfrage 2006, S. 8: Zeitwertkonten in Unternehmen mit über 5.000 Mitarbeiter mit 29 %, 500 bis 5.000 mit 31 % und unter 500 Mitarbeiter lediglich 12 %. Vgl. auch JPMorgan, Ergebnisse Studie 2008, S. 3 befragte lediglich Unternehmen mit mehr als 3.500 Mitarbeitern.

Zum statistischen Vergleich: Die bAV ist ebenfalls vorrangig in großen Unternehmen verbreitet, fasst aber auch zunehmend in kleineren Unternehmen Fuß: vgl. Alterssicherungsbericht 2008, S. 128: 35 % der Betriebe mit weniger als 5 Arbeitnehmern, mit 50 bis 99 Beschäftigten bei 45 %, mit mehr als 1.000 Beschäftigten bei 86 %.

Kapitel **„Ökonomische Analyse der Einführung von Arbeitszeitkonten im Unternehmen“**. Mit Hilfe ökonomischer Grundüberlegungen wird der Frage nachgegangen, ob Arbeitgeber Arbeitszeitkonten einführen und Arbeitnehmer sie in Anspruch nehmen würden, wenn sie über alle erforderlichen Informationen verfügten.

Vorzüge flexibler Arbeitszeitregelungen ergeben sich für Arbeitnehmer vor allem bei Verwendung von Wertguthabenvereinbarungen nach § 7b SGB IV. Wertguthabenvereinbarungen bieten die Möglichkeit, Freistellungen für verschiedene Zwecke in Anspruch zu nehmen. Hervorzuheben seien dabei Freistellungen für die Betreuung von Kindern oder für die Pflege Angehöriger, aber auch ein vorgezogener Ruhestand kann überragende Bedeutung im Einzelfall erlangen. Solche Verwendungszwecke erleichtern die Vereinbarkeit von Beruf und Familie bzw. Lebensplanung. Eine denkbare Forderung ist jene nach einer einfachen Geltendmachung der Vorzüge von Wertguthabenvereinbarungen durch den Arbeitnehmer gegenüber dem Arbeitgeber. Denn es wäre durchaus konsequent, die Verbreitung günstiger und vorteilhafter Systeme gegenüber nachteiligen - zu fördern - zumindest so lange, bis sie in der Unternehmenspraxis in hinreichendem Maße Fuß gefasst haben. Dem könnte vor allem ein Anspruch der Arbeitnehmer gegenüber dem Arbeitgeber auf Wertguthabenvereinbarungen dienen. Ob sich ein Arbeitnehmeranspruch bereits aus bestehendem Recht ergibt bzw. zu schaffen ist, wird in einem weiteren Kapitel **„Der Anspruch der Arbeitnehmer auf Wertguthabenvereinbarungen gem. § 7b SGB IV“** zu klären sein.

Das Jahr 2008 brachte nicht nur die Wirtschaftskrise, es brachte zudem tiefgreifende Änderungen in den gesetzlichen Rahmenbedingungen der Arbeitszeitkonten. Die sozialversicherungsrechtlichen Regelungen, vor allem die Sicherung der Wertguthaben in der Insolvenz sowie der Schutz des Vermögensaufbaus, wurden grundlegend mit dem Gesetz zur Verbesserung der Rahmenbedingungen für die Absicherung flexibler Arbeitszeitregelungen und zur Änderung anderer Gesetze vom 21. Dezember 2008 reformiert.[8] Mit der ‚Flexi II' - genannten Reform sollte die Wertguthabenbildung vor allem für Arbeitnehmer reizvoller werden, auch, um ihrer gesteigerten Bedeutung für einen vorgezogenen Ruhestand nach Wegfall der staatlich geförderten Altersteilzeit gerecht zu werden.[9] Mit der Reform wurde zeitgleich beschlossen, die sozialversicherungsfreie Umwandlung von Wertguthaben in eine bAV für Vereinbarungen nach dem 13. November 2008 nicht mehr zuzulassen. Diese Änderung wurde kurz vor Abschluss des Gesetzesvorhabens eingebracht und beendete die sozialversiche-

8 BGBl. I 2008, S. 2940 ff.; dazu Glück, Versicherungsjournal v. 4.2.2009.

9 Vgl. nur Steinau-Steinrück/Rosing, NJW-Spezial 2009, 146.

rungsrechtliche Besserstellung gegenüber der originären Entgeltumwandlung. Ob dieser Einschnitt wohl überlegt war, kann zumindest in seiner Reichweite bezweifelt werden. Das abschließende Kapitel **„Verfassungsrechtliche Bedenken an der beitragspflichtigen Umwandlung von Wertguthaben in eine bAV“** widmet sich dieser Problematik und untersucht, ob und aus welchen Gründen die Abschaffung der sozialversicherungsfreien Umwandlungsmöglichkeit möglicherweise verfassungs-, oder europarechtswidrig, bzw. aus rechts- und sozialpolitischen Motiven eine alternative Regelung anzuregen ist.

Ein den zentralen Themen vorgelagertes Kapitel **„Rechtliche Rahmenbedingungen für Arbeitszeitkonten“** soll zu einem besseren Verständnis einen kurzen Überblick über die aktuellen gesetzlichen Regelungen über Arbeitszeitkonten sowie die gebräuchlichen Arbeitszeitkontenmodelle geben. Zum Abschluss werden die wesentlichen Ergebnisse der Arbeit zusammengefasst.

Erstes Kapitel – Rechtliche Rahmenbedingungen für Arbeitszeitkonten

Arbeitszeitkonten ermöglichen eine interne Flexibilisierung des Personals hinsichtlich der Arbeitszeit.[10] Flexibel ist Arbeitszeit, wenn die zeitliche Lage und/oder die Zeitdauer ständig veränderbar ist, ohne, dass es einer Änderung des Arbeitsvertrages oder der sonstigen, die Arbeitszeit bestimmenden, Regelungen bedarf.[11] Ziel der Arbeitszeitflexibilisierung ist die bessere Abstimmung des Arbeitskräfteeinsatzes mit den Kapazitäten des Unternehmens. Auch Wirtschaftlichkeit und Konkurrenzfähigkeit des Unternehmens spielen bei der Entscheidung für Flexibilisierung eine entscheidende Rolle.[12]

Erstmals wurden Arbeitszeitkonten mit dem Gesetz zur sozialrechtlichen Absicherung flexibler Arbeitszeitregelungen vom 6. April 1998[13] sozialversicherungsrechtlich durch Sonderregelungen erfasst.[14] Im Jahr 2008 wurden die gesetzlichen Rahmenbedingungen, insbesondere die Voraussetzungen der sozialversicherungs- und steuerrechtlichen Anerkennung sowie die Absicherung von Wertguthaben auf Arbeitszeitkonten in der Insolvenz des Unternehmens, mit dem Gesetz zur Verbesserung der Rahmenbedingungen für die Absicherung flexibler Arbeitszeitregelungen und zur Änderung anderer Gesetze vom 21. Dezember 2008 umfassend reformiert.[15]

Die wichtigsten Regelungen über Arbeitszeitkonten werden nach einer kurzen Begriffsklärung unter (I.) in Abschnitt (II.) vorgestellt. Im Anschluss folgt eine Übersicht über die klassischen Arbeitszeitkontenmodelle (III.).

---

10 Im bestehenden Arbeitsverhältnis - im Gegensatz zu externer Flexibilisierung, bspw. durch Kündigung, Änderungskündigung oder Leiharbeit, vgl. Reinecke, BB-Beil. 2008, 21; Buschmann/Ulber, ArbZG § 3, RN 18. Flexible Maßnahmen bei ansonsten starren Regelungen wären vor allem Änderungen und Anpassungen von Arbeitsverträgen bspw. durch Reduzierung der Wochenarbeitszeit, vgl. Unternehmensbefragung im 2. Quartal 2009, vgl. Heckmann/Kettner/Pausch/Szameitat/Vogler-Ludwig, IAB-Kurzbericht 18/2009, 1 ff. oder Entgeltflexibilisierung, dazu Otto/Walk, BB 2010, 373 ff.

11 Der Ausdruck ‚flexibel' wurde im Rahmen des ArbZG zum Gesetzesbegriff erklärt, aber nicht definiert. Hier wurde eine Definition nach Schliemann/Meyer, S. 15 f. (RN 37) verwendet. Diese nutzt auch Buschmann/Ulber, ArbZG § 1, RN 8.

12 In dem Sinne auch Prütting, in Grupp/Weth, S. 11.

13 Genannt Flexi-Gesetz, BGBl. I 1998, S. 688 ff.

14 Weitere Regelungen folgten durch das Gesetz zur Einführung des Euro im Sozial- und Arbeitsrecht sowie zur Änderung anderer Vorschriften v. 21.12.2000, BGBl. I 2000, S. 1983 ff. und durch das Gesetz zur Änderung des Sozialgesetzbuches und anderer Gesetze vom 24.7.2003, BGBl. I 2003, S. 1526 ff.

15 Genannt Flexi II, BGBl. I 2008, S. 2940 ff.

I. Terminologie

Mit der Flexi II - Reform erfolgte im Rahmen des neu geschaffenen § 7b SGB IV aufgrund der Nr. 2 der Regelung eine strikte Trennung zwischen Vereinbarungen über einen Wertguthabenaufbau und sonstigen Wertkonten.[16] Da es aufgrund der vor der Reform nicht notwendigen Trennung von Begrifflichkeiten nunmehr zu Ungenauigkeiten und Widersprüchen kommen kann, sollen hier zur Klarstellung die in dieser Arbeit verwendeten Begriffe erklärt werden.[17]

Arbeitszeitkonten[18] sollen die Gesamtheit aller Vereinbarungen heißen – jene, die unter § 7b SGB IV fallen, sowie alle sonstigen.

Sonstige Wertkonten werden alle Konten genannt, die aufgrund von § 7b Nr. 2 SGB IV von den Regelungen über Wertguthabenvereinbarungen nicht umfasst sind.

Wertguthaben(vereinbarungen) bezeichnen Vereinbarungen i.S.d. § 7b SGB IV, also alle Arten der Langzeit- und Lebensarbeitszeitkonten.

Kurzzeitkonten gehören zu den sonstigen Wertkonten, die nach § 7b Nr. 2 SGB IV von den Vorgaben über Wertguthaben ausgenommen sind.

Langzeitkonten gehören zu den Wertguthabenvereinbarungen nach § 7b SGB IV, Sie ermöglichen das Ansparen von Wertguthaben über einen längeren Zeitraum für Freistellungen oder für eine Verringerung der vertraglich vereinbarten Arbeitszeit i.S.d. § 7c SGB IV.

Lebensarbeitszeitkonten gehören zu den Wertguthabenvereinbarungen nach § 7b SGB IV. Als eine spezielle Form der Langzeitkonten ermöglichen sie Freistellungen oder Verringerungen der Arbeitszeit unmittelbar vor Eintritt in den gesetzlichen Ruhestand.

---

16 Vgl. Hoff, Lohn+Gehalt Spezial Feb 2009, 19 ff.; Ostrowicz, Lohn+Gehalt Spezial Feb 2009, 11 f.; Scherf/Kick, Lohn+Gehalt Spezial Juni 2009, 19 ff.; Wellisch/Lenz, DB 2008, 2762 ff.; Ulbrich/Rihn, DB 2009, 1466 sehen Probleme, soweit eine Kontenvereinbarung mehreren Zwecken dient.

17 Unterschiedliche Begriffsverwendung und Begriffsbedeutung auch in Tarifverträgen, Betriebsvereinbarungen etc., vgl. Buschmann/Ulber, ArbZG § 3, RN 18.

18 Auch Zeitwertkonten genannt. Der Begriff Arbeitszeitkonten wird in dieser Arbeit wegen seiner weiteren Verbreitung verwendet.

II. Rahmenregelungen zu Arbeitszeitkonten

Regelungen zu Arbeitszeitkonten finden sich vorrangig im SGB IV in den §§ 7, 7 b-f, 22, 23b sowie 116. Daneben gibt es Verlautbarungen der Spitzenverbände der Sozialversicherungsträger sowie Rundschreiben der Finanzverwaltung. Zu den Schreiben der Spitzenverbände gehören vor allem das Rundschreiben über die sozialrechtliche Absicherung flexibler Arbeitszeitregelungen, speziell zu den Auswirkungen des Gesetzes zur Verbesserung der Rahmenbedingungen für die Absicherung flexibler Arbeitszeitregelungen und zur Änderung anderer Gesetze auf das Versicherungs-, Beitrags- und Melderecht vom 31. März 2009.[19] Das Bundesministerium für Finanzen hat in mehreren Schreiben zu der lohnsteuerlichen Behandlung von Arbeitszeitkonten Stellung genommen, nach der Flexi II - Reform zuletzt mit Schreiben vom 17. Juni 2009.[20]

1. Vorliegen einer Wertguthabenvereinbarung

§ 7 Abs. 1a SGB IV regelt, unter welchen Bedingungen in Zeiten der Freistellung von der Arbeitsleistung von mehr als einem Monat ein Beschäftigungsverhältnis besteht.[21] Das ist der Fall, wenn während der Freistellung Arbeitsentgelt aus einem Wertguthaben nach § 7b SGB IV fällig ist und das monatlich fällige Arbeitsentgelt in der Zeit der Freistellung nicht unangemessen von dem für die vorausgegangenen zwölf Kalendermonate abweicht, in denen Arbeitsentgelt bezogen wurde.[22]

---

19 Vor der Reform das Rundschreiben der Spitzenverbände der Sozialversicherungsträger über die sozialrechtliche Absicherung flexibler Arbeitszeitregelungen, speziell zu den Auswirkungen auf das Versicherungs-, Beitrags- und Melderecht v. 29.8.2003.

20 Vgl. BMF-Schreiben v. 17.6.2009, BStBl. I 2009, S. 1286 ff. Auf die steuerliche Anerkennung in eine bAV zu überführender Wertguthaben als Entgeltumwandlung wurde bereits zuvor in einem BMF-Schreiben v. 20.1.2009 Bezug genommen, BStBl. I 2009, S. 273 ff. (RN 189). Ältere Schreiben: BMF-Schreiben v. 5.7.2002, BStBl. I 2002, S. 767; ersetzt durch das BMF-Schreiben v. 17.11.2004, BStBl. I 2004, S. 1065; ersetzt zum 1.1.2008 durch das BMF-Schreiben v. 5.2.2008, BStBl. I 2008, S. 420. Außerdem das BMF-Schreiben v. 11.11.1999, BStBl. I 1999, S. 959 zur bilanziellen Behandlung von aus dem Wertguthaben resultierenden Forderungen gegenüber dem Arbeitgeber.

21 Sog. Beschäftigungsfiktion, vgl. Uckermann, S. 282 oder einseitig ruhendes Arbeitsverhältnis, vgl. Steinau-Steinrück/Rosing, NJW-Spezial 2009, 146. Satz 2 der Regelung stellt klar, dass ein Beschäftigungsverhältnis auch mit einer Zeit der Freistellung, beginnen kann.

22 Nach dem Rundschreiben der Spitzenverbände der Sozialversicherungsträger v. 31.3.2009, S. 21 ist es angemessen, wenn das Arbeitsentgelt während der Freistellung

Wertguthabenvereinbarungen werden zwischen den Arbeitsvertragsparteien gem. § 7b Nr. 1 SGB IV schriftlich, auf tariflicher, betrieblicher oder einzelvertraglicher Grundlage geschlossen.[23] Inhalt der Vereinbarung muss nach § 7b Nr. 3 SGB IV sein, das Wertguthaben für Freistellungen im Arbeitsverhältnis oder zur Verringerung der vertraglich festgelegten Arbeitszeit zu verwenden. Dieses muss nach Nr. 4 der Regelung durch Arbeitsleistung vor oder nach der Freistellung bzw. Arbeitszeitverringerung eingebracht worden sein. Nach Nr. 5 können seit dem 1. Januar 2009 auch geringfügig Beschäftigte Wertguthabenvereinbarungen treffen.[24] Bei ihnen darf das Arbeitsentgelt während der (Teil-) Freistellung weniger als 400 EUR betragen, anderenfalls nicht.

2. Abgrenzung Wertguthabenvereinbarung – sonstige Wertkonten

Sonstige Wertkonten haben lediglich die flexible Gestaltung der werktäglichen oder wöchentlichen Arbeitszeit oder den Ausgleich betrieblicher Produktions- und Arbeitszeitzyklen zum Ziel. Dort wird nicht während einer Freistellung, wie in § 7c SGB IV verlangt, Arbeitsentgelt aus dem Wertguthaben ausgezahlt, sondern es erfolgen lediglich Verrechnungen der täglichen Schwankungen auf dem Zeitkonto selbst. Sonstige Wertkonten sind von den Voraussetzungen des Gesetzes in einer Negativabgrenzung nach § 7b Nr. 2 SGB IV ausgenommen.[25] Das bedeutet einerseits, dass solche Vereinbarungen keinen besonderen Aufzeichnungspflichten oder Anlagevorschriften i.S.d. SGB IV unterliegen.[26] Anderer-

---

70 % des monatlich fälligen Arbeitsentgelts der vorausgegangenen zwölf Kalendermonate nicht unter- und 130 % nicht überschreitet.

23 So die Gesetzesbegründung, BT-Drucks. 16/10289, S. 14 f.; Rundschreiben der Spitzenverbände der Sozialversicherungsträger v. 31.3.2009, S. 19 f.; May/Birkel, BetrAV, 514 (516 f.).

24 Zuvor regelte § 7 Abs. 1a SGB IV i.d.F. bis 31.12.2008 den Ausschluss geringfügig Beschäftigter. Weitere Einzelheiten im Rundschreiben der Spitzenverbände der Sozialversicherungsträger v. 31.3.2009, S. 20 f. Jedoch ist für geringfügig Beschäftigte eine Wertguthabenvereinbarung nicht in jedem Fall von Vorteil, so zumindest Frank, ZRP 2008, 255 (256). Zu Missbrauchsgefahren durch die Regelung, Knospe/Kehrbach, Lohn+Gehalt Spezial Feb 2009, 5 (6).

25 Vgl. Knospe/Kehrbach, Lohn+Gehalt Spezial Feb 2009, 5. Die Unterscheidung gilt nach dem BMF-Schreiben v. 17.6.2009, BStBl. I 2009, S. 1286 ff., Abschnitt A. I. auch für die steuerliche Anerkennung als Wertguthaben.

26 Vgl. Langohr-Plato/Sopora, NZA 2008, 1377.

seits besteht aber auch kein besonderer Insolvenzschutz. Dies stellt § 7 e Abs. 1 Satz 1 SGB IV ausdrücklich klar.[27]

Die sozialversicherungsrechtliche Behandlung sonstiger Wertkonten richtet sich nach § 22 SGB IV. Gem. § 22 Abs. 1 Satz 2 SGB IV gilt das Zuflussprinzip - das ausgezahlte Guthaben wird wie einmalig gezahltes Arbeitsentgelt behandelt.[28] Damit findet eine aufgeschobene Verbeitragung in dem Zeitpunkt der Auszahlung statt.[29]

Viele Wertguthabenvereinbarungen, die unter den Anwendungsbereich des § 7b SGB IV fallen, enthalten zwar Regelungen, dass auch ein Abbau bei Schwankungen der Auftragslage möglicherweise erfolgen muss. Um nach § 7b SGB IV anerkannt zu werden, darf das jedoch zumindest nicht einziger Nutzungszweck der Vereinbarung sein. Vielmehr muss das Hauptaugenmerk auf den in § 7c SGB IV genannten Verwendungszwecken liegen.

3. Arbeitszeitkontenregelungen und Wertguthabenvereinbarungen im tariflichen Bereich

Im tariflichen Bereich werden regelmäßig Rahmenbedingungen zu flexiblen Arbeitszeiten in Tarifverträgen abgesteckt. Tarifverträge über flexible Arbeitszeiten regeln so vor allem Gleitzeitrahmen (Rahmen der flexiblen wöchentlichen Arbeitszeit) sowie Ausgleichszeiträume.[30] Vermehrt finden auch Öffnungsklauseln für betriebliche Regelungen über Arbeitszeitkonten Eingang in Tarifverträge.[31] Zudem existieren erste Tarifverträge, die die Einführung von Arbeitszeitkonten für eine Branche ermöglichen.[32] Auch spezielle Unternehmenstarifverträge über Arbeitszeitkonten finden sich.[33] Vorherrschend sind dabei bisher

27 Vgl. Hanau/Veit, NJW 2009, 182 (183) sprechen daher von einer Verschlechterung des Insolvenzschutzes gegenüber der Altregelung.

28 Vgl. Büchel, Lohn+Gehalt Spezial Juni 2009, 4. Damit wird hingenommen, dass SV-Beiträge bei Überschreiten der Beitragsbemessungsgrenze verloren gehen, so Hoff, Lohn+Gehalt Spezial Feb 2009, 19 (20).

29 Vgl. Knospe/Kehrbach, Lohn+Gehalt Spezial Feb 2009, 5 (6).

30 Diese Arbeitszeitkonten erfüllen noch nicht die Voraussetzungen des § 7b SGB IV - es werden keine Wertguthaben angespart.

31 Vgl. Esser, S. 82; Kümmerle/Buttler/Keller, S. 20; Heide, S. 73 mit Bspen. für derartige Tarifverträge.

32 Vor allem in der Stahlindustrie gibt es Tarifverträge über Langfristkonten, in der Chemiebranche der Tarifvertrag Lebensarbeitszeit und Demografie (Demografiefonds).

33 Vgl. Übersicht Hamm, Kontenmodelle, S. 141.

sonstige Wertkontenmodelle, jedoch auch Wertguthabenkontenmodelle nehmen zu.[34]

4. Verwendungszwecke von Wertguthaben

§ 7c SGB IV legt für Wertguthabenvereinbarungen, die seit dem 1. Januar 2009 geschlossen werden, getrennt nach gesetzlichen und vertraglichen, Regelfälle für Verwendungszwecke fest. Der Katalog ist nicht abschließend.[35] Zuvor waren Verwendungszwecke nicht gesetzlich geregelt, lediglich eine Verwendung für Freistellungen von der Arbeitsleistung war gem. § 7 Abs. 1a SGB IV a.F. vorgeschrieben.[36] Die Norm enthält im Wesentlichen die bereits in der Praxis vorherrschenden Freistellungszwecke.

§ 7c Abs. 1 Nr. 1 SGB IV normiert gesetzliche Freistellungszwecke. Auf die gesetzlich geregelten Freistellungszwecke besteht ein Rechtsanspruch.[37] Sie können in Anspruch genommen werden, ohne, dass sie in der Wertguthabenvereinbarung selbst konkret benannt werden.[38] Dazu gehört nach lit. a) die längerfristige Freistellung oder Arbeitszeitverkürzung zur Pflege naher Angehöriger i.S.d. § 3 PflegeZG. Weiterhin sind in lit. b) die Freistellung oder Verringerung der Arbeitszeit während des Elternurlaubes gem. § 15 BEEG und in lit. c) die Verringerung der Arbeitszeit aufgrund von § 8 TzBfG geregelt.

§ 7c Abs. 1 Nr. 2 SGB IV nennt vertragliche Verwendungszwecke. Hier finden sich in lit. a) Freistellungen bzw. Arbeitszeitverkürzungen für die Zeit vor dem Ruhestand und in lit. b) für Qualifizierungsmaßnahmen.

---

34 So zumindest die Tendenz bei Esser, S. 82 f.

35 Nicht genannt wird bspw. das Sabbatical. Von den geregelten Freistellungszwecken soll eine Signalwirkung ausgehen, so Knospe/Kehrbach, Lohn+Gehalt Spezial Feb 2009, 5 (6). Frank beanstandet diese Norm im SGB IV als deplaziert, da sie arbeitsrechtliche Regelungen enthält, in ZRP 2008, 255 (256); Uckermann hält sie für ein Placebo, da beliebig von der Regelung abgewichen werden kann, S. 325.

36 Eine Vereinbarung der in § 7c SGB IV festgelegten Zwecke muss auch nicht für zum 1.1.2009 bereits bestehende Vereinbarungen nachgeholt werden, vgl. § 116 Abs. 2 SGB IV.

37 Dieser ergibt sich aus den Normen des PflegeZG, des BEEG und des TzBfG selbst, aus dem Wortlaut des § 7c SGB IV hingegen nicht, so jedenfalls Frank, ZRP 2008, 255 zum Referentenentwurf, der in diesem Punkt nicht mehr verändert wurde. Ein Ausschluss der gesetzlichen Freistellungszwecke muss ausdrücklich erfolgen, Rundschreiben der Spitzenverbände der Sozialversicherungsträger v. 31.3.2009, S. 25.

38 Sofern die Vereinbarung nach dem 31.12.2008 geschlossen wurde, § 116 Abs. 2 SGB IV. Problematisch bei Ars/Blümke/Scheithauer, BB 2009, 1358 (1362 f.).

Wertguthabenvereinbarungen können nach Absatz 2 der Regelung auf bestimmte Zwecke beschränkt werden.

5. Kontenführung von Wertguthaben

§ 7d Abs. 1 SGB IV schreibt seit dem 1. Januar 2009 die Kontenführung in Geld vor. Zuvor war auch eine Führung in Zeit möglich. Eine Übergangsregelung enthält § 116 Abs. 1 SGB IV für zum 1. Januar 2009 bereits bestehende Zeitguthaben. Diese und aufgrund ‚früherer Vereinbarungen' neu abgeschlossene Wertguthabenvereinbarungen dürfen weiterhin in Zeit geführt werden.[39]

Das Wertguthaben umfasst seit dem 1. Januar 2009 die eingebrachten Arbeitsentgelte, einschließlich der darauf entfallenden Arbeitgeberanteile am Gesamtsozialversicherungsbeitrag, vgl. § 7d Abs. 1 SGB IV.[40] Der Beitragssatz zu der Sozialversicherung bestimmt sich nach dem zu dem Zeitpunkt der Einbringung geltenden. Nachschusspflichten oder Entnahmerechte des Arbeitgebers bei abweichendem Beitragsumfang im Zeitpunkt der Entnahme oder für etwaige Wertzuwächse bestehen nicht.[41]

Die Einbringung von Entgeltbestandteilen in ein Wertguthabenkonto ist grundsätzlich flexibel, d.h. von Gesetzes wegen unterliegt sie keinen Beschrän-

---

39 Vgl. Beste/Eisenreich, Lohn+Gehalt Spezial Juni 2009, 14 (14 f.). In der Literatur wird bemängelt, dass nicht ausreichend klargestellt sei, was unter dem Begriff der 'früheren Vereinbarung' zu verstehen ist. Ausführlich dazu Ars/Blümke/Scheithauer, BB 2009, 2252 (2252 f.); May/Birkel, BetrAV 2009, 514 (516). M.E. ist nur dann der mit der Regelung verfolgte Vertrauens- und Bestandsschutz erfüllt, wenn der Begriff neben einzelvertraglichen – auch betriebliche und tarifliche Vereinbarungen umfasst, wie es für den Begriff der Wertguthabenvereinbarung in der Gesetzesbegründung zu § 7b SGB IV festgelegt ist; vgl. Gesetzesbegründung des Gesetzes zur Verbesserung der Rahmenbedingungen für die Absicherung flexibler Arbeitszeitregelungen vom 22.9.2008, BT-Drucks. 16/10289, S. 14 f.; so auch Ars/Blümke/Scheithauer, BB 2009, 2252 (2253).

40 Vgl. Rundschreiben der Spitzenverbände der Sozialversicherungsträger v. 31.3.2009, S. 23. Vor dem 1.1.2009 war der Arbeitgeberanteil am Gesamtsozialversicherungsbeitrag nicht Bestandteil des Wertguthabens. Entgegen der Auffassung der Spitzenverbände kann der ‚darauf entfallende' Arbeitgeberanteil nicht Beitragspflichten oberhalb der Bemessungsgrenze begründen, da § 7d Abs. 1 SGB IV lediglich der Insolvenzsicherung dient, eine Verpflichtung nach Sozialversicherungsrecht hingegen noch nicht besteht, so vor allem Uckermann, S. 279.

41 Über den maßgebenden Zeitpunkt, der die Höhe der Arbeitgeberbeiträge bestimmt, sowie über etwaige Nachschusspflichten des Arbeitgebers, wurde erst in einer Ergänzung zu dem Rundschreiben hingewiesen, Die Beiträge 2009, 669 f. Zuvor bestand Streit, dazu Ars/Blümke/Scheithauer, BB 2009, 1358 (1358 f.); Beste/Eisenreich, Lohn+Gehalt Spezial Juni 2009, 14 (15 ff.); Ulbrich/Rihn, DB 2009, 1466 (1467 f.).

kungen der Höhe nach im positiven oder negativen Bereich.[42] Durch privatrechtliche Vereinbarungen, wie Tarifverträge, Betriebs- oder Individualvereinbarungen, sind Beschränkungen möglich.[43]

In das Wertguthaben eingebracht werden können je nach Vereinbarung grundsätzlich alle Arbeitsentgelte gem. § 14 SGB IV, bspw. Überstunden, Urlaubsabgeltungen, laufende Bezüge als sog. Entgeltumwandlung, Geldleistungen des Arbeitgebers wie Urlaubs- und Weihnachtsgeld, eigene Arbeitgeberbeiträge oder andere zusätzliche Gehaltsbestandteile wie Tantiemen, Boni und andere Einmalzahlungen.[44]

6. Steuer- und sozialversicherungsrechtliche Behandlung von Wertguthaben

Wertguthaben werden sozialversicherungsbeitragsfrei angespart und gem. § 23b Abs. 1 SGB IV erst in dem Zeitpunkt der Freistellung oder Verringerung der Arbeitszeit verbeitragt. Die Versteuerung der Wertguthaben findet ebenfalls erst in dem Zeitpunkt statt. Weder die Wertguthabenvereinbarung noch Wertgutschriften führen zu einem Zufluss von Arbeitslohn.[45]

Sinnvoll ist die Einbringung sozialversicherungs- und steuerpflichtiger Entgeltbestandteile. Denn im Rahmen der Freistellung oder Verringerung der Arbeitszeit, soweit das Wertguthaben abgebaut wird, entsteht grundsätzlich Steuer- und Beitragspflicht. Sozialversicherungs- und steuerfreie Entgeltbestandteile bleiben allerdings zumindest dann auch bei Auszahlung frei, soweit sie auf dem Konto getrennt ausgewiesen werden.[46]

Für beherrschende Gesellschafter-Geschäftsführer und beschäftigte Mehrheitsaktionäre werden Wertguthabenvereinbarungen spätestens seit dem 1. Ja-

---

42 Es sind jedoch die Grenzen arbeitszeitlicher Flexibilisierungsmöglichkeiten nach dem ArbZG zum Schutz der Sicherheit und Gesundheit der Arbeitnehmer zu beachten. Das ArbZG ist Spezialgesetz und sonstige Rechtsvorschrift im Rahmen von § 1 Abs. 3 ArbSchG, vgl. Buschmann/Ulber, ArbZG § 1, RN 9, 11.

43 Vgl. zum tariflichen Bereich, Heide, S. 74; Böker, S. 84.

44 Aufzählung auch im Rundschreiben der Spitzenverbände der Sozialversicherungsträger v. 31.3.2009, S. 23. Zur Einbringung tariflicher Entgeltbestandteile, Ars/Blümke/Scheithauer, BB 2009, 1358 (1362).

45 Vgl. BMF-Schreiben v. 17.6.2009, BStBl. I 2009, S. 1286 ff., Abschnitt A. II. Erst bei Wertguthabenabbau kommt es zu einem Zufluss gem. §§ 11 Abs. 1, 38 Abs. 2 EStG und zu einer individuellen Versteuerung.

46 Das gilt nicht für Zinsen oder Wertsteigerungen, vgl. BMF-Schreiben v. 17.6.2009, BStBl. I 2009, S. 1286 ff., Abschnitt B. II. und III.; Rundschreiben der Spitzenverbände der Sozialversicherungsträger v. 31.3.2009, S. 24; Plenker, DB 2009, 1430 (1433).

nuar 2009 steuerlich nicht mehr anerkannt.[47] Die Wertgutschrift führt dann direkt zu einem Lohnzufluss. Die Grundsätze der verdeckten Gewinnausschüttung sind zu beachten.

Zu einer Versteuerung neu einzustellender Guthaben auf dem Konto kommt es auch, sobald feststeht, dass diese Beträge nicht mehr durch Freistellung vollständig aufgebraucht werden können.[48]

7. Vermögensanlage von Wertguthaben

Nach § 7d Abs. 3 SGB IV gelten seit dem 1. Januar 2009[49] für Wertguthaben die Vorschriften über die Anlage der Mittel von Versicherungsträgern nach §§ 80 ff. SGB IV entsprechend. Das gilt für neu angesparte – wie auch für bestehende Wertguthaben, für die eine neue Anlageentscheidung getroffen wird.[50] Danach sind Wertguthaben einschließlich des darauf entfallenden Arbeitgeberanteils am Gesamtsozialversicherungsbeitrag so anzulegen und zu verwalten, dass ein Verlust ausgeschlossen erscheint, ein angemessener Ertrag erzielt wird und eine ausreichende Liquidität gewährleistet ist.[51]

Nach § 7d Abs. 3 Satz 1 SGB IV gilt, dass die Anlage in Aktien oder Aktienfonds bis zu einer Höhe von 20 % zulässig ist.[52] Ein höherer Aktien- oder Aktienfondsanteil ist gem. § 7d Abs. 3 Satz 2 Nr. 1 SGB IV im tariflichen Bereich und nach Nr. 2 bei Verwendung der Guthaben unmittelbar vor Eintritt in den gesetzlichen Ruhestand möglich.

---

47 Die diesbezügliche Übergangsregelung für den Zufluss auf bestehende Wertguthaben endete zum 31.1.2009, vgl. BMF-Schreiben v. 17.6.2009, BStBl. I 2009, S. 1286 ff., Abschnitt A. IV. 2b. Einzelheiten, Ars/Blümke/Scheithauer, BB 2009, 2252 (2262).

48 Vgl. BMF-Schreiben v. 17.6.2009, BStBl. I 2009, S. 1286 ff., Abschnitt B. I.; Plenker, DB 2009, 1430 (1432).

49 Zuvor gab es keine Anlagebeschränkungen. Wertguthaben konnten firmenintern und – extern angelegt werden.

50 Vgl. Rundschreiben der Spitzenverbände der Sozialversicherungsträger v. 31.3.2009, S. 26; Knospe/Kehrbach, Lohn+Gehalt Spezial Feb 2009, 5 (8).

51 Konkrete Anlagen schreibt der Gesetzgeber in § 7d SGB IV im Gegensatz zu § 7e SGB IV zur Insolvenzsicherung nicht vor, vgl. Ars/Blümke/Scheithauer, BB 2009, 2252 (2253); lediglich „Gebot der sicheren Anlage“, Beste/Haßlöcher, Lohn+Gehalt Spezial Feb 2009, 23 ff.

52 Die Quote gilt für den Zeitpunkt der Anlage. Langohr-Plato/Sopora, NZA 2008, 1377 (1379) halten die Anlagebeschränkung aufgrund des ohnehin garantierten Werterhalts für zu weitgehend. Ebenso ist nach Frank die Anlagebeschränkung aus Arbeitnehmerschutzgründen nicht notwendig. Sie soll in erster Linie dem Schutz der Sozialversicherungsträger dienen. Diese seien aber nicht schutzwürdig, in ZRP 2008, 255 (257).

Weiterhin muss gem. § 7d Abs. 3 Satz 1 SGB IV mindestens der Rückfluss des angelegten Betrages gesichert sein. Damit wird eine Werterhaltungsgarantie festgeschrieben,[53] zumindest hinsichtlich einer planmäßigen Auszahlung. Die Einhaltung der Vermögensanlagebeschränkungen ist bisher nicht sanktioniert, es ergeben sich allenfalls Schadensersatzansprüche.[54] Eine sog. Zeitwertkontengarantie gibt es auch aus steuerlicher Sicht. Bei Nichteinhaltung kommt es zu einem lohnsteuerlichen Zufluss.[55]

Die erwirtschafteten Erträge aus dem Wertguthaben können seit dem 1. Januar 2009 nach Angaben der Spitzenverbände der Sozialversicherung zwischen Arbeitgeber und Arbeitnehmer durch Vereinbarung aufgeteilt werden.[56] Die Kosten der Vermögensanlage können durch Vereinbarung dem Arbeitnehmer auferlegt werden und so das Wertguthaben mindern.[57]

8. Insolvenzsicherung von Wertguthaben

Die Vorschriften zum Insolvenzschutz, die erstmalig zum 1. Januar 2009 normiert wurden, sehen in § 7e Abs. 1 SGB IV eine Verpflichtung zum Insolvenzschutz für Wertguthaben vor, soweit ein Anspruch auf Insolvenzgeld nicht be-

53 Einschließlich der Arbeitgeberanteile am Gesamtsozialversicherungsbeitrag. Der Werterhalt gilt auch für Altvereinbarungen für die Wertguthabenhöhe zum 31.12.2008, vgl. Rundschreiben der Spitzenverbände der Sozialversicherungsträger v. 31.3.2009, S. 26 f. Ausführlich dazu Ars/Blümke/Scheithauer, BB 2009, 2252 (2254); Knospe/Kehrbach, Lohn+Gehalt Spezial Feb 2009, 5 (7).

54 Vgl. Rundschreiben der Spitzenverbände der Sozialversicherungsträger v. 31.3.2009, S. 27; Knospe/Kehrbach, Lohn+Gehalt Spezial Feb 2009, 5 (8); Langohr-Plato/Sopora, NZA 2008, 1377 (1380); Ulbrich/Rihn DB 2009, 1466 (1468); Wellisch/Lenz, DB 2008, 2762 (2764). Frank bezweifelt eine Sanktionierung nach § 823 Abs. 2 BGB, da § 7d Abs. 3 SGB IV lediglich ein Schutzreflex sei, in ZRP 2008, 255 (257).

55 Eine Werterhaltungsgarantie ist auch aus lohnsteuerlicher Sicht seit 1.1.2009 (mit Übergangsregelung) vorgeschrieben, genannt „Zeitwertkontengarantie" (Bruttoarbeitslohn im steuerlichen Sinne ohne SV-Anteil des Arbeitgebers), anderenfalls wird die Wertguthabenvereinbarung steuerlich nicht anerkannt. Vgl. BMF-Schreiben v. 17.6.2009, BStBl. I 2009, S. 1286 ff., Abschnitt B.V. und F.I. Dazu auch Plenker, DB 2009, 1430 (1434); Beste/Haßlöcher, Lohn+Gehalt Spezial Feb 2009, 23 (26).

56 Vgl. Rundschreiben der Spitzenverbände der Sozialversicherungsträger v. 31.3.2009, S. 24. Galt nach Ansicht von Ulbrich/Rihn, DB 2009, 1466 (1468) auch schon vor dem 31.12.2008; ähnlich Ars/Blümke/Scheithauer, BB 2009, 2252 (2253).

57 Dies berührt nicht die Werterhaltungsgarantie, vgl. Rundschreiben der Spitzenverbände der Sozialversicherungsträger v. 31.3.2009, S. 26; BMF-Schreiben v. 17.6.2009, BStBl. I 2009, S. 1286 ff., Abschnitt B. V. Dazu auch Ars/Blümke/Scheithauer, BB 2009, 2252 (2255).

steht (Nr. 1) und sie die monatliche Bezugsgröße gem. § 18 SGB IV übersteigen (Nr. 2).[58] Die Insolvenzsicherungspflicht bezieht sich auf das gesamte Wertguthaben - auf die eingebrachten Entgeltbestandteile und die darauf entfallenden Arbeitgeberanteile am Gesamtsozialversicherungsbeitrag.[59] In zeitlicher Hinsicht bezieht sie sich bereits auf die erste Einzahlung, soweit in dem Zeitpunkt vorhersehbar ist, dass das Wertguthaben in der Ansparphase die monatliche Bezugsgröße überschreiten und die Freistellungsphase den Zeitraum übersteigen wird, in dem ein Anspruch auf Insolvenzgeld besteht.[60]

Die Insolvenzsicherung ist unter Trennung der Wertguthaben vom Betriebs- und Anlagevermögen und unter Ausschluss der Rückführung vorzunehmen.[61] Anerkannte Sicherungsmodelle sind die in § 7e Abs. 2 SGB IV aufgezählten Treuhandverhältnisse oder gleichwertige Sicherungsmittel, wie Versicherungsmodelle oder schuldrechtliche Verpfändungs- oder Bürgschaftsmodelle mit ausreichenden Vorkehrungen gegen Kündigungen.[62] Ungeeignete Modelle sind in Absatz 3 der Norm ausdrücklich genannt. Die Vorschriften gelten nicht für Altersteilzeitkonten-Vereinbarungen im Blockmodell, für sie gilt § 8a AltTzG.[63]

---

58 Durch Tarifvertrag sind gem. § 7e Abs. 1 S. 2 SGB IV abweichende Regelungen möglich.

59 Gilt auch für vor dem 1.1.2009 aufgebaute Guthaben, vgl. Rundschreiben der Spitzenverbände der Sozialversicherungsträger v. 31.3.2009, S. 27. Str. ist aufgrund des insoweit unklaren Wortlautes des Rundschreibens auf S. 23, ob der gesamte Arbeitgeberanteil (so wohl die Spitzenverbände) oder lediglich ein Anteil in Höhe der SV-Luft einzustellen ist. Für letzteres Ulbrich/Rihn, DB 2009, 1466 (1470); Ars/Blümke/Scheithauer, BB 2009, 2252 (2256).

60 Vgl. Rundschreiben der Spitzenverbände der Sozialversicherungsträger v. 31.3.2009, S. 28. Kritisch dazu Ulbrich/Rihn, DB 2009, 1466 (1469); Regelfall für Langzeitkonten, Knospe/Kehrbach, Lohn+Gehalt Spezial Feb 2009, 5 (8).

61 Vgl. Rundschreiben der Spitzenverbände der Sozialversicherungsträger v. 31.3.2009, S. 28: „Dem Ausschluss der Rückführung des Wertguthabens steht nicht entgegen, wenn zum Zeitpunkt der planmäßigen Entsparung die Auszahlung des monatlich fälligen Arbeitsentgelts sowie insbesondere die Entrichtung der monatlichen Sozialversicherungsbeiträge über den Arbeitgeber erfolgt.“ Dazu auch Ars/Blümke/Scheithauer, BB 2009, 2252 (2256 f.). Zu den Bedenken des Ausschlusses der Rückführung ausführlich, Langohr-Plato/Sopora, NZA 2008, 1377 (1380); Cisch/Ulbrich, BB 2009, 550 (555).

62 Die Wahl des Modells und des Anbieters obliegt Arbeitgebern und Arbeitnehmern gemeinsam, vgl. Gesetzesbegründung zu Flexi II v. 22.9.2008, BT-Drucks. 16/10289, S. 18; Ars/Blümke/Scheithauer, BB 2009, 2252 (2255 f.); abweichend Cisch/Ulbrich, BB 2009, 550 (554).

63 Vgl. Rundschreiben der Spitzenverbände der Sozialversicherungsträger v. 31.3.2009, S. 30; Ulbrich/Rihn, DB 2009 1466 (1469).

§ 7e Abs. 5 bis 7 SGB IV enthalten Rügemöglichkeiten und Sanktionen bei unterlassenem Insolvenzschutz, bzw. bei Schadenseintritt.[64] Nach § 7e Abs. 5 SGB IV muss der Arbeitgeber innerhalb von zwei Monaten nach schriftlicher Aufforderung durch den Arbeitnehmer die Erfüllung seiner Verpflichtung zur Insolvenzsicherung nachweisen, ansonsten kann der Beschäftigte die Vereinbarung mit sofortiger Wirkung kündigen.[65] Das Wertguthaben ist dann aufzulösen und als Störfall gem. § 23b Abs. 2 SGB IV zu verbeitragen und auch zu versteuern. Daneben kann auch der Träger der Rentenversicherung bei einer Prüfung gem. § 28p SGB IV nach § 7e Abs. 6 Nr. 1-4 SGB IV unzureichenden oder nicht bestehenden Insolvenzschutz feststellen.[66] In diesem Fall hat der Arbeitgeber ebenfalls zwei Monate nach entsprechender Aufforderung[67] Zeit, eine geeignete Insolvenzsicherung einzuführen. Schafft er das nicht, ist die Vereinbarung nach § 7b SGB IV als von Anfang an unwirksam anzusehen und das Wertguthaben aufzulösen.[68] Bei Wertverfall haftet der Arbeitgeber[69] nach § 7e Abs. 7 SGB IV für entstandene Schäden, soweit er sie zu vertreten hat.[70]

§ 7e Abs. 8 SGB IV regelt die Möglichkeit einer späteren Änderung der Insolvenzschutzmaßnahme, wenn die Regelung mit Zustimmung des Arbeitnehmers durch einen mindestens gleichwertigen Insolvenzschutz abgelöst wird.[71]

---

64 Gem. § 116 Abs. 3 SGB IV Übergangsregelung zu § 7e Abs. 5 und 6 SGB IV für Wertguthaben, die zum 31.12.2008 bereits bestanden.

65 Nach Ansicht Ulbrich/Rihn, DB 2009, 1466 (1470) genügt nicht die Verletzung der Informationspflicht gem. § 7e Abs. 4 SGB IV für eine Kündigung, sondern es muss eine Verletzung der Insolvenzsicherungspflicht gem. § 7e Abs. 1 bis 3 SGB IV selbst vorliegen.

66 Zum Umfang der Prüfung, vgl. Rundschreiben der Spitzenverbände der Sozialversicherungsträger v. 31.3.2009, S. 29; Ars/Blümke/Scheithauer, BB 2009, 2252 (2257).

67 Durch Verwaltungsakt gem. § 28p Abs. 1 S. 5 SGB IV.

68 Rückabwicklung bzw. Störfallverbeitragung möglich, vgl. Rundschreiben der Spitzenverbände der Sozialversicherungsträger v. 31.3.2009, S. 29. Die Nichtigkeitsfolge ist nach Ansicht Langohr-Plato/Sopora verfassungsrechtlich bedenklich, da sie die Rechtsposition der Arbeitnehmer schmälert, ausführlich NZA 2008, 1377 (1381). Weiterhin wird kritisiert, warum § 7 e Abs. 5 und Abs. 6 SGB IV unterschiedliche Rechtsfolgen vorsehen, Hanau/Veit, NJW 2009, 182 (186).

69 Ggf. auch organschaftliche Vertreter, § 7e Abs. 7 Satz 2 SGB IV.

70 Durchgriffshaftung mit Beweislastumkehr, vgl. Ars/Blümke/Scheithauer, BB 2009, 2252 (2258).

71 Frank sieht in dem Zustimmungserfordernis einen Eingriff in die unternehmerische Entscheidungsfreiheit und aufgrund der bestehenden Vorschriften zum Insolvenzschutz für überflüssig, in ZRP 2008, 255 (258); Ars/Blümke/Scheithauer, BB 2009, 2252 (2258) halten dieses zumindest für problematisch in der praktischen Umsetzung.

Die Kosten der Insolvenzsicherung können durch Vereinbarung zum Teil oder voll dem Arbeitnehmer auferlegt werden.[72]

9. Portabilität/Übertragung von Wertguthaben auf die Deutsche Rentenversicherung Bund (DRV)

Seit dem 1. Januar 2009 ist die Übertragbarkeit von Wertguthaben bei Ende der Beschäftigung in § 7f Abs. 1 Nr. 1 SGB IV gesetzlich geregelt.[73] Zuvor wurde bereits allgemein angenommen, dass Wertguthaben bei Wechsel des Arbeitgebers mitgenommen werden können.

Eine Übertragung kann der Arbeitnehmer nunmehr schriftlich im Wege einer Schuldübernahme gegenüber seinem alten Arbeitgeber verlangen. Die Zustimmung des neuen Arbeitgebers ist notwendig und es muss zwischen dem neuen Arbeitgeber und dem Arbeitnehmer eine neue Wertguthabenvereinbarung abgeschlossen werden.

Nach § 7f Abs. 1 Nr. 2 SGB IV ist daneben seit dem 1. Juli 2009 eine Übertragung des Wertguthabens auf die Deutsche Rentenversicherung Bund (DRV) unter Ausschluss der Rückführung möglich, soweit das Wertguthaben mindestens das Sechsfache der monatlichen Bezugsgröße beträgt.[74] Im Falle der Übertragung des Wertguthabens auf die DRV regelt § 7f Abs. 2 SGB IV die dann möglichen Verwendungszwecke und -bedingungen.[75] Die Guthaben werden gem. § 3 Nr. 53 EStG steuerfrei gestellt – ein bestehendes Beschäftigungsverhältnis ist dafür nicht erforderlich. Für die DRV handelt es sich bei dem Guthaben im Falle der Auszahlung um Arbeitsentgelt, sie hat die Lohnsteuer entspre-

---

72 Zwar sei eine solche Regelung nicht mehr im Rundschreiben der Spitzenverbände der Sozialversicherungsträger v. 9.2.2009 enthalten, dies diene aber lediglich der Durchsetzbarkeit des Werterhalts gem. § 7d Abs. 3 SGB IV, so zumindest Ulbrich/Rihn, DB 2009, 1466 (1468).

73 Keine ‚Zwangsportabilität' – lediglich beschränkte oder begrenzte Portabilität, so Knospe/Kehrbach, Lohn+Gehalt Spezial Feb 2009, 5 (9). Lt. Plenker, DB 2009, 1430 (1436) gleiche steuerlich neutrale Übertragung wie bei einem Arbeitgeberwechsel in der bAV gem. § 4 Abs. 2 Nr. 1 BetrAVG.

74 Einzelheiten zu den Voraussetzungen, Ars/Blümke/Scheithauer, BB 2009, 2252 (2258 f.).

75 Außerhalb eines Arbeitsverhältnisses (faktisch) nur noch für Freistellungen vor dem Ruhestand, so Steinau-Steinrück/Rosing, NJW-Spezial 2009, 146 (147).

chend gem. § 38 Abs. 3 Satz 3 EStG einzubehalten.[76] § 7f Abs. 3 SGB IV enthält Vorgaben über die Verwaltung der Wertguthaben.[77]

10. Steuer- und sozialversicherungsrechtliche Behandlung von Wertguthaben im Störfall

Bei nicht zweckentsprechender Verwendung - dem sog. Störfall - werden Sozialversicherungsbeiträge aus dem Wertguthaben gem. § 23b Abs. 2 SGB IV fällig. Die Norm bestimmt für diesen Fall Aufzeichnungs- und Berechnungspflichten, wobei laufend bereits bei Aufbau des Wertguthabens der in dem Störfall beitragspflichtige Arbeitsentgeltanteil anhand der sog. SV-Luft ermittelt wird, vgl. § 23b Abs. 2a SGB IV.[78] Darüber hinaus kommt es zu einem lohnsteuerlichen Zufluss.[79]

Nicht zweckentsprechende Verwendung bedeutet, dass das Wertguthaben nicht wie vereinbart für Zwecke der Freistellung bzw. Verringerung der Arbeitszeit verwendet wird. Dazu zählt bspw. die Auszahlung des Wertguthabens bei Beendigung des Arbeitsverhältnisses.[80]

---

76 Vgl. BMF-Schreiben v. 17.6.2009, BStBl. I 2009, S. 1286 ff., Abschnitt D; dazu Plenker, DB 2009, 1430 (1436).

77 Ausführlich Rundschreiben der Spitzenverbände der Sozialversicherungsträger v. 31.3.2009, S. 63 ff.

78 Dazu wurden zwei Berechnungsmodelle entwickelt, das Summenfelder-Modell und das Alternativmodell/Optionsmodell: vgl. Frage-/Antwortkatalog der Spitzenverbände der Sozialversicherungsträger v. 26.6.2002; Rundschreiben der Spitzenverbände der Sozialversicherungsträger v. 29.8.2003 sowie Rundschreiben der Spitzenverbände der Sozialversicherungsträger v. 31.3.2009, S. 31 ff.; Uckermann, S. 285 ff.

79 BMF-Schreiben v. 17.6.2009, BStBl. I 2009, S. 1286 ff., Abschnitt C. benennt Fälle planwidriger Verwendung aus steuerlicher Sicht. Um die Steuerlast bei einer Auszahlung in einem Betrag zu ermäßigen, wird das auszuzahlende Wertguthaben, das über einen Zeitraum von mehr als 12 Monaten angespart wurde, wie eine Vergütung für mehrjährige Tätigkeit behandelt und nach der Fünftelregelung des § 34 Abs. 1, 2 Nr. 4 EStG ermäßigt besteuert, dazu in Abschnitt C.II.

80 Weitere Fälle ausführlich, Rundschreiben der Spitzenverbände der Sozialversicherungsträger v. 31.3.2009, S. 48 ff.; Uckermann, S. 284.

11. Umwandlung von Wertguthaben in eine bAV als Störfall

Als Option kann bei Vertragsschluss festgelegt werden, dass Wertguthaben, die bis zu dem Eintritt in den gesetzlichen Ruhestand, im Todesfall[81] oder im Fall verminderter Erwerbsfähigkeit nicht verbraucht werden können, in eine betriebliche Altersversorgung (bAV) überführt werden. Eine Sonderbehandlung trotz des Vorliegens eines Störfalles bestand bei einer Umwandlung aufgrund von § 23b Abs. 3a SGB IV a.F. Es regelte die Umwandlung in eine bAV für bis zum 13. November 2008 geschlossene Wertguthabenvereinbarungen. Die Überführung in eine bAV erfolgte aufgrund der Ausnahmeregelung sozialversicherungsbeitragsfrei.[82] Für ab dem 14. November 2008 geschlossene Wertguthabenvereinbarungen ist die Umwandlung aufgrund der Neuregelung in § 23b Abs. 3a Satz 2 SGB IV n.F. als Störfall sozialversicherungspflichtig.[83]

Umstritten ist wegen des notwendigen Bestandsschutzes, wie der Begriff der ‚Vereinbarung' in § 23b Abs. 3a Satz 2 SGB IV zu verstehen ist. Nach Angaben der Spitzenverbände der Sozialversicherung bezieht sich das Wort ‚Vereinbarung' auf jegliche individualvertragliche Vereinbarungen, unabhängig davon, ob für den Beschäftigungsbetrieb eine tarifliche Regelungen oder Betriebsvereinbarungen eine entsprechende Übertragungsmöglichkeit vorsieht.[84] Die enge Sichtweise der Spitzenverbände kann jedoch angezweifelt werden, da eine gesetzliche Definition fehlt und die Terminologie des Gesetzes den Begriff ‚Vereinbarung' keineswegs einheitlich handhabt.[85] Aus Bestandsschutzgründen ist vielmehr davon auszugehen, dass die Regelung gerade nicht anzuwenden ist, soweit die Individualvereinbarung auf einer bestehenden tariflichen Vereinbarung oder Betriebsvereinbarung basiert.

Dafür sprechen folgende Argumente. Innerhalb des § 23b Abs. 3a SGB IV wird einerseits in Satz 1 der Begriff ‚Vereinbarung nach § 7b SGB IV' verwen-

---

81 Für den Todesfall existiert die Möglichkeit nur theoretisch, da in dem Zeitpunkt des Todes der Abschluss einer bAV wohl nicht mehr möglich sein wird, so jedenfalls Ars/Blümke/Scheithauer, BB 2009, 2252 (2261).

82 Ausführlich dazu das Rundschreiben der Spitzenverbände der Sozialversicherungsträger v. 29.8.2003, S 45 ff.

83 Vgl. Rundschreiben der Spitzenverbände der Sozialversicherungsträger v. 31.3.2009, S. 48.

84 Vgl. Rundschreiben der Spitzenverbände der Sozialversicherungsträger v. 31.3.2009, S. 45.

85 Dazu May/Birkel, BetrAV 2009, 514 (515) m.N. Ohne tiefere Begründung wird unter dem Begriff der Vereinbarung auch die betriebliche oder tarifvertragliche Vereinbarung verstanden, bei Knospe/Kehrbach, Lohn+Gehalt Spezial Feb 2009, 5 (7); Ars/Blümke/Scheithauer, BB 2009, 2252 (2261).

det und in Satz 2 lediglich der Begriff ‚Vereinbarung'. Daraus ließe sich nach der Wortlautauslegung schließen, dass in Satz 2 einschränkend zu Satz 1 nur individualvertragliche Vereinbarungen gemeint seien. Denn soweit der Gesetzgeber verschiedene Terminologien verwendet, kann man meinen, dass auch jeweils etwas anderes darunter zu verstehen ist.[86] Jedoch ist das zum einen nicht zwingend, zum anderen würde das nur bedeuten, dass nicht der Vereinbarungsbegriff des § 7b SGB IV anzunehmen wäre. Welche konkrete Bedeutung der Begriff der ‚Vereinbarung' nach Satz 2 der Regelung dann hat, ist damit allerdings noch nicht gesagt.

Näher liegt wohl, dass der Begriff der ‚Vereinbarung' des Satzes 2 auf den weiten Begriff in Satz 1 Bezug nimmt, ohne die gesamte Klausel des Satzes 1 zu wiederholen. Das zeigt auch ein Vergleich mit § 116 Abs. 1 SGB IV, wo ebenfalls von der ‚früheren Vereinbarung' die Rede. Dort ist mit Verweis auf § 7b SGB IV jede kollektivrechtliche oder individualvertragliche Vereinbarung gemeint.[87]

Die Sichtweise der Spitzenverbände würde außerdem das Ziel des Vertrauens- und Bestandsschutzes verfehlen, soweit Unternehmen aufgrund bestehender betrieblicher oder tariflicher Vereinbarungen bestehende und neue individualvertragliche Vereinbarungen gezwungenermaßen unterschiedlich verwalten müssten.

Für die Ansicht der Spitzenverbände findet sich schließlich auch im Gesetz oder der Gesetzesbegründung keine zwingende Basis. In der Beschlussempfehlung des Ausschusses für Arbeit und Soziales, der die Aufhebung der Privilegierung erstmals vorsah, war noch davon die Rede, dass die Änderung nicht für bestehende tarifliche Vereinbarungen gelten solle.[88]

Steuerlich gilt das zu überführende Wertguthaben nach altem wie nach neuem Recht als Entgeltumwandlung. Das bedeutet, dass die Umwandlung selbst nicht zu einer Versteuerung führt. Die steuerliche Behandlung richtet sich vielmehr nach dem gewählten Durchführungsweg der bAV.[89]

---

86 So zumindest May/Birkel, BetrAV 2009, 514 (516).

87 Vgl. Abschnitt II. 1.

88 Vgl. Beschlussempfehlung v. 12.11.2008, BT-Drucks 16/10901, S. 14; ausführlich May/Birkel, BetrAV 2009, 515 (517).

89 Vgl. BMF-Schreiben v. 20.1.2009, BStBl. I 2009, S. 273 ff. (RN 189). Zum alten Recht BMF-Schreiben v. 5.8.2002 - IV C 4 - S 2222 - 295/02 - / - IV C 5 - S 2333 - 154/02 -, RN 155 i.V.m. RN 149; v. 17.11.2004; BStBl. I 2004, 1065, RN 166 sowie v. 5.2.2008, BStBl. I 2008, S. 420; ausführlich auch Hoppach in FS Kemper, 193 (201 ff.). Die Umwandlung in eine Direktzusage oder Unterstützungskasse ist aufgrund der nachgelagerten Besteuerung lohnsteuerfrei, eine Umwandlung in eine Pensionskasse, einen Pen-

12. Aufzeichnungs- und Informationspflichten

Arbeitgeber haben eine Reihe von Aufzeichnungs- und Informationspflichten zu erfüllen. So müssen sie ihre Arbeitnehmer im Rahmen der Verwaltung der Wertguthaben nach § 7d Abs. 2 SGB IV über die Höhe des in dem Wertguthaben enthaltenen Arbeitsentgeltguthabens mindestens einmal im Jahr in Textform gem. § 126b BGB informieren.[90] Außerdem ist ein Arbeitnehmer gem. § 7e Abs. 4 SGB IV schriftlich zu informieren, sobald sein Wertguthaben aufgrund der Wertguthabenhöhe der Verpflichtung zur Insolvenzsicherung nach § 7e SGB IV unterliegt. Zur Berechnung des Sozialversicherungsbeitrages im Störfall gem. § 23b Abs. 2 SGB IV sind während der Ansparzeit der Wertguthaben Aufzeichnungspflichten über die sog. SV-Luft zu erfüllen, vgl. § 23b Abs. 2a SGB IV.[91] Eine Aufzeichnungspflicht besteht gem. § 7 Abs. 1a Satz 6 SGB IV. Meldepflichten bestehen insbesondere nach § 28a ff. SGB IV, DEÜV und BVV.

III. Klassische Arbeitszeitkontenmodelle

1. Kurzzeitkonten

Kurzzeitkonten dienen der gleitenden Erfassung der Arbeitszeit und dessen kurzzeitigem Ausgleich. Sie sorgen vor allem dafür, saisonale oder auftragsbedingte Beschäftigungsschwankungen aufzufangen und auszugleichen. Arbeitszeiten, die in positiver - oder negativer Richtung von der vertraglich festgesetzten Regelarbeitszeit abweichen, werden aufgezeichnet und innerhalb eines festgelegten Zeitraumes - regelmäßig zwischen 6 Monaten und 2 Jahren - ausgeglichen.[92] Kurzzeitkonten gehören damit zu den sonstigen Wertkonten, die nach § 7b Nr. 2 SGB IV von den Vorgaben über Wertguthaben ausgenommen sind.[93]

---

sionsfonds oder eine Direktversicherung lediglich in den Grenzen des § 3 Nr. 63 EStG, dazu Klemm, BetrAV 2006, 353 (357).

90 Gilt auch für Wertguthaben, die aufgrund der Übergangsregelung gem. § 116 Abs. 1 SGB IV in Zeit geführt werden dürfen, vgl. Rundschreiben der Spitzenverbände der Sozialversicherungsträger v. 31.3.2009, S. 27. Kritisch zu dieser Regelung, Ulbrich/Rihn, DB 2009, 1466 (1469).

91 Vgl. Rundschreiben der Spitzenverbände der Sozialversicherungsträger v. 31.3.2009, S. 31 ff.; vgl. auch Abschnitt II. 10.

92 Der Abbau überschüssiger (positiver) Guthaben findet spätestens am Ende des Zeitraumes durch Freistellung statt.

93 Im Gegensatz zu § 7 Abs. 1a SGB IV a.F.; vgl. Knospe/Kehrbach, Lohn+Gehalt Spezial Feb 2009, 5; Langohr-Plato/Sopora, NZA 2008, 1377. Zu den sonstigen Wertkonten Abschnitt II. 2.

Klassisch und weit verbreitet sind Gleitzeitkonten - sie bewirken eine Flexibilisierung der Arbeitszeit bezüglich Beginn und Ende eines Arbeitstages.[94] Aber auch Ampelkonten[95] und Jahresarbeitszeitvereinbarungen[96] sind gängige Kurzzeitkontenmodelle. Ein Kontenmodell, das speziell dem Ausgleich mittel- und langfristiger Absatz- und Produktionsschwankungen dient und zur Vermeidung von Stellenabbau und Kurzarbeit genutzt wird, ist das sog. Flexikonto, auch das Beschäftigungssicherungskonto oder einfach Zeitkonto.[97]

2. Langzeitkonten

Langzeitkonten werden verwendet, um über eine längere Zeit Wertguthaben anzusparen und diese für Freistellungen oder für eine Verringerung der vertraglich vereinbarten Arbeitszeit zu verbrauchen, vgl. § 7c SGB IV. Langzeitkonten bieten damit längerfristige Sparanreize - es soll dafür ein umfangreiches Wertguthaben angesammelt werden. Sie können jedoch auch genutzt werden, um betriebliche Auslastungsschwankungen zu kompensieren und so möglicherweise Arbeitsplätze zu sichern. Das darf jedoch nicht den Hauptzweck der Wertguthabenverwendung bilden. Langzeitkonten unterliegen bei Einhaltung der Voraussetzungen den Regelungen über Wertguthabenvereinbarungen gem. § 7b SGB IV.

Seit dem 1. Januar 2009 regelt § 170 Abs. 4 Satz 3 Nr. 2 SGB III n.F., dass für langfristige Engpässe bei der Einführung von Kurzarbeit, eine Auflösung von Wertguthaben nicht mehr erfolgen muss, soweit sie zu einem der Zwecke des § 7c Abs. 1 SGB IV bestimmt sind.[98] Die Vorgängerregelung des § 170

---

94 Mehr zu Gleitzeitkonten, Buschmann/Ulber, ArbZG § 1, RN 16; Wellisch/Lenz, DB 2008, 2762 (2765).

95 Werden wie eine Ampel eingeteilt in drei Phasen. Die grüne Phase regelt die Plus- bzw. Minussaldensummen, innerhalb denen der Arbeitnehmer frei über die Verwendung entscheiden kann. In der gelben Phase sollte ein weiteres Anwachsen des Kontos aufgehalten werden. In Absprache mit einem zuständigen Vorgesetzten ist die Rückkehr in die grüne Zone zu bewerkstelligen. Ausnahmsweise darf kurzfristig und nur in Abstimmung mit dem zuständigen Vorgesetzten die rote Phase in Anspruch genommen werden, soweit betriebliche Auslastungserfordernisse dies erzwingen.

96 Zwischen Arbeitgeber und Arbeitnehmer werden lediglich Jahressollarbeitszeiten vereinbart und in eine tägliche Sollarbeitszeit umgerechnet. Die Differenz zu der geleisteten Arbeitszeit wird auf dem Konto verbucht.

97 Dazu Wellisch/Lenz, DB 2008, 2762 (2765); Hoff, Lohn+Gehalt Spezial Feb 2009, 19 (20 f.); Scherf/Kick, Lohn+Gehalt Spezial Juni 2009, 19 (20).

98 Vgl. Knospe/Kehrbach, Lohn+Gehalt Spezial Feb 2009, 5 (6); Ars/Blümke/Scheithauer, BB 2009, 1358 (1365).

Abs. 4 Satz 3 SGB III a.F. regelte dies nur für Lebensarbeitszeitkonten. Alle anderen Arten von Langzeitkonten mussten u.U. zur Vermeidung von Kurzarbeit aufgelöst werden.[99]

3. Lebensarbeitszeitkonten

Lebensarbeitszeitkonten sind spezielle Langzeitkonten und fallen damit ebenfalls unter § 7b SGB IV. Während des (gesamten) Erwerbslebens werden dabei umfangreiche Wertguthaben angespart, die für eine Freistellung oder Verringerung der Arbeitszeit unmittelbar vor Eintritt in den gesetzlichen Ruhestand verwendet werden. Bei der Vereinbarung über ein Lebensarbeitszeitkonto wird diese Zweckbestimmung regelmäßig bereits festgelegt.

4. Kombinationsmodelle

Darüber hinaus sind Arbeitszeitkontenmodelle denkbar, die eine Mischung aus den vorgestellten Formen darstellen.[100] In der Praxis kann aus Flexibilitätsgründen gerade eine solche Mischlösung von Vorteil sein.[101] Einige Unternehmen führen bspw. Gleitzeitkonten in Kombination mit Lebensarbeitszeitkonten.[102]

---

99 Zur Vorgängerregelung, Klemm BetrAV 2006, 353 (354); Frank, DB 2007, 1640.

100 Klargestellt für die Neuregelung des § 7b SGB IV in der Gesetzesbegründung des Gesetzes zur Verbesserung der Rahmenbedingungen für die Absicherung flexibler Arbeitszeitregelungen vom 22.9.2008, BT-Drucks. 16/10289, S. 15.

101 So vor allem Skorczyk/Klups/Jacobsen, BB-Beil. 2007, 2 f.; Klemm, NZA 2006, 946 (951); zu den Anforderungen an das dafür notwendige Zeitwirtschaftssystem nach Flexi II, Scherf, Lohn+Gehalt Spezial Feb 2009, 14 ff.

102 Bspw. Airbus Deutschland, dazu Klemm, BetrAV 2006, 353 (357) und AXA Konzern Deutschland, dazu Kösters, Lohn+Gehalt Spezial Juni 2009, 27 ff. Wie eine solche Kombination funktionieren könnte, vgl. Scherf/Kick, Lohn+Gehalt Spezial Juni 2009, 19 (21).

Zweites Kapitel – Ökonomische Analyse der Einführung von Arbeitszeitkonten im Unternehmen

I. Problemstellung

Arbeitszeitkonten sind personalpolitische Planungsinstrumente für Unternehmen. Sie ermöglichen einen gegenüber starren Arbeitszeitregelungen flexibleren, an wirtschaftliche Bedürfnisse des Unternehmens angepassten, Einsatz der Arbeitskräfte.[103] Arbeitszeitkonten i.S.v. Wertguthabenvereinbarungen können zudem Spar- und Vorsorgemodelle für Arbeitnehmer darstellen. Sie ermöglichen das Ansparen von Geld für verschiedene Zwecke der Lebensgestaltung oder der Vorsorge, ohne finanzielle Einbußen im laufenden Einkommen hinnehmen zu müssen.[104] Bei solch einer groben Einschätzung zeigen sich wirtschaftliche Vorteile von Arbeitszeitkonten auf Seiten der Arbeitgeber wie auch der Arbeitnehmer.[105]

Sollten sich Arbeitszeitkonten[106] auch bei genauerer Betrachtung tatsächlich für alle Beteiligten als vorteilhaft gegenüber starren Arbeitszeitregelungen herausstellen, wäre es konsequent, diese im Unternehmen einzuführen und zu nutzen. Zumindest rational handelnde Arbeitgeber und Arbeitnehmer müssten sich aufgrund ökonomischer Vorteile gegenüber starren Arbeitszeitregelungen, soweit sie tatsächlich gegeben sind, für Arbeitszeitkonten entscheiden. Die Überprüfung dieser These ist das Anliegen des nun folgenden Kapitels.

1. Häufig genannte Vorteile von Arbeitszeitkonten

An dieser Stelle sollen vorab stichpunktartig Argumente aufgezählt werden, die in der Diskussion in Wissenschaft und Praxis, auf Arbeitgeber- wie auf Arbeitnehmerseite stets als Vorteile von Arbeitszeitkonten vorgebracht werden. Von der Nennung der schier unübersehbaren Vielzahl an Fundstellen, aus denen die nachfolgenden Argumente zusammengetragen wurden, wird an dieser Stelle abgesehen.

---

103 Vgl. nur Scherf/Kick, Lohn+Gehalt Spezial Juni 2009, 19 (21).

104 Zumindest in Bezug auf das regelmäßige Arbeitsentgelt, da im Regelfall nur zusätzliche Gehaltsbestandteile in die Arbeitszeitkonten eingestellt werden. Bei Umwandlung fester Gehaltsbestandteile kommt es hingegen zu einem Entgeltverzicht.

105 Dieser Überzeugung ist zumindest auch Kroll, insbes. S. 42.

106 An dieser Stelle wird noch nicht nach Wertguthabenvereinbarungen und sonstigen Wertkonten unterschieden. Die Prüfung soll alle Arten von Arbeitszeitkonten abdecken.

Auf eine gleichsame Aufzählung von Nachteilen soll ebenso verzichtet werden. Diese werden im Verlaufe des Kapitels an zutreffender Stelle erörtert. Eine separate Nennung der Vorteile erfolgt allein aus dem Grund, da sie der Anlass waren, überhaupt über eine ökonomische Vorteilhaftigkeit nachzudenken.

a. Für Arbeitnehmer

- Einbringung von Entgeltbestandteilen grundsätzlich flexibel[107]
- Verbesserte Abstimmung von Arbeitszeit und Freizeit
- Verbesserte Abstimmung von Familienphasen[108]
- Zeitsouveränität bei der Planung der gesamten Work-Life-Balance
- Arbeitsplatzsicherung in konjunkturschwachen Zeiten
- Erhalt und Ausbau der fachlichen Qualifikation
- Möglichkeit eines vorzeitigen Ausstiegs aus dem Erwerbsleben ohne finanzielle Einbußen[109]
- Flexible Gestaltung der letzten Erwerbsphase und des Überganges in den Ruhestand
- Schutz des Wertguthabens im Fall der Insolvenz des Arbeitgebers
- Sicherung des Werterhaltes des Wertguthabens
- Uneingeschränkte Vererbbarkeit
- Portabilität des Wertguthabens
- Positive Effekte in der Steuerprogression durch Stundung der Lohnsteuer in der Ansparphase und der zeitversetzten Auszahlung von Überstunden[110]
- Bruttospareffekt bei der zu erzielenden Rendite
- Liquiditätspolster für existenzbedrohende Notfälle[111]

b. Für Arbeitgeber

- Abfederung saison- und auftragsbedingter Auslastungsschwankungen
- Abfederung überraschend auftretender Auslastungsschwankungen
- Ausgleich der Unsicherheit über Dauer und Stabilität der positiven Auftragsentwicklung
- Kostenbewusster Einsatz der Arbeitskräfte
- Einsatz der Arbeitskräfte ausgerichtet an den Bedürfnissen des Unternehmens

---

107 Insbesondere durch Betriebsvereinbarung sind jedoch Einschränkungen möglich.

108 Bspw. Kindererziehung, Kind krank.

109 Gegenüber der vorzeitigen Inanspruchnahme einer Rente wegen Alters mit Abschlägen.

110 Soweit in dem Auszahlungszeitpunkt ein geringeres zu versteuerndes Einkommen vorliegt, insbes. bei Höherverdienenden.

111 Interessant für Wenigverdiener.

- Vermeidung von Entlassungen
- Erhalt und Ausbau der fachlichen Qualifikationen der Arbeitnehmer
- Entgegenwirken überhöhter Krankenstände - soweit Krankmeldung lediglich aufgrund von Ermüdungserscheinungen erfolgt und nicht behandlungsbedürftig ist[112]
- Langzeit- und Lebensarbeitszeitkonten als Mittel zur Anwerbung von Arbeitskräften[113]
- Bindung von Arbeitskräften durch attraktiv gestaltete Arbeitszeitkonten
- Motivation der Arbeitnehmer
- Förderung der Eigenverantwortung der Arbeitnehmer
- Anpassung der Altersstruktur der Arbeitnehmer an die Bedürfnisse des Unternehmens
- Vermeidung von Abfindungen oder weiteren Gehaltszahlungen bei frühem oder gleitendem Ausstieg aus dem Berufsleben[114]
- Trotz nachlassender Leistungsfähigkeit Verwendung des Know-hows der älteren Arbeitnehmer zum Anlernen der nachwachsenden Generation, ohne auf die ältere Generation auf einen Schlag verzichten zu müssen[115]
- ‚unendlicher Ausgleichszeitraum', d.h. innerhalb der gesetzlichen Grenzen stete Mehrarbeit ohne Ausgleich vor Ausscheiden aus dem aktiven Arbeitsprozess möglich[116]
- Steuervorteile für das Unternehmen
- Verwaltungsaufwand hält sich bei Inanspruchnahme externer Dienstleister im Rahmen
- Steigerung der Wettbewerbsfähigkeit

2. Ziel der ökonomischen Analyse

Ökonomik bedeutet Wissenschaft vom Wirtschaften der Menschen. Ihr Ziel ist die Ermittlung repräsentativen menschlichen Verhaltens unter Knappheit.[117] Da-

---

112 Natürlich sollte ein Arzt, wenn notwendig, besucht werden, nicht so bspw. bei Menstruationsbeschwerden, Migräne, kleinen Erkältungen, Ermüdung.

113 Imageeffekt bei qualifiziertem Personal.

114 Besonders, wenn die Leistungsfähigkeit oder der Gesundheitszustand des Arbeitnehmers nachlässt.

115 Sog. Lehrer-Schüler-Kombination.

116 Besonders für höherqualifizierte Arbeitskräfte zum Ausgleich des Fachkräftemangels.

117 Knappheit bezeichnet das Spannungsverhältnis zwischen individuellen Präferenzen (Bedürfnissen) und Restriktionen (Kostenkategorien). Es wird angenommen, dass Präferenzen unersättlich sind und daher Restriktionen und Knappheit verursachen. Dazu Erlei/Leschke/Sauerland, S. 1.

zu wurden verschiedene Theorien entwickelt. Allen voran der Homo Oeconomicus bildet dabei den Idealtypus eines menschlichen Entscheidungsträgers. Er richtet sein Handeln an eigenen Präferenzen aus, wählt seine Präferenzen und Restriktionen problemorientiert und wirtschaftet nach einer Kosten-Nutzen-Kalkulation.[118]

Fehlende oder fehlerhafte Informationen bzw. mangelnde Voraussicht über zukünftige Entwicklungen lassen rationale Entscheidungen vielfach nur bedingt zu. Unter realen Bedingungen ist Homo Oeconomicus eher selten anzutreffen. U.a. *Simons*[119] entwickelte Modelle, die auf die begrenzte Rationalität des Menschen Rücksicht nehmen.[120] Menschen verhalten sich zudem häufig kooperativ.[121] Das kann dazu führen, dass sie bewusst auf Rationalität und individuelle Präferenzen verzichten.

Die ökonomische Analyse untersucht unter Berücksichtigung aller Unzulänglichkeiten menschliches Verhalten unter Rationalitätsaspekten. Sie ermittelt, wie eine Entscheidung ausfallen muss, um dem Entscheidungsträger einen größtmöglichen Vorteil zu bieten. Auf diese Weise ist es unter anderem möglich, bei Vertragsverhandlungen oder während der Laufzeit eines Vertrages zu prüfen, ob dieser für einen oder für alle Beteiligten zu einem größtmöglichen Nutzen und somit zu einer Ressourcenallokation führt. Ressourcenallokation

118 Sog. Rationalitätsprinzip, vgl. Eidenmüller, S. 28 ff.

119 Individuen sind nach Simons nicht in der Lage, alle denkbaren Alternativen wahrzunehmen, alle Konsequenzen der einzelnen Alternativen abzuschätzen und eine vollständige und konsistente Bewertung der möglichen Ergebnisse vorzunehmen.

120 Nach einer Annahme handelt der Mensch zwar rational, allerdings aufgrund fehlender Informationen die Entscheidung nicht immer richtig ist. Es bleiben gewisse Unsicherheiten. Aufgrund der Ungewissheit sind Entscheidungen dann lediglich Prognoseentscheidungen. Dazu Kirchner, S. 16 ff. m.w.N. Der Mensch ist, um in der Komplexität handlungsfähig zu bleiben, routine- und regelgesteuert. Er setzt sich zur Lösung von Problemen Anspruchsniveaus und strebt nach zufriedenstellenden Ergebnissen. Sog. Satisficing Modell, dazu Erlei/Leschke/Sauerland, S. 7 ff. Zur begrenzten Rationalität auch, Dietz, S. 26 ff.

121 Die unbedingte Kooperation ist ein Akt der Freundlichkeit, der Akteur verzichtet freiwillig auf materiellen Nutzen. Ihm entstehen durch sein Handeln Kosten, ohne dass er eine Kompensation erwarten kann. Sog. Altruismus, dazu Dietz, S. 30. Die bedingte Kooperation richtet sich nach der Stärke der Beziehung und reicht vom rein ökonomischen Tausch bis hin zur Freundschaft oder Liebesbeziehung. Bei dieser Form der Kooperation bewirkt freundliches Verhalten freundliche Reaktionen und feindliches Verhalten entsprechend feindliche Reaktionen. Insbesondere bei wiederholten Interaktionen bewirken wechselseitige Erwartungen in der Hoffnung auf wechselseitige Besserstellung kooperierendes Verhalten. Sog. Reziprozität, dazu Dietz, S. 31 ff.

nennt man den effizienten Einsatz einer Ressource. Effizienz beschreibt den Grad der Bedürfnisbefriedigung, sein Gegenteil ist die Verschwendung.

Die in dieser Arbeit zugrunde gelegte Institutionenökonomik berücksichtigt im Gegensatz zu der neoklassischen Ökonomik[122] - in der es keine Unwissenheit und Ungewissheit gibt - Regeln, die menschliches Verhalten beeinflussen, besagte Institutionen. Institutionen sind Einrichtungen, die gleichartige, sich wiederholende Handlungen von Individuen und Beziehungen zwischen Individuen einer Gesellschaft formen. Sie steuern individuelles Verhalten, bspw. durch Ge- und Verbote, und vermindern so Unsicherheit. Sie nehmen Einfluss auf menschliches Verhalten, das wiederum auf Institutionen zurückwirkt. Sie verkörpern Erleichterungen bei individuellem Wirtschaften, wenn rationales Handeln nicht möglich ist. Institutionen sind nicht bloße Angewohnheiten, sondern haben einen allgemeinen Bekanntheitsgrad und sind mit Sanktionsmechanismen bewehrt.[123] Institutionen stellen damit die Spielregeln und die Anreizstruktur einer Gesellschaft dar.[124] Die Ausgestaltung von Institutionen hat in ihrer Organisations- und Anreizwirkung Effizienz- und Verteilungseffekte.[125]

Für die Bereitstellung, Nutzung, Aufrechterhaltung und Änderung von Institutionen fallen Transaktionskosten an.[126] Das sind Kosten, die potentielle Ver-

---

122 Bewertet menschliches Verhalten unter der Voraussetzung, dass sämtliche zur Entscheidungsfindung beitragenden Informationen vorliegen. Zur Abgrenzung: In der neoklassischen Definition gibt es nur eine einzige Institution – den Markt. Die Akteure entscheiden von sich aus rational, ohne auf Regeln Rücksicht zu nehmen.

123 Informelle Institutionen haben sich evolutorisch herausgebildet und müssen nicht festgeschrieben werden, um Sanktionen nach sich zu ziehen. Dazu zählen u.a. die Sprache, Sitten und Bräuche, Traditionen und Kultur. Sie sind aufgrund ihres oftmals langen und langsamen Bildungsprozesses nur eingeschränkt oder gar nicht gestaltbar. Formelle Institutionen wurden von Menschen bewusst geschaffen und benötigen eine formelle Sanktionierung, sind daher regelmäßig festgeschrieben. Zu ihnen zählen Gesetze, die Verfassung oder auch Organisationen. Man kann drei Arten von Institutionen abgrenzen: Verhaltensregeln, wie Normen oder Traditionen / Entscheidungssysteme, wie Markt und Hierarchie, Verhandlung und Wahl / Organisationen, wie Unternehmen oder der Staat. Dazu Schäfer/Ott, S. 633 ff.

124 Vgl. Richter/Furubotn, S. 7 f.; Dietz, S. 24 ff. und S. 44.

125 Durch sie sind Wohlfahrtssteigerungen möglich und es können Lücken im formalen Regelwerk geschlossen werden, vgl. Dietz, S. 24 ff. Institutionen sollen sich, um ökonomische Gültigkeit beanspruchen zu können, an den Bedürfnissen der Entscheidungsträger orientieren, den Nutzen aller Parteien fördern. Ist dies nicht der Fall, bzw. muss der Vertrag durch Eingriff in den Vertragsinhalt korrigiert werden, vgl. Schäfer/Ott, S. 393.

126 In der Ökonomik wird jeder Aufwand der Güterbeschaffung mit Kosten belegt. Zu den Gütern zählen materielle Güter wie auch immaterielle Investitionen – bspw. Informationen. Vgl. Schäfer/Ott, S. 5; Richter/Furubotn, S. 55 ff.

tragspartner bspw. für Informationen[127] oder für Koordination aufwenden müssen, um einen Vertrag zu schließen und durchzusetzen. Nach *Coase* setzt sich, soweit Transaktionskosten gleich Null sind, automatisch die effizienteste (verschwendungsfreie) Ressourcennutzung durch.[128] In der Ökonomik ist damit Effizienz elementares Gebot für staatliches Handeln und für gesellschaftliche Institutionen. Damit ergibt sich aus dem Effizienzziel eine Optimierung der Transaktionskosten.

3. Vorgehensweise

Würden die Beteiligten am Arbeitsverhältnis aufgrund von Effizienzgedanken Arbeitszeitkonten im Unternehmen einführen? Wenn ja, welche Arten von Arbeitszeitkonten würden sie wählen, wenn alle erforderlichen Informationen für alle verfügbar wären? Soweit es relevant wird, wird bei der folgenden Analyse (in Form generalisierter Verhandlungen) nach Wertguthabenvereinbarungen - innerhalb derer nach Langzeit- und Lebensarbeitszeitkonten - und nach sonstigen Wertkonten unterschieden.

Im Abschnitt (II.) sollen zunächst Besonderheiten im Arbeitsverhältnis dargestellt werden, die Auswirkungen auf das Verhalten der Beteiligten aus ökonomischer Perspektive haben. Zudem werden Grundgedanken ökonomischer Entscheidungsfindung, die die Basis für die folgenden Verhandlungen bieten sollen, vorgestellt.

Abschnitt (III.) beschreibt typische, in den nachfolgenden Verhandlungen zugrunde gelegte, Idealpositionen aus Sicht der Arbeitgeber bzw. der Arbeitnehmer.

Im Abschnitt (IV.) wird dann anhand fiktiver Verhandlungssituationen aufgezeigt, ob und welche Form von Arbeitszeitkonten für die Beteiligten Anreize bieten, also nach der individuellen Kosten-Nutzen-Rechnung vorteilhaft gegen-

---

127 Die Informationen stehen zwar regelmäßig gesamtgesellschaftlich zur Verfügung, dringen jedoch nicht bis auf die Ebene der Einzelentscheidung durch. Würde man den Zustand beseitigen, könnte das exponentiell zur Nutzensteigerung beitragen; so Schwintowski, JZ 1998, 581 (586 f.).

128 Vgl. Ronald H. Coase in, The Problem of Social Cost, Journal of Law & Economics 3 (1960), 1 ff. - deutsche Übersetzung in: Assmann/Kirchner/Schanze, S. 129 ff.; bezugnehmend Schäfer/Ott, S. 5 und 104. Die Höhe der Transaktionskosten einer Interaktion ist nicht ohne weiteres messbar. Schwintowski setzt an die Stelle der Transaktionskosten den Begriff der marktfähigen Güter, um die Kosten messbar zu machen. Er verweist auf die Möglichkeit, Transaktionskosten auf dem Markt anzubieten, also dem Spiel von Angebot und Nachfrage auszusetzen, um so den Preis zu ermitteln, der ihrem Wert entspricht, JZ 1998, 581 (583).

über den vorhandenen starren Arbeitszeitregelungen sind und möglicherweise zu einer Ressourcenallokation führen. Dabei sind die typischen Bedürfnisse von Arbeitnehmern und Arbeitgebern, die Besonderheiten des Arbeitsmarktes sowie die besonderen Strukturen im Unternehmen und im Arbeitsverhältnis zu beachten.[129]

II. Analysebasis

Im Folgenden wird unterstellt, dass Arbeitgeber (bzw. deren Verbände) und Arbeitnehmer (bzw. deren Verbände) über die Einführung von Arbeitszeitkonten in Verhandlung treten. Das bedeutet, dass die beteiligten Parteien grundsätzlich daran interessiert sind, das für sie vorteilhafteste Arbeitszeitsystem im Unternehmen zu implementieren und zu nutzen.

1. Besonderheiten von Arbeitsverhältnissen aus ökonomischer Perspektive

Ein Arbeitsvertrag ist aus ökonomischer Perspektive gültig, wenn die Vereinbarung die ökonomische Funktion eines Vertrags erfüllt, nämlich den Nutzen der Beteiligten zu mehren.[130] Das Arbeitsverhältnis enthält zugleich einige Besonderheiten, die unter ökonomischen Gesichtspunkten von sich heraus zu Effizienzeinbußen führen können. Diese sind bei der Entscheidungsfindung der Arbeitgeber und Arbeitnehmer zu beachten.

a. Relationale Verträge

Zum einen sind Arbeitsverträge unvollständige Verträge, sog. relationale Verträge.[131] Relationale Verträge sind regelmäßig langfristige Vereinbarungen, die

129 Bei der Analyse kann nicht auf die Vielzahl möglicher Kontenmodelle im Einzelfall eingegangen werden.

130 Vertrag als Positivsummen-Spiel, vgl. Schäfer/Ott, S. 393.

131 Zur Abgrenzung: Bei einem vollständigen Vertrag einigen sich die Vertragsparteien vor Vertragsabschluss über alle Risiken und ordnen sie einer Partei zu - und zwar derjenigen, die sie am effizientesten beherrschen oder versichern kann. Der Vertragspreis spiegelt dabei die Risikoerwartungen wieder. Dazu Schäfer/Ott, S. 401 ff. Die ökonomische Analyse unvollständiger Verträge versucht unter Einhaltung rechtlicher Grundsätze, wie der Vertragsfreiheit, Anreize zu vermitteln, neue Produktionsmethoden zu entwickeln, Produktivität zu steigern und den Wohlstand zu erhöhen. Unter anderem werden ex post in der Erfüllungsphase eines Vertrages Ineffizienzen durch Fehlanpassungen analysiert.

vergangene, gegenwärtige und zukünftige persönliche Beziehungen regeln.[132] Dabei treten Unsicherheiten auf, deren Entwicklung im Zeitpunkt des Vertragsschlusses noch nicht absehbar ist und deshalb (noch) nicht geregelt werden kann.[133] Relationale Verträge sind oftmals notwendig und absichtlich unvollständig, um auf ungewisse zukünftige Umstände flexibel reagieren zu können. Die Bestimmung und Festlegung von Vertragsinhalten würde Kosten verursachen und wäre hinsichtlich vieler komplexer Inhalte und Unsicherheiten aufgrund hoher Transaktionskosten ineffektiv.[134]

Die Institutionenökonomik definiert Unternehmen als Netzwerk relationaler Verträge zwischen Einzelpersonen zum Zweck einer effizienten Organisation der Produktion.[135]

b. Prinzipal-Agent-Verhältnis

In Arbeitsverhältnissen bestehen zudem Prinzipal-Agent-Probleme. Eine Prinzipal-Agent-Beziehung besteht in hierarchischen Verbindungen wie dem Arbeitsvertrag zwischen dem Arbeitgeber (Prinzipal) und dem Arbeitnehmer (Agent). Der Prinzipal ist bemüht, seinen Gewinn zu maximieren, d.h. er versucht eine möglichst hohe Arbeitsleistung des Agenten bei möglichst geringem Lohn zu erreichen. Der Agent erstrebt genau gegenteilig zur Befriedigung seiner Bedürfnisse einen möglichst hohen Lohn bei möglichst geringer Arbeitsleistung.

Die Prinzipal-Agent-Theorie untersucht Auftragsverhältnisse im Vorfeld eines Vertragsschlusses oder während laufender Vertragsbeziehungen im Kontext asymmetrischer Informationsverteilung[136] im Auftraggeber-Auftragnehmer-Verhältnis. Ein Interessenkonflikt im Zusammenspiel mit Wissensvorteilen aufgrund asymmetrischer Informationsverteilung kann zu opportunistischem Ver-

---

Damit bietet die Vertragsanalyse auch Möglichkeiten, Veränderungen von Produktionsfaktoren durch Fortschritt, Knappheitsänderungen etc. zu verfolgen. Dazu Schäfer/Ott, S. 393.

132 Bspw. auch die Ehe.

133 Vgl. Richter/Furubotn, S. 185 f.; Richter in Franz/Hesse/Ramser/Stadler, S. 5; Dietz, S. 26.

134 Vgl. Dietz, S. 97. Die Verteilung der kommerziellen Risiken auf die Vertragspartei, die sie mit dem geringsten Aufwand begegnen kann, trägt aber auch bei relationalen Verträgen zur organisatorischen Verbesserung, Transaktionskostensenkung, Anreizsteigerung, insgesamt zur Risikominderung und Vertrauensstärkung bei. Dazu Richter/Furubotn, S. 172.

135 Grenzfall ist der selbständige Unternehmer ohne Arbeitnehmer, Richter/Furubotn, S. 321 f.

136 Sog. verborgenes Wissen bzw. verborgene Handlungen einer Partei.

halten des Agenten führen.[137] Vor Vertragsschluss weiß der Prinzipal (Auftraggeber) weniger über den Agenten (Auftragnehmer) in Bezug auf das zukünftige Vertragsverhältnis als der Agent selbst. Das ermöglicht ex-ante Opportunismus. Nach Vertragsschluss verfügt der Agent im Regelfall über mehr Informationen als der Prinzipal in Bezug auf die auszuführende Tätigkeit. Es besteht die Gefahr von ex-post Opportunismus.

Auswirkungen zeigen sich vor allem bei vertragsspezifischen Investitionen einer Partei, die nur im bestehenden Vertrag nützlich, ansonsten wertlos sind.[138] Der Begegnung oder Vermeidung von Prinzipal-Agent-Problemen dient die Überwachung und Kontrolle des Agenten. Außerdem können durch entsprechende Anreize die Interessen des Agenten den Unternehmensinteressen näher gebracht werden und auf diese Weise Interessenkonflikte von vornherein vermieden werden.

c. Moral-Hazard-Verhalten

Als Formen opportunistischen Verhaltens finden sich auch Drückebergerei und Bummelei im Arbeitsverhältnis, sog. Moral-Hazard-Verhalten.[139] Anreize zu einem solchen Verhalten ergeben sich aus der ‚Arbeit' als mühevollen und leidvollen Verzicht auf Freizeit.[140] Das Leistungsniveau des Arbeitnehmers ist danach immer auch abhängig von dem Niveau der Entlohnung. Die Möglichkeit opportunistischen Verhaltens ist in der Belegschaft umso stärker ausgeprägt, je weniger leistungsgemäß entlohnt der Arbeitnehmer ist oder sich fühlt.

d. Kooperatives Verhalten

Gleichzeitig beinhalten Arbeitsverhältnisse umfangreiche kooperative Elemente. Abhängigkeiten haben einen großen Einfluss auf das Verhalten der Entscheidungsträger.[141] Ein wechselseitiges Abhängigkeitsverhältnis entsteht im Verlauf des Arbeitsverhältnisses durch erworbenes Firmenwissen des Arbeitnehmers.[142] Es entwickelt sich ein beiderseitiges Interesse an einer dauerhaften Vertragsbeziehung. Derart dauerhafte Beziehungen zeichnen sich regelmäßig durch koope-

---

137 So auch Reichold, RdA 2002, 321 (327).

138 Vgl. Schäfer/Ott, S. 396.

139 Vgl. Dietz, S. 131. In seinen Konsequenzen kann es bei solch für das Unternehmen nachteiligen Verhaltensweisen zu Sanktionen bis hin zu Entlassungen kommen, vgl. Tschöpe, BB 2006, 213 (215 f.).

140 So die Arbeitsleidtheorie, dazu Dietz, S. 70.

141 Vgl. Hönn, S. 258 ff. spricht auch von einer Störung der rationalen Abwägung aufgrund der Abhängigkeiten.

142 Nach Oliver E. Williamson, zitiert in: Dietz, S. 101.

ratives Verhalten aus.[143] Das bedeutet, dass nicht in jedem Zeitpunkt des Vertragsverhältnisses Leistung und Gegenleistung ausgeglichen sein müssen.

Arbeitsverträge sind zudem besonders symbiotische Verträge, was soviel bedeutet wie Kooperation aufgrund eines gemeinsamen Ziels. In Arbeitsverhältnissen interagieren dauerhaft nicht-anonyme Vertragspartner, es entstehen persönliche Bindungen.[144]

e. Hierarchischer Aufbau

Arbeitsverhältnisse sind umfassend institutionalisiert. Arbeitnehmer unterliegen den Weisungen des Arbeitgebers und der Ordnung des Unternehmens. Die Abhängigkeit des Arbeitnehmers von der Arbeit und damit von dem Arbeitgeber als Existenzgeber sichert dem Unternehmen eine gewisse Machtstellung und ermöglicht Kontrolle über die Arbeitskräfte.[145] Durch den hierarchischen Aufbau im Arbeitsverhältnis entstehen unter anderem Informations-, Kontroll-, Sanktionsrechte.[146]

f. Beschränkungen der Vertragsfreiheit

Eine weitere institutionelle Besonderheit ist, dass die Vertragsfreiheit der Arbeitsvertragsparteien regelmäßig durch Kollektivhandeln und behördliche Regelungen eingeschränkt ist, da das Arbeitsverhältnis sehr komplex ist und aufgrund seines existenzsichernden Charakters für den Arbeitnehmer als besonders schützenswert gilt. Institutionen sind vor allem der Einzelarbeitsvertrag, Betriebsvereinbarungen oder auch Tarifverträge. Weiterhin wirken auf das Arbeitsverhältnis eine Vielzahl von Gesetzen und Rechtsverordnungen ein. Daneben spielt auch die Rechtsfortbildung durch die Rechtsprechung auf dem Gebiet des Arbeitsrechts eine prägende Rolle.

---

143 Man spricht in einem andauernden Arbeitsverhältnis von bedingter Kooperation. Durch ihre Dauerhaftigkeit und Kooperation aufgrund eines sich aufbauenden Vertrauensverhältnisses werden oftmals Abstriche im Vertrag in Kauf genommen, aufgrund ihrer Aussicht auf eine längerfristige Zusammenarbeit.

144 Nach Akerlof und Yellen, zitiert in: Dietz, S. 80.

145 Vgl. Kreps, zitiert in: Richter/Furubotn, S. 158 ff. und 408.

146 Hierarchische Transaktionen sind typischerweise dadurch gekennzeichnet, dass sie nicht in allen Bedingungen spezifiziert sind. Es ist lediglich vereinbart, dass eine Partei das Recht haben soll, die Transaktionen bei Bedarf zu spezifizieren. Dazu Richter/Furubotn, S. 322 und 408 ff. Transaktionen des Unternehmens nach Vertragsschluss sind Maßnahmen der Erfüllung, Überwachung und Durchsetzung.

g. Property Rights

Auch Property Rights - oder Eigentumsrechte - wirken auf das Arbeitsverhältnis als Nutzungs-, Abwehr- sowie Verfügungsrechte ein.[147] Im Rahmen eines Arbeitsverhältnisses sind insbesondere zwei Rechte bedeutsam: das Recht, ein Gut zu nutzen und das Recht, den Ertrag aus der Nutzung dieses Gutes beanspruchen zu können. Der Arbeitgeber erhält durch den Arbeitsvertrag vom Arbeitnehmer das Recht, seine Arbeitskraft zu nutzen und sich den Ertrag aus dieser Nutzung anzueignen. Dafür erhält der Arbeitnehmer im Gegenzug das Recht auf Entlohnung. Er ist ebenso befugt, die dem Arbeitgeber übertragenen Rechte wieder zu entziehen, bspw. durch Kündigung.

Das Arbeitsverhältnis hat aufgrund seiner im Regelfall bestehenden Exklusivität, über das Arbeitsvermögen des Arbeitnehmers zu verfügen und sich die entstehenden Erträge anzueignen, einen hohen Wert.[148] Damit der Arbeitgeber auf so exklusive Weise das Gut Arbeitskraft nutzen kann, fallen Transaktionskosten, und zwar vor Vertragsschluss für die Suche, Informationsgewinnung, Verhandlung, Sicherung etc. an. Nach Vertragsschluss liegen Transaktionskosten vor allem in der Kontrolle und Koordination im Arbeitsverhältnis sowie in möglichen weiteren Verhandlungen im Dauerverhältnis. Die Allokation der Rechte geschieht durch Verhandlungen mit dem Ziel der gemeinsamen Nutzensteigerung.

h. Marktversagen

Um Ressourcenallokation auf einem funktionierenden Markt[149] zu finden, fungiert der Preis als Koordinationsinstrument.[150] Steigt der Preis, richtet sich der

---

147 Property Rights sind akzeptierte Verhaltensweisen von Menschen, die sich aus der Existenz und dem Gebrauch von Gütern entwickeln, so vor allem Coase und Demsetz, Einzelheiten bei Schäfer/Ott, S. 549 ff. Die Theorie der Property Rights teilt die Rechte so unter den Akteuren auf, dass sie den Gesamtnutzen aller maximieren, vgl. Kirchner, S. 16. Property Rights werden wichtig, soweit Transaktionskosten nicht null sind, denn die Bildung, der Austausch und die Nutzung von Rechten verursacht Kosten. In Bezug auf Rechtsnormen sind Property Rights Verhaltensweisen in Bezug auf Güter, die jeder gegenüber anderen beachten muss, anderenfalls hat er die Kosten der Nichtbeachtung zu tragen.

148 Der Wert eines Gutes bestimmt sich auch nach dessen Ausstattung mit Property Rights, je exklusiver die Ausstattung mit Rechten, desto höher ist der Wert eines Gutes. Dazu Schäfer/Ott, S. 97 ff.

149 Der Ort, an dem Verhandlungen stattfinden, wird als Markt bezeichnet, vgl. Richter/Furubotn, S. 323 ff. Der Markt ist aus institutionenökonomischer Perspektive ein Netzwerk sozialer Beziehungen zwischen Einzelpersonen. Im Gegensatz dazu ist nach der neoklassischen Definition der Markt einfach gegeben. Er befindet sich dort, wo An-

Markt darauf ein, indem die Konkurrenz reagiert und sich das Nachfrageverhalten darauf einstellt. Versagt der Markt, spiegelt der Preis nicht mehr den aus Angebot und Nachfrage gebildeten Wert des Gutes wieder. Es kann in der Folge keine optimale Ressourcenallokation stattfinden. Daher gilt Marktversagen in der Ökonomik als Verschwendung knapper Ressourcen. Oftmals sind Transaktionskosten der Grund für das Nichtvorhandensein oder Versagen von Märkten,[151] bspw. durch asymmetrische Informationen oder Marktmacht[152].

In Unternehmen kommt es zwischen Arbeitnehmern und Arbeitgebern zu Marktversagen aufgrund der bereits angesprochenen asymmetrischen Informationsverteilung und ungleichen Machtstrukturen.[153] Ein freies, rationales Abwägen von Kosten und Nutzen ist zumindest für die schwächere Partei nicht gewährleistet. Marktversagen bedeutet im Arbeitsverhältnis insbesondere, dass es aufgrund bestehender Ungleichgewichte nicht zu einem Verhandlungsergebnis kommt, dass zum Nutzenvorteil aller Akteure beiträgt. Mögliche Szenarien sind neben gar keiner Einigung auch eine Einigung nur zum Vorteil einer Partei.

Mit dem Preis als Koordinationsinstrument wäre es konsequent, diesen zur Herstellung eines Marktgleichgewichts so zu gestalten, dass die Gewinne des Unternehmens und des Arbeitnehmers optimiert werden. Jedoch werden gerade bei sozialem und wirtschaftlichem Machtgefälle Anpassungen ausschließlich über den Preis als ungerecht empfunden.[154] Eine Regelung nur über den Preis würde in die Bedürfnisse der Arbeitnehmer u.U. stark eingreifen und diese verändern, möglicherweise Mangelsituationen erzeugen. Also müsste, um das nicht nur wirtschaftlich, sondern auch stark sozial geprägte Arbeitsverhältnis effizien-

---

gebot und Nachfrage aufeinander treffen. Einig ist man sich, dass der Markt der Gewinnmaximierung dient, den Wettbewerb im Allgemeinen und den Tausch im Speziellen organisiert, vgl. Drexl, S. 116 ff. Zwischen einem Markt und einem Unternehmen gibt es in dieser Hinsicht keine grundlegenden Unterschiede. Auch ein Unternehmen ist Treffpunkt von Angebot und Nachfrage, es finden Verhandlungen statt. Auch ein Unternehmen strebt nach Gewinnmaximierung und organisiert Wettbewerb und Tausch. Daher sind die Grundsätze des Marktes auch im Arbeitsverhältnis und im speziellen für die Verhandlungen um flexible Arbeitszeitkontenmodelle interessant.

150 Als Basis wird eine Anfangsausstattung angenommen, die als effizient oder zumindest wertungsneutral gilt - das Gleichgewicht, vgl. Dietz, S. 76.

151 Nach Arrow, zitiert in: Richter/Furubotn, S. 326.

152 Hauptsächlich Monopole, Oligopole und Kartelle.

153 Wirtschaftliche und soziale Machtgefälle bei Vorhandensein von Institutionen, also Regeln und Organisationen, lassen zumindest auf das Versagen der Institutionen schließen.

154 Beispiele bei Dietz, S. 77.

ter zu gestalten, möglicherweise durch andere Marktmechanismen als durch den Preis versucht werden, sich einem Optimum anzunähern.[155]

i. Implizite Verträge

Auch die Besonderheiten impliziter Verträge finden sich im Arbeitsverhältnis wieder. Implizite Verträge behandeln das Phänomen der Lohnstarrheit.[156] Der Begriff bezeichnet den Drang nach einer Art Reallohn, d.h. eine Vereinbarung fester Löhne anstatt fluktuierender Kurzfristlöhne, die aus Auslastungs- und Leistungsschwankungen üblicherweise resultieren sollten.[157] Arbeitgeber wie Arbeitnehmer streben nach impliziten Verträgen, da sie sich so gegenseitig Vertrauen zu beweisen und gleichzeitig opportunistisches Verhalten der anderen Seite zu unterbinden hoffen.[158] Arbeitnehmer verringern insbesondere ihr Existenzrisiko, indem sie ihr Einkommensniveau auf Dauer sichern.

Lohnstarrheit bringt mit sich, dass Unternehmen auch in wirtschaftlich schlechten Zeiten kaum Lohnanpassungen nach unten vornehmen.[159]

2. Spieltheorie als Grundüberlegung für die Analyse

Bei der Simulation von Verhandlungen um eine Einführung von Arbeitszeitkonten werden in dieser Arbeit die Grundsätze der Spieltheorie zur Hilfe genommen. Die Spieltheorie deutet strategische Interaktionen, wenn Entscheidungen

155 In der Institutionenökonomik versucht man bspw. durch glaubhafte Selbstverpflichtungen, allgemeines soziales Verhalten, Schaffung von Vertrauen etc. - alles Bindemittel bei relationalen Verträgen - dem Marktversagen entgegenzuwirken. Vgl. Richter/Furubotn, S. 327.

156 Vgl. Richter/Furubotn, S. 219, 263 ff. und 299 f.

157 Sog. Lohngerechtigkeit, wurde in der Ökonomik lange Zeit als wichtiges Instrument für die Funktionsfähigkeit der Produktion und für eine kooperative Zusammenarbeit angesehen, dazu vor allem Alfred Marshall, Marshall in: Pigou, S. 216 f. Zur Lohngerechtigkeit gehört auch die Anpassung des Lohnniveaus an wirtschaftliche Schwankungen. Um Gerechtigkeit auf beiden Seiten zu erzeugen, wäre es eigentlich notwendig in Zeiten der Rezession die Löhne zu senken und in Zeiten des Booms die Löhne zu erhöhen - so der Grundansatz einiger Effizienzlohnmodelle, zusammenfassend bei Dietz, S. 144 ff. Austauschgerechtigkeit wird regelmäßig im Einzelarbeitsverhältnis verfehlt, vgl. Zöllner, NZA 1997, 121 (122).

158 Ähnlich Reichold, RdA 2002, 321 (329).

159 Lediglich durch Inflation und Teuerungsraten im Konsum findet eine Realsenkung des Lohnes statt, was aber für den Arbeitgeber keine oder kaum Auswirkungen auf die Kosten hat. Arbeitgeber reagieren in solchen Zeiten eher mit Entlassungen bzw. Verzicht aus Neueinstellungen, vgl. Dietz, S. 173 f.

eines Akteurs von der Entscheidung eines anderen Akteurs abhängig sind und umgekehrt. Unter Zuhilfenahme von Effizienzformeln wird als Verhandlungsergebnis die effizienteste Lösung angestrebt.

Bei der sog. *Pareto*-Formel sind X und Y zwei soziale Zustände einer Gesellschaft und aller Individuen in ihr. Wenn ein Gesellschaftsmitglied den Zustand X dem Y persönlich vorzieht und die anderen unentschlossen sind, ist Zustand X insgesamt sozial vorzuziehen. Eine Gesellschaft ist dann effizient, wenn sie bei gegebener Vermögensverteilung einen Zustand herbeiführt, bei dem niemand mehr besser gestellt werden kann, ohne dass ein anderer schlechter gestellt wird (Allokationseffizienz). Zu beachten ist dabei, dass diejenigen Leistungen, die die Gesellschaftsmitglieder haben möchten und die bei knappen Ressourcen erstellt werden können, auch tatsächlich erbracht werden und, dass die Ressourcen am Ort ihrer sozial nützlichsten Verwendung eingesetzt werden.[160] *Kaldor* und *Hicks* entwickelten in Erweiterung der *Pareto*-Formel eine Kollektiventscheidungsregel für den Fall, dass Zustände X und Y von verschiedenen Individuen bevorzugt werden, weil es in beiden Zuständen jeweils Bevorzugte und Benachteiligte gibt. Diese besagt: Zustand X ist dann sozial vorzuziehen, wenn mindestens ein Individuum X vorzieht und eines Y, diejenigen, die X präferieren, Entschädigungen an die zahlen könnten, die Y präferieren, diejenigen die Y präferierten so unentschlossen würden und diejenigen, die X präferieren immer noch den neu entstehenden Zustand präferieren. Ergebnis ist die Vollentschädigung der Benachteiligten, wobei die Begünstigten sich einen Nettovorteil erhalten. Hiernach ist X auch dann vorzugswürdig gegenüber Y, wenn es im Zustand Y einigen Individuen schlechter geht. Voraussetzung ist aber, dass die ‚Gewinner' die ‚Verlierer' kompensieren können.[161]

Ziel der Spiele ist es demnach, herauszufinden, wie die Entscheidungsträger entscheiden würden, um rational das optimale Ergebnis zu erzielen. Man unterscheidet weiterhin nichtkooperative[162] und kooperative[163] Spiele. Im Arbeitsverhältnis ist von kooperativen Spielen auszugehen, regelmäßig in Form von Verhandlungsspielen.[164]

---

160 Vgl. J. Buchanan, zitiert in: Schäfer/Ott, S. 6 und 26 ff..

161 Einzelheiten, vgl. Eidenmüller, S. 47 ff.

162 Nichtkooperative Spiele zeichnen sich durch aktions- oder strategieorientierte Entscheidungsträger aus. Ein Analysekonzept ist dabei das Nash-Gleichgewicht, entwickelt von John Forbes Nash.

163 Die kooperative Spieltheorie erklärt bspw. die Funktionsweise von Koalitionen. Bei ihr ist Kommunikation die Grundlage, so die Pareto-Effizienz oder die Nash-Verhandlungslösung; der Kern, die Shapley-Lösung, das Mean-Voter-Theorem.

164 Von kooperativen Spielen ist bei Existenz von Rechtssystemen (z.B. Verträgen) auszugehen, Holler/Illing, S. 22, zu Verhandlungsspielen, S. 181 ff.

Für Verhandlungen innerhalb von Arbeitsverhältnissen wird mehrheitlich die Nash-Verhandlungslösung zugrunde gelegt.[165] Dabei setzen sich die Entscheidungsträger zusammen und versuchen den Zustand zu bestimmen, der den Gesamtertrag aller Teilnehmer maximiert. Kooperatives Verhalten und die Ermittlung des Nutzens für das Kollektiv werden dabei berücksichtigt. Zu beachten sind damit auch die vorstehend herausgearbeiteten Besonderheiten im Arbeitsverhältnis, wie das Streben der Arbeitnehmer nach existenzieller Absicherung, die bedingte Kooperationen, hierarchische Strukturen etc. Sie bremsen den Arbeitnehmer - und in gewisser Hinsicht auch den Arbeitgeber - bei der Geltendmachung seiner Präferenzen bei Vertragsschluss und während der Laufzeit des Vertrages.

Wie bei der Verhandlungslösung nach *Nash* kann bei den folgenden Verhandlungen individuelles Verhandlungsgeschick nicht berücksichtigt werden.[166] Während des Verlaufs von Verhandlungen werden außerdem in der Praxis Standpunkte, Präferenzen und Argumente ausgetauscht und die Akteure erhalten Informationen, die für die Entscheidung von Bedeutung sind. Die neugewonnenen Informationen nehmen in der Folge Einfluss auf die Verhandlungsstrategie.[167] In der Analyse über eine Einführung von Arbeitszeitkonten wird angenommen, dass ein solcher Informationsaustausch bereits stattgefunden hat. Das bedeutet, dass Arbeitgeber und Arbeitnehmer von den jeweiligen Positionen der Verhandlungspartner Kenntnis haben. Es wird lediglich eine ex-post Analyse durchgeführt.

Bei den generalisierten Verhandlungen um Arbeitszeitkonten gilt damit folgende Entscheidungsgrundlage: Diejenigen Regelungen werden präferiert, die

---

165 Vgl. Holler/Illing, S. 186 ff. Nach Nash müssen kooperative Spiele 4 Axiome erfüllen – d.h. 4 Bedingungen, die gegeben sein müssen, damit das Verhandlungsergebnis von möglichst vielen Akteuren akzeptiert wird:
Pareto-Optimalität: Parteien verzichten nicht auf Nutzen, d.h. ein Spieler darf nie schlechter gestellt werden, solange es eine Lösung gibt, die keinen Spieler schlechter stellt. Dazu auch FN 160,
Symmetrie: Es ergeben sich symmetrische Verhandlungsergebnisse, wenn das Verhandlungsproblem symmetrisch ist,
Unabhängigkeit von äquivalenter Nutzentransformation: d.h. von Einheiten oder Standardisierungen, in denen die Auszahlung gemessen wird,
Unabhängigkeit von irrelevanten Alternativen: Das Verhandlungsergebnis ändert sich nicht, wenn Alternativen ausgeschlossen werden, die ohnehin nicht gewählt würden.
Auf die Darstellung der Nash-Formel wird i.Ü. verzichtet.

166 Verhandlungsgeschick steuert den Verhandlungsprozess mehr oder weniger stark. Nash entwickelte für solche Spiele die asymmetrische Verhandlungslösung, vgl. Holler/Illing, S. 204 ff..

167 Vgl. Holler/Illing, S. 42 ff.

unter Rücksichtnahme auf die Besonderheiten der Arbeitsverhältnisse, die unternehmerischen Ziele und Arbeitnehmerinteressen am effizientesten verbinden und fördern können. Weitergehende Berechnungen mit Hilfe der Nash-Formel sollen in dieser Arbeit nicht unternommen werden. Die Nash-Verhandlungslösung wird somit lediglich zur Verdeutlichung des Ablaufs von Verhandlungen unter ökonomischen Maßstäben herangezogen.

III. Bestimmung der Idealpositionen

Voraussetzung der Analyse und der Verhandlungen ist, dass kein Akteur mit einer Auszahlung unterhalb seines Status quo[168] zufrieden sein wird. Im status quo findet keine Einigung statt. Jeder Entscheidungsträger versucht, die höchstmögliche Differenz zwischen seiner erstrebten Auszahlung (Idealposition) und dem Nichteinigungspunkt (Status quo) zu erhalten. Das maximale Produkt der Differenzen ist die Verhandlungslösung.

Jeder Akteur hat in Bezug auf die zu führenden Verhandlungen eine bestimmte Ausgangshaltung, insbesondere grundlegende Bedürfnisse, die seine Idealposition darstellen. Zu beachten ist, dass Bedürfnisse der Arbeitgeber und Arbeitnehmer oder zumindest die Gewichtung der Bedürfnisse im Einzelfall stark variieren können. Eine Einzelfallabwägung kann hier jedoch nicht vorgenommen werden, darauf wird gegebenenfalls an den entscheidenden Stellen hingewiesen. Die vertretenen Positionen haben zudem keinen Anspruch auf Vollständigkeit.

1. Idealpositionen der Arbeitgeber/Unternehmen

Grundlegende Unternehmensziele werden vor allem in der Errichtungsphase des Unternehmens von den Gründern festgelegt und ergeben sich aus dem Unternehmenszweck. Darüber hinaus bestehen allgemeine Unternehmensziel wie Gewinnmaximierung, Liquidität, Produktivität und Rentabilität. Sie sichern das Wachstum des Unternehmens in kurzfristiger (Auslastung des Produktionspotentials) und langfristiger (Steigerung des Produktionspotentials) Hinsicht.

Unternehmer sind typischerweise daran interessiert, einen möglichst hohen Gewinn zu erarbeiten - also maximale Umsätze bei minimalen Kosten zu erzielen. Dafür muss das Unternehmen wettbewerbsfähig am Markt sein und wirtschaftlich arbeiten. Wettbewerbsfähigkeit und Wirtschaftlichkeit kann auch

168 Nichteinigungs-, Konflikt- oder Drohpunkt oder auch Punkt des Scheiterns der Verhandlungen, vgl. Holler/Illing, S. 24.

durch einen optimierten Einsatz von Arbeitskräften gesteigert werden, denn Arbeitnehmer sind ein bedeutender Kostenfaktor für Unternehmen. Gerade in Deutschland sind sie aufgrund hoher Lohnnebenkosten wegen des hohen sozialen Standards teure Wirtschaftsgüter.[169] In der Dienstleistungsbranche machen sie sogar einen beträchtlichen Anteil an den Gesamtkosten der Unternehmen aus. Die Effektivität von Arbeitskräften bestimmt sich jedoch nicht nur durch kostensparenden Einsatz, sondern auch durch einen optimiert am Unternehmen ausgerichteten Einsatz und für den Arbeitgeber transparente und vertrauensvolle Zusammenarbeit. Denn nicht nur Lohnkosten bestimmen die Wirtschaftlichkeit, sondern auch Arbeitsproduktivität.[170]

Um wettbewerbsfähig und wirtschaftlich zu arbeiten und das Wachstum des Unternehmens zu fördern, haben Unternehmen insgesamt Interesse an einem optimierten Einsatz der Arbeitskräfte. Dieser Gedanke bestimmt die Idealposition der Unternehmen bei Verhandlungen um flexible Arbeitszeitsysteme.

Idealposition der Arbeitgeber in Bezug auf den optimierten Einsatz der Arbeitskräfte ist demnach der produktive Einsatz der Arbeitskräfte, damit einhergehend Beschäftigungsstabilisierung, Geringhaltung von Personalkosten, Ausbau von Transparenz und Kontrolle im Unternehmen sowie von Vertrauen und Kooperation.

2. Idealpositionen der Arbeitnehmer

Auch Arbeitnehmer verfolgen mit Hilfe von Arbeit und deren Früchten bestimmte Ziele, die sie zu optimieren versuchen. Auf der einen Seite ist der Mensch von Natur aus faul und lediglich bemüht, das zu tun, was getan werden muss. Nach der Arbeitsleidhypothese, die besagt, dass Arbeit einen negativen Nutzen in Bezug auf Freizeit hat,[171] wird der Arbeitnehmer zu Bummelei tendieren und versuchen, ausgerichtet an der Gegenleistung, seine Arbeitsleistung so gering wie möglich zu halten. Die Idealpositionen von Arbeitnehmern stehen schon aus diesem Grund im Gegensatz zu den Wirtschaftlichkeits- und Wettbewerbsfähigkeitserwartungen der Arbeitgeber.

Jeder Mensch hat allerdings Bedürfnisse physischer und psychischer Natur, für deren Erfüllung er regelmäßig mehr einsetzt, als nur das Nötigste. Mit zu-

169 Kritiker sprechen von einer schwindenden Attraktivität deutscher Unternehmen für Investoren aufgrund der hohen Lohnnebenkosten, vgl. dazu Finkin, RdA 2002, 333 (339); D´Aprile/D´Aprile/Geisen, S. 65 f.

170 Vgl. D´Aprile/D´Aprile/Geisen, S. 68.

171 Dazu Dietz, S. 70.

nehmendem Alter und Erfahrung wandeln sich Bedürfnisse, einige werden wichtiger, andere treten in den Hintergrund.

Auch das Bild des Arbeitsleides hat sich gewandelt. Positive Eigenschaften des Arbeitsverhältnisses, insbesondere im Hinblick auf Möglichkeiten der Selbstverwirklichung, haben ihm den Rang abgelaufen.

Zu berücksichtigen ist, dass Arbeitnehmer regelmäßig existenziell von dem Arbeitsplatz als Einkommensquelle abhängig sind. Nach der Höhe des Einkommens richten sich Konsum und Sparpotential als Möglichkeiten der Bedürfnisbefriedigung. Arbeitnehmer sind damit ‚untrennbar' mit dem Gut Arbeit verbunden. Sie richten ihr persönliches Leben: Wohnsitz, Lebensumfeld und Lebensumstände an der Arbeit aus, schränken ihre Mobilität und persönliche Planung dahingehend ein.[172] Bedürfnisse, die durch Arbeit in der modernen Gesellschaft verwirklicht werden sollen, sind damit nicht weniger komplex als das Arbeitsverhältnis selbst.

Idealpositionen der Arbeitnehmer finden sich danach außer in der Sicherstellung der grundlegenden physischen Bedürfnisse, in dem Drang nach Sicherheit und Bequemlichkeit, Anerkennung sowie Selbstverwirklichung.[173]

IV. Ablauf der Verhandlungen

Bei der Analyse wird vorausgesetzt wird, dass Arbeitgeber wie auch Arbeitnehmer grundsätzlich an einer Flexibilisierung der Arbeitszeit interessiert sind. Sie werden allerdings nur dann ein Arbeitszeitkontenmodell nutzen, wenn dies aus ihrer jeweiligen Sicht vorteilhaft ist. Nach Abschluss der Verhandlungen wird, sollten diese erfolgreich sein, das individuell auf das Unternehmen zugeschnittene Modell implementiert. Die folgenden Überlegungen sollen in diesem Zusammenhang kennzeichnen, aus welchen Gründen sich die Arbeitsvertragsparteien allgemein für oder gegen eine Einführung von Arbeitszeitkonten positionieren könnten.

Die Analyse um eine Einführung von Arbeitszeitkonten im Unternehmen wird aufgrund ihrer Komplexität getrennt nach den jeweiligen Bedürfnissen der Arbeitnehmer und Arbeitgeber geführt. Begonnen werden die Verhandlungen mit einer Darstellung, welche Idealpositionen die Akteure jeweils in Bezug auf das Arbeitsverhältnis und das zu befriedigende Bedürfnis haben (1). Als Ausgangsposition für die Verhandlungen und gleichzeitig Nichteinigungspunkt wird

172 Vgl. D´Aprile/D´Aprile/Geisen, S. 38 f.

173 Bedürfnisfolge orientiert an Lea, Tarpy und Webley, in: The Individual in the Economy, nach: Dietz, S. 70.

eine vorhandene starre Arbeitszeitregelung angenommen. Anschließend wird der Standpunkt der jeweils gegnerischen Akteure zu dem Verhandlungspunkt erörtert (2), um etwaige Optimierungsmöglichkeiten zu finden. Danach wird untersucht, ob und wie ein Arbeitszeitkontensystem die Bedürfnisse der Akteure fördern kann (3). Daraus lässt sich im Ergebnis (4) jeweils ableiten, ob und inwieweit Arbeitszeitkonten gegenüber der vorhandenen starren Arbeitszeitregelungen aus Sicht der Bedürfnisse der Parteien für alle Beteiligten vorteilhaft sind.

1. Verhandlungspositionen der Arbeitgeber

a. Produktiver Einsatz der Arbeitskräfte

(1) Ideal- / Ausgangsposition der Arbeitgeber

Zu den Unternehmensidealen gehört der gezielte, betriebs-, produkt- und kundenorientierte Einsatz der Arbeitskräfte. Eine Optimierung des Arbeitskräfteeinsatzes verfolgen Unternehmen in verschiedener Hinsicht, etwa in Bezug auf schnelle Reaktionsmöglichkeiten bei Auftrags- bzw. saisonalen Schwankungen, auf die Abstimmung von Arbeits- und Betriebszeiten, sowie auf die Leistungsfähigkeit und Leistungsbereitschaft der Arbeitnehmer.[174]

Unternehmen müssen schnell und flexibel auf kurzfristige Änderungen des Marktes aufgrund von Auftragsschwankungen oder aus saisonalen Gründen, bzw. auch aus ganz unternehmensindividuellen Gründen reagieren können. Reaktionen erfordern in der Mehrzahl der Fälle Arbeitszeitanpassungen beim Personal. Das Auftreten und die Intensität von Auslastungsschwankungen können regelmäßig bei Abschluss des Arbeitsvertrages mit dem einzelnen Arbeitnehmer nicht oder nur schwerlich vorhergesehen werden. Damit sind bei ansonsten starren Arbeitszeitregelungen Reaktionen auch nur bedingt flexibel und kurzfristig möglich. Arbeitgeber präferieren damit Regelungen, mit denen sie schneller und flexibler über den Einsatz der Arbeitskräfte, ausgerichtet an der Auftragslage, entscheiden können als dies derzeit im jeweiligen Unternehmen der Fall ist. Idealposition ist der Einsatz der Arbeitskräfte optimal schnell und flexibel nach den Bedürfnissen des Unternehmens.

Ein optimierter Einsatz der Arbeitskräfte bedeutet auch, dass Arbeitszeiten und Betriebszeiten, also die Zeiten an denen Menschen und betriebliche Anla-

174 Leistungsfähigkeit und Leistungsbereitschaft als Leistungsvoraussetzungen: Bokranz/ Landau, S. 109 ff. und 150 ff.

gen arbeiten, bestmöglich aufeinander abgestimmt werden.[175] Der Arbeitgeber ist aus Kostengründen auch in diesem Punkt an einer optimalen Abstimmung interessiert. Dabei spielt eine Rolle, dass im Gegensatz zu den tendenziell kürzer werdenden wöchentlichen Arbeitszeiten längere Betriebsnutzungszeiten in der Unternehmenspraxis anzutreffen sind.[176]

Arbeitgeber sind immer auch interessiert, produktive Arbeitnehmer - i.S.v. maximal leistungsfähig und leistungsbereit - einsetzen zu können, schon aufgrund der Gefahr von Moral-Hazard-Verhalten der Arbeitnehmer.[177] Wenn opportunistisches Verhalten vermieden werden kann, würden Transaktionskosten für die Aufdeckung unproduktiven Verhaltens, Maßregelungen, Entlassungen und folgende Neueinstellungen ebenfalls vermieden. Aber auch jenseits von opportunistischem Verhalten sind Arbeitgeber an einer möglichst hohen Leistungsbereitschaft ihrer Arbeitnehmer interessiert.

(2) Ausgangsposition der Arbeitnehmer

Einerseits sieht der rational denkende Arbeitnehmer in der flexiblen Nutzung seiner Arbeitskraft nach den Bedürfnissen des Arbeitgebers einen Einschnitt in seiner Freizeitgestaltung. Arbeitnehmer sind ohnehin in der zeitlichen Gestaltung ihres Tagesablaufes von der zeitlichen Lage des Arbeitstages abhängig. Treten flexible Anpassungen und Änderungen des Tagesablaufes hinzu, verliert der Arbeitnehmer weiter in seiner autonomen Zeiteinteilung. Damit ist der Arbeitnehmer zunächst nicht an einer Flexibilisierung seiner Arbeitskraft interessiert.[178]

Andererseits bestände auch ohne flexible Reaktionen auf Auftragsschwankungen eine Verpflichtung des Arbeitnehmers zur Ableistung von Überstunden. Bei Gehaltsempfängern ist oftmals eine relative Anzahl an Überstunden bereits mit dem vereinbarten Festgehalt abgegolten. Darüber hinausgehende Überstunden werden ausgezahlt oder durch kurzfristige Freistellungen für Stunden oder ganze Tage aufgebraucht. Bei Lohnempfängern gibt es ähnliche Regelungen oder es werden angeordnete Überstunden ohne oder mit Überstundenzuschlägen ausgezahlt. Arbeitnehmer werden sich aus diesem Grund in gewissem Maße kooperativ zeigen.

---

175 Beispielrechnung nach Schliemann/Meyer, S. 364 f.: Bei einer Nutzung des Arbeitsplatzes von wöchentlich 35 Stunden gibt es 133 Std. Stillstand, das bedeutet fast 80%. Bei Investitionen auf diesen Arbeitsplatz i.H.v. 100.000 € blieben 79.000 € ungenutzt.

176 Vor allem Schichtarbeit, vgl. Hamm, Praxis, S. 64.

177 Zu Moral-Hazard-Verhalten vgl. Abschnitt II. 1. c.

178 So auch Buschmann/Ulber, ArbZG § 3, RN 18.

(3) Beeinflussung durch Arbeitszeitkonten

Bei der Nutzung von Arbeitszeitkonten wird je Arbeitnehmer ein Arbeitszeitkonto geführt, auf dem die unter Einhaltung der vereinbarten- und gesetzlichen Bedingungen tatsächlich abgeleisteten- einerseits, und vertraglich vereinbarten Stunden andererseits, erfasst werden. Die Differenz ergibt positive Salden bei Mehrarbeit bzw. ausgeglichene Kontostände oder negative Salden. Die Grenzen der Kontennutzung der Höhe nach in den Plus- und in den Minusbereich werden an den Bedürfnissen des Unternehmens ausgerichtet.

Mit Hilfe von Arbeitszeitkonten können damit Unternehmen den Arbeitskräfteeinsatz an kurzfristige Schwankungen der Auftragslage anpassen. Bei starker Konjunktur werden Wertguthaben auf dem Konto aufgebaut, bei schwächerer Auftragslage abgebaut.

Durch einen zeitlich gezielten Einsatz der Arbeitskräfte mit Hilfe von Arbeitszeitkonten können außerdem Betriebs- und Arbeitszeiten effektiver abgestimmt werden. Arbeitnehmer können in Abstimmung mit den Betriebs- und Maschinenlaufzeiten eingesetzt werden, ohne kostenintensive Überstundenvergütungen zu erzeugen.[179]

Unternehmen können zudem andere Produktionsfaktoren besser nach dem Einsatz der Arbeitskräfte planen und umgekehrt. Die optimierte und flexible Abstimmung aller Produktionsfaktoren zieht die Senkung von Produktionskosten nach und eine Effizienzsteigerung nach sich. Für diese Art der Optimierung stehen insbesondere Kurzzeitkontenmodelle zur Verfügung.[180]

Was den Wunsch der Arbeitgeber nach gut ausgebildeten und stets motivierten - also optimal leistungsfähigen und leistungsbereiten - Arbeitnehmern angeht, können Arbeitszeitkonten nicht direkt helfen. Rechtlich ist der Arbeitnehmer nach §§ 611 Abs. 1, 613 Satz 1 BGB zur Leistung der versprochenen Dienste verpflichtet,[181] das bedeutet, dass in keinem Fall Dauerspitzenleistungen verlangt werden können. Der Inhalt der versprochenen Dienste ergibt sich grundsätzlich aus dem Arbeitsvertrag, sowie aus Gesetz. § 106 GewO enthält ein Weisungsrecht des Arbeitgebers hinsichtlich Inhalt, Ort und Zeit der Arbeitsleis-

---

179 Wenn die Überstunden innerhalb des Schwankungsintervalls liegen und nicht zusätzlich zu vergüten sind, vgl.: Seifert, WSI-Mitteilungen 1996, 442 (444); Seifert, WSI-Mitteilungen 2000, 237 (242).

180 Zu Kurzzeitkonten vgl. 1. Kapitel, Abschnitt III. 1.

181 H.M., Arbeitsleistung „unter angemessener Ausschöpfung seiner persönlichen Leistungsfähigkeit", vgl. BAG v. 17.7.1970, BAGE 22, 402; v. 14.1.1986, BAGE 50, 330; v. 21.5.1992, NJW 1993, 154; v. 11.12.2003, BAGE 109, 87; ErfK/Preis, BGB § 611, RN 643; subj.-obj. Maßstab, MüKo BGB Bd. 4/Müller-Glöge, § 611, RN 19 f.; MüHdb ArbR/Reichold, § 36, RN 41 f.; kritisch, Maschmann, NZA-Beil. 2006, 13 (15 f.); Hunold, BB 2003, 2345 (2346); Tschöpe, BB 2006, 213 f.

tung.[182] Eine direkte Beeinflussung der Leistungsfähigkeit und -bereitschaft anhand eines gezielten Arbeitszeitkonteneinsatzes soll an diesen Vorgaben ihre Grenzen finden. Eine Steigerung der Arbeits- und Leistungsbereitschaft über die zu leistenden Dienste hinaus ist unter Einhaltung der jeweils einschlägigen Arbeitsschutzgesetze grundsätzlich möglich. Motivation der Arbeitnehmer kann bspw. durch eine auch für Arbeitnehmer vorteilhafte Arbeitszeitplanung oder durch eine an den Interessen der Arbeitnehmer ausgerichtete Verwendung der Wertguthaben erreicht werden.[183] Leistungsbereitschaft kann erhöht und Moral-Hazard-Verhalten eingedämmt werden.

(4) Mögliches Verhandlungsergebnis

Für Arbeitgeber sind Arbeitszeitkonten aufgrund eines produktiven Einsatzes der Arbeitskräfte vorteilhaft gegenüber starren Arbeitszeitsystemen. Optimal ist ein umfassendes und alleiniges Einsatz- und Bestimmungsrecht des Arbeitgebers. Für Arbeitnehmer kann die Angleichung von Arbeits- und Betriebszeiten im Ergebnis wertungsneutral sein, wenn sich dadurch keine oder lediglich geringe weitere Einschränkungen in der autonomen Zeitplanung ergeben.

Um ein Verhandlungsergebnis zu erhalten, bleibt damit zu ermitteln, ob die Einbußen in der autonomen Zeitplanung der Arbeitnehmer entweder nicht ausschlaggebend sind, um die Verhandlungen an dieser Stelle scheitern zu lassen oder, ob sie durch andere Verhandlungspunkte kompensiert werden können, so dass insgesamt der Nutzen überwiegt. Einbußen in der autonomen Zeitplanung der Arbeitnehmer kompensieren könnten bspw. Möglichkeiten der Einflussnahme auf betriebliche Abläufe. Soweit Arbeitnehmer ein Mitspracherecht erhielten, könnte sie den Personaleinsatz mitsteuern und wiederum besser auf Bedürfnisse an Freizeit abstimmen, sogar zu einem Vorteil gegenüber starren Arbeitszeiten. An einer solchen Regelung wären Arbeitnehmer interessiert,[184] insbesondere wenn die Vorteile für Arbeitgeber und das Kollektiv berücksichtigt werden.

b. Beschäftigungsstabilisierung

(1) Ideal- / Ausgangsposition der Arbeitgeber

Durch die Vergütung betrieblich veranlasster, unvermeidbarer Überstunden und andere Formen unternehmensschädlicher Arbeitsauslastung, wie Kurzarbeit oder

---

182 Der Arbeitgeber soll nach billigem Ermessen entscheiden, soweit die betreffenden Arbeitsbedingungen nicht bereits durch Arbeitsvertrag, Betriebsvereinbarung, Tarifvertrag oder gesetzliche Vorschriften festgelegt sind.

183 Vgl. Scherf/Kick, Lohn+Gehalt Spezial Juni 2009, 19 (21).

184 So zumindest Reinecke, BB-Beil. 2008, 21.

Entlassungen bei vorübergehend wirtschaftlich schlechter Auftragslage und Neueinstellungen mit Einarbeitungszeiten bei guter Auftragslage, entstehen zusätzliche Kosten.[185] Solche Kosten sind insgesamt beschäftigungsschädlich.[186] Arbeitgeber erhoffen sich durch Beschäftigungsstabilisierung bessere Planungssicherheit[187] in Bezug auf die Arbeitskräfte und damit den Abbau von Kosten für unvorhergesehene Ereignisse.

Entlassungen in strukturell ungünstigen Zeiten betreffen oftmals gerade Fachkräfte, da diese aufgrund der potentiell höheren Gehälter in Krisenzeiten schwerer zu halten sind. Sie sind zumindest in zeitlicher Hinsicht bei Wiedereinsetzen der Konjunktur aber auch schwer zu finden, da das Angebot an speziell ausgebildeten Arbeitskräften entsprechend gering ist. Ziel der Unternehmen ist es daher gerade, schwer ersetzbare, oftmals kostenintensive Arbeitskräfte zu halten.

Der Wunsch nach dem Erhalt von Fachkräften betrifft auch gerade Frauen, die nach Ausbildung und Spezialisierung in noch jungen Jahren eine Familie gründen und damit in vielen Fällen dauerhaft aus dem Unternehmen ausscheiden.[188] Frauen sind aufgrund der hohen Ausfallwahrscheinlichkeit ein hohes Risiko für Arbeitgeber. Andererseits haben Frauen heute grundsätzlich den gleichen Bildungsstand wie Männer, ihre Ausbildungsunternehmen haben in sie wie auch in die männlichen Kollegen investiert.[189] Arbeitgeber sind daher auch interessiert, dieses Know-how im Unternehmen zu halten.

Der aufgrund demografischer Entwicklungen zunehmende Fachkräftemangel wirkt problemverstärkend und kann in Zukunft zu weiteren Belastungen für Unternehmen führen. Ältere Arbeitnehmer werden in Zukunft in Unternehmen eine größere Rolle spielen, da junges Personal fehlt. Daher besteht einerseits das Interesse, Fachkräfte so lange wie möglich im aktiven Arbeitsprozess zu halten.[190] Bei dem Einsatz älterer Mitarbeiter müssen Arbeitgeber gezwungenermaßen auf deren Leistungsfähigkeit Rücksicht nehmen. Außerdem sind Arbeitgeber daran interessiert, junge Menschen als Nachfolger scheidender Fachkräfte ‚heranzuziehen', das Fachwissen der älteren Generation an die jüngere- direkt weiterzugeben, und damit nachwachsende Fachkräfte auszubilden.

---

185 Personalabbaumaßnahmen sind langwierig und kostspielig, Kurzarbeit verringert die Produktivität, vgl. Otto/Walk, BB 2010, 373.

186 Ähnlich Finkin, RdA 2002, 333 (340).

187 So auch Reinecke, BB-Beil. 2008, 21.

188 Zumindest für so lange Zeit, dass sie nicht mehr ohne weiteres den Anschluss als Fachkraft finden.

189 Vgl. Destatis, Im Blickpunkt - Frauen in Deutschland 2006, insbes. S. 21 ff. und 27 ff.

190 Vgl. Scherf/Kick, Lohn+Gehalt Spezial Juni 2009, 19 (21).

Unternehmen können auf diese Weise eine ausgewogenere Altersstruktur erreichen und erhalten. Ziel ist es daneben, dafür zu sorgen, dass auch die ausgebildeten Nachwuchsfachkräfte dem Unternehmen auf Dauer zur Verfügung stehen. Kurzum Fachkräfte sollen an das Unternehmen ‚gebunden' werden.[191]

Im Zusammenhang mit der Beschäftigungsstabilisierung nicht zu vergessen sind Kosten für Vorruhestandsregelungen, die Unternehmen zu tragen haben. Das Eintrittsalter in den gesetzlichen Ruhestand wird derzeit stufenweise vom 65. auf das 67. Lebensjahr erhöht. Damit geht jedoch nicht automatisch die Steigerung der psychischen und physischen Leistungsfähigkeit einher. Ohne Vorruhestandsregelungen - zu denen der Arbeitgeber nicht verpflichtet ist - kann es in Zukunft zu vermehrten Entlassungen älterer Arbeitnehmer aufgrund ihres Gesundheitszustandes und damit zu hohen Abfindungszahlungen kommen, die dem Unternehmen enorme Kosten verursachen können.

(2) Ausgangsposition der Arbeitnehmer

Die Vermeidung oder Eindämmung beschäftigungsfeindlicher Auslastungsspitzen ist denkbar auch im Interesse der betroffenen Arbeitnehmer. Denn auch sie sind an dauerhaft sicheren Arbeitsplätzen interessiert wie auch an dem dauerhaften Erhalt des Arbeitsentgeltes. Auch die Beschäftigungsstabilisierung in Bezug auf eine bessere Planbarkeit des Erwerbslebens und des Ruhestandes ist nicht nur im Interesse der Arbeitgeber, sondern regelmäßig auch der Arbeitnehmer. Die bessere Vereinbarkeit von Arbeit und Familienleben ist besonders bei weiblichen Arbeitnehmern eine Idealvorstellung, um den (temporären) Ausstieg aus dem Arbeitsleben vermeiden zu können.

Zu bedenken ist auch, dass Arbeitnehmer Überstunden nicht ohne Grund leisten, sondern weil Arbeit da ist. Sind Arbeitnehmer gezwungen, Überstunden 'abzubummeln',[192] häuft sich in demselben Augenblick durch die Freistellung des Arbeitnehmers wieder Arbeit auf. Das führt dazu, dass im Anschluss wiederum Überstunden gemacht werden müssen, die erneut 'abgebummelt' werden müssten. Dieses hin und her schädlicher Auslastung wirkt sich zudem negativ auf den Erholungseffekt bei Arbeitnehmern aus.

(3) Beeinflussung durch Arbeitszeitkonten

Durch eine flexible Ausnutzung von Arbeitszeit mit Hilfe von Arbeitszeitkonten können im Gegensatz zu starren Arbeitszeitregelungen Auslastungsschwankungen abgefangen und beschäftigungsfeindliche Auslastungsspitzen vermieden

191 Vgl. Scherf/Kick, Lohn+Gehalt Spezial Juni 2009, 19 (21).

192 Wenn Überstunden nicht ausgezahlt werden.

werden. In arbeitsintensiven Phasen werden dabei vermehrt Überstunden abgeleistet und auf dem Arbeitszeitkonto verbucht. In wirtschaftlich schwachen Phasen werden diese dann abgebaut und können Kurzarbeit oder Entlassungen vorbeugen.[193] Für kurzfristige Beschäftigungsschwankungen sind Kurzzeitkonten ausreichend. Ist längerfristige Mehrarbeit ohne planbare Abbaumöglichkeit der Wertguthaben notwendig, sind Langzeitkonten vorzuziehen. Mit ihnen kann das Wertguthaben anders als nur durch Freistellungen bei Auslastungsschwankungen verwendet werden.

Was die Leistungsfähigkeit älterer Arbeitnehmer und die Ausbildung nachwachsender Fachkräfte anbetrifft, ist mit Hilfe von Arbeitszeitkonten, konkret durch Wertguthabenvereinbarungen, eine optimierte Arbeitskraftverteilung möglich, um die Altersstruktur im Unternehmen besser abzustimmen.[194] Hierbei geht es nicht nur um den Aufbau und Abbau von Wertguthaben in kurzfristiger Abfolge. Es geht vielmehr um die Nutzung längerfristig angesparter Wertguthaben auf Langzeitkonten. Spezielle Lebensarbeitszeitkontenmodelle können in der letzten Phase des aktiven Arbeitslebens, durch Anpassung der Arbeitsbelastung an die Leistungsfähigkeit des Arbeitnehmers bzw. im Wege kompletter Freistellung, eingesetzt werden.[195] Dabei besteht auf Arbeitnehmerseite der Vorteil, dass bei Freistellungen vor dem Ruhestand mit Nutzung von Wertguthaben nicht auf Arbeitsentgelt verzichtet oder Abschläge in der gesetzlichen Rentenversicherung in Kauf genommen werden müssen.[196] Trifft eine verminderte Arbeitszeit Fachkräfte, kann die frei werdende (Teil-)Position mit einer nachwachsenden Fachkraft besetzt werden, die mit der Zeit das spezifische Wissen der ausscheidenden Kraft übernehmen und diese auf lange Sicht ersetzen kann. Firmenspezifisches Spezial- und Fachwissen kann in einer Lehrer-Schüler-Kombination vermittelt, dabei die nachlassende Arbeitsleistung der ausscheidenden Fachkraft einkalkuliert und mit der nachwachsenden Kraft gepuffert werden.[197]

Die Möglichkeit, sich langfristig für die persönliche Lebens- und Ruhestandsplanung Guthaben aufzubauen und diese bei Bedarf abzurufen, nützt auch dem Arbeitnehmer und bewirkt damit eine indirekte Bindungswirkung des Arbeitnehmers an das Unternehmen.

Beschäftigungsstabilisierung wird zudem erreicht, wenn Frauen, die in jungen Jahren zu Fachkräften ausgebildet wurden und dann eine Familie gründen,

---

193 Ähnlich Seifert, WSI-Mitteilungen 1996, 442 (445 f.).

194 Vgl. Scherf/Kick, Lohn+Gehalt Spezial Juni 2009, 19 (21).

195 Die entsprechenden Modelle sind Blockmodelle oder Teilzeitmodelle.

196 Vgl. Scherf/Kick, Lohn+Gehalt Spezial Juni 2009, 19 (21).

197 In diesem Sinne Klemm NZA 2006, 946 (947); Petersmeier BB 2005, 931 (932); Skorczyk/Klups/Jacobsen, BB Beil. 2007, 2 (3); Wellisch/Näth FB-Beil. 2004, 16 (17).

im Unternehmen gehalten werden können.[198] Diese Möglichkeit bieten auf Freistellungen während der Erziehungsphase des Kindes ausgerichtete Langzeitkonten.[199] Frauen sowie auch Männer können frühzeitig beginnen, Wertguthaben anzusparen und diese für flexible Freistellungen für die Kindererziehung und -pflege nutzen, ohne ganz aus dem Unternehmen ausscheiden zu müssen.

Im Übrigen wirken auf diese Weise erreichte Beschäftigungsstabilisierungseffekte auch aus volkswirtschaftlicher- und Arbeitsmarktperspektive transaktionskostensenkend und damit effizient. Zum einen schaffen und sichern Flexibilisierungsmaßnahmen Arbeitsplätze. Zum anderen sind Entlassungen bei langfristigen Vertragsverhältnissen aufgrund vertragsspezifischer Investitionen durch Fortbildung, Erlernen betriebsspezifischer Arbeitstechniken etc. für die Vertragsparteien nicht kostenlos.[200]

(4) Mögliches Verhandlungsergebnis

Die Interessen von Arbeitgebern und Arbeitnehmern in dem Bereich Beschäftigungsstabilisierung sind gleichgelagert. Beschäftigungsstabilisierung ist für alle Seiten von Vorteil, wenn gleichzeitig die Leistungsfähigkeit der Arbeitskraft in den verschiedenen Lebensphasen nach den individuellen Möglichkeiten des Arbeitnehmers optimal genutzt werden kann. Durch die Möglichkeiten des Ansparens von Wertguthaben können starke und länger anhaltende Auslastungsschwankungen abgefangen und weitgreifende personalplanerische Konsequenzen vermieden werden. Anhand flexibler Arbeitszeitregelungen und der gegebenen Möglichkeiten der Wertguthabenverwendung können außerdem negative demografische Entwicklungen in den Unternehmen abgeschwächt[201] und Beschäftigungsstabilisierung auch in diesem Sinne vorangebracht werden kann. In Bezug auf die Beschäftigungssicherung ist aus Arbeitgeber- und aus Arbeitnehmersicht eine Optimierung durch die Verwendung von in ihrem Modell konkret auf das Unternehmen abzustimmende Arbeitszeitkonten möglich.

c. Geringhaltung der Personalkosten

(1) Ideal- / Ausgangsposition der Arbeitgeber

Aufgrund von Wirtschaftlichkeits- und Wettbewerbsstreben sind Unternehmen daran interessiert, Personalkosten möglichst gering zu halten. Einen wirtschaft-

198 Das kann natürlich mit der Inanspruchnahme von Vätermonaten ebenso Männer treffen.

199 Vgl. § 7c Abs. 1 Nr. 1b SGB IV auch über die gesetzliche Elternzeit nach dem BEEG hinaus.

200 Ähnlich Kroll, S. 41 f. m.w.N.

201 Ähnlich Frank, ZRP 2008, 255.

lich optimierten Einsatz der Arbeitskräfte wünschen sich Arbeitgeber damit nicht nur aus zeitlicher Perspektive, sondern auch in Hinsicht auf einen kosteneffizienten Einsatz des vorhandenen Personals.[202] Arbeitskräfte verursachen hauptsächlich Lohn- und Lohnnebenkosten. Idealposition von Arbeitgebern ist ein Personaleinsatz zu möglichst ‚günstigen' Konditionen – d.h. unter Vermeidung zusätzlicher Kosten. Ein erreichter Kostenvorteil schwindet, sobald Arbeitskräfte zwar optimiert eingesetzt werden können, dies jedoch mit entsprechenden Zusatzkosten verbunden ist. Der Nichteinigungspunkt bei den Verhandlungen wird damit bei proportionalem Anstieg der Personalkosten zu den Vorteilen durch die Flexibilisierung der Arbeitskraft erreicht.

(2) Ausgangsposition der Arbeitnehmer

Hinsichtlich der Personalkosten haben Arbeitnehmer keine Präferenzen. Sie interessiert lediglich die Erbringung der Gegenleistung für ihre geleistete Arbeit. Arbeitnehmer streben nach dem höchstmöglichen Entgelt und damit indirekt nach hohen Personalkosten, was auf den ersten Blick dem Standpunkt der Arbeitgeber, der Geringhaltung der Personalkosten, widerspricht. Das Entgelt an sich ist zwar Verhandlungssache zwischen den Arbeitsvertragsparteien, jedoch nicht Bestandteil der hiesigen Verhandlungen.[203]

Nachteilig für den Arbeitnehmer wirken Regelungen, bei denen sie bei starren Arbeitszeitsystemen mehr Arbeitsentgelt, bspw. in Form von Überstundenzuschlägen, erhalten und keine solche Zuschläge bei Arbeitszeitkontensystemen. An einem Verzicht auf Zuschläge werden Arbeitnehmer nicht interessiert sein, es sei denn, der Nachteil wird durch andere Vorteile (über)kompensiert.

Hohe Personalkosten können sich jedoch indirekt im Wege späterer Sparmaßnahmen des Unternehmens, erzwungene Änderungen der Personalstruktur, negativ auf einzelne Arbeitnehmer auswirken. Diesen Umstand werden Arbeitnehmer (wie auch Arbeitgeber) als kollektive Erwägungen in die Verhandlungen einfließen lassen.

(3) Beeinflussung durch Arbeitszeitkonten

Mit oder ohne Arbeitszeitkonten bleibt das Arbeitsentgelt des einzelnen Mitarbeiters zunächst gleich. Es fällt das übliche Arbeitsentgelt zuzüglich möglicher

---

202 Vgl. nur Scherf/Kick, Lohn+Gehalt Spezial Juni 2009, 19 (21).

203 Der Preis für die individuelle Arbeitskraft ist das Ergebnis der Verhandlungen der Vertragsparteien. Als Verhandlungshilfe berechnet sich das Arbeitnehmerentgelt nach dem Ausbildungsstand, der Anzahl der Arbeitsjahre und damit zunehmender Praxiserfahrung, eventuellen Gefahren- oder Akkordzuschlägen und anderen Faktoren.

Überstundenvergütungen an. Ohne Arbeitszeitkonten wird dieses ausgezahlt, mit Arbeitszeitkonten kann zumindest der Überstundenanteil angespart werden.

Neben dem üblichen Arbeitsentgelt fallen Lohnnebenkosten an, für die Sozialversicherung[204], Personalverwaltung und anderes. Diese Kosten fallen grundsätzlich bei starren wie auch bei flexiblen Arbeitszeitregelungen an. Zwar werden die Sozialversicherungsbeiträge auf die Wertguthabenbeträge zunächst gestundet und erst bei Auszahlung fällig, jedoch muss der Arbeitgeber seinen Beitragsanteil bei Wertguthaben, die nicht lediglich dem Ausgleich der schwankenden Arbeitszeit (wie bei sonstigen Wertkonten) dienen, gegen das Risiko der Insolvenz sichern und damit ebenfalls aus dem Betriebsvermögen aussondern.[205] In dem Fall hat der Arbeitgeber keine geringeren Lohnnebenkosten zu tragen.

Durch den gezielten Einsatz der Arbeitskräfte mit Hilfe von Arbeitszeitkonten kann das Unternehmen andererseits temporäre Personal(verwaltungs-) kosten vermeiden, die auftreten, soweit auf Auslastungsschwankungen bei starren Arbeitszeitregelungen nicht flexibel reagiert werden kann und solche Veränderungen bereits im Vorfeld eingeplant werden müssten. Denn soweit Reaktionen auf Auslastungsschwankungen notwendig werden, steigen die Kosten bei starren Arbeitszeitregelungen. Insbesondere fallen bei starren Arbeitszeitregelungen zusätzliche Kosten an bei Änderung des Personalbedarfs, vor allem für Entlassungen und Wiedereinstellungen.[206] Auf lange Sicht kann bei umfangreicheren Schwankungen im Personalbedarf der Einsatz von sonstigen Wertkonten oder auf das Unternehmen abgestimmten Langzeitkonten zu Kostensenkungen führen, die über die Personalverwaltungskosten hinausgehen.[207]

Augenscheinlich ist aber mit dem Einsatz von Arbeitszeitkonten an sich eine Erhöhung der Personalverwaltungskosten verbunden. Zeiterfassungssysteme müssen eingeführt, Arbeitszeitkonten müssen eingerichtet, laufend verwaltet, gegen das Risiko der Insolvenz abgesichert und die Guthaben vermögensbildend angelegt werden.[208] Die Kosten steigen überdurchschnittlich, je weniger Arbeitnehmer in dem Unternehmen beschäftigt sind - zumindest in Hinsicht auf die Kosten für die Einführung. Bei Kurzzeitkontenlösungen fallen Verwaltungskosten für die Insolvenzsicherung und bestimmte Aufzeichnungspflichten zwar nicht an, jedoch müssen auch dort Mitarbeiter in den Personalabteilungen für

---

204 Das betrifft zumindest sozialversicherungspflichtige Bestandteile. Sozialversicherungsfreie Bestandteile müssen getrennt erfasst werden, damit sie weiterhin beitragsfrei bleiben. Ansonsten kommt es zu zusätzlichen Kosten.

205 Zum Arbeitgeberanteil, vgl. 1. Kapitel, Abschnitt II. 5.

206 Vgl. nur Kroll, S. 41.

207 Im Ergebnis auch Kroll, S. 42.

208 Vgl. Kroll, 2004, S. 42.

den Umgang mit Arbeitszeitkonten geschult werden. Zusätzliche Kosten entstehen vor allem in der Planungs- und Einführungsphase.[209]

Soweit Arbeitszeitkonten einmal eingeführt sind, können sie theoretisch die Verwaltung entlasten und zur Flexibilisierung beitragen, ohne die Personalkosten weiter zu erhöhen. Die Kosten der Verwaltung fallen unabhängig von der Unternehmensgröße gleichbleibend (u.U. je Arbeitnehmer) an. Dienstleistungsunternehmen übernehmen überdies regelmäßig die Einrichtung, Verwaltung und Abwicklung von Arbeitszeitkonten.[210] Die im Vorfeld der Einrichtung von Arbeitszeitkonten unerlässliche Beratung soll dabei über das später zugeschnitten auf das Unternehmen eingerichtete Arbeitszeitkontenmodell finanziert werden. Laufend finanziert werden die Dienstleister nach eigenen Angaben ebenfalls aus den Erträgen der angelegten Guthaben.[211] Soweit Arbeitgeber die Verwaltung und Administration erfolgreich auf externe Firmen ausgelagert haben, entsteht zumindest nach Angaben der anbietenden Unternehmen kaum zusätzlichen Kostenaufwand.[212]

Ist es nicht möglich, Arbeitszeitkonten über Renditen zu finanzieren, sind Mehrkosten für Verwaltung, Vermögensanlage und Treuhänder einzukalkulieren.[213] Verwaltungskosten stellen allerdings betriebswirtschaftlich gewinnmindernde Betriebsausgaben dar, was bei Verhandlungen gerade bei Unternehmen mit hohen Unternehmensgewinnen berücksichtigt werden sollte. Denn insoweit ergeben sich Steuervorteile und daraus wiederum Liquiditätssteigerungen. Darüber hinaus sind Kostenargumente gegenüber den Flexibilisierungsmöglichkeiten in solchen Unternehmen schwächer zu gewichten.

(4) Mögliches Verhandlungsergebnis

Arbeitgeber sind nicht daran interessiert, Arbeitszeitflexibilisierung durch höhere Personalkosten zu ‚erkaufen'. Arbeitnehmer stehen dem Personalkostenaspekt

---

209 Vgl. Kroll, 2004, S. 42.

210 Überblick Zeitkonten anbietende Versicherer und deren Produkte: Petersmeier BB 2005, 931 (936); Neininger, Versicherungsmagazin 08/2006, 27.

211 Vgl. Consult 2006, 14. Zumindest bei Versicherungsunternehmen und Kapitalanlagegesellschaften ist das denkbar, bei anderen Anbietern erscheint dieses Konzept aus finanziellen Gründen eher fragwürdig, eine Finanzierung erfolgt dort zumeist durch Courtagen, Ausgabeaufschläge, Management Fee etc.

212 Finanzierung über den Bruttospareffekt: Arbeitsentgeltbestandteile werden als Bruttobeträge in das Konto eingebracht. Die Verbeitragung und Versteuerung erfolgt erst zum Zeitpunkt der Auszahlung. So können höhere Beträge angelegt und höhere Renditen erwirtschaftet werden.

213 Z.B. Management Fee.

neutral gegenüber oder gehen aus kollektiven Erwägungen mit dem Arbeitgeber konform.

Die Kosten für die Einrichtung und die Verwaltung zumindest von Wertguthaben – d.h. Arbeitszeitkonten, die nicht lediglich dem Ausgleich schwankender Arbeitszeit dienen - sind höher als die Personalverwaltung bei starren Arbeitszeitregelungen. Langzeitkonten sind nur bei optimaler Verwaltung zumindest unter Zugrundelegung eigener Angaben von Arbeitszeitkontenanbietern annähernd kostenneutral. Je mehr Beschäftigte im Unternehmen an einem Wertguthabenmodell, bspw. Langzeitkonto, teilnehmen, desto geringer fallen die anteiligen Kosten aus. Ein Vorteil besteht damit im Ergebnis mit steigender Beschäftigtenzahl. Darüber hinaus können durch die Vermeidung von Entlassungen und Neueinstellungen bei starken Personalschwankungen Kosten eingespart werden. Daher sind Langzeitkonten in Unternehmen von Vorteil, die umfangreichen Schwankungen im Arbeitskräftebedarf unterliegen. Bei relativ ausgeglichenem Personalbedarf kommt es nicht zu einer Kompensation der Mehrkosten für die Verwaltung. Arbeitgeber (und Arbeitnehmer) entscheiden sich dann lediglich für diese Form von Arbeitszeitkonten, soweit andere Vorteile die hiesigen Nachteile kompensieren, bzw. der Kostenfaktor, bspw. aufgrund hoher Unternehmensgewinne, kein in den Verhandlungen ausschlaggebendes Argument ist.

d. Transparenz und Kontrolle

(1) Ideal- / Ausgangsposition der Arbeitgeber

In den hierarchisch organisierten Arbeitsverhältnissen bestehen Prinzipal-Agent-Strukturen zwischen Arbeitgeber (bzw. Vorgesetztem) und Arbeitnehmer sowie Anreize zu opportunistischem Verhalten der Arbeitnehmer, bspw. Bummelei.[214]

Durch Maßnahmen zur Erhöhung der Transparenz bei den Arbeitsvorgängen und Maßnahmen der Kontrolle der Arbeitsleistung und der Arbeitnehmer[215] werden Arbeitskräfte zur Leistung der versprochenen Dienste angehalten und gleichzeitig versucht, die Produktivität zu erhöhen. Arbeitgeber sind daher stets interessiert, Transparenz und Kontrolle der Arbeitnehmer zu optimieren.

(2) Ausgangsposition der Arbeitnehmer

Mit dem Hang zur Bummelei und opportunistischem Verhalten sind Arbeitnehmer im Regelfall nicht motiviert, dauerhaft Spitzenleistungen zu erbringen. An-

214 Zu den im Arbeitsverhältnis bestehenden Besonderheiten s. Abschnitt II. 1.

215 Zumindest im Wege der Dokumentation von Minderleistungen als Grund und Nachweis für Entlassung, vgl. BAG v. 3.6.2004, BB 2005, 48; vom 11.12.2003, BB 2004, 1682; Dietz, S. 112.

dererseits sind sie verpflichtet und regelmäßig auch bereit, die versprochenen Dienste zu leisten. Es ergeben sich daher grundsätzlich keine Folgewirkungen für Arbeitnehmer aus der Erhöhung der Transparenz und Kontrollmaßnahmen. Die entsprechenden Maßnahmen dienen im Regelfall dem Unternehmen - um zu sehen, ‚was im eigenen Unternehmen passiert'.

Maßnahmen zur Erhöhung der Transparenz und Optimierung der Kontrolle liegen lediglich nicht in dem Interesse eines sich opportunistisch verhaltenden Arbeitnehmers. Es wird daher unterstellt, dass sich nicht-opportunistisch verhaltende Arbeitnehmer interessenneutral gegenüber arbeitsbedingten Kontroll- und Transparenzmaßnahmen auftreten.

(3) Beeinflussung durch Arbeitszeitkonten

Arbeitszeitkonten erzeugen über den flexiblen Einsatz von Arbeitskräften hinaus als komplexes Personalplanungsinstrument weitere indirekte Effekte. Mit Hilfe von Arbeitszeitkonten werden Abweichungen der tatsächlich geleisteten von der vertraglich vereinbarten Arbeitszeit festgehalten. Dadurch ist jedenfalls eine Kontrolle über das Verhältnis der zu leistenden (Soll) und der geleisteten (Ist) Arbeitsstunden gewährleistet. Aufzeichnungen und Auswertungen können genutzt werden, um einen Einblick in das Leistungsniveau der einzelnen Arbeitskräfte, der Abteilungen etc. zu erhalten. Es fallen keine oder nur geringe zusätzliche Kosten der Überwachung und Information an, denn die Aufzeichnungen der Arbeitszeiten liegen vor und müssen lediglich bei Bedarf ausgewertet werden. Damit lässt sich die Arbeitszeit und auch die Produktivität der Arbeitsleistung transparenter gestalten.

Allerdings besteht auch ein Anreiz zu opportunistischem Verhalten gerade durch Arbeitszeitkonten, wenn angesparte Wertguthaben für Arbeitnehmer vorteilhaft verwendet werden können. So kann ohne entsprechenden Anlass Arbeitszeit angehäuft werden, indem bspw. Pausen nicht ausgestochen werden. Das bedeutet, dass mit Arbeitszeitkonten u.U. eine erhöhte Kontrolle der Arbeitskräfte, die zu Bummelei tendieren, notwendig wird.

(4) Mögliches Verhandlungsergebnis

Die mit Arbeitszeitkonten möglichen Verbesserungen in Bezug auf Kontroll- und Transparenzbestrebungen der Arbeitgeber stoßen bei den Verhandlungen um Arbeitszeitkonten nicht auf Gegenwehr bei den Arbeitnehmern. Arbeitnehmer verhalten sich interessenneutral, sodass keine Kompromisse eingegangen werden müssen. Arbeitszeitkonten können positiven Einfluss auf Kontroll- und Transparenzbestrebungen der Arbeitgeber haben. Daher sind sie auch hier gegenüber starren Arbeitszeitregelungen zu bevorzugen. Allerdings verringert sich das Interesse an Arbeitszeitkonten auf Arbeitgeberseite, wenn man bedenkt, dass erst durch die Möglichkeit der Einbringung unproduktiver Arbeitszeit ein Anreiz zu opportunistischem Verhalten geschaffen werden kann.

e. Vertrauen und Kooperation

(1) Ideal- / Ausgangsposition der Arbeitgeber

Arbeitgeber sind regelmäßig daran interessiert, in ihren Arbeitnehmern loyale Partner zu finden, die mit ihnen für die Unternehmensziele einstehen - bis hin zu einer Corporate identity[216]. Eine solche Bindungswirkung schafft Vertrauen auf beiden Seiten. Vertrauen und Kooperation erhöhen nach dem einführend Gesagten regelmäßig die Motivation und die Einsatzfähigkeit der Arbeitnehmer in dem besonderen Geflecht aus bedingter Kooperation, Prinzipal-Agenten-Beziehung und Moral-Hazard-Anreizen.[217]

Überdies schafft Vertrauen unternehmensstrategische Vorteile, da es in seiner Gegenseitigkeit Unsicherheit vermindern kann. Es muss nicht mehr im Vorfeld jedes möglicherweise auftretende Problem bedacht werden. Das führt in der Konsequenz zu einer Senkung von Verhandlungs-, also Transaktionskosten.[218]

Gleichzeitig werden Transaktionskosten für Transparenz- und Kontrollmaßnahmen vermieden. Ihre positiven Auswirkungen zeigen Vertrauens- und Kooperationsaspekte gerade in wirtschaftlich schwächeren Phasen im Unternehmen.[219]

(2) Ausgangsposition der Arbeitnehmer

Das Interesse an einem vertrauensvollen und kooperativen Verhältnis zwischen Arbeitgeber und Arbeitnehmer ist nicht nur auf Arbeitgeberseite, sondern auch auf Seiten der Arbeitnehmer gegeben. Dem liegen lediglich unterschiedliche Vorstellungen zugrunde. Auf Arbeitnehmerseite bewirken Kooperation und Vertrauen indirekt zumindest die Hoffnung auf positive Entlohnungs- und Planungseffekte und in jedem Fall eine Verringerung von Unsicherheit.

(3) Beeinflussung durch Arbeitszeitkonten

Arbeitszeitkonten nehmen lediglich indirekt und nur in eher geringem Umfang Einfluss auf die Steigerung von Vertrauen und Kooperation im Arbeitsverhält-

---

216 Unternehmensidentität. Das Unternehmen schafft es, als einheitliche Persönlichkeit aufzutreten und erreicht dadurch nachhaltiges Wachstum.

217 Dazu Abschnitt II. 1.

218 So zumindest Dietz, S. 107.

219 Vgl. nur Dietz, S. 109.

nis. Kooperation ist lediglich dann steigerungsfähig, wenn alle Beteiligten dazu bereit sind. Allerdings steckt bereits in dem Umstand, dass sich Arbeitgeber und Arbeitnehmer für ein System flexibler Arbeitszeiten interessieren, der Wille zu Kooperation und Vertrauen.

Das bedeutet aber auch, dass Arbeitnehmern Anreize gegeben werden müssen, die zu mehr Kooperation mit den Zielen des Unternehmens motivieren. Arbeitszeitkonten müssen daher auch Arbeitnehmern zugute kommen. Durch Arbeitszeitkontenmodelle wird zwar nicht über die Lohnhöhe als Entlohnungssatz verhandelt. Im Ergebnis richtet sich die Lohnhöhe als Entgelt jedoch nach der Summe der verrichteten Arbeitszeit. Auf längere Zeiträume gesehen findet bei bezahlter Mehrarbeit eine Entlohnungssteigerung statt, auch wenn diese nicht ausgezahlt, sondern auf Wertguthabenkonten angespart werden. Die Vermögensmehrung mithilfe von Wertguthabenvereinbarungen wirkt motivierend auf Arbeitnehmer – auch hinsichtlich Vertrauen und Kooperation.

Auch Vorsorgesparen ist wichtiger denn je. Wertguthaben können durch einen Einsatz für die Vorsorge Kooperation und Vertrauen stärken, denn Langzeitkontenmodelle, ausgerichtet an den Vorsorgebedürfnissen der Arbeitnehmer, vermitteln implizit das Gefühl der Rücksichtnahme auf die individuelle Lebensplanung sowie der Einflussnahme auf das Arbeitsverhältnis. Vorsorgeangebote ohne Einkommensverzicht wirken zusätzlich motivierend.

(4) Mögliches Verhandlungsergebnis

Arbeitszeitkonten können indirekt Vertrauen und Kooperation zwischen Arbeitnehmern und Unternehmen stärken, wenn Sie entsprechend vorteilhaft auch in Hinsicht auf die Belange der Arbeitnehmer ausgestaltet sind. Mit Hilfe von Wertguthaben können etwa der Vermögensaufbau gefördert oder andere Sparmotive für Arbeitnehmer geboten werden. Dadurch können Unsicherheiten beseitigt und die gegenseitigen Bindungen gestärkt werden.

Auch hier ist allerdings zu beachten, dass durch Möglichkeiten des Einbringens von Pausen- anstatt Arbeitszeiten Anreize zu einem Missbrauch des Vertrauens geschaffen werden. Der Stellenwert und der Einfluss dieser Verhandlungsposition auf das Ergebnis der Verhandlungen kann in den unterschiedlichen Branchen, Positionen sowie zwischen Arbeitgebern und Arbeitnehmern sehr stark variieren.

2. Verhandlungspositionen der Arbeitnehmer

a. Physische Bedürfnisse

Physische Bedürfnisse sind hauptsächlich Durst, Hunger, Schlaf und Sexualität[220] - mithin der (über-)lebensnotwendige Konsum. Menschen streben nach einer optimalen Befriedigung dieser Bedürfnisse bzw. nach der Befriedigung mit geringst möglichem Aufwand. Daneben erstreben sie die Erfüllung ihrer physischen Bedürfnisse auf hohem Niveau, wie Nahrungsmittel von höherem Preisniveau oder mehr Schlaf und mehr Freizeit.

Mithilfe von Arbeitsverhältnissen sichern Arbeitnehmer ihre Existenz, d.h. das verdiente Arbeitsentgelt wird für die grundlegenden physischen Bedürfnisse eingesetzt. Das Lohnniveau muss daher zumindest die Befriedigung der notwendigen Bedürfnisse sichern können.[221]

Arbeitgeber haben Treue- und Fürsorgepflichten gegenüber ihren Arbeitnehmern während des aktiven Arbeitsverhältnisses zu erfüllen, auch insbesondere in Bezug auf die Sicherung der physischen Bedürfnisse. Bestehende Schutzregelungen verpflichten Arbeitgeber allerdings bereits in notwendigem Maße und gewährleisten ausreichende Sicherheit.

Darüber hinausgehende direkte Auswirkungen auf die Sicherung physischer Bedürfnisse der Arbeitnehmer haben Arbeitszeitkonten nicht, da physische Bedürfnisse auch ohne Arbeitszeitkonten ausreichend gesichert sein sollten. Indirekte Auswirkungen haben Arbeitszeitkonten u.U. auf den Erhalt von Arbeitsplätzen und damit auf die langfristige Sicherung des Niveaus physischer Bedürfnisse.[222]

b. Sicherheit und Bequemlichkeit

(1) Ideal- / Ausgangsposition der Arbeitnehmer

Sicherheit und Bequemlichkeit sind menschliche Bedürfnisse psychischer Art. In einem Zusammenhang mit dem Arbeitsverhältnis stehen vor allem Sicherheitsbedürfnisse nach finanzieller Absicherung[223] und nach Planungssicherheit[224] sowie Bequemlichkeitsbedürfnisse nach Ruhe und Ausgeglichenheit im Allgemeinen, wie auch im Hinblick auf die individuelle Lebensplanung.

Bezahlte Arbeit ist notwendig, um neben den überlebensnotwendigen, physischen Bedürfnissen auch die langfristige Existenz und den erreichten Lebens-

---

220 Vgl. D´Aprile/D´Aprile/Geisen, S. 24.

221 In Deutschland sind Arbeitnehmer auch durch bestehende Schutzgesetze abgesichert.

222 Dazu im Abschnitt III. 1. b.

223 Auch Vermeidung von Verlusten jeglicher Art.

224 In Bezug auf die individuelle Lebensplanung.

standard sichern zu können. Ein immer wichtiger werdendes Bedürfnis nach Sicherheit[225] ist gerade bei Arbeitnehmern die Absicherung im Alter und im Ruhestand. Denn das gesamte aktive Arbeitsleben ist der Arbeitnehmer von Arbeitgebern zeitlich und finanziell abhängig und damit auch in seinem Privatleben auf sie ausgerichtet. Ihm verbleiben die finanziellen Mittel und die Zeit, die ihm ein Arbeitgeber und vorhandene arbeitsrechtliche Schutzregelungen zur Verfügung stellen. Problematisch ist dabei die Notwendigkeit einer in immer größerem Umfang zu betreibenden Eigenvorsorge. Anhaltende demografische Entwicklungen und die damit notwendige Absenkung des Leistungsniveaus der gesetzlichen Rentenversicherung verlangen nach vermehrter Eigenvorsorge für den Ruhestand.

Vorsorge für eine Zeit nach dem aktiven Arbeitsleben kann neben der eigentlichen Altersrente vor allem die Verkürzung der Lebensarbeitszeit betreffen. Das Interesse an einem vorgezogenen Ruhestand besteht regelmäßig nicht, wie nahe liegend wäre, aus Gründen der Bequemlichkeit. Vielmehr spielen Sicherheitsaspekte insbesondere in finanzieller Hinsicht eine Rolle, denn mit der Anhebung des Renteneintrittsalters steigt nicht auch automatisch die gesundheitliche Verfassung aller älteren Arbeitnehmer. Ein vorzeitiger Ausstieg aus dem aktiven Arbeitsleben kann gerade bei physisch schwerer Arbeit notwendig werden.

Die Erfüllung von Bedürfnissen erfordert Anstrengung und Mühsal zu Lasten der Bequemlichkeit.[226] Problematisch dabei ist die mangelnde Sparmotivation. Viele Menschen verschieben finanzielle Entscheidungen von Zeit zu Zeit, was einen kompletten Verzicht auf Vorsorge bedeuten kann. Bequemlichkeit trägt heute dazu bei, dass das Problem der Eigenvorsorge noch nicht so ernst genommen wird, wie es sollte.[227] Augenscheinlich steht die kurzzeitige Bequemlichkeit der langfristigen Sicherheit im Wege.

Die Idealposition des einzelnen Arbeitnehmers bestimmt sich nach der individuellen Bedeutung von Sicherheit und Bequemlichkeit und danach, welche Anstrengung er für das jeweilige Bedürfnis auf sich zu nehmen bereit ist. Je höher das Grundgehalt des Arbeitnehmers, desto höher ist der Anreiz, zusätzliche Gehaltsbestandteile für die Vorsorge zu verwenden, da das Geld nicht für den sofortigen Konsum benötigt wird.[228] Die Überwindung der Bequemlichkeit ist

---

225 In Bezug auf Planungssicherheit und finanzielle Sicherheit.

226 Arbeit als Mühsal: D´Aprile/D´Aprile/Geisen, S. 24.

227 Bis vor kurzer Zeit war Eigenvorsorge nicht notwendig, um im Ruhestand den errungenen Lebensstandard erhalten zu können. Für den „Normalfall" sollte die gesetzliche Rente im Alter für die Sicherung des Lebensstandards sorgen, BSG v. 31.7.2002, BSGE 90, 11 (16).

228 Gerade in den höheren Einkommensgruppen lassen sich Vorteile durch eine günstigere Steuerprogression bei späterer Auszahlung, wenn kein oder nur ein geringeres weiteres

bei höherem Gehalt regelmäßig weniger problematisch. Langfristig und bei objektiver Wertung ist daher zumindest bei ausreichendem Arbeitseinkommen dem Sparen der Vorrang einzuräumen.

Je geringer dagegen das Grundgehalt ausfällt, desto größer ist der Anreiz, sich zusätzliches Gehalt für den kurzfristigen Konsum auszahlen zu lassen.[229] Die Überwindung der Bequemlichkeit zugunsten der Sicherheit fällt wesentlich schwerer. Auch bei weniger Verdienenden müsste aber zumindest der Anreiz zum Vorsorgesparen aufgrund der sinkenden gesetzlichen Rente vorhanden sein. Es wird daher in dieser Arbeit unterstellt, dass Arbeitnehmer ihren während des aktiven Arbeitslebens errungenen Lebensstandard auch während des Ruhestandes sichern wollen, und daher auch weniger verdienende Arbeitnehmer die notwendige Sparmotivation haben.

Idealposition der Arbeitnehmer ist der Erhalt größtmöglicher Bequemlichkeit bei der Sicherung des jeweiligen Sparzieles, was beinhaltet, nicht mehr tun zu müssen, als notwendig. Der Drang nach impliziten Verträgen ist aus Sicherheits- und Bequemlichkeitsaspekten ebenfalls besonders stark.[230] Er wird großen Einfluss auf die Verhandlungen bei Arbeitnehmern haben.

(2) Ausgangsposition der Arbeitgeber

Sicherheits- und in gewisser Hinsicht auch Bequemlichkeitsaspekten der Arbeitnehmer stehen Treue- und Fürsorgepflichten der Arbeitgeber im Abhängigkeitsverhältnis Arbeitsverhältnis gegenüber. Arbeitgeber haben in der Zeit während des aktiven Arbeitslebens und in gewisser Hinsicht auch für die Zeit danach für das Auskommen ihrer Arbeitnehmer zu sorgen.[231] Den Bedürfnissen der Arbeitnehmer stehen sie davon abgesehen zunächst neutral gegenüber.

Arbeitgeber sind allerdings wie dargelegt daran interessiert, Leistungsfähigkeit und Leistungsbereitschaft, sowie Vertrauen und Kooperation ihrer Arbeitnehmer mit dem Unternehmen zu stärken.[232] Damit sich Arbeitnehmer leichter mit dem Unternehmen identifizieren können, ist es wichtig, dass Arbeitgeber Personalplanungssysteme nicht nur zu ihrem eigenen Vorteil, sondern zum Vorteil aller anbieten. Solange ihre Unternehmensziele gewahrt sind oder gefördert

---

Einkommen erzielt wird, feststellen. Gesellschafter-Geschäftsführer können allerdings nicht mehr ab 1.1.2009 steuerlich geförderte Wertguthabenvereinbarungen schließen, vgl. BMF-Schreiben v. 17.6.2009, BStBl. I 2009, S. 1286 ff., Abschnitt A. IV. 2. b.

229 Steueraspekte treten dann in den Hintergrund.

230 Dazu im Abschnitt II. 1. l.

231 Vor allem durch den Arbeitgeberanteil zur Sozialversicherung des Arbeitnehmers.

232 Vgl. Abschnitt III. 1. insbes. a. und e.

werden, stehen Arbeitgeber den Bedürfnissen der Arbeitnehmer nach Absicherung auch aus kollektiven Überlegungen heraus aufgeschlossen gegenüber.

(3) Beeinflussung durch Arbeitszeitkonten

Der Anreiz zum Vorsorgesparen ist geringer, wenn das Arbeitsentgelt ausgezahlt wird und für den sofortigen Konsum bereit steht. Gefördert wird dann vielmehr kurzfristige Sicherheit und Bequemlichkeit. Mit Wertguthaben bzw. sonstigen Wertkonten erfolgen Freistellung regelmäßig zu einem späteren Zeitpunkt, entweder bei entsprechender Auftragslage durch kurzfristige Freistellungen[233] oder bei Langzeitkonten durch bezahlte Freistellungen nach längeren Sparperioden, bspw. für eine der in § 7c SGB IV genannten Verwendungszwecke. Arbeitszeitkonten können auf diese Weise die langfristige Sicherheit und Bequemlichkeit positiv beeinflussen.

Arbeitnehmer können mit Hilfe von Wertguthaben ohne spürbare Lohnkürzungen vorsorgen können. Angespart werden bspw. Überstunden, die der Arbeitnehmer nicht schon im Vorfeld für den Konsum eingeplant hat. Wenn das Entgelt einmal ausgezahlt ist, wird es oftmals konsumiert, da es nicht regelmäßig fließt und damit für langfristige Sparziele kaum eingeplant wird. Werden die geleisteten Überstunden nicht ausgezahlt, erleidet der Arbeitnehmer dagegen keine Einkommenseinbußen. Ihm steht dasselbe Entgelt zur Verfügung, das er im Normalfall (ohne Überstunden) erhält. Das gleiche gilt für nicht genommene Urlaubstage, Zusatzgratifikationen und Prämien. Solange diese nicht ausgezahlt werden, tut ihr vorübergehender Verzicht nicht finanziell weh.

Für finanzielle Sicherheit im Ruhestand existieren staatlich geförderte Vorsorgemodelle. So gibt es bspw. für Arbeitnehmer die Riester-Rente und die bAV, die vorrangig in Anspruch genommen werden sollten. Solche staatlich geförderten Vorsorgeprodukte sind speziell auf die Altersvorsorgelücke abgestimmt und damit allgemeinen Sparformen wie den Wertguthabenvereinbarungen vorzuziehen.

Soweit Arbeitnehmer nicht über ausreichende finanzielle Mittel aus ihrem Arbeitsentgelt für eine zusätzliche Altersvorsorge verfügen, können sie zwar unter Einhaltung enger Voraussetzungen auch Lebensarbeitszeitkonten für diesen Zweck nutzen. Dazu besteht die Möglichkeit, nicht verbrauchte Wertguthaben am Ende des Arbeitslebens in eine bAV zu überführen. Dies ist jedoch aufgrund der bei der Umwandlung eintretenden Sozialversicherungspflicht des Wertguthabens gegenüber der originären Entgeltumwandlung wirtschaftlich nachteilig.[234] Wirtschaftliche Nachteile entstehen auch bei den Versorgungsträgern.

---

233 Insbesondere bei Kurzzeitkonten.

234 Zu den verfassungsrechtlichen Zweifeln an dieser Regelung, vgl. das 4. Kapitel.

Durch die Umschichtung der Wertguthaben erst in dem Zeitpunkt der Beendigung des aktiven Arbeitslebens können diese die Beträge erst sehr spät nutzen. Die Nutzung für die bAV sollte daher keinesfalls Hauptzweck von Lebensarbeitszeitkonten sein, sondern lediglich im Einzelfall bei fehlenden Alternativen genutzt werden. Vorzuziehen sind die staatlich geförderten Altersvorsorgemöglichkeiten.

Die Nutzung von Wertguthaben für Freistellungen vor dem Ruhestand ist hingegen mit Lebensarbeitszeitkonten möglich und auch vorteilhaft.

Allerdings ist unter Sparen nicht lediglich das Altersvorsorgesparen zu sehen, sondern die umfassende Vorsorge für schwankende finanzielle Bedürfnisse. Unterschiedliche Sicherheitsbedürfnisse haben Auswirkungen auf entsprechende Sparziele. Angelehnt daran können für einige Bedürfnisse Wertguthabenmodelle eingeführt werden. Als Langzeitkonten können sie flexibel für Erziehungs-, Pflege-, Weiterbildungs- und/oder andere individuelle Freistellungsphasen genutzt werden. Auch kann das Wertguthaben als Liquiditätspolster für existenzielle Notfälle[235] verwendet werden.

Durch den Abbau angesparter Guthaben auf Wertguthabenkonten bzw. sonstigen Wertkonten kann bei anhaltenden Auslastungsdefiziten das Arbeitsentgelt der Höhe nach zumindest eine Zeit lang erhalten bleiben.[236] Die Einhaltung der Auszahlungsverpflichtung durch den Arbeitgeber ist zumindest für Wertguthabenvereinbarungen ausreichend gesichert. Neben einer Rückstellungsverpflichtung bezüglich der Vergütungsansprüche als ungewisse Verbindlichkeiten in der Bilanz des Unternehmens, die alle Arten von Arbeitszeitkonten betrifft,[237] sind Wertguthaben gem. §§ 7d und 7e SGB IV darüber hinaus extern anzulegen und gegen Unternehmensinsolvenz zu sichern.[238] Die Vorschriften der §§ 7d und 7e SGB IV gelten allerdings nicht für sonstige Wertkonten.[239] Eine

235 Es muss sich um die Existenz bedrohende Notfälle handeln, ansonsten ist die lohnsteuerliche Anerkennung des Arbeitszeitkontos gefährdet, so Niermann, DB 2002, 2124 (2125); vgl. dazu BMF-Schreiben v. 17.6.2009, BStBl. I 2009, S. 1286 ff., Abschnitt C. I.

236 Auch bei der Nutzung für Sabbaticals, dazu Seel, DB 2009, 2210 ff.

237 Vgl. nur Wellisch/Machill, BB 2009, 1351 (1352 f.).

238 Vgl. nur Ars/Blümke/Scheithauer, BB 2009, 2252 (2253). Bei Verstoß gegen die Insolvenzsicherungspflicht droht die Auflösung des Wertguthabens, bei Verstoß gegen die Wertanlagevorschriften Schadensersatzpflicht.

239 Gem. § 7b Nr. 2 SGB IV, vgl. auch Hanau/Veit, NJW 2009, 182 (183); Rundschreiben der Spitzenverbände der Sozialversicherungsträger v. 31.3.2009, S. 17; Hoff, Lohn+Gehalt Spezial Feb 2009, 19 (20). Damit liegt eine Schlechterstellung nach der aktuellen Rechtslage gegenüber der Regelung vor Flexi II vor. § 7d Abs. 1 SGB IV a.F. regelte den Insolvenzschutz aller Arbeitszeitkonten, wenn auch ohne Sanktionen, vgl. nur Langohr-Plato/Sopora, NZA 2008, 1377.

gesetzliche Wertanlage- und Insolvenzsicherungsverpflichtung besteht damit für sonstige Wertkonten nicht, es sei denn diese ist tariflich oder durch Betriebsvereinbarung geregelt.[240] Allerdings kann und sollte eine sichere interne oder externe Wertanlageentscheidung freiwillig getroffen und Insolvenzschutz freiwillig vereinbart werden.[241] Im Übrigen bestehen zumindest Schadensersatzansprüche gem. §§ 280 Abs. 1, 241 Abs. 2 BGB, die jedoch in der Insolvenz regelmäßig wenig nützen.

Bei Kündigung des Arbeitsverhältnisses hat der Arbeitgeber alternativ zu einer möglichen Übertragung auf den neuen Arbeitgeber bzw. auf die DRV[242] die Pflicht zur Auszahlung des Wertguthabens in Freizeit oder Geld (sog. Störfall). Die angesparten Wertguthaben sind kein Schonvermögen i.S.d. Arbeitslosengeldes II, müssen demnach vor Inanspruchnahme bis auf bestimmte Freibeträge verbraucht werden. Es lässt sich jedoch u.U. die Arbeitslosigkeit hinausschieben, indem eine Freistellungsphase ab Ablauf des Kündigungszeitraumes vereinbart wird oder als Übergang zu einem möglichen neuen Arbeitsplatz genutzt wird.

(4) Mögliches Verhandlungsergebnis

Mithilfe von Wertguthabenvereinbarungen können Arbeitnehmer langfristig sparen und Planungssicherheit erhalten, ohne auf regelmäßiges Arbeitsentgelt und damit auf Bequemlichkeit zu verzichten. Präferenzen in Bezug auf Konsum und Sparwunsch sind dabei zu berücksichtigen, wobei sich der rational denkende Arbeitnehmer zumindest für das Ansparen zusätzlicher, nicht zwingend für den sofortigen Konsum benötigter, Gehaltsbestandteile entscheidet. Damit sind Wertguthabenvereinbarungen grundsätzlich starren Arbeitszeitsystemen vorzuziehen. Für die Realisierung verschiedener Spar- und Vorsorgeziele müssten entsprechende Wertguthabenkontenmodelle, wie Langzeitkonten oder Lebensarbeitszeitkonten, eingeführt werden.

In Bezug auf eine Absicherung bei längerfristigen Auslastungsdefiziten gibt es spezielle Kriseninstrumente, wie Arbeitszeitverringerungen, Entgeltkürzungen, Entgeltverzicht oder Kurzarbeitergeld.[243] Nachteil der Nutzung von Wertguthaben auf Arbeitszeitkonten an Stelle der Inanspruchnahme von Kurzarbeitgebergeld aus Sicht der Arbeitnehmer wird sein, dass anstatt des Erhalts von Sozialleistungen vom Staat (so bei dem Kurzarbeitergeld) eigenes Vermögen

240 Vgl. nur Scherf/Kick, Lohn+Gehalt Spezial Juni 2009, 19 (21).

241 Vgl. Rundschreiben der Spitzenverbände der Sozialversicherungsträger v. 31.3.2009, S. 17.

242 Dazu im 1. Kapitel Abschnitt II. 9.

243 Vgl. Seitz/Reiche, BB 2008, 1862 ff.

(Wertguthaben) aufgebraucht werden muss. Für einen solchen Zweck erstreben Arbeitnehmer wohl kaum das Ansparen von Wertguthaben, sondern werden sofortigen Konsum vorziehen. Soweit jedoch nicht das Instrument der staatlich geförderten Kurzarbeit zur Verfügung steht, überwiegen die Vorteile von Arbeitszeitkonten aus Gründen der finanziellen Sicherheit.

Arbeitnehmer bevorzugen den Einsatz von Wertguthabenvereinbarungen damit insgesamt, soweit nicht andere vorteilhafte Mittel bereitstehen, wie die staatliche geförderte Kurzarbeit, die Riester-Rente oder die (arbeitgeber- und auch arbeitnehmerfinanzierte) bAV. Wesentliches Entscheidungskriterium bei einer Wertanlage im Unternehmen unter Sicherheitsaspekten ist auch die Sicherheit der Vermögensanlage an sich. Unternehmen sollten die Absicherung der Auszahlungsverpflichtungen soweit sie nicht gesetzlich oder anderweitig vorgeschrieben sind, in jedem Fall freiwillig festlegen.

Arbeitgeber präferieren grundsätzlich sonstige Wertkonten. Wertguthabenvereinbarungen sind regelmäßig mit Mehrkosten verbunden. Andererseits sind Arbeitgeber an einer Verbesserung der Leistungsfähigkeit, Leistungsbereitschaft, Kooperation und Vertrauen der Arbeitnehmer interessiert. Dazu müssen Arbeitszeitkonten stets Anreize und Vorteile für Arbeitnehmer bieten. Das bedeutet, dass im beiderseitigen Interesse Arbeitszeitkontenmodelle gefunden werden sollten, die einerseits betriebliche Abläufe optimieren, auf der anderen Seite auch die individuelle Lebensplanung der Arbeitnehmer berücksichtigen. Insbesondere Kombinationsmodelle aus Kurzzeit-, Langzeit- und Lebensarbeitszeitkonten gewährleisten die Sicherung der Bedürfnisse aller Beteiligten. Anderenfalls würden eingeführte Arbeitszeitkonten von der Belegschaft möglicherweise nicht angenommen und verursachten im Ergebnis hohe Kosten bei geringer Flexibilisierungswirkung.[244]

c. Anerkennung

(1) Ideal- / Ausgangsposition der Arbeitnehmer

Menschen streben nach Anerkennung in der Gruppe, vor allem in der Familie und unter Freunden. Daraus resultierende Bedürfnisse sind jene nach Liebe und Anerkennung. Mit dem Wandel der Gesellschaft ist auch ein entsprechender Wandel in der Bedeutung von Arbeit zu verzeichnen. Soziale Verhaltensweisen auch im Arbeitsleben sind in der Zeit seit der Industrialisierung, im Gegensatz zu der althergebrachten Bedeutung der Berufstätigkeit als Leid und Mühsal,[245] immer wichtiger geworden. Arbeit enthält in der modernen Gesellschaft eine ge-

244 Ähnlich Scherf/Kick, Lohn+Gehalt Spezial Juni 2009, 19 (22).

245 So noch die Arbeitsleidhypothese der neoklassischen Ökonomik, in Dietz, S. 110.

sellschaftliche und soziale Komponente. Sie ermöglicht, erhält und beeinflusst das Leben in einer Gruppe.[246] Der Verlust des Arbeitsplatzes bedeutet heute auch den Verlust von Anerkennung und sinkendes Selbstwertgefühl.[247] Nicht nur unter Freunden und in der Familie ist das Gefühl, gebraucht und anerkannt zu werden und dazu zu gehören, wichtig, um einen Beitrag in der Gesellschaft leisten zu können. Auch das Zugehörigkeitsgefühl im Arbeitsverhältnis, in dem der Arbeitnehmer einen beträchtlichen Anteil der ihm zur Verfügung stehenden Zeit verbringt, ist prägend. Ein angenehmes Betriebsklima und die Wertschätzung durch Kollegen und Vorgesetzte sind Bedürfnisse, die der Arbeitnehmer im Arbeitsverhältnis zu optimieren versucht.[248]

(2) Ausgangsposition der Arbeitgeber

Arbeitgeber stehen dieser Position an sich neutral und aus kollektiver Sicht aufgrund von möglichen positiven Effekten auf die Leistungsbereitschaft, Vertrauen und Kooperation der Arbeitnehmer aufgeschlossen gegenüber.

(3) Beeinflussung durch Arbeitszeitkonten

Arbeitzeitkonten können nur mittelbar Vorteile im Streben nach Anerkennung erzeugen. Durch die Stärkung von Kooperation und Vertrauen wird opportunistisches Verhalten vermieden und der Gruppenzusammenhalt gestärkt. Auf diese Weise erhalten Arbeitnehmer im Arbeitsverhältnis auch indirekt mehr Anerkennung, insbesondere soweit Arbeitgeber bei der Planung eines Kontenmodells die Bedürfnisse der Arbeitnehmer beachten.

Außerdem dienen Arbeitszeitkonten bei entsprechender Ausgestaltung im Unternehmen, meist in Form von Wertguthabenvereinbarungen, auch der Mitarbeitergewinnung. Das erzeugt bei Arbeitnehmern ebenfalls das Gefühl, anerkannt und gebraucht zu werden.

(4) Mögliches Verhandlungsergebnis

Unternehmensziele und Präferenzen der Arbeitnehmer überschneiden und ergänzen sich in diesem Verhandlungspunkt. Insbesondere gehen das Streben der Arbeitnehmer nach Anerkennung und die Bedürfnisse der Arbeitgeber nach Vertrauen und Kooperation konform. Mit Arbeitszeitkonten lassen sich zumin-

---

246 Das Prinzip der sozialen und gesellschaftlichen Eingebundenheit, Volpert in Frei/Udris, 23 (34); Arbeit als Kontakt zur Außenwelt, vgl. D´Aprile/D´Aprile/Geisen, S. 132 ff.

247 Zumindest nach erfolglosen Bewerbungen, vgl. D´Aprile/D´Aprile/Geisen, S. 132.

248 Der Hawthorne-Effekt, oder das Gefühl ernst genommen zu werden, vgl. Schallberger in Frei/Udris, 56 (60 f.).

dest mittelbar fördernde Effekte erreichen. Ein zum Nutzen aller abgestimmtes Wertguthabenkontenmodell, das gegenüber starren Arbeitszeitregelungen vorteilhaft ist, kann sicher gefunden werden.

d. Selbstverwirklichung

(1) Ideal- / Ausgangsposition der Arbeitnehmer

Selbstverwirklichung ist wichtig, um Zufriedenheit zu empfinden oder andere psychische Bedürfnisse zu stillen. Arbeit hat in der modernen Gesellschaft auch die Aufgabe übernommen zu motivieren, das Selbstbewusstsein und die Persönlichkeit zu stärken, sogar Freude zu bringen und nicht zuletzt individuelle Vorlieben und kreativen Prägungen auszuleben.[249] Selbstverwirklichung erlangen Arbeitnehmer nicht zuletzt durch gezielte Aus- und Weiterbildung.

Weibliche Arbeitnehmer haben es heute immer noch schwerer, sich mit Arbeit selbst zu verwirklichen. Im Gegensatz zu der Zeit, als Frauen vorwiegend die Familie versorgten und ihre Männer die Familie unterhielten, ist es heute zwar üblich, dass Frauen wie Männer arbeiten und Karriere machen. Dabei besteht jedoch bei vielen Frauen weiterhin das Bedürfnis, eine Familie gründen zu können.[250] Mit dem Aufziehen von Kindern besteht jedoch ein unabschätzbares Arbeitsausfallrisiko vor allem für Frauen. Frauen im gebärfähigen Alter sind schon aus diesem Grund ein negativer Wirtschaftlichkeitsfaktor für Unternehmen.[251] Es besteht zudem ein markant hohes Risiko, dass Frauen, die sich einmal der Familie gewidmet haben, nicht mehr auf den aktiven Arbeitsmarkt zurückkehren. Das liegt nicht zuletzt an dem System der staatlichen Familienförderung, das es Frauen ermöglicht, aus dem Arbeitsleben auszusteigen, es sei denn die Familie ist existenziell auf zwei Gehälter angewiesen.[252] Zudem sind qualitative und fachliche Anforderungen nach längeren Ausfallphasen schwer aufzuarbeiten und anzugleichen.[253] Das macht Frauen unattraktiv für den Arbeitsmarkt ganz besonders in Fach- und Führungspositionen. Lange Fehlzeiten während der Erziehungszeiten sind daher nicht nur für Arbeitgeber und Arbeitnehmer eine finanzielle Belastung, sondern verhindern auch, dass Frauen up-to-date bleiben, sich den Neuerungen im Unternehmen anpassen, Fortbildungen absolvieren etc. Daher liegt es im Interesse der Arbeitnehmer - Frauen wie auch Männer - die ei-

249 Dazu Arbeit im Wertewandel, D´Aprile/D´Aprile/Geisen, S. 41 ff.

250 Vgl. D´Aprile/D´Aprile/Geisen, S. 151 ff.

251 Aus diesem Grund arbeiten Frauen oftmals unter schlechteren Arbeitsbedingungen oder für weniger Arbeitsentgelt: D´Aprile/D´Aprile/Geisen, S. 153 f.

252 Ebenso, Finkin, RdA 2002, 333 (343), mit einem Vergleich des Anteils arbeitender Frauen in Deutschland und den USA.

253 Vgl. D´Aprile/D´Aprile/Geisen, S. 156.

nen Wunsch nach Familie verspüren, diese optimal mit dem Beruf in Einklang bringen zu können.

Selbstverwirklichung bedeutet daneben auch, persönliche Wünsche außerhalb der Arbeit und der Vereinbarkeit von Familie und Beruf zu erfüllen, bspw. Auszeiten zur Selbstfindung, Weltreisen etc.

(2) Ausgangsposition der Arbeitgeber

Selbstverwirklichung bedeutet in gewissem Sinne auch Übernahme von Verantwortung durch den Arbeitnehmer für sich selbst und für sein Umfeld. Im Zirkelschluss bedeutet die Übernahme von Verantwortung im Arbeitsverhältnis einen Vertrauensbeweis und Streben nach Kooperation. Das stärkt die Zufriedenheit aller Beteiligten, auch der Arbeitgeber.[254]

Auch von gut ausgebildeten Fachkräften, die gezielt im Unternehmen eingesetzt werden können, profitieren Arbeitgeber. Das gilt insbesondere auch, wenn das Know-how von Frauen mit Familie im Unternehmen gehalten werden kann.

Ablehnend werden sich Arbeitgeber vor allem gegenüber Selbstverwirklichungsbestrebungen der Arbeitnehmer verhalten, wenn diese das Unternehmen belasten, ohne ausgleichende Vorteile zu bewirken.

(3) Beeinflussung durch Arbeitszeitkonten

Arbeitszeitkonten und mit ihnen Arbeitszeiterfassungsgeräte geben dem einzelnen Arbeitnehmer mittelbar Selbstkontrolle über die geleistete und zu leistende Arbeitszeit. Er verfügt über mehr Eigenverantwortung und kann im hierarchischen Gefüge bewusster seinen Anteil an der Produktion leisten. Das fördert auch die Selbstverwirklichung des Arbeitnehmers.

Anreize zur Selbstverwirklichung bieten vor allem Langzeitkonten. Sie können so eingerichtet werden, dass das Ansparen von Wertguthaben für Freistellungen und Arbeitszeitverkürzungen im Zusammenhang mit Weiterbildungs- oder Familienphasen oder für individuelle Zwecke möglich ist.[255] Fortbildungen oder andere längerfristige Freistellungen können zur Selbstverwirklichung des Einzelnen beitragen.

Junge Frauen können früh beginnen, Wertguthaben aufzubauen, damit sie die Phase der Kindererziehung flexibler und mit weniger Mühsal handhaben können und nicht vollständig den Bezug zum aktiven Arbeitsleben verlieren.

---

254 So auch Zulehner/ Denz, S. 143.

255 Z.B. Teilzeitarbeit. Zur Zeitsouveränität ausführlich: Seifert, WSI-Mitteilungen 2000, 237 ff.

Die Gefahr von Burnouts sollte vor allem in Positionen mit hoher Verantwortung nicht unterschätzt werden. Individuelle Freistellungen können für das Unternehmen positive Impulse geben und sollten damit nicht schlichtweg negativ beurteilt werden. Arbeitnehmer können durch die gezielte Nutzung der Wertguthaben zeitintensive Bedürfnisse besser mit der Arbeit vereinbaren, ohne zusätzliche Mühsal auf sich zu nehmen. Denn die Wertguthaben werden vorgelagert in Zeiten angespart, in denen diese Bedürfnisse nicht bestehen.

Ein gelegentlich vorgebrachter Einwand, dass Auszeiten oder Zeiten mit geringeren Wochenarbeitszeiten karriereschädlich sind, insbesondere im Hinblick auf Führungspositionen ein Zeichen von Schwäche darstellen,[256] kann bei genauerer Betrachtung nicht pauschal greifen. Denn Auszeiten können ebenfalls fördernd auf spätere Leistungen wie auch auf die Erfahrung, Motivation und die Kreativität des Arbeitnehmers wirken.

(4) Mögliches Verhandlungsergebnis

Die Ausbildung und der Erhalt von gut ausgebildeten Arbeitnehmern liegen, wie deutlich gemacht werden konnte, im beiderseitigen Interesse. Können Frauen und Männer zudem in jungen Jahren Wertguthaben ansparen und diese dann für Freistellungen, bspw. bei Krankheit der Kinder abbauen, haben sie bessere Chancen, während dieser Phasen auf dem Arbeitsmarkt zu bestehen. Auch so kann Know-how im Unternehmen gehalten werden.

Selbstverwirklichungsbestrebungen der Arbeitnehmer können sich bei genauer Betrachtung zumindest mit langfristigen Unternehmenszielen decken. Bei den Verhandlungen können daher auch Wertguthabenkontenmodelle, zugeschnitten auf die Vorstellungen aller Beteiligten, gefunden werden. Wertguthabenvereinbarungen sind in diesem abschließenden Verhandlungspunkt als vorteilhaft gegenüber starren Arbeitszeitregelungen zu bewerten.

Nicht einigen wird man sich u.U., soweit es um anlassunabhängige Freistellungen geht. Diese werden kaum im Interesse des Arbeitgebers sein und liegen damit unter dem status quo.

Um die Gestaltung der Wertguthabenvereinbarungen für Weiterbildungen, Kindererziehung etc. effektiv nutzen zu können, sollte in jedem Fall ein Mitspracherecht der Arbeitnehmer bei der Zeitgestaltung eingeräumt werden.

Bei der Abwägung der Interessen in Bezug auf Weiterbildung und Streben nach fachlicher Qualifikation sollte nicht zuletzt bedacht werden, dass Arbeitnehmer abgesehen von den Anreizen im Streben nach Anerkennung und Selbstverwirklichung grundsätzlich schon aufgrund der möglichen Gehaltssteigerungen an höherer Qualifikation interessiert sind.

---

256 Vgl. nur Loll, FAZ.jobNET v. 11.1.2009.

3. Ergebnis der Verhandlungen

Arbeitnehmer und Arbeitgeber können bei fast allen zur Verhandlung gestellten Bedürfnissen mit den Möglichkeiten, die Arbeitszeitkonten im weitesten Sinne bieten, Vorteile gegenüber starren Arbeitszeitregelungen erzielen. Ganz besonders in Bezug auf eine zu erreichende Beschäftigungsstabilisierung zeigen Arbeitszeitkonten ihre deutliche Überlegenheit. Arbeitgeber können Arbeitsabläufe entscheidend optimieren, vor allem in Unternehmen, in denen Auslastungs- bzw. Beschäftigungsschwankungen auftreten.

Soweit Arbeitgeber diese Vorteile nutzen möchten, sollten - damit Arbeitszeitkonten auch von der Belegschaft angenommen und die Vorteile genutzt werden können - diese in beiderseitigem Interesse eingeführt werden. Das bedeutet, dass die Präferenzen der Arbeitnehmer in Bezug auf Konsum und Sparmotivation zu ermitteln und einzubeziehen sind, was mittels Wertguthabenvereinbarungen regelmäßig möglich sein wird. Vielfach können sog. Kombinationsmodelle[257] vorgehalten werden. Zudem sollte den Arbeitnehmern ein Mitspracherecht eingeräumt werden. Auch in Bezug auf Vertrauen und Kooperation, Transparenz, Kontrolle, Anerkennung und Selbstverwirklichung der Arbeitnehmer erzielte die Analyse dann positive Ergebnisse.

Keiner der Verhandlungspunkte brachte grundsätzlich negative Ergebnisse, sie sind somit pareto-optimal. In Bezug auf etwaige Kosten für die Verwaltung von Arbeitszeitkonten wurde zwar festgestellt, dass lediglich bei sonstigen Wertkonten sowie für Unternehmen mit (stark) schwankendem Personalbedarf unmittelbare Kostenvorteile bestehen. In allen anderen Fällen können Unternehmen jedoch zumindest alternative Kosten für Entlassungen und Neueinstellungen vermeiden sowie indirekte Kostenvorteile durch effiziente Nutzung der Ressource Arbeitskraft erreichen. Die Kosten verringern sich darüber hinaus anteilig bei effizienter Nutzung durch die Arbeitnehmer und bei steigender Beschäftigtenzahl.

Darüber hinaus mussten Abstriche gemacht werden, aufgrund des drohenden Anreizes, unproduktive Arbeitszeiten in Wertguthaben oder auf Zeitkonten einzubringen sowie wegen der Möglichkeit, Freistellungen zu erreichen, welche die Unternehmen zusätzlich belasten. Drohende Nachteile können durch vermittelnde Absprachen und Mitspracherechte der Arbeitnehmer jedoch vermieden werden.

---

257 Vgl. 1. Kap. III. 4.

V. Zusammenfassung des zweiten Kapitels

Die ökonomische Analyse untersucht unter Berücksichtigung aller Unzulänglichkeiten menschliches Verhalten unter Rationalitätsaspekten. Sie ermittelt, wie eine Entscheidung ausfallen muss, um dem Entscheidungsträger einen größtmöglichen Vorteil zu bieten.

Institutionen stellen die Spielregeln und die Anreizstruktur einer Gesellschaft dar. Sie verkörpern Erleichterungen bei individuellem Wirtschaften, wenn rationales Handeln nicht möglich ist. Die Bereitstellung, Nutzung, Aufrechterhaltung und Änderung von Institutionen realisiert Transaktionskosten. In der Ökonomik ist Effizienz elementares Gebot, damit ergibt sich als Effizienzziel auch die Optimierung von Transaktionskosten.

Das Arbeitsverhältnis birgt einige Besonderheiten, die aus ökonomischer Perspektive zu Effizienzeinbußen führen können. Bspw. sind Arbeitsverträge relationale Verträge. Zwischen dem Arbeitgeber (Prinzipal) und dem Arbeitnehmer (Agent) bestehen außerdem Prinzipal-Agent-Probleme. Anreize zu Drückebergerei und Bummelei, sog. Moral-Hazard-Verhalten, ergeben sich aus der Arbeit als mühevollen und leidvollen Verzicht auf Freizeit. Aufgrund der asymmetrischen Informationsverteilung und ungleicher Machtstrukturen kommt es schließlich im Unternehmen zu einer Art Marktversagen. Ein freies, rationales Abwägen von Kosten und Nutzen ist zumindest für die schwächere Partei nicht gewährleistet.

Bei der Analyse einer Einführung von Arbeitszeitkonten werden in dieser Arbeit die Grundsätze der kooperativen Spieltheorie, die Nash-Verhandlungslösung, zur Hilfe genommen. Dabei setzen sich die Entscheidungsträger zusammen und versuchen den Zustand zu bestimmen, der den Gesamtertrag aller Teilnehmer maximiert. Kooperatives Verhalten und die Ermittlung des Nutzens für das Kollektiv sind hierbei zu berücksichtigen.

Voraussetzung für die Analyse ist, dass kein Akteur mit einer Auszahlung unterhalb seines Status quo zufrieden ist. Jeder Entscheidungsträger versucht, die höchstmögliche Differenz zwischen seiner erstrebten Auszahlung (Idealposition) und dem Nichteinigungspunkt (Status quo) zu erhalten.

Idealposition der Arbeitgeber in Bezug auf den optimierten Einsatz der Arbeitskräfte sind der produktive Einsatz der Arbeitskräfte, Beschäftigungsstabilisierung, Geringhaltung von Personalkosten, Ausbau von Transparenz und Kontrolle im Unternehmen sowie Vertrauen und Kooperation.

Idealpositionen der Arbeitnehmer finden sich außer in der Sicherstellung der grundlegenden physischen Bedürfnisse, in dem Drang nach Sicherheit und Bequemlichkeit, Anerkennung sowie Selbstverwirklichung.

Für Arbeitgeber sind Arbeitszeitkonten mit Blick auf einen produktiven Einsatz der Arbeitskräfte vorteilhaft gegenüber starren Arbeitszeitsystemen. Arbeitnehmer werden sich kooperativ verhalten und mögliche Einbußen in der autonomen Zeitgestaltung hinnehmen, soweit sie ein Mitspracherecht erhalten.

In Bezug auf die Beschäftigungssicherung ist aus Arbeitgeber- und aus Arbeitnehmersicht eine Optimierung durch die Nutzung von Arbeitszeitkonten möglich.

Arbeitgeber sind nicht daran interessiert, Arbeitszeitflexibilisierung durch höhere Personalkosten zu ‚erkaufen'. Die Kosten für die Einrichtung und die Verwaltung von Wertguthabenmodellen und auch von sonstigen Wertkonten sind regelmäßig höher als die Personalverwaltung bei starren Arbeitszeitregelungen. Nur bei effektiver Nutzung des Wertguthabenmodells und mit steigender Zahl an Arbeitskräften können andere Faktoren Kostennachteile mittelbar ausgleichen. Zumindest bei sonstigen Wertkonten amortisieren sich die Kosten unmittelbar bei entsprechenden Schwankungen im Personalbedarf.

Arbeitszeitkonten können positiven Einfluss auf Kontroll- und Transparenzbestrebungen der Arbeitgeber nehmen. Allerdings verringert sich das Interesse auf Arbeitgeberseite, wenn man bedenkt, dass erst durch die Möglichkeit der Einbringung unproduktiver Arbeitszeit ein Anreiz zu opportunistischem Verhalten geschaffen werden kann.

Arbeitszeitkonten können indirekt Vertrauen und Kooperation zwischen Arbeitnehmern und Unternehmen stärken, wenn Sie entsprechend vorteilhaft auch im Hinblick auf Belange der Arbeitnehmer ausgestaltet sind, etwa in Form von Wertguthabenvereinbarungen.

Mithilfe von Wertguthabenvereinbarungen können Arbeitnehmer langfristig sparen und Planungssicherheit erhalten, ohne auf regelmäßiges Arbeitsentgelt und damit auf Bequemlichkeit zu verzichten. Wertguthaben sind allerdings spezielle staatlich geförderte Vorsorgeinstrumente, soweit diese für Arbeitnehmer günstiger sind - wie die Riester-Rente und die bAV -, vorzuziehen.

Das Streben der Arbeitnehmer nach Anerkennung und die Bedürfnisse der Arbeitgeber nach Vertrauen und Kooperation gehen konform. Mit Wertguthabenvereinbarungen lassen sich zumindest mittelbar fördernde Effekte erreichen.

Selbstverwirklichungsbestrebungen der Arbeitnehmer können sich mit langfristigen Unternehmenszielen decken. Ein für alle Beteiligten vorteilhaft ausgestaltetes Wertguthabenkontenmodell kann gefunden werden. Nicht einigen wird man sich u.U., soweit es um anlassunabhängige Freistellungen geht, diese werden kaum im Interesse des Arbeitgebers sein.

Drittes Kapitel – Der Anspruch der Arbeitnehmer auf Wertguthabenvereinbarungen gem. § 7b SGB IV

I. Problemstellung

Dass ein optimierter Einsatz von Arbeitskräften durch flexible Arbeitszeitgestaltung mit Hilfe von Arbeitszeitkonten vielen Unternehmen, insbesondere bei Beschäftigungs- bzw. Auslastungsschwankungen, Vorteile bringt, haben die Darstellungen des vorangegangenen Kapitels gezeigt. Ebenfalls festgestellt werden konnte, dass Arbeitszeitkonten auch Arbeitnehmern eine optimierte Abstimmung ihres Arbeits- und Privatlebens, vor allem Planungssicherheit, ermöglichen können, soweit sie als Wertguthabenvereinbarungen auch zu einem Nutzenvorteil der Arbeitnehmer ausgestaltet werden.

Ob diese - bei optimierter Nutzung - für alle Beteiligten bestehende Win-win Situation von Wertguthabenvereinbarungen Wirkungen im geltenden Recht zeigt oder zumindest Einfluss auf die Schaffung rechtlicher Regelungen in Form eines Arbeitnehmeranspruches hat, soll in dem nun folgenden Kapitel untersucht werden.

1. Warum über einen Arbeitnehmeranspruch nachgedacht werden sollte – Ökonomische Überlegungen

Warum in dem Bereich der Wertguthabenvereinbarungen über einen Arbeitnehmeranspruch nachgedacht werden kann, sollen folgende Überlegungen verdeutlichen. Das Bedürfnis nach staatlicher Intervention im Arbeitsverhältnis besteht aufgrund einer Vielfalt von Gründen, insbesondere auch wegen der hierarchischen Struktur, des andauernden Marktversagens und der bestehenden Informationsasymmetrien.[258] Regelmäßig sind Verhandlungen um Arbeitsverträge wie Verhandlungen innerhalb von Arbeitsverhältnissen einseitig dominiert. Verträge werden dann nicht mit dem Inhalt geschlossen, der zu einem Nutzenvorteil aller führt.

Staatliche Eingriffe erzeugen in solchen Fällen durch zwingendes Recht künstlich einen funktionierenden Markt. Im Arbeitsrecht existieren eine Reihe von Schutzregelungen, wie bspw. das BetrVG, KSchG, MitbestG, NachwG, die dem Marktversagen und dem Informationsgefälle entgegen wirken. Mit zwingendem Recht werden zumindest Anreize durch den Schutz ‚schwächerer' Ar-

258 Vgl. 2. Kapitel, Abschnitt II., 1.

beitnehmer geschaffen und gleichzeitig durch den Wegfall alternativer Entscheidungsmöglichkeiten Transaktionskosten gesenkt.

Auf dem Gebiet der betrieblichen Altersvorsorge (bAV) haben Arbeitnehmer einen Rechtsanspruch auf Entgeltumwandlung nach § 1a BetrAVG. Eingeführt wurde der Anspruch, um die zusätzliche Altersvorsorge von Arbeitnehmern zu stärken.[259] Demografische Entwicklungen erzwangen eine Leistungsabsenkung in der gesetzlichen Rentenversicherung.[260] Heute und in Zukunft kann die gesetzliche Rentenversicherung allein nicht mehr den Erhalt des Lebensstandards der Arbeitnehmer im Alter garantieren.[261] Eine zwingend erforderliche zusätzliche Altersvorsorge kann zwar grundsätzlich auf ganz unterschiedliche Weise bewerkstelligt werden. Gründe für einen Anspruch auf eine eigenfinanzierte betriebliche Altersvorsorge liegen jedoch gerade in den Besonderheiten des Arbeitsverhältnisses als stark sozial und existenziell geprägtes Dauervertragsverhältnis. Arbeitnehmer sind dem Arbeitgeber im Arbeitsverhältnis strukturell unterlegen[262] - der Arbeitgeber ist im Gegenzug mit Fürsorgepflichten gegenüber den Arbeitnehmern ausgestattet. In solch einem 'Dilemma'[263] ist es Arbeitnehmern nicht immer möglich, selbstbestimmt vorteilhafte Positionen gegenüber dem Arbeitgeber einzufordern, wie bspw. selbständig für den Ruhestand vorzusorgen. Der Arbeitgeber wird aus diesem Grund verpflichtet, seinen Arbeitnehmern eine gesicherte Existenz auch für die Zeit nach dem aktiven Arbeitsleben zu ermöglichen. Zur Durchsetzung dieser nicht nur angenehmen, sondern zwingend notwendigen Vorsorge wurde dem Arbeitnehmer der Rechtsanspruch auf Entgeltumwandlung zur Seite gestellt.

Für einen Anspruch auf Wertguthabenvereinbarungen gem. § 7b SGB IV, der in ähnlicher Weise funktionieren könnte, sprechen gewichtige Argumente. Mit Wertguthabenvereinbarungen sind Arbeitnehmer im Stande, für Flexibilität und Sicherheit in der eigenverantwortlichen Lebensplanung zu sorgen. Umfang-

---

259 Durch das Gesetz zur Reform der gesetzlichen Rentenversicherung und zur Förderung eines kapitalgedeckten Altersvorsorgevermögens (Altersvermögensgesetz – AvmG) v. 26.6.2001, BGBl. I 2001, S. 1310. Vgl. Blomeyer/Rolfs/Otto, § 1a RN 1; Kemper/Kisters-Kölkes/Berenz/Bode/Pühler, § 1a RN 6.

260 Dazu Giesen, NZA 2008, 905 (906); Klinge, S. 30 ff.

261 So die Rentenversicherungsberichte 2008, S. 13 und 2009, S. 12 sowie der Alterssicherungsbericht 2008, S. 146; ebenso Börsch-Supan/Essig/Wilke, S. 21 ff.; Giesen, NZA 2008, 905; Klinge, insbes. S. 47 ff.; Preis, NZA 2008, 922 (924). Die gesetzliche Rentenversicherung ursprünglich lebensstandarderhaltend angedacht, BSG v. 31.7.2002, BSGE 90, 11 (16).

262 Grundlegend BVerfG v. 26.6.1991, BVerfGE 84, 212 (229) - Aussperrungsentscheidung.

263 Flume nennt die ungleiche Machtverteilung das „ewige Dilemma der Privatautonomie", in: Flume, BGB AT II, § 1 7., 10.

reiche Vorsorgeplanung kann vor allem in Hinblick auf einen vorzeitigen Ruhestand notwendig werden. Dieser rückt aufgrund der Anhebung des Rentenalters in der gesetzlichen Rentenversicherung verstärkt in den Focus weiter Bevölkerungsschichten und der Politik. Zwar wird einerseits gefordert, ältere Arbeitnehmer - entgegen der in der Vergangenheit betriebenen Politik der Frühverrentung - wieder vermehrt in den Arbeitsmarkt zu integrieren.[264] Der Anspruch auf geförderte Altersteilzeit nach §§ 3, 4 AltTzG wurde zum 31.12.2009 abgeschafft.[265] Grundsätzlich ist dies auch vernünftig, um dem in Zukunft drohenden Arbeitskräfte- und vor allem Fachkräftemangel zu begegnen. Gleichzeitig ist aber der technische Fortschritt und damit die Veränderung der Arbeit und des Arbeitspensums des Einzelnen zu bedenken. In Zukunft schaffen weniger Arbeitnehmer mehr Arbeit. Gleichzeitig ist zu bedenken, dass Arbeiten bis zu dem 67. Lebensjahr oder darüber hinaus nicht für jeden Arbeitnehmer, insbesondere aus gesundheitlichen Gründen, möglich ist. Vor allem in Branchen mit körperlich schwerer Arbeit - wie der Bauwirtschaft – sind nicht alle Arbeitnehmer bis zu ihrem Eintritt in die gesetzliche Rente voll arbeitsfähig. Ähnlich sieht es in anderen Bereichen einseitiger Belastung, wie bspw. Fließbandarbeit, aus. Bei gesundheitlichen Problemen kurz vor dem Eintritt in den gesetzlichen Ruhestand kann es zu existenzbedrohenden Notlagen kommen, in denen auch Gespartes, das für den Ruhestand gedacht war, verbraucht werden muss. Damit stellt sich die Frage nach der Absicherung eines vorzeitigen Ruhestandes - wenn dieser nicht vermeidbar ist - auch ohne staatliche Förderung. Lebensarbeitszeitkonten können eine Alternative sein und werden in der Praxis auch bereits - insbesondere im tariflichen Bereich - genutzt.

Langzeitkonten bieten weitere Verwendungszwecke, die für einen Anspruch sprechen können. Bspw. ist die Verwendung von Wertguthaben für die Betreuung von Kindern und die Pflege Angehöriger in § 7c Abs. 1 Nr. 1 SGB IV gesetzlich geregelt. Ein Anspruch könnte die auf diesem Gebiet bestehenden gesetzlichen Freistellungsansprüche, auf die noch näher einzugehen ist,[266] flexibel ergänzen.

---

264 Vgl. Koalitionsvertrag 2009, S. 24; so die arbeits- und sozialrechtliche Abteilung auf dem 67. Deutschen Juristentag in Erfurt 2008 zu dem Thema: „Alternde Arbeitswelt - Welche arbeits- und sozialrechtlichen Regelungen empfehlen sich zur Anpassung der Rechtsstellung und zur Verbesserung der Beschäftigungschancen älterer Arbeitnehmer?“, Zusammenfassung aus einen diesbezüglichen Gutachten: Preis, NZA 2008, 922 ff.; ebenso Giesen, NZA 2008, 905 ff.

265 Vgl. §§ 1 Abs. 3, 16 AltTzG. Bestrebungen der SPD und der Linken für eine Verlängerung der Förderung wurden abgelehnt. Zusammenfassend, Brüss, Versicherungsjournal v. 2.3.2010.

266 Vgl. dazu Abschnitte V. 4. b (3) und (4).

Mangelnde eigenständige Vorsorgemöglichkeiten und mangelnde anderweitige Erreichbarkeit zwingend notwendiger Freistellungsansprüche können weitere Gründe für einen Anspruch darstellen. Diese Gedanken sind im Folgenden zu vertiefen. Für einen Anspruch auf Wertguthabenvereinbarungen spricht dabei auch die Finanzierung durch den Arbeitnehmer ähnlich der Entgeltumwandlung. Es entstehen dem Staatshaushalt keine zusätzlichen Belastungen. Die Belastungen der Unternehmen sind dagegen zu berücksichtigen und gegebenenfalls in eine Abwägung einzubeziehen.

2. Vorgehensweise

In dem folgenden Kapitel geht es ausschließlich um einen Arbeitnehmeranspruch auf Wertguthabenvereinbarungen nach § 7b SGB IV. Ein Anspruch auf Arbeitszeitkonten wäre nicht ausreichend, denn sie bieten Arbeitnehmern nicht die notwendigen Anreize. Aus dem Gesetzeswortlaut des § 7b SGB IV i.d.F. seit 1. Januar 2009 ergibt sich ein solcher Anspruch jedenfalls nicht:

> „§ 7b Wertguthabenvereinbarung
>
> Eine Wertguthabenvereinbarung liegt vor, wenn
>
> 1. der Aufbau des Wertguthabens auf Grund einer schriftlichen Vereinbarung erfolgt,
> 2. diese Vereinbarung nicht das Ziel der flexiblen Gestaltung der werktäglichen oder wöchentlichen Arbeitszeit oder den Ausgleich betrieblicher Produktions- und Arbeitszeitzyklen verfolgt,
> 3. Arbeitsentgelt in das Wertguthaben eingebracht wird, um es für Zeiten der Freistellung von der Arbeitsleistung oder der Verringerung der vertraglich vereinbarten Arbeitszeit zu entnehmen,
> 4. das aus dem Wertguthaben fällige Arbeitsentgelt mit einer vor oder nach der Freistellung von der Arbeitsleistung oder der Verringerung der vertraglich vereinbarten Arbeitszeit erbrachten Arbeitsleistung erzielt wird und
> 5. das fällige Arbeitsentgelt insgesamt 400 Euro monatlich übersteigt, es sei denn, die Beschäftigung wurde vor der Freistellung als geringfügige Beschäftigung ausgeübt."

Es ist zu prüfen, ob dem geltenden Recht ein Anspruch auf Wertguthabenvereinbarungen immanent ist, bzw. ob ein solcher zwingend gesetzlich normiert werden muss.[267] Dazu wird an erster Stelle das Arbeitsverhältnis selbst (II., III.) sowie einfaches Gesetzesrecht (IV.) auf einen Anspruch de lege lata untersucht. Sollte ein Anspruch nicht bereits bestehen, wird auf verfassungsrechtlicher -

267 Soweit keine zwingenden Gründe vorliegen, besteht eine (Neu-)Regelung allein im Ermessen des Gesetzgebers.

(V.) wie auch europäischer Ebene (VI.) zu prüfen sein, ob ein Anspruch zwingend geschaffen werden muss.

II. Anspruch aus Arbeitsvertrag

Sollte ein vertraglicher Anspruch auf Abschluss einer Wertguthabenvereinbarung bestehen, wird die Abschlussfreiheit des Arbeitsvertrages selbst - das Prinzip der Freiwilligkeit – nicht berührt. Der Vertrag bildet dann die Grundlage eines Anspruchs des Arbeitnehmers auf eine Wertguthabenvereinbarung. Bisher geht man zumindest in der Arbeitszeitkontenpraxis davon aus, dass ein derartiger vertraglicher Anspruch nicht existiert.[268]

Nachgedacht werden sollte dennoch darüber, ob sich ein Anspruch durch Auslegung des Arbeitsvertrages (1.) bzw. aus Fürsorgepflichten des Arbeitgebers (2.) ergibt. Zu prüfen sind weitere Aspekte der Verwendung des erdienten Arbeitsentgeltes, wie ein Bestimmungsrecht des Arbeitnehmers über die Verwendung seines Arbeitsentgeltes (3.) oder auch Eigentumserwägungen (4.).

1. Auslegung von Arbeitsverträgen

Ob sich ein Anspruch auf Wertguthabenvereinbarung i.S.d. § 7b SGB IV aus dem Arbeitsvertrag selbst ergibt, ist zunächst durch Auslegung anhand der §§ 133, 157 BGB zu ermitteln. Der übereinstimmende Wille der vertragsschließenden Parteien ist für den Vertragsinhalt maßgebend, auch dann, wenn er in dem Inhalt der Erklärung keinen oder nur einen unvollkommenen Ausdruck findet.[269] Der anzulegende objektive Maßstab gebietet dabei, dass der Vertragsinhalt auch auf solche Umstände hin geprüft werden muss, welche die Parteien bei Vertragsschluss bewusst oder unbewusst nicht vereinbart haben. Das betrifft auch Bereiche, die bei Vertragsschluss noch nicht regelungsbedürftig waren, nachträglich jedoch eine Lücke in dem Vertrag ergeben. Sind sie regelungs- oder ausfüllungsbedürftig, ist nach dem Willen der Beteiligten zu ermitteln, ob sie Vertragsinhalt sind.

Gerade langlaufende Verträge sollen flexibel gestaltet sein und sich verändernden Bedingungen anpassen, um dem Gebot der Äquivalenz jederzeit gerecht

268 Dazu bisher bei Kümmerle/Buttler/Keller, S. 10; zum Anspruch ablehnend insgesamt LAG Rheinl./Pfalz v. 15. April 2010, 10 Sa 755/09 (juris)

269 Ergänzende Vertragsauslegung, st. Rspr. RG v. 27.6.1940, RGZ 164, 196 (202); BGH v. 18.12.1954, BGHZ 16, 71 (76); v. 8.5.2002, NJW-RR 2002, 1433; v. 30.9.2005, BGHReport 2006, 4.

zu werden.[270] Arbeitsverträge werden regelmäßig ‚weitgehend inhaltsleer', einseitig vom Arbeitgeber diktiert werden. Eine Vereinbarung bis in das kleinste Detail ist aufgrund der Besonderheiten des Arbeitsrechts nicht notwendig, oftmals gar nicht möglich, denn es wirken ohnehin eine Menge gesetzlicher Normen (insbes. Arbeitsschutznormen) und Kollektivnormen, sowie richterliche Grundsätze auf den Vertrag ein.[271] Damit sind Reaktionen auf sich verändernde Schutzbedürfnisse und -maßstäbe grundsätzlich möglich und die Frage nach veränderten Schutzbedürfnissen kann zu jeder Zeit gestellt werden. Das kann im Einzelfall auch die Vereinbarung einer Wertguthabenkontenregelung bedeuten, einen verallgemeinerungsfähigen Anspruch auf Wertguthabenvereinbarungen allerdings nicht.

Vertragsinhalte, die nachträglich einbezogen werden, wenn feststeht, dass die Parteien für den Fall Regelungen geschaffen hätten, wenn sie die entstehende Lücke vorausgesehen hätten, können ebenfalls nur einzelfallbezogen auf den jeweiligen Vertrag gelten und sind gerade nicht verallgemeinerungsfähig in Hinblick auf einen Anspruch auf Wertguthabenvereinbarungen.

2. Fürsorgepflichten des Arbeitgebers

Ein Anspruch kann sich zudem aus Fürsorgepflichten[272] des Arbeitgebers ergeben. Fürsorgepflichten sind als Ausgleich der persönlichen Abhängigkeit des Arbeitnehmers anerkannt.[273] Unter dem Begriff der Fürsorgepflichten ist die Pflicht des Arbeitgebers zu verstehen, auf die Rechtsgüter des Arbeitnehmers, insbesondere Leben, Gesundheit, Vermögen und Eigentum, die der Arbeitnehmer im Vertrauen auf einen angemessenen Schutz in den Betrieb einbringt, achtzugeben.[274] Das bedeutet, dass Arbeitgeber stets das Wohl und die berech-

270 In der Lit. spricht man auch von der Flexibilität als Funktionsbedingung des Rechts. Eine - wenn auch widerlegliche - Vermutung spreche dafür, dass starre Regeln, die unabänderliche Verhaltensweisen fordern, tendenziell unrichtig sind, vgl. Schwintowski, Methodenlehre, 35 f.; ähnlich schon Horn, NJW 1985, 1118 ff.

271 Vgl. MüKo BGB Bd. 4/Müller-Glöge, § 611, RN 159.

272 Der Begriff der Fürsorgepflichten ist mittlerweile überholt, wird aber aufgrund des allgemeinen Verständnisses hier weiterhin verwendet.

273 Vgl. MüKo BGB Bd. 4/Müller-Glöge, § 611, RN 981 ff., insbes. RN 987; Staudinger/Richardi, § 611, RN 900.

274 Vgl. BAG v. 5.3.1959, BAGE 7, 280 bestätigt und konkretisiert durch BAG v. 1.7.1965, BAGE 17, 229; v. 2.6.1960, BB 1960, 983; v. 13.2.1969, DB 1969, 796; v. 13.5.1970, BAGE 22, 332; v. 17.12.1991, NZA 1992, 973; JurisPK-BGB/Pfeiffer, § 242 BGB, RN 49; MüKo Bd. 2/Roth, § 241 RN 94; Staudinger/Richardi, § 611 BGB, RN 900, 937; Schaub/Koch, § 106, RN 14 ff.

tigten Interessen ihrer Arbeitnehmer zu berücksichtigen haben. U.U. müssen Maßnahmen getroffen werden, die die Entstehung eines Schadens, insbesondere eine Beeinträchtigung des Fortkommens des Arbeitnehmers verhindern können.

Der Schutz von Leben und Gesundheit des Arbeitnehmers ergibt sich unmittelbar aus § 618 BGB.[275] Vor der Schuldrechtsmodernisierung wurden Fürsorge- oder auch Schutzpflichten im Übrigen aus der Generalklausel des § 242 BGB hergeleitet.[276] Seit der Normierung der Rücksichtnahme-, Schutz-, Sorgfalts- und Auskunftspflichten in § 241 Abs. 2 BGB ist der Rückgriff auf die allgemeine arbeitsrechtliche Fürsorgepflicht in der Regel nicht mehr notwendig. Nunmehr regelt § 241 Abs. 1 BGB leistungsbezogene Nebenpflichten, also den Schutz des Äquivalenzinteresses, und § 241 Abs. 2 BGB Schutzpflichten als leistungsunabhängige Nebenpflichten, also den Schutz des Integritätsinteresses, jeweils konkretisiert um die Wertungen des § 242 BGB.[277] Eine Verpflichtung des Arbeitgebers zum Schutz des eingebrachten Eigentums und Vermögens des Arbeitnehmers – auch in Form von Wertguthaben - als nichtleistungsbezogene Nebenpflicht ist damit § 241 Abs. 2 BGB i.V.m. § 242 BGB zu entnehmen.[278]

Fürsorgepflichten des Arbeitgebers beziehen sich unter anderem auf eine auskömmliche finanzielle Absicherung des Arbeitnehmers in der Zeit nach dem aktiven Arbeitsleben.[279] Begründet wird die Verpflichtung des Arbeitgebers damit, dass Arbeitnehmer Zeit ihres Lebens von dem jeweiligen Arbeitgeber (exis-

---

275 Vgl. JurisPK-BGB/Legleitner, § 618 BGB, RN 14; MüKo BGB Bd. 2/Kramer, § 241, RN 92; Staudinger/Richardi, § 611 BGB, RN 925.

276 Vgl. Gernhuber, JuS 1983, 764 (768); Larenz, § 10 II e), S. 140. Die damalige Kritik an der Existenz von Fürsorgepflichten bezog sich auf den früheren Wortlaut der §§ 241 und 242 BGB. Die in der damaligen Fassung geregelten Nebenleistungspflichten seien objektiv lediglich diejenigen Pflichten, die im konkreten Einzelfall zu erfüllen seien, um die Hauptpflichten aus dem Schuldverhältnis ordnungsgemäß erfüllen zu können - insbesondere die Beschäftigungs- und Entgeltzahlungspflicht. Weitergehende allgemeine Verhaltens-, Loyalitäts-, Schutz-, und andere Pflichten als zur Vertragserfüllung notwendig, seien inhaltlich durch das Schuldverhältnis nicht bestimmt und inhaltsleer. Außerdem sei eine Vertragserfüllung auch ohne Einhaltung dieser Pflichten möglich, dazu Weber, RdA 1980, 289 (297); Wolf, DB 1971, 1863 (1867). Dem begrenzten Verständnis war jedoch schon damals aufgrund der Besonderheiten des Arbeitsverhältnisses als Dauerschuldverhältnis mit persönlichem Einschlag und mit existenziellen, sozialen und wirtschaftlichen Abhängigkeiten zu entgegnen.

277 Vgl. ErfK/Preis, § 611 BGB, RN 615; MüKo BGB Bd. 2/Kramer, § 241 RN 1; Staudinger/Olzen, § 241 RN 153 ff.; Staudinger/Looschelder/Olzen, § 242 RN 212.

278 Vgl. ErfK/Preis, § 611 BGB, RN 626, 628 ff.; Staudinger/Olzen, § 241 RN 498 f.; ähnlich MüKo BGB Bd. 2/Kramer § 242, RN 152.

279 Der Versorgungscharakter der bAV: Blomeyer/Rolfs/Otto, Einleitung, RN 25 ff.

tenziell) abhängig sind. Mit Austritt aus dem Arbeitsverhältnis ist zwar diese Abhängigkeit, aber auch grundsätzlich die finanzielle Absicherung beendet.

Fürsorge- oder Schutzpflichten treffen den Arbeitgeber aber auch während des aktiven Arbeitslebens. Um einen Anspruch begründen zu können, muss geprüft werden, ob Arbeitgeber hinsichtlich der Verwendungszwecke von Wertguthaben - Weiterbildung, Familienplanung, Pflege Angehöriger, Freistellungen vor dem Ruhestand oder sonstige Freistellungen und Arbeitszeitverkürzungen - Fürsorgepflichten treffen. Die Zwecke sind - im Gegensatz zu einer zusätzlichen Altersvorsorge, die als finanzielle Sicherung im Fortgang des Arbeitsverhältnisses nach dem aktiven Arbeitsleben zu verstehen ist, während der aktiven Arbeitsphase angesiedelt. Für diese Zwecke steht Arbeitnehmern ein Anspruch auf laufendes Arbeitsentgelt zu und bestehen Arbeitszeitregelungen, die Arbeitnehmern Freizeiten und Erholungszeiten gewähren. Das Arbeitsentgelt als Gegenleistung für die geleistete Arbeit verschafft dem Arbeitnehmer grundsätzlich die Freiheit, finanzielle Sicherheit während seines aktiven Arbeitslebens zu erreichen. In der Erbringung der vereinbarten Vergütung liegt eine Hauptpflicht des Arbeitgebers innerhalb des Arbeitsverhältnisses.[280] Eine Fürsorgepflicht im Wege darüber hinausgehender finanzieller Hilfen ist grundsätzlich nicht erforderlich und aufgrund der Privatautonomie nicht ohne weiteres einforderbar. Die Vergütung erfolgt in den überwiegenden Fällen abgestimmt auf geleistete Arbeitszeit. Eine Verringerung der Arbeitszeit bewirkt sogleich eine Verringerung der Vergütung.

Darüber hinaus ist es staatliche Aufgabe, zum einen dafür zu sorgen, dass Mindeststandards eingehalten werden, zum anderen im Einzelfall Lösungen zur Erreichung des Mindestschutzes zu bieten. Vorhandene gesetzliche Regelungen sollen die Einhaltung des Mindeststandards in diesem Sinne sichern. Staatliche Leistungen, wie das BEEG, haben Ausgleichsfunktion. In Bezug auf Freistellungen von der Arbeitsleistung haben Arbeitgeber nach dem BUrlG dafür zu sorgen, dass Arbeitnehmer ausreichend erholen können, damit die Arbeitskraft auf Dauer erhalten bleibt. Für Freistellungen zu Weiterbildungszwecken gibt es das BBiG und die Bildungsgesetze der Länder, für die Familienplanung, bspw. das MuSchG und das BEEG, für die Pflege naher Angehöriger das SGB XI und das PflegeZG, für den Vorruhestand das AltTzG, für Freistellungen aus sonstigen Anlässen und Verpflichtungen das BUrlG, das TzBfG, für bestimmte vorübergehende Verhinderungen auch § 616 BGB. Aus diesen Gesetzen erhalten Arbeitnehmer eine Reihe von Freistellungsansprüchen gegenüber ihren Arbeitgebern.

280 Vgl. ErfK/Preis, § 611 BGB, RN 389; Palandt/Weidenkaff, § 611, RN 49.

Vertragliche Schutzpflichten lassen sich davon abgesehen nicht abstrakt bestimmen, eine allgemeine und umfassende Fürsorgepflicht gibt es nicht.[281] Nach §§ 241 Abs. 2 i.V.m. 242 BGB sind konkrete Maßnahmen zum Schutz erst dann zu treffen, wenn auf diese Weise Schäden verhindert werden müssen. Dass ein Arbeitnehmer es trotz der diversen Schutzgesetze nicht schafft, notwendige Vermögensvorteile ohne Hilfe des Arbeitgebers zu erreichen, wird in den wenigsten Fällen vorkommen.

Sollte dennoch der Fall eintreten, dass konkrete Schutzmaßnahmen in Bezug auf die durch Wertguthabenvereinbarungen regelbaren Lebensbereiche notwendig werden und nicht anders, als durch den Arbeitgeber erfüllt werden können, dann ist in einem weiteren Schritt die Art und Weise, wie der Schutz zu verwirklichen ist, aufgrund einer Abwägung der beiderseitigen Interessen zu ermitteln.[282] Dabei können die ökonomischen Vorteile von Wertguthabenvereinbarungen in die Überlegungen einbezogen werden. Allerdings wird in einer konkreten, einzigartigen Notsituation wohl kaum ein so umfassendes und entsprechend verwaltungsintensives Personalplanungsinstrument, wie Wertguthabenvereinbarungen es sind, den Interessen von Arbeitgeber und Arbeitnehmer gerecht werden.

3. Bestimmungsrecht über das erdiente Arbeitsentgelt

Je nachdem inwiefern Arbeitnehmer über die Verwendung und den Zahlungszeitpunkt ihres erdienten Arbeitsentgeltes bestimmen können, könnte darin ein Anspruch auf Wertguthabenvereinbarungen gesehen werden.

Hauptleistungspflichten im Arbeitsverhältnis sind gem. § 611 BGB auf Arbeitnehmerseite vor allem die Leistung der versprochenen Dienste und auf Arbeitgeberseite die Leistung des versprochenen Arbeitsentgeltes. In Bezug auf die Arbeitsleistung legt der Arbeitgeber regelmäßig Art, Umfang, Zeit und/oder Ort der Leistung fest. In Bezug auf die Leistung des Entgeltes ist im Geltungsbereich von Tarifverträgen zumindest üblich, einen Zahlungszeitpunkt festzulegen.[283] Soweit keine Regelung existiert, ist für die Auszahlung regelmäßig Orts-

281 Vgl. dazu insbes. BAG v. 26.8.1993, BAGE 74, 158 ff.; ErfK/Preis, § 611 BGB, RN 616; Schaub/Koch, § 106, RN 36 ff.; LAG Rheinl./Pfalz v. 15. April 2010, 10 Sa 755/09 (juris) verlangt eine besondere rechtliche Grundlage mit Verweis auf BAG v. 10.11.1961, NJW 1962, 411.

282 Vgl. BAG v. 25.2.1959, BAGE 7, 267 (271 f.); v. 13.4.1988, NZA 1988, 654 (655); v. 26.8.1993, NZA 1994, 281 (282 f.); ErfK/Preis, § 611 BGB, RN 616, Palandt/Weidenkaff, § 611, RN 96.

283 Vgl. Staudinger/Richardi, § 614 BGB, RN 4.

oder Branchenüblichkeit maßgebend.[284] Auf diese Weise soll im tariflichen Bereich sichergestellt werden, dass die Interessen der Arbeitnehmer bei der Festlegung des Arbeitsentgeltes gewahrt bleiben. Ein einseitiges Bestimmungsrecht des Arbeitnehmers bzw. des Arbeitgebers besteht damit nicht.

Fehlen derartige Vereinbarungen, regelt § 614 BGB die Auszahlung des Entgeltes nach Leistung der Dienste, nach Ablauf der festgelegten Zeitabschnitte. Auch diese Vorschrift will sicherstellen, dass der Arbeitnehmer über das versprochene Entgelt verfügen kann, ohne Verluste zu erleiden.[285] Die gesetzliche Regelung ist jedoch abdingbar.[286] Arbeitgeber und Arbeitnehmer können bei Abschluss des Arbeitsvertrages neben der Höhe des Arbeitsentgeltes auch die Zahlungskonditionen aushandeln. Damit ist eine Vereinbarung, dass Entgeltbestandteile erst später zur Auszahlung kommen, mittels Interessenausgleich ohne weiteres möglich.[287] Lediglich der Grundsatz, dem Arbeitnehmer die Verwendbarkeit seines Arbeitsentgeltes ohne Verluste sicherzustellen, ist zu wahren. Einen Anspruch auf eine solche Vereinbarung hat der Arbeitnehmer aufgrund der Privatautonomie und der damit zu berücksichtigenden beiderseitigen Interessen und des herzustellenden Konsens jedoch nicht.

4. Geltendmachung von Eigentumspositionen

Das erdiente Arbeitsentgelt ist als vermögenswertes Recht von Art. 14 GG umfasst.[288] Der Schutz des Eigentums beinhaltet grundsätzlich das Recht, mit seinem Eigentum frei zu verfahren. Aus dem Grundsatz könnte sich ebenfalls ein Anspruch des Arbeitnehmers auf Wertguthabenvereinbarungen ergeben. In dieser abwehrrechtlichen Wirkung geht es zwar vornehmlich um die Beziehung des Bürgers zum Staat. Grundrechte sind jedoch als objektives Wertungsinstrument auch im Zivilrecht heranzuziehen,[289] indem die Parteien im Zivilrechtsverkehr ihre Güter und Interessen gegenseitig schätzen und zum Ausgleich bringen.

---

284 Vgl. Zöllner/Loritz/Hergenröder, § 16 III, S. 169.

285 Vgl. ErfK/Preis, § 107 GewO, RN 2; Heide, S. 55 ff.

286 Vgl. Staudinger/Richardi, § 614 BGB, RN 3.

287 Vgl. nur ErfK/Preis, § 614 BGB, RN 2.

288 Vgl. nur ErfK/Dieterich/Schmidt, GG Art. 14, RN 23.

289 Mittelbare Drittwirkung als „Einstrahlungswirkung" von Grundrechten auf andere Rechtsmaterien, jedoch ohne unmittelbare Verpflichtung der Privatrechtsträger: h.L. und st. Rspr. seit BVerfG v. 15.1.1958, BVerfGE 7, 198 (205) – Lüth; dazu Alexy, Grundrechte, S. 475 ff.; Canaris, AcP 184, 201 ff.; ders., JuS 1989, 161 ff.; Hager, JZ 1994, 373 ff.

Der Grundsatz der Verhandelbarkeit vorteilhafter Eigentumspositionen findet sich bspw. bei freien Erfindungen[290] von Arbeitnehmern wieder. Alle Arbeitnehmererfindungen, d.h. freie und gebundene Erfindungen, unterliegen nach § 4 Abs. 1 ArbnErfG dem Arbeitnehmererfindungsgesetz. ‚Freie Erfindung' bedeutet, dass der Arbeitgeber nicht durch einseitige Inanspruchnahme über die Erfindung verfügen darf. Es besteht aber eine Mitteilungspflicht nach § 18 ArbnErfG und eine Anbietungspflicht nach § 19 ArbnErfG und damit eine Verhandlungspflicht um die Nutzung der Erfindung. ‚Gebundene' - oder Diensterfindungen - sind ebenfalls meldepflichtig gem. § 5 ArbnErfG. Im Gegensatz zu einer freien Erfindung kann der Arbeitgeber sie unbeschränkt oder beschränkt in Anspruch nehmen.[291]

Bei Nichteinigung über die Verwendung kann von beiden Seiten gem. §§ 28 ff. ArbnErfG eine Schiedsstelle angerufen werden. Die Schiedsstelle ist eine Möglichkeit der Konfliktlösung im Unternehmen, wenn die Interessenlage und der Verdienst an der Erfindung auf Arbeitgeber- und auf Arbeitnehmerseite unterschiedlich sind.[292] Die Schiedsstelle versucht dann, eine gütliche Einigung der streitenden Parteien herbeizuführen.[293] Die Schlichtung entspricht dem Wesen von Verträgen, insbesondere kann man ihr Wertungen über Dauerschuldverhältnisse entnehmen, in denen die Vertragspartner über längere Zeit ihre gegenseitigen Leistungspflichten zur Zufriedenheit aller erfüllen sollen.[294] Bei der Schlichtung geht es regelmäßig um komplexe Sachverhalte, es sind vielschichtige Interessen zu beachten und in die Abwägung einzubeziehen. Aufgrund der durchzuführenden Interessenabwägung und dem gewünschten Ergebnis einer gütlichen Einigung kann sie jedoch keine absoluten Ansprüche gewähren.

In Bezug auf einen Anspruch auf Wertguthabenvereinbarungen bedeutet das, dass die Interessen der Arbeitnehmer an dem erdienten Arbeitsentgelt als vorteilhafte Eigentumspositionen zwar verhandelbar sind und unter Beachtung der individuellen Interessen zu einem Ausgleich gebracht werden sollen. Einen vertraglichen Anspruch kann ein Interessenausgleich hingegen nicht erzeugen.

---

290 Erfindung unterliegen der Eigentumsgarantie des Art. 14 GG, vgl. BVerfG v. 24.4.1998, DB 1998, 1460 f.

291 Durch einseitiges Rechtsgeschäft, vgl. Schaub/Koch, § 114, RN 19 ff.

292 Vgl. Zöllner/Loritz/Hergenröder, § 15 III, S. 163.

293 Zwingende Voraussetzung für einen Zivilprozess, § 37 Abs. 1 ArbnErfG.

294 Ähnlich auch der Gedanke des Betriebsfriedens - alles zu unterlassen, was dem Betriebsablauf schaden könnte.

5. Fazit

Ein vertraglicher Anspruch auf Wertguthabenvereinbarungen scheidet aus. Zwar sind vorteilhafte Positionen zwischen Arbeitgeber und Arbeitnehmer durchaus verhandelbar und können im Einzelfall auch Pflichten für Arbeitgeber begründen. Ein weitreichender vertraglicher Anspruch auf Wertguthabenvereinbarungen widerspricht dagegen zunächst dem Grundsatz der Privatautonomie und der Verhandelbarkeit vorteilhafter Rechtspositionen, soweit im Übrigen ausreichende Arbeitsschutzregelungen bestehen. Eine Verdichtung auf eine Verpflichtung des Arbeitgebers ist nur im äußersten Einzelfall denkbar.

III. Tarifvertraglicher Anspruch

Tarifverträge oder Betriebsvereinbarungen aufgrund von Tarifverträgen können Ansprüche von Arbeitnehmern auf Arbeitszeitkonten bzw. Wertguthabenvereinbarungen vorsehen, zwingend ist das jedoch nicht. Es gilt das zu einem vertraglichen Anspruch Gesagte.

IV. Einfachgesetzlicher Anspruch

Regelungen zu flexiblen Arbeitszeiten, finden sich insbesondere im ArbZG. Das Gesetz bestimmt in § 1 Nr. 1 ArbZG als Normzweck die Förderung flexibler Arbeitszeiten und setzt diesen mit § 3 ArbZG - einer Regelung über Ausgleichzeiträume für geleistete Überstunden - um. Die Anforderungen des Gesetzes sind aufgrund des Status´ eines Schutzgesetzes zwingend einzuhalten. § 1 ArbZG beinhaltet allerdings keine Rechte oder Pflichten für Arbeitgeber oder Arbeitnehmer.[295] Geregelt sind vielmehr Mindestanforderungen bspw. an tägliche Höchstarbeitszeiten oder Ruhezeiten, die dem Schutz der Arbeitnehmer dienen. Sie vermitteln damit gerade keinen Anspruch auf flexibel zu gestaltende Arbeitszeiten, weder einseitig für den Arbeitgeber noch für den Arbeitnehmer.[296] Sie können u.U. sogar rechtliche Hindernisse bei der Einrichtung von Wertguthabenvereinbarungen u.a. Arbeitszeitkonten darstellen.[297]

Seit dem Jahr 1998 gilt das Gesetz zur sozialrechtlichen Absicherung flexibler Arbeitszeitregelungen, genannt Flexi-Gesetz.[298] Es handelt sich dabei um ein

295 Vgl. ErfK/Wank, § 1 ArbZG, RN 4; Buschmann/Ulber, ArbZG § 1, RN 1 m.w.N.

296 Vgl. nur Buschmann/Ulber, ArbZG § 1, RN 9.

297 So zumindest Schaub/Vogelsang, § 160, RN 51.

298 BGBl. I 1998, S. 688 ff.

Artikelgesetz. Es enthält Vorschriften zur sozial- und insolvenzrechtlichen Absicherung von vormals noch Arbeitszeitkonten. Das Flexi-Gesetz wurde mit dem Gesetz zur Verbesserung der Rahmenbedingungen für die Absicherung flexibler Arbeitszeitregelungen und zur Änderung anderer Gesetze vom 21. Dezember 2008 (Flexi II) reformiert,[299] nachdem zuvor vor allem Regelungen über die insolvenzrechtliche Absicherung und die Vermögensanlage von Arbeitszeitkonten in der Praxis bemängelt wurden.

§ 7 Abs. 1a und Abs. 3 Satz 2 SGB IV regeln heute lediglich noch, dass auch während Freistellungsphasen von mehr als einem Monat ein Beschäftigungsverhältnis vorliegt. Nunmehr normiert § 7b SGB IV Anforderungen an Wertguthabenvereinbarungen, damit diese von den Regelungen des SGB IV umfasst werden, § 7c SGB IV regelt mögliche Verwendungszwecke etc. §§ 22 i.V.m. 23b SGB IV bestimmen das in Zeiten der Freistellung und bei nicht zweckentsprechender Verwendung jeweils sozialversicherungspflichtige Entgelt. Die Sozialversicherungsbeiträge werden auf diese Weise gestundet, solange sich die angesparten Wertguthaben auf dem Konto befinden.

Die Flexi-Gesetze schufen den sozialversicherungsrechtlichen Rahmen für Arbeitszeitkonten und Wertguthaben.[300] Die privatrechtliche Ausgestaltung ist nicht berührt und daher - zumindest nach den Flexi-Gesetzen - den Vertragsparteien überlassen.[301]

Ein Arbeitnehmeranspruch auf Einrichtung von Wertguthabenvereinbarungen kann damit auch aus einfachgesetzlichen Regelungen nicht entnommen werden.

V. Verfassungsrechtlicher Anspruch

Grundrechte sind in erster Linie Abwehrrechte des Bürgers gegenüber dem Staat, aufgebaut auf den Werten von Freiheit und Gleichheit, die den Erhalt einer staatsfreien Sphäre sichern sollen.[302] Bei der Frage nach einem Arbeitnehmeranspruch auf Wertguthabenvereinbarungen beruht ein möglicher vorgelagerter Eingriff in Rechtsgüter der Arbeitnehmer jedoch gerade nicht auf staatlichem Handeln. Insbesondere liegt keine staatliche Beteiligung in Form von Subven-

---

299 BGBl. I 2008, S. 2940 ff.

300 Vgl. nur Buschmann/Ulber, ArbZG § 5, RN 15.

301 Entwurf zum Flexi-Gesetz: BT-Drucks. 13/9818, S. 9; Knospe, NZA 2006, 187, (188); Skorczyk/Klups/Jacobsen, BB-Beil. 2007, 2 (3); ähnlich LAG Rheinl./Pfalz v. 15. April 2010, 10 Sa 755/09 (juris) angelehnt an den Wortlaut.

302 Vgl. Epping, S. 5, RN 14; Sachs/ders., vor Art. 1, RN 43 f.

tionen oder ähnlichem vor.[303] Arbeitnehmer können Abwehrrechte daher nicht geltend machen. Es ist vielmehr zu fragen, ob Arbeitnehmern zum Schutz und zur Geltendmachung ihrer grundrechtlich verbürgten Freiheitsrechte ein Anspruch auf Wertguthabenvereinbarungen zustehen muss.

Es kann durchaus notwendig werden, dass der Staat, soweit dies dem Einzelnen selbst nicht möglich ist, zur Gewährleistung von Freiheit und Gleichheit, insbesondere zur Gewährleistung privatautonomen Handelns, schützend eingreifen muss.[304] Dann verwirklichen staatliche Schutzpflichten grundrechtliche Freiheiten. Ob sich aus staatlichen Schutzpflichten ein Anspruch auf Wertguthabenvereinbarungen ergibt, ist damit zu prüfen.

1. Staatliche Schutzpflichten

a. Schutzpflichtendogmatik

Schutzpflichten des Staates gegenüber dem Bürger sind heute in Rechtsprechung[305] und Literatur[306] allgemein anerkannt. Von Grund auf geprägt wurde die Schutzpflichtendogmatik durch das Bundesverfassungsgericht. Dass man in der Literatur im Ergebnis dem Bundesverfassungsgericht gefolgt ist und Schutzpflichten des Staates anerkannt hat, zeigt die Bedeutung der Schutzpflichten.

Dass Grundrechte neben Abwehrrechten verfassungsrechtliche Grundentscheidungen für alle Bereiche des Rechtes in Form einer objektiven Wertordnung treffen, befürwortete das Bundesverfassungsgericht bereits in der Lüth-Entscheidung im Jahre 1958.[307] Das Bundesverfassungsgericht geht zumindest

---

303 Zur Abgrenzung: Ruffert, S. 87 ff.

304 St. Rspr., BVerfG v. 7.2.1990, BVerfGE 81, 242 (255) - Handelsvertreterentscheidung; v. 19.10.1993, BVerfGE 89, 214 (231 ff.) – Bürgschaftsentscheidung; und h.L., Boemke/Gründel, ZfA 2001, 245 (252); Dieterich, RdA 1995, 129 (130); MüHdb ArbR/Richardi, § 12, RN 13; Ruffert, S. 141 ff.; kritisch, Adomeit, NJW 1994, 2467 ff.; Diederichsen, Jura 1997, 57 (60 ff.); Zöllner, AcP 196, 1 ff.

305 Vgl. BVerfG v. 25.2.1975, BVerfGE 39, 1 (41); v. 16.10.1977, BVerfGE 46, 160 (164); v. 8.8.1978, BVerfGE 49, 89 (142); v. 20.12.1979, BVerfGE 53, 30; v. 14.1.1981, BVerfGE 56, 54 (73); v. 23.4.1986, BVerfGE 73, 261 (269); v. 29.10.1987, BVerfGE 77, 170 (214); v. 28.5.1993, BVerfGE 88, 203 (251); v. 26.5.1998, BVerfG NJW 1998, 3264 (3265) u.v.a.m. Überblick bei Krings, S.66 ff.

306 Vgl. Alexy, Grundrechte, S. 410 ff.; Dietlein, S. I; Erichsen, Jura 1997, 85 (86); Hesse, S. 155 f. (RN 350); Isensee/Kirchhof/Stern, HdbStR V, § 109, RN 59, S. 80; E. Klein NJW 1989, 1633 ff.; Krings, S. 76 m.w.N.; Rassow, ZG 2005, 262 (264); Singer, JZ 1995, 1133 (1136); Unruh, S. 18.

307 Vgl. BVerfG v. 15.1.1958, BVerfGE 7, 198 (205) - Lüth; spätere Entscheidung v. 29.5.1973, BVerfGE 35, 79 (114); ebenfalls h.L., früher Vertreter: Dürig, FS Nawiasky,

seit der Entscheidung zum Schwangerschaftsabbruch I aus dem Jahr 1975[308] in ständiger Rechtsprechung davon aus, dass den Staat grundrechtliche Schutzpflichten treffen. Danach habe der Staat in Art. 1 Abs. 1 Satz 2 sowie Art. 2 Abs. 2 Satz 1 GG eine Wertentscheidung für das Leben getroffen. Das Gericht verknüpft mit der Entscheidung den Gehalt der Grundrechte als objektive Wertordnung mit einer Schutzpflicht aus Art. 2 Abs. 2 Satz 1 GG und verstärkt so die subjektivrechtliche Bedeutung der Grundrechte.

Der Staat habe nach Auffassung des Bundesverfassungsgerichtes zudem für die Umsetzung der Wertentscheidungen Sorge zu tragen, je nach Rang des in Frage stehenden Rechtsgutes innerhalb der Wertordnung umso strenger sind die Anforderungen.[309] Der Schutz müsse umfassend bestehen, also gerade auch im Verhältnis zwischen Privatpersonen,[310] denn im Besonderen zwischen ihnen bestehe eine Friedenspflicht.[311] Der Gesetzgeber, der vorrangig Adressat der Schutzverpflichtung sei, bekomme dabei jedoch einen Ermessenspielraum zugebilligt.[312]

Konkretisiert wurde die Schutzpflichtendogmatik in der Entscheidung zum Schwangerschaftsabbruch II im Jahr 1993.[313] Staatliche Schutzpflichten sollen

---

157 (176); ausführlich: Hager, JZ 1994, 373 ff.; Prütting in: Grupp/Weth, S. 13 f. Vgl. Übersichten bei Unruh, S. 29 f.; Krings, S. 62 ff.

308 Vgl. BVerfG v. 25.2.1975, BVerfGE 39, 1.

309 Vgl. BVerfG v. 25.2.1975, BVerfGE 39, 1 (41 f.).

310 Vgl. BVerfG v. 25.2.1975, BVerfGE 39, 1 (42). Die Schutzpflichten des Staates sollen aber mehr bieten als den Schutz vor Eingriffen Dritter. Auch ein Schutz vor Gefahrenquellen von außerhalb, z.B. Naturkatastrophen, muss gewährleistet sein: Dietlein, insbes. S. 87 ff.; a.A. Unruh, S. 21 ff.

311 Das Gewaltmonopol des Staates begründet Friedenspflichten der Bürger, z.B. keine Selbstjustiz zu praktizieren. Der Einzelne begibt sich in die Gewalt des Staates, verzichtet also auf Selbstschutz, als Gegenleistung wird ihm physische Integrität vor inneren und äußeren Gefahren gewährleistet. Zu Gesellschafts- bzw. Staatsvertragstheorien, entwickelt von Bodin, Hobbes, Locke, ausführlich Isensee in: FS Sendler, 39 (46 ff.); Isensee, S. 3 ff.; Dreier/ders., Vorb. RN 5 f.; kritisch, Bleckmann, DVBl. 1988, 938 (941); Krings, S. 28 ff. Die Friedenspflicht ist Grundlage innerer Sicherheit und Grundlage grundrechtlich gewährleisteter Freiheitsrechte, vgl. ErfK/Dieterich, Einl GG, RN 33; Isensee/Kirchhof, HdbStR V, § 115, RN 112 ff., S. 413 f.; Krings, S. 44. Ohne staatliche Gewährleistungen setzen sich Freiheits- und Gleichheitsrechte mangels Selbstschutz nicht von selbst durch, solange es stärkere- und schwächere- oder aktivere- und passivere Beteiligte gibt. Da der Staat diese Art der Machtlosigkeit (mit)verursacht hat, um inneren Frieden zu wahren, muss er im Gegenzug auch für den dann fehlenden Schutz sorgen.

312 Vgl. BVerfG v. 25.2.1975, BVerfGE 39, 1 (44); zusammenfassend Ruffert, S. 202 f. m.w.N.; Stern, Staatsrecht III/1, § 69 IV. 6, S. 950 f.

313 Vgl. BVerfG v. 28.5.1993, BVerfGE 88, 203.

danach aus dem Schutz der Menschenwürde gem. Art. 1 Abs. 1 Satz 2 GG fließen, deren Reichweite nach Art. 2 Abs. 2 Satz 1 GG näher ausgestaltet wird.[314]

In der Literatur wird dem Begründungsansatz des Bundesverfassungsgerichtes nur zum Teil und dabei von einigen Vertretern nur in Form einer Prinzipientheorie beigepflichtet.[315] Die dogmatische Herleitung der Schutzpflichten ist mithin bislang nicht abschließend geklärt.[316] Einige Vertreter der Lehre stehen der dogmatischen Einordnung des Bundesverfassungsgerichtes skeptisch gegenüber.[317] Sie geben sich zudem mit der Begründung, dass sich aus der objektivrechtlichen Dimension der Grundrechte staatliche Förderungs- und Schutzpflichten ergeben können, nicht zufrieden.[318]

Das Schrifttum bietet neben Kritik auch eigene Ansätze einer dogmatischen Herleitung.[319] Bspw. wird (zumindest) ergänzend auf den aus dem Gewaltmonopol des Staates resultierenden Staatszweck der Sicherheit und den zu schützen-

---

314 Vgl. BVerfG v. 28.5.1993, BVerfGE 88, 203 (251); eingehend Unruh, S. 74 ff.

315 Dazu Alexy, Grundrechte, S. 414; Dietlein, S. 61; Dreier/ders., Vorb. 102 m.w.N. in FN 428; Hesse, S. 155 f. (RN 350); Isensee/Kirchhof, HdbStR V, § 111 RN 138, S. 218; Unruh, S. 56 f. Mit der Prinzipientheorie wird der objektiven Wertordnung Prinzipiencharakter verliehen. Im Gegensatz zu Regeln, die stets einzuhalten sind, beinhalten Prinzipien Optimierungsgebote. Optimierung bedeutet ein möglichst hohes Maß an Verwirklichung, was aber im Gegensatz zu Regeln an konkreten und tatsächlichen Bedingungen ausgerichtet werden kann, so Alexy, Grundrechte, insbes. S. 75 ff.; E. Klein, NJW 1989, 1633 (1637). Kritisch dazu Dietlein, S. 155 f.; Pietrzak, JuS 1994, 748 (749); Unruh, S. 62 f.

316 Vgl. hier nur Unruh, insbes. S. 26 ff.

317 Insbesondere Böckenförde, der dem Ansatz der Grundrechte als Grundsatznormen im Übrigen beipflichtet, in: Böckenförde, 184 ff. Die Kritik bezieht sich u.a. auf eine drohende Veränderung des Verfassungsgefüges durch die Entwicklung objektiv-rechtlicher Grundrechtsdimensionen; die Gefahr einer Verfassungsrechtsprechung mit der Folge einer Verfassungsgebung, die aus der in dem objektiv-rechtlichen Optimierungsgebot liegenden Verfassungsinterpretation entsteht. Ebenfalls kritisiert wird die Erhebung der Grundrechte als Wertordnung zur Staatsaufgabe und damit zu einer rechtlichen Grundordnung des Gemeinwesens mit der Gefahr der Schaffung eines Jurisdiktionsstaates durch Verlagerung parlamentarischer Entscheidungen auf die Rechtsprechung. Kritisch zu Böckenförde, Krings, S.164 ff.; Stern, Staatsrecht III/2, § 95 III. 2., S. 1688 f.; Unruh, S. 50 ff. m.w.N.

318 Außerdem erscheint Vertretern in der Lit. unklar, in welchem Umfang aus der Menschenwürdegarantie des Art. 1 Abs. 1, S. 2 GG Schutzpflichten entnommen werden können. So vor allem E. Klein, NJW 1989, 1633 (1635); Starck, S. 72; Unruh, S. 32 und 34 f.

319 Vgl. hier nur Pietrzak, JuS 1994, 748 (749) m.w.N.

den inneren Frieden verwiesen.[320] Andere halten Wortlaut und Systematik der Grundrechte selbst für ausreichend, um aus ihnen Schutzpflichten herleiten zu können, was zumindest bei einzelnen Grundrechten durchaus nachvollziehbar ist.[321] Auch über den Sinn und Zweck der Grundrechte wird versucht Schutzpflichten herzuleiten,[322] so auch über den Menschenwürdekern eines jeden Grundrechts.[323] Ein vielfach diskutierter Ansatz erwägt eine Duldungspflicht nichtstaatlicher Eingriffe in Rechte des Bürgers, solange die Eingriffe nicht aufgrund des Gewaltmonopols des Staates rechtlich verboten sind.[324] Auf diese Weise sollen Schutzpflichten über eine Ausweitung der Abwehrrechte bei dem Staat zurechenbaren Grundrechtseingriffen im Falle einer Integritätsbeeinträchtigung eines grundrechtlichen Schutzgutes entstehen. Diese Ansicht lässt aber den zwingenden Schluss von einem Nicht-verboten-sein einer Handlung auf eine Duldungspflicht des Gestörten, bzw. eine pauschale Zurechnung an den Staat, vermissen.[325] Denn weder kann dem Staat ein ausuferndes privates Handeln in jedem Fall zugerechnet werden, noch ist der Einzelne einem absoluten Gewaltverbot unterlegen.[326] Bislang hat sich auch dieses Konzept nicht durchsetzen können, auch das Bundesverfassungsgericht folgt diesem Gedanken ersichtlich nicht.[327]

Wenn auch der Rechtsprechung des Bundesverfassungsgerichtes insoweit zum Vorwurf gemacht werden kann, dass sie die dogmatische Einordnung zu Gunsten eines Opferkompromisses vernachlässigt,[328] wird in den folgenden Aus-

---

320 Verbreitete Ansicht in der Literatur, jedoch wegen des geringen Fundaments der Staatszwecklehren für staatliche Schutzpflichten hier nicht weiter ausgeführt, Wegbereiter, Isensee, S. 33 ff.; E. Klein NJW 1989, 1633 (1635 f.); im Ansatz Stern, Staatsrecht III/1, § 69 IV. 5., S. 948; kritisch Krings, S. 85 ff.; Unruh, S. 37 ff. insbes. 40 f.

321 Wie Art. 1 Abs. 1, S. 2, Art. 4 Abs. 1, Art. 5 Abs. 2, Art. 6, Art. 11 Abs. 2 sowie Art. 13 Abs. 7 GG. Vgl. Bleckmann, DVBl. 1988, 938 (941 f.); Dietlein, S. 52 f.; Krings, S. 142 ff. und 170; Starck, S. 56; Stern, Staatsrecht III/1, § 69 IV. 3., S. 934 ff.; kritisch, Isensee/Kirchhof, HdbStR V, § 111, RN 13, S. 150 f.; Unruh, S. 42.

322 Vor allem Krings, S. 49 ff.; Starck, S. 56; Unruh, S. 27.

323 Dazu Starck, S. 70 ff.; Unruh, S. 42 ff.

324 Vertreter: Murswiek, 102 ff.; Scherzberg, DVBl. 1989, 1128 (1135 f.); Schwabe, S. 213 ff. Diskussionen bei Calliess, JZ 2006, 321 (325); Unruh, S. 46 f. m.w.N.

325 So auch Alexy, Grundrechte, S. 417 ff.; weitere Argumente: Cremer, S. 167 ff.; Krings, S. 105 ff.

326 Nach geltendem Recht ständen dem Einzelnen bspw. Abwehrrechte wie § 823 oder § 1004 BGB oder Selbstverteidigungsrechte aus dem BGB oder StGB zur Verfügung, vgl. dazu Dietlein, S. 50.

327 Vgl. BVerfG v. 26.5.1988, NJW 1998, 3264 – Waldschäden; dazu auch Hippel, NJW 1998, 3254 f.

328 So zumindest Dietlein, S. IV.

führungen die Schutzpflichtendogmatik des Bundesverfassungsgerichtes zugrunde gelegt. Die in der Literatur angebrachte Kritik an der dogmatischen Einordnung der Schutzpflichten ist allerdings für die Wertung der Reichweite und des Inhalts der Schutzpflichten von Bedeutung, denn den Argumenten ist die Furcht vor einem Ausufern der Schutzpflichten immanent.

b. Zukunftsgerichteter Schutz

Schutzpflichten des Staates bestehen umfassend. Das können sie nur, wenn sie jederzeit erfüllbar sind. Das wiederum initiiert zukunftsgerichteten Schutz. Schutzpflichten müssen Änderungen in den Schutzvoraussetzungen, in gesellschaftlichen Anforderungen oder Zwängen, in technisch-naturwissenschaftlichen Erkenntnissen u.s.w. standhalten.[329] Soweit Regelungen zur Erfüllung von Schutzpflichten einmal erlassen wurden, müssen sie u.U. nachgebessert werden, um auch in Zukunft Schutz gewährleisten zu können. Möglich ist auch, dass neue Regelungen hinzutreten müssen.

Mit diesen Überlegungen sollen bei der nachfolgenden Prüfung vor allem notwendige Einschränkungen bei staatlichen Leistungen berücksichtigt werden. Arbeitnehmer müssen in Zukunft mehr Eigenvorsorge betreiben und selbst für ihr Fortkommen sorgen. Was bis vor kurzem noch durch staatliche Leistungen kompensiert wurde, muss nach und nach aus Rationalisierungsgründen zurückgenommen werden. Wachsende Anforderungen an den Arbeitsmarkt, an die Aus- und Weiterbildung und der Druck, sich trotz gesellschaftlicher Zwänge ein Familien- und Privatleben zu erhalten, treten hinzu.

c. Einbeziehung sozialer Prinzipien

Sozialstaatliche Prinzipien ergänzen vorhandene Schutzpflichten in dem stark sozial geprägten Arbeitsverhältnis.[330] Neben Rechtsstaatlichkeit, Föderalismus

329 Vgl. Unruh, S. 24; zu den sich ändernden Verhältnissen und deren Auswirkungen im Arbeitsrecht, Zöllner/Loritz/Hergenröder, § 7, S. 70 ff.

330 Das Bundesarbeitsgericht nutzte das Sozialstaatsgebot bspw., um einen allgemeinen Urlaubsanspruch von Arbeitnehmern aufgrund von Fürsorgepflichten des Arbeitgebers zu schaffen (vor Inkrafttreten des BUrlG), BAG v. 20.4.1956, BAGE 3, 23, oder, um grundlos befristete Arbeitsverträge für unzulässig zu deklarieren, BAG v. 21.10.1954, BAGE 1, 136. Grundlegend zum Sozialstaatsgebot BAG v. 20.5.1959, BAGE 8, 1 (10). In konsequenter Weiterentwicklung der Bürgschaftsentscheidung des Bundesverfassungsgerichtes wurde eine bis dahin bestehende Bereichsausnahme aufgegeben und mit dem Sozialstaatsgebot als normative Grundlage die Inhaltskontrolle von Verträgen anhand des Gebots von Treu und Glauben i.S.v. § 242 BGB auch auf Arbeitsverträge angewendet, BVerfG v. 19.10.1993, BVerfGE 89, 214; BAG v. 16.3.1994, BAGE 76,

und Demokratie ist nach Art. 20 Abs. 1 i.V.m. Art. 28 Abs. 1 GG erklärtes Ziel unserer Verfassungsordnung, allen Menschen eine menschenwürdige und menschengerechte Teilnahme am gesellschaftlichen und politischen Gemeinwesen zu gewährleisten.[331] Das Sozialstaatsprinzip begründet damit die Verpflichtung des Staates, für eine gerechte Sozialordnung einzustehen.[332] Gewährleistungen von Freiheit, Gleichheit und Schutz durch den Staat gewährleisten offensichtlich zugleich das Sozialstaatsprinzip.[333]

Der Staat als Sozialstaat kann allerdings nicht verpflichtet sein, die umfassende Grundrechtsausübung jedes Einzelnen zu gewährleisten. Spannungen, die sich aus gegenläufigen Freiheitsrechten, bspw. in Form von Schutzrechten des Gestörten und Abwehrrechten des Störers ergeben, sollen jedoch an sozialstaatlichen Wertungen gemessen werden können.

Das Sozialstaatsprinzip kann auf diese Weise auch die Rechte des Einzelnen zugunsten der Gemeinschaft aus den Gedanken der Zugehörigkeit oder Verbundenheit einschränken. Das bedeutet, dass sich der Einzelne diejenigen Schranken seiner Handlungsfreiheit gefallen lassen muss, „die der Gesetzgeber zur Pflege und Förderung des sozialen Zusammenlebens in den Grenzen des bei dem gegebenen Sachverhalt allgemein Zumutbaren zieht, vorausgesetzt, dass dabei die Eigenständigkeit der Person gewahrt bleibt."[334]

Das Sozialstaatsgebot isoliert kann zudem keine Ansprüche begründen. Es ist stets im Zusammenhang mit weiteren grundrechtlichen Wertungen zu sehen.[335] Es muss aber stets ein Kern an Sozialstaatlichkeit gewährleitstet sein.[336]

155; zur Ungleichgewichtsthese schon: Canaris, AcP 184 (1984), 201 (240 ff.); vgl. auch Fastrich, RdA 1997, 65 (72 ff.); Vaupel, S. 6; MüKo BGB Bd. 4/Müller-Glöge, § 611, RN 275 ff., RN 275. Heute vor allem in Form von Arbeitsschutzgesetzen, vgl. Zöllner/Loritz/Hergenröder, § 3 II, S. 24 f.; Vaupel, S. 2.

331 Als gleichwertiges Strukturprinzip, h.M. vgl. Ipsen, RN 989 ff., insbes. 994 f.; Stern, Staatsrecht I, § 21 I. 4., S. 887 m.w.N.

332 Dieser Grundsatz wird als Begründungsansatz staatlicher Schutzpflichten mit herangezogen von Böckenförde, NJW 1974, 1529 (1536); Scherzberg, DVBl. 1989, 1128 (1131); Kritisch, Drexl, S. 244; Ruffert, S. 164, FN 168.

333 Ähnlich BVerfG v. 21.6.1977, BVerfG v. 21.6.1977, BVerfGE 45, 187 (223); v. 7.2.1990, BVerfGE 81, 242 (255); MüHdb ArbR/Richardi, § 12, RN 15; Neumann, DVBl. 1997, 92 (96) und (99). Geißler spricht von einer „Bündelung korrespondierender Wirkungen" im Falle des Ausgleichs von Privatautonomie und sozialem Schuldnerschutz, JuS 1991, 617 (618).

334 Vgl. BVerfG v. 20.7.1954, BVerfGE 4, 7 (16); v. 25.2.1960, BVerfGE 10, 354 (368 f.); v. 9.2.1977, BVerfGE 44, 70 (89).

335 St. Rspr., BVerfG v. 19.12.1951, BVerfGE 1, 97 (105); v. 13.1.1982, BVerfGE 59, 231 (263) m.w.N.; v. 19.10.1983, BVerfGE 65, 182 (193) m.w.N.; v. 29.5.1990, BVerfGE 82, 60 (80); BSG v. 23.6.1959, BSGE 10, 97 (100); BAG v. 2.8.1963, BAGE 14, 282

Dieser soll als Gebot der Sozialstaatlichkeit Impulse an die Staatsgewalten geben und ihr Handeln lenken.[337]

2. Subjektives Recht auf Schutz

Darüber, ob sich aus staatlichen Schutzpflichten auch ein subjektiver, einklagbarer Anspruch ergibt, besteht aufgrund der streitigen dogmatischen Herleitung der Schutzpflichten ebenfalls Uneinigkeit.[338]

Soweit wie in dieser Arbeit mit dem Bundesverfassungsgericht staatliche Schutzpflichten aufgrund einer objektiven Werteordnung angenommen werden, lässt sich ein subjektiver Schutzanspruch schwer begründen.[339] Das Bundesverfassungsgericht selbst hat sich bisher zu dieser Problematik explizit nicht geäußert.[340] Jedoch ist eine klare Tendenz zu erkennen, die für die Gewährung eines subjektiven Schutzanspruches spricht. Bisher eingelegte Verfassungsbeschwerden wurden jedenfalls wenn, dann aus anderen Gründen für unzulässig erachtet, als aufgrund mangelnder Geltendmachung einer möglichen Verletzung grundrechtlich geschützter Rechte.[341]

Gegner der Subjektivierung staatlicher Schutzpflichten vermissen folglich die Begründung, mit welcher das Bundesverfassungsgericht objektive Grundrechtsgehalte, die neben ihrer Bedeutung als subjektive Abwehrrechte stehen, wiederum in subjektive Ansprüche gewandelt werden. Sie sprechen insoweit

---

(290). Vgl. auch MüKo BGB Bd. 4/Müller-Glöge, § 611, RN 275; von Münch/Kunig/Schnapp, GG II., Art. 20, RN 38; Neumann, DVBl. 1997, 92 (93).

336 Vgl. nur BVerfG v. 29.5.1990, BVerfGE 82, 60 (80) - Existenzminimum.

337 Vgl. Isensee/Kirchhof, HdbStR V, § 115, RN 161, S. 435 f.; Krings, S. 353. Es gilt vor allem als Verpflichtung für den Gesetzgeber und als Auslegungsmaxime für Rechtsprechung und Verwaltung, BVerwG v. 14.1.1959, BVerwGE 8, 98 (103); BAG v. 21.10.1954, BAGE 1, 128 (132 f.); v. 2.8.1963, BAGE 14, 282 (290); BFH v. 8.9.1961, BFHE 74, 42 (46). Dazu ErfK/Dieterich, GG Einl., RN 79; MüKo BGB Bd. 4/Müller-Glöge, § 611, RN 275; Stern, Staatsrecht I, § 21 III., S. 914 ff.

338 Vgl. Dietlein, S. II; Scherzberg, DVBl. 1989, 1128 (1133 ff.); Stern, Staatsrecht III/2, § 96 II 5, S. 1769 f.

339 So zumindest, Krings, S. 234.

340 Ausdrücklich offen gelassen, BVerfG v. 25.2.1975, BVerfGE 39, 1; v. 6.5.1975, BVerfGE 39, 316 (326); v. 28.5.1993, BVerfGE 88, 203.

341 Im Schleyer-Fall wurde die einstweilige Anordnung als zulässig erachtet, BVerfG v. 16.10.1977, BVerfGE 46, 160 (163 f.); ebenfalls in der C-Waffen Entscheidung des BVerfG v. 29.10.1987, BVerfGE 77, 170. Vgl. dazu E. Klein, NJW 1989, 1633 (1636 f.); Isensee/Kirchhof, HdbStR V, § 111, RN 183 ff, S. 239 f.

von einer ‚Mutation'.[342] Zumindest die überwiegende Ansicht in der Literatur spricht sich jedoch ebenfalls für die Subjektivierung grundrechtlicher Schutzpflichten aus.[343]

Schon aufgrund der umfassenden Schutzverpflichtung des Staates und der Gewährung effektiven Rechtsschutzes für den Bürger muss auch ein subjektiver Schutzanspruch des Bürgers existieren. Auf eine weitere, vertiefte Darstellung soll aufgrund der Schwerpunktsetzung in dieser Arbeit verzichtet werden.

3. Eröffnung des Schutzbereiches

Da Schutzpflichten neben der abwehrrechtlichen- als eine weitere Dimension der Grundrechte zu verstehen sind, müssen auch bei Schutzansprüchen jeweils Grundrechte in ihrem Schutzbereich betroffen sein.

a. Persönlicher Schutzbereich

Der persönliche Schutzbereich eines Schutzanspruches umfasst wie bei Abwehrrechten jeden Grundrechtsträger - hier Arbeitnehmer als natürliche Personen - als Grundrechtsberechtigte. Nach Art. 20 Abs. 3 i.V.m. Art. 1 Abs. 3 GG binden die objektiv-rechtlichen Wertungen des Grundgesetzes die Legislative, Exekutive und Judikative. Sie haben die Aufgabe, die objektiv-rechtlichen Vorgaben

342 Vgl. Krings, S. 234; Starck, S. 72 f. Andere bemängeln eine Verkehrung des Sinnes der Grundrechte als objektiv-rechtliche Werte in ihr Gegenteil. Denn Grundrechte sollen die Freiheit und Gleichheit schützen, dienen aber bei Geltendmachung staatlicher Schutzpflichten auch als Instrument freiheitsbeschränkender Maßnahmen in Bezug auf Dritte – so das Sondervotum zum Urteil Schwangerschaftsabbruch I, BVerfG v. 25.2.1975, BVerfGE 39, 1 (73).

343 Vgl. Canaris AcP 184 (1984), 201 (227); Isensee/Kirchhof, HdbStR V, § 111, RN 183 S. 239; E. Klein, NJW 1989, 1633 (1637); H. Klein, DVBl. 1994, 489 (493) m.w.N.; O. Klein, JuS 2006, 960 (961); Schwabe, S. 213 ff.; Stern, Staatsrecht III/1, § 67 V. 2., S. 741 ff.; Unruh, S. 65. Die Anhänger der Prinzipientheorie entnehmen dem Prinzipiencharakter der Grundrechtswertungen direkt deren Optimierungsgebot. Voraussetzung für die Durchsetzung einer Geltungsoptimierung ist dabei die Subjektivierung, vgl. Alexy, Grundrechte, S. 75 ff. sowie 410 ff.; kritisch, Unruh, S. 62 f. Vertreter der Ausweitung der Grundrechte als Abwehrrechte, stellen sich Schutzansprüche wie Abwehransprüche vor. Auf diese Weise besteht der Anspruch auf Unterlassen eines staatlich zurechenbaren Nichttätigwerdens. Auch die Verfechter einer Ableitung von Schutzpflichten aus den jeweils einschlägigen Grundrechten können Schutzansprüche aus dem subjektiven Charakter der Grundrechte entnehmen, vgl. Dietlein, S. 173; Krings, S. 235.

des Grundgesetzes umzusetzen. Damit sind alle drei Gewalten u.U. Adressaten grundrechtlicher Schutzpflichten und damit grundrechtsverpflichtet.[344]

b. Sachlicher Schutzbereich

Der sachliche Schutzbereich eines Grundrechtes muss darüber hinaus als Pendant zu dem Abwehrrecht eröffnet sein. In Hinsicht auf einen Anspruch der Arbeitnehmer auf Wertguthabenvereinbarungen kommen vor allem die Schutzbereiche nach Artt. 12, 14 und 2 Abs. 1 GG sowie der Schutz der Familie gem. Art. 6 GG in Frage.

Art. 12 GG schützt den Beruf als jede Tätigkeit, die auf Dauer angelegt ist und der Schaffung und Erhaltung einer Lebensgrundlage dient.[345] Umfasst sind die Freiheit der Berufswahl und der Berufsausübung in positiver wie auch in negativer Ausprägung. Die Arbeitsvertragsfreiheit ist als Teil der Berufsfreiheit geschützt.[346] Individuelle Lebensverhältnisse sind wesentlich von der Wahl und Ausübung eines Berufes abhängig. Berufsausübung ist zudem nur dann auf Dauer effektiv zur Erhaltung der Lebensgrundlage möglich, wenn das Umfeld - außerberufliche Voraussetzungen - dies nicht behindern. Wertguthabenvereinbarungen haben Einfluss auf die Durchführung des Arbeitsvertragsverhältnisses sowie auf außerberufliche Lebensbedingungen. Der Staat hat bei einer umfassenden Schutzpflicht auch dafür Sorge zu tragen, dass dem Einzelnen die existenziell wichtige Berufsausübung und damit die Erhaltung einer Lebensgrundlage nicht verhindert wird.[347] Der sachliche Schutzbereich von Art. 12 GG ist eröffnet.

Ergänzend zu Art. 12 GG, der als Berufsfreiheit den Erwerb schützt, umfasst Art. 14 GG als Eigentumsfreiheit den Schutz des Erworbenen.[348] Der Arbeitsplatz des Arbeitnehmers als Grundlage des Arbeitsverhältnisses fällt als Erwerbsmöglichkeit unter Art. 12 GG.[349] Erdiente Lohnansprüche, auch auf Ar-

---

344 Dazu ausführlich, Dietlein, S. 70 ff.

345 Vgl. von Mangoldt/Klein/Starck/Manssen, Art. 12 , RN 37 ff.; Münch/Kunig/Gubelt, GG I, Art. 12, RN 8 ff.

346 Vgl. BVerfG v. 7.2.1990, BVerfGE 81, 242 (254); BAGE v. 16.3.1994, BAGE 76, 155 (166). Das BVerfG nimmt allerdings keine klare Trennung der Vertragsfreiheit nach Art. 12 GG und Art. 2 Abs. 1 GG vor, so ErfK/Dieterich/Schmidt, Art. 12 GG, RN 7; Staudinger/Richardi, § 611, RN 24; von Mangoldt/Klein/Starck/Depenheuer, Art. 14, RN 101.

347 So auch Münch/Kunig/Gubelt, GG I, Art. 12, RN 2a.

348 Vgl. ErfK/Dieterich/Schmidt, GG Art. 12, RN 16; von Mangoldt/Klein/Starck/Manssen, Art. 12, RN 289 sowie Depenheuer, Art. 14, RN 99.

349 Vgl. BVerfG v. 24.4.1991, BVerfGE 84, 133 (157); von Mangoldt/Klein/Starck/ Manssen, Art. 12, RN 288 m.w.N.

beitszeit- bzw. Wertguthabenkonten, sowie rechtlich gesicherte Anwartschaften sind Erworbenes und damit von Art. 14 GG geschützt.[350] Der Schutzbereich des Art. 14 GG ist damit ebenfalls eröffnet.

Auch der Schutzbereich des Art. 6 GG ist eröffnet. Dem Schutz und der Förderung der Familie als Teil der Lebens- und Erziehungsgemeinschaft unterfällt auch die Kindererziehung und sowie die Pflege naher Angehöriger.[351]

Die staatsunabhängige Freiheitssphäre soll die individuelle Selbstbestimmung des Einzelnen nach seinen Plänen und Vorstellungen ermöglichen und gewährleisten.[352] Die freie und selbstverantwortliche Lebensplanung ist als Ausprägung des Selbstbestimmungsrechtes in Art. 2 Abs. 1 GG ein grundlegendes Freiheitsrecht. Freie Selbstbestimmung beinhaltet auch die Verantwortung, Freiheiten wahrzunehmen, das Leben sinnvoll zu gestalten, Positionen und Interessen zu beziehen und zu vertreten und sich möglicherweise auch dem Risiko der Selbstgefährdung eigener Rechtsgüter auszusetzen.[353] Mit dem Schutzbereich des Art. 2 Abs. 1 GG liegt eine selbstbestimmte, nachhaltige und auskömmliche Lebens-, d.h. Erwerbs-, Familien- und Altersvorsorgeplanung nicht nur im Belieben, sondern gerade auch in der Notwendigkeit der Wahrnehmung durch den Einzelnen.

4. Schutzgutgefährdung

Ein Grundrechtseingriff liegt vor, wenn der Schutzbereich eines der einschlägigen Grundrechte verletzt ist. Im Gegensatz zu Abwehrrechten erfolgt bei einem Schutzanspruch der Eingriff nicht durch die Staatsgewalten. Es handelt es sich vielmehr um nichtstaatliche Eingriffe, typischerweise Eingriffe Privater.[354]

---

350 Wie auch unverfallbare Versorgungsanwartschaften, vgl. ErfK/Dieterich/Schmidt, GG Art. 14, RN 23.

351 Vgl. BVerfG v. 18.4.1989, BVerfGE 80, 81 (90). Allgemeine Förderpflicht des Staates: von Mangoldt/Klein/Starck/Robbers, Art. 6, RN 93; von Münch/Kunig/Coester-Waltjen, GG I, Art. 6, RN 39 f.

352 Allg. Prinzip der grundrechtlichen Gewährleistung; für das Arbeitsrecht vgl. MüHdb ArbR/Richardi, § 12, RN 1.

353 Ethischer Ausgangspunkt der Privatautonomie, vgl. Geißler, JuS 1991, 617 (618 f.); Krings, S. 203 ff.; Singer, JZ 1995, 1133 ff.

354 Vgl. Dietlein, S. 87 f.; Isensee/Kirchhof, HdbStR V, § 111, RN 97 ff., S. 194 f. Die Eingriffe müssen aber nicht zwingend rechtswidrig sein. Schutz kann auch aufgrund der Würde des Menschen als Kerngehalt aller Grundrechte aus Art. 1 Abs. 1, S. 2 GG nicht von Eingriffen anderer abhängig zu machen sein. Eingriffe müssen ebenso von außen kommen können, str., Dietlein, S. 67; Hager, JZ 1994, 373 (378); ähnlich Canaris AcP 184, 201 (226).

a. Maßstab eines schutzpflichtenaktivierenden Gefährdungsniveaus

Wie weit Eingriffe in Grundrechte reichen und eine Gefährdung grundrechtlicher Schutzgüter vorliegen muss, um staatliche Schutzpflichten zu begründen, ist nun zu klären. Eine ‚totale' Schutzverpflichtung des Staates für jeden Eingriff kann dabei nicht gefordert sein,[355] denn Schutz und Sicherheit sind regelmäßig nur auf Kosten der Freiheit realisierbar. Insbesondere wird Schutz bei Eingriffen Dritter typischerweise auf deren Kosten erreicht, denn es kommt zu Grundrechtskollisionen gleichgeordneter Grundrechtsträger.[356] Schutzpflichten ist so im Vergleich zu Abwehrrechten ein höheres Gefährdungsniveau abzuverlangen.

Die Bestimmung des Maßstabes einer damit notwendigen Eingriffsschwelle bereitet jedoch Schwierigkeiten. Eine Ansicht in der Literatur schlägt vor, auf den polizeirechtlichen Gefahrenbegriff mit seinen Erfordernissen der Eintrittswahrscheinlichkeit und des voraussichtlichen Schadensausmaßes zurückzugreifen.[357] Das mag nachvollziehbar sein, soweit die Exekutive die schutzverpflichtete Gewalt ist. Sie ist an die Vorgaben des einfachen Gesetzes gebunden, ihr wird auf diese Weise ein Gefahrenbegriff und damit eine Handlungsermächtigung einfachgesetzlich vorgegeben.[358] Hier kommt jedoch nur die Verpflichtung der Legislative in Betracht, einen Anspruch auf Wertguthabenvereinbarungen zu normieren. Für die Realisierung von Schutzpflichten ist, aufgrund seiner Befugnis zur Gestaltung von Rechten und Pflichten der Bürger vorrangig der Gesetzgeber heranzuziehen.[359] Ihm kommt allerdings weder die Funktion eines Nothelfers zu, noch ist er zu Einzelfallsentscheidungen berechtigt. Die engen Voraussetzungen des polizeirechtlichen Gefahrenbegriffs lassen im Übrigen dem Beurteilungs- und Gestaltungsspielraum[360] der Legislative, die ihre Entscheidungen grundsätzlich im freien Meinungsaustausch unter Einhaltung demokratischer Grundsätze findet, wenig Raum, was einer angestrebten schutzoptimierten Lösung zuwider liefe.[361]

Da stets politische, gesellschaftliche oder soziale Wertungen das Ermessen des Gesetzgebers bei seiner umfassenden u.U. unbestimmten Schutzverpflichtung leiten, sind gesetzgeberische Entscheidungen bis zu einem gewissen Grad

---

355 Allg. A., vgl. Dietlein, S. 105 m.w.N.

356 Vgl. nur Ruffert, S. 202.

357 Vgl. Murswiek, S. 149 ff.; Stern, Staatsrecht III/1, § 69, IV. 5., S. 949.

358 Vgl. auch Dietlein, S. 109 f.

359 Vgl. BVerfG v. 26.6.1991, BVerfGE 84, 212 (226 f.); Dietlein, S. 108 und 111; Ruffert, S. 203 ff.; Scherzberg, DVBl. 1989, 1128 (1132).

360 Vgl. nur BVerfG v. 7.2.1990, BVerfGE 81, 242 (255).

361 Vgl. Dietlein, S. 107 f. mit weiteren Argumenten; Unruh, S. 76 ff.

der richterlichen Nachprüfung entzogen.[362] Die Prüfung der Schutzgutgefährdung kann daher nur darauf beschränkt sein, festzustellen, wann in jedem Fall das schutzpflichtenaktivierende Gefährdungsniveau überschritten und der Gesetzgeber zur Normierung eines Schutzgesetzes verpflichtet ist.

(1) Evidenzformel und Untermaßverbot

Das Bundesverfassungsgericht als Prüfungsinstanz hat Kontrollmaßstäbe entwickelt - vor allem die Evidenzformel und das Untermaßverbot. Es sieht mit der Evidenzformal verfassungsrechtliche Schutzpflichten zumindest dann als verletzt an, „wenn die öffentliche Gewalt Schutzvorkehrungen entweder überhaupt nicht getroffen hat oder die getroffenen Regelungen und Maßnahmen gänzlich ungeeignet oder völlig unzulänglich sind, das gebotene Schutzziel zu erreichen, oder erheblich dahinter zurückbleiben.“ Die Evidenzformel reduziert die verfassungsgerichtliche Kontrolle staatlicher Schutzpflichten damit auf evidente Verstöße.[363] Nur im äußersten Falle kann dann auch nur eine bestimmte Maßnahme den Anforderungen der Schutzpflicht genügen.[364]

Das Untermaßverbot besagt, der Staat müsse zur Erfüllung seiner Schutzpflichten ausreichende Maßnahmen normativer und tatsächlicher Art ergreifen, die dazu führen, dass ein – unter Berücksichtigung entgegenstehender Rechtsgüter – angemessener und als solcher wirksamer Schutz erreicht wird.[365] Schutzvorkehrungen sollen danach nicht genügen, soweit sie in „irgendeiner“ Art getroffen werden. „Ihre Reichweite ist vielmehr mit Blick auf die Bedeutung und Schutzbedürftigkeit des zu schützenden Rechtsguts einerseits und mit ihm kollidierender Rechtsgüter andererseits zu bestimmen.“[366] Das Untermaßverbot soll damit angemessenen Schutz gewährleisten.

Für eine Begrenzung eines Schutzanspruches auf ein Mindestmaß spricht dabei auch eine Vielzahl der von dem Bundesverfassungsgericht bisher entschiedenen Fälle. Bisher waren Gefahrenlagen bezogen auf Schutzgüter wie Le-

---

362 Auf diese Weise fallen Handlungsspielraum des Gesetzgebers und gerichtliche Kontrollbefugnis auseinander, vgl. nur Ruffert, S. 207, 216.

363 Vgl. BVerfG v. 29.10.1987, BVerfGE 77, 170 (215); v. 28.5.1993, BVerfGE 88, 203 (254); v. 16.11.1993, BVerfGE 89, 276 (286); zuletzt v. 19.3.2004, NJW 2004, 3100. Dazu auch Ruffert, S. 211.

364 Vgl. BVerfG v. 29.10.1987, BVerfGE 77, 170 (215); v. 15.2.2006, BVerfGE 115, 118.

365 Grundlegend: BVerfG v. 28.5.1993, BVerfGE 88, 203 (254); zuvor bereits in der Literatur vertreten u.a. von Canaris, AcP 184, 201 (228); ders., JuS 1989, 161 (163); kritisch O. Klein, JuS 2006, 960 ff.; Rassow, ZG 2005, 262 ff. m.w.N.; Schuppert, S. 14 f.; Unruh, S. 80 ff.

366 Vgl. BVerfG v. 28.5.1993, BVerfGE 88, 203 (254) m.w.N.

ben und Gesundheit,[367] in dem Zusammenhang auch Schutz vor terroristischen,[368] chemischen[369] oder atomaren Gefahren,[370] vor Lärmbelastungen,[371] und damit existenzielle Schutzgüter betroffen.

Eine weitere Konkretisierung des Maßstabes hat das Bundesverfassungsgericht bisher nicht vorgenommen.[372] In einigen Entscheidungen gebraucht das Gericht die Evidenzformel und das Untermaßverbot als Kontrollnormen nebeneinander.[373]

Sollte das schutzpflichtenaktivierende Gefährdungsniveau erreicht sein, hieße das nicht zugleich, dass ein Anspruch auf Wertguthabenvereinbarungen besteht. Der Gesetzgeber wäre dann im Rahmen seines Ermessens gefordert, geeignete Maßnahmen zu ergreifen. Nur wenn Wertguthabenvereinbarungen die einzige, den Schutzzweck fördernde, Maßnahme darstellten, ließe sich ein zwingender Anspruch annehmen.

(2) Schutzpflichtenaktivierende Gefährdungslagen in Vertragsverhältnissen

Im Bereich des Vertragsrechtes sind heute Fallgruppen anerkannt, bei denen staatliche Schutzpflichten bestehen. Anerkannt sind als Fallgruppe Auswirkungen unvorhersehbarer Gefahren auf Verträge – typisch für Dauerschuldverhältnisse,[374] ebenso deliktsähnlich handelnde Vertragspartner.[375]

---

367 Vgl. BVerfG v. 25.2.1975, BVerfGE 39, 1 und v. 28.5.1993, BVerfGE 88, 203 – Schwangerschaftsabbruch I und II; v. 28.1.1992, BVerfGE 85, 191 - Nachtarbeit.

368 Vgl. BVerfG v. 16.10.1977, BVerfGE 46, 160 – Schleyer.

369 Vgl. BVerfG v. 29.10.1987, BVerfGE 77, 170 – C-Waffen.

370 Vgl. BVerfG v. 8.8.1978, BVerfGE 49, 89 – Kalkar; v. 20.12.1979, BVerfGE 53, 30 – Mühlheim – Kärlich.

371 Vgl. BVerfG v. 14.1.1981, BVerfGE 56, 54 – Fluglärm; v. 30.11.1988, BVerfGE 79, 174 – Straßenverkehrslärm.

372 So auch Ruffert, S. 212 ff. So wie das Untermaßverbot durch das Bundesverfassungsgericht bisher nicht konkretisiert werden konnte, so wird die Reichweite des Untermaßverbotes auch in der Literatur uneinheitlich behandelt, vgl. dazu Canaris, JuS 1989, 161 (163); Gamillscheg AcP 164, 385 (413); O. Klein, JuS 2006, 960 (961); Rassow ZG 2005, 262 (263 ff.); Unruh, S. 83 ff. Einige verstehen das Untermaßverbot ebenfalls als Kontrollnorm. Das soll die gebotene Zurückhaltung des Gerichts unterstreichen, vgl. Ruffert, S. 214 f.; Schuppert, S. 14 f., auch, um eine Bevormundung des Einzelnen zu vermeiden, vgl. Krings, S. 340 m.w.N.; Ruffert, S. 339.

373 So in BVerfG v. 27.4.1995, NJW 1995, 2343; v. 29.11.1995, NJW 1996, 651.

374 Eine Ansicht in der Literatur nimmt Schutzpflichten des Staates bei einer Gefährdung von Grundrechten des zu Schützenden an, über die dieser bei Vertragsschluss nicht verfügen will, die aber aufgrund unvorhersehbarer Folgen bei der Vertragserfüllung berührt werden, vgl. Krings, S. 345.

Die bekannteste Fallgruppe bilden strukturelle Ungleichgewichte – d.h. starkes Übergewicht einer Vertragspartei, die allein die Vertragsbedingungen diktiert, sodass der Vertrag sich für die andere Partei als fremdbestimmt entpuppt.[376] Dazu führte das Bundesverfassungsgericht in den Beschlüssen zu den Handelsvertreter- und Bürgschaftsfällen[377] aus, dass die Rechte des Schutzbedürftigen zumindest dann verletzt seien, wenn die Rechtsordnung nicht einmal den Mindestschutz zur Verfügung stelle, der unerlässlich sei, um die einseitige Durchsetzung überlegener Vertragsmacht zu verhindern.[378]

Etwas später in der Kleinbetriebsentscheidung[379] betonte das Gericht den Gestaltungsfreiraum, der dem Gesetzgeber bei dem zu findenden gerechten Interessenausgleich und der Bestimmung der Schutzbedürftigkeit zustehe. Dabei sollen konfligierende ökonomische und soziale Rahmenbedingungen, wie auch künftige Entwicklung und die Wirkungen der Regelungen in Vertragsbeziehungen Berücksichtigung finden.[380] Eine Verletzung grundrechtlicher Schutzpflichten könne in dem Bereich struktureller Ungleichgewichtslagen festgestellt werden, wenn eine Grundrechtsposition den Interessen des anderen Vertragspartners

---

375 Bspw. Zwang oder Drohung bei Vertragsschluss oder bei Durchführung des Vertrages, vgl. Krings, S. 346 f.

376 St. Rspr. BVerfG v. 7.2.1990, BVerfGE 81, 242 (255); v. 19.10.1993, BVerfGE 89, 214 (232 f.); BAG v. 16.3.1994, BAGE 76, 155 (169). H.L., Fechner, RdA 1955, 161 (162); Singer, JZ 1995, 1133 (1138) m.w.N.; MüHdb ArbR/Richardi, § 12, RN 37; MüKo BGB Bd. 4/Müller-Glöge, § 611, RN 278; Vaupel, S. 2.; kritisch Krings, S. 347 f. Kritiker einer Eingriffsverpflichtung des Staates aufgrund des Übergewichts einer Vertragspartei beim Vertragsschluss geben zu Bedenken, dass der begünstigte Partner nicht selbst in die Rechte des Unterlegenen eingreife, sondern die unterlegene Partei lediglich „vor sich selbst“ geschützt werde, vgl. Isensee/Kirchhof, HdbStR V, § 111, RN 113 ff., S. 203 f.; Hillgruber, AcP 191, 69 (85). Diese Ansicht kann jedoch nicht überzeugen, da staatliche Schutzpflichten nicht von Eingriffen des Überlegenen abhängig zu machen sind.

377 Vgl. BVerfG v. 7.2.1990, BVerfGE 81, 242 (255); v. 19.10.1993, BVerfGE 89, 214 (232). Zuvor hatte u.a. Canaris auf die Auswirkungen der Schutzgebotsfunktion der Grundrechte auf das Zivilrecht aufmerksam gemacht, vgl. AcP 184, 201 ff.; ders. JuS 1989, 161 ff.; vor ihm bereits vertreten von Dürig, Stern, Alexy u.a., mit näheren Ausführungen, Singer, JZ 1995, 1133 (1136) FN 52.

378 Die ursprüngliche Konzeption des BGB folgte der Überzeugung, dass die Privatautonomie allein einen gerechten Interessenaustausch bewirkt. Die Vertragsparteien prüfen danach in ihrem eigenen Interesse, ob ihr Handeln und deren Folgen gerecht sind, vgl. Schmidt-Rimpler, AcP 147, 130 (157); Singer, JZ 1995, 1133 (1135 ff.) m.w.N. Konzipiert wurde das liberale BGB offensichtlich als Autonomie bei ‚Machtausgeglichenheit' bzw. unter Machtlosen.

379 Kleinbetriebsklausel I - BVerfGE v. 27.1.1998, BVerfGE 97, 169 (176 f.).

380 Vgl. BVerfGE 97, 169 (176); ähnlich Ruffert, S. 212 f.

in einer Weise untergeordnet ist, dass in Anbetracht der Bedeutung und Tragweite des betroffenen Grundrechtes von einem angemessenen Ausgleich nicht mehr annähernd gesprochen werden könne.

Die Gewährleistungsfunktion der Privatautonomie umfasse dabei zugleich, wie in den Entscheidungen zur Bestandsübertragung von Lebensversicherungsverträgen und zur Überschussbeteiligung in der kapitalbildenden Lebensversicherung im Jahre 2005[381] betont, effektiven Rechtsschutz als Schutz vor einer Schmälerung der zustehenden Rechtpositionen.[382] Ohne staatlichen Schutz, ohne den Rechte eigenständig nicht mehr ausgeübt werden können, sei die Privatautonomie beeinträchtigt.

(a) Fallgruppe unvorhersehbarer Gefahren

In Dauerschuldverhältnissen wie dem Arbeitsverhältnis können sich unvorhersehbare Gefahren realisieren. Die Fallgruppe ist einschlägig, wenn Belastungen grundrechtlich geschützter Rechtsgüter entstehen, die der zu Schützende nicht schon sehenden Auges bei Vertragsschluss eingeschränkt hat. Im Arbeitsrecht wird eine Schutzpflicht vor allem bei Auftreten gesundheitlicher Belastungen des Arbeitnehmers angenommen, von denen er im Vorfeld keine Kenntnis hatte. Bezogen auf die Ausgangsfrage muss Arbeitnehmern jedoch bewusst sein, dass sie mit der Eingehung eines Arbeitsvertrages in ihren Entscheidungen über die Eingehung und Finanzierung des Vorruhestandes, Weiterbildungsmöglichkeiten, Pflege und Erziehung der Kinder, Pflege Angehöriger und Freizeitplanung von der Absprache mit dem Arbeitgeber abhängig sind. Es fehlt damit an der Unvorhersehbarkeit möglicher Beschränkungen.[383]

(b) Fallgruppe struktureller Ungleichgewichte im Arbeitsverhältnis

Eine schutzpflichtenaktivierende Gefährdung kommt außerdem aufgrund des strukturellen Ungleichgewichtes zwischen den Vertragsparteien bei Vertrags-

381 Vgl. BVerfGE v. 26.7.2005, BVerfGE 114, 1 und 114, 73.

382 Vgl. BVerfGE 114, 1 (33 f.) und 114, 73 (89). In den Fällen betraf dies Regelungen bezüglich der Bestandsübertragung von Lebensversicherungsverträgen und bezüglich Rückkaufswerten, die der Kontrolle der Aufsicht überlassen wurden. Auf diese Weise begibt sich der Versicherungsnehmer seiner Einflussnahmemöglichkeiten. Umfassender Rechtsschutz implementiert jedoch nach diesen Gedanken einen besseren Schutz durch einfachere, also besser verstehbare und durchsetzbare, Regelungen. Das verspricht für vermögensrechtliche Ansprüche eine effektive Nutzbarkeit und gerichtliche Durchsetzung, ErfK/Dieterich/Schmidt, GG Art. 14, RN 14.

383 Die unvorhersehbare nachteilige Folge müsste zudem für das Vorliegen einer Schutzpflicht die Selbstbestimmung des Betroffenen ausschließen, vgl. Krings, S. 345.

verhandlungen oder im bestehenden Arbeitsverhältnis in Frage. Staatliche Handlungspflichten können sich ergeben, wenn die Vertragsverhandlungen für die strukturell unterlegene Vertragspartei nicht in freier Selbstbestimmung stattfinden, vielmehr fremdbestimmt[384] sind und ein angemessener Interessenausgleich der Vertragspartien nicht annähernd gewährleistet ist.[385]

Dann ist nach Ansicht des Bundesverfassungsgerichtes mit den Mitteln des Vertragsrechtes allein kein angemessener Interessenausgleich mehr möglich.[386] Die Privatautonomie findet genau dort ihre Grenzen und ist auf staatliche Durchsetzung angewiesen.[387] Dabei genügt nach dem Maßstab des Gerichts für die Annahme einer strukturellen Ungleichgewichtslage, wenn diese in einer Mehrzahl anhand typisierender Merkmale bestehe, wobei dem Gesetzgeber bei der Ermittlung ein besonders weiter Beurteilungs- und Gestaltungsspielraum zur Verfügung stehe.[388]

Arbeitsverhältnisse werden privatautonom begründet[389] - Beziehungen zwischen Arbeitgeber und Arbeitnehmer werden vorrangig durch Vertrag geregelt. Die Grundsätze freier Willensbetätigung sowie des Ausgleichs widerstreitender Interessen finden Anwendung. Jedoch prägen wirtschaftliche, politische, soziale oder ganz individuelle Zwänge in besonderem Maße das Geschehen um den

384 Da die Selbstgefährdung oder der Abschluss nachteiliger Verträge bei ungleicher Verhandlungsstärke der Vertragspartner wie auch bei gleicher- Ausdruck der Privatautonomie ist, bedeutet ein schützender Eingriff auch in diesen Fällen einen Grundrechtsverzicht. Ein Einschreiten des Staates muss auf die Fälle beschränkt bleiben, bei denen das nachteilige Verhalten nicht Ergebnis autonomen Handelns ist, sondern gegen den eigenen Willen durch Zwänge etc. Ausdruck fremdbestimmten Handelns ist. Vgl. Drexl, S. 208; Krings, S. 342 f.

385 Also kaum eine Chance besteht, eine gerechte Vertragsgrundlage zu finden, vgl. BVerfG v. 7.2.1990, BVerfGE 81, 242 (255); v. 19.10.1993, BVerfGE 89, 214 (232).

386 Vgl. BVerfG v. 7.2.1990, BVerfGE 81, 242 (255); v. 19.10.1993, BVerfGE 89, 214 (232); v. 26.7.2005, BVerfGE 114, 1 (34) und 114, 73 (90); v. 6.12.2005, BVerfGE 115, 51 (52 f.); auch BAG v. 16.3.1994, BAGE 76, 155 (167). Dazu Geißler, JuS 1991, 617 (623).

387 Nicht jedes vertragliche Ungleichgewicht kann und darf jedoch ausgeglichen werden. Das würde zulasten der Privatautonomie gehen und die Rechtssicherheit gefährden, vgl. Flume, BGB AT II, § 1 7., S. 10; Geißler, JuS 1991, 617 (622); Medicus, Abschied, S. 23. Jedoch sollten andererseits zumindest massive Paritätsstörungen, bei denen es zwangsläufig zu einseitigen Vertragsinhalten kommt, ausgeglichen werden.

388 Vgl. BVerfG v. 7.2.1990, BVerfGE 81, 242 (255); v. 19.10.1993, BVerfGE 89, 214 (232).

389 St. Rspr., BVerfG v. 12.11.1958, BVerfGE 8, 274 (328); v. 13.5.1986, BVerfGE 72, 155 (170); v. 19.10.1993, BVerfGE 89, 214 (231). H.L., Alexy, Grundrechte, S. 491: Canaris, JZ 1987, 993 (994); Dieterich, RdA 1995, 129 (130); Geißler, JuS 1991, 617 ff.; Zöllner, AcP 176, 221 ff.

Vertragsschluss und wirken auf den Vertragsinhalt ein. Die Durchsetzbarkeit der Privatautonomie im sozialen Bereich, dem das Arbeitsrecht zuzuordnen ist, ist aus diesem Grund mehrfach angezweifelt worden. Aufgrund der Zwänge und Abhängigkeiten vom Vertragsschluss ist grundsätzlich kein ausreichender Interessenausgleich zu finden. Vertragliche Inhaltsfreiheit, d.h. die Einbringung und der Ausgleich individueller Vorstellungen, ist nicht der Regelfall. Oftmals werden Arbeitsverträge als einseitig vom Arbeitgeber diktierte Vereinbarungen geschlossen.[390] Das Arbeitsverhältnis selbst ist ebenfalls durch fremdbestimmte, abhängige, leitungs- und weisungsgebundene Arbeitsleistung geprägt.[391] Trotz dieser Bedenken herrscht auch im Arbeitsrecht Privatautonomie. Die, wenn auch mit Zwängen belasteten, im Rahmen der Privatautonomie getroffenen Regelungen und gegenseitigen Grundrechtsbeschränkungen sind auch im Bereich sozialer oder wirtschaftlicher Zwangslagen grundsätzlich zu respektieren.[392]

Das Bundesverfassungsgericht benennt Ansatzpunkte, wann ein strukturelles Ungleichgewicht vorliegen kann.[393] Das Gericht erachtet dabei für bedeutsam, „wer" ungleich schwächerer Vertragspartner ist (Alter, Ausbildungsstand, Erfahrenheit im Rechtsverkehr, wirtschaftliche und soziale Verhältnisse) und wer der Stärkere ist (Interessen des stärkeren Vertragspartners), sowie die Umstände des Vertragsschlusses (Verhalten des anderen Vertragspartners, Verhandlungsgeschick, Angewiesensein auf den Vertragsschluss, Motivation, sonstige Umstände).[394] Hinzu kommen insbesondere im Arbeitsverhältnis wirtschaftliche

---

390 Vgl. Zöllner/Loritz/Hergenröder, § 12 III. 4., S. 138. Dieterich RdA 1995, 129 (135). Einschränkende Wirkungen betreffen nicht nur den Arbeitnehmer, sondern auch den Arbeitgeber, was aber aufgrund der ökonomischen Vorteile, der Vereinfachungs- und Rationalisierungsgründe, für den Arbeitgeber nicht von Nachteil ist. Kritisch dazu, Hanau/Adomeit, S. 22.
Abschlussfreiheit besteht hingegen unbeschränkt. Dem Arbeitnehmer wie auch dem Arbeitgeber bleibt bis auf wenige Ausnahmen (dazu Zöllner/Loritz/Hergenröder, § 12 III. 1., S. 136 m.w.N.) die Wahl, einen Arbeitsvertrag zu schließen oder nicht, vgl. Kramer, S. 20; Medicus, Abschied, S. 19 f.; Vaupel, S. 13 f. Zur Diskrepanz zwischen formeller und materieller Vertragsfreiheit, MüKo BGB Bd. 1/Kramer, vor § 145, RN 5 m.w.N.

391 Vgl. nur ErfK/Preis, BGB § 611, RN 50 ff.

392 St. Rspr., BVerfG v. 12.11.1958, BVerfGE 8, 274 (328); v. 13.5.1986, BVerfGE 72, 155 (170); v. 7.2.1990, BVerfGE 81, 242 (254); v. 19.10.1993, BVerfGE 89, 214 (231 f.); v. 26.7.2005, BVerfGE 114, 1 (34) und 114, 73 (90). H.L., MüHdb ArbR/Richardi, § 12, RN 15; Staudinger/Richardi, § 611, RN 24; Krings, S. 315.

393 Vgl. BVerfG v. 19.10.1993, BVerfGE 89, 214 (233) basierend auf den Grundsätzen von Treu und Glauben, den guten Sitten und der Verkehrssitte, gem. §§ 138 und 242 BGB.

394 Vgl. BVerfG v. 19.10.1993, BVerfGE 89, 214 (234f.); v. 6.12.2005, BVerfGE 115, 51 (68). In der Lit. wurden weitere Anhaltspunkte im Zusammenhang mit intellektuellen

Gründe des Unternehmens, die dazu zwingen, in einem Hochlohnland wie Deutschland die Kosten für Arbeitskräfte so gering wie möglich zu halten, was die Vertragsverhandlungen aufgrund des Machtgefälles stark beeinflusst und zur Ausgestaltung einheitlicher Arbeitsbedingungen aufgrund von Rationalisierungsbestrebungen führt.[395] Die Ansatzpunkte ergeben im Arbeitsverhältnis bei Abschluss des Vertrages sowie in bestehenden Arbeitsverhältnissen ein deutliches strukturelles Ungleichgewicht zwischen den Vertragsparteien.

Arbeitsrecht ist Sonderprivatrecht[396] zum Schutz des Arbeitnehmers aufgrund der strukturellen Unterlegenheit.[397] Mindestvoraussetzungen für Arbeitsbedingungen sollen den Mindestschutzanforderungen des Grundgesetzes entsprechen. Es gibt diverse Schutzgesetze zur Begegnung gesundheitlicher Gefahren, in den Bereichen der Beschäftigung junger Menschen, schwangerer Frauen, für ‚Schieflagen' bei Kündigung, betreffend die Arbeitszeit, Freistellungsansprüche vor allem für Erholungsurlaub und anderes.[398] Weiterer Schutz der Arbeitnehmer ergibt sich gem. Art. 9 Abs. 3 GG aus der Tarifautonomie und mit ihr der Freiheit, Arbeitsbedingungen in Kollektiven auszuhandeln. Durch Gewerkschaften gewinnt der Einzelne an Stärke bei der Geltendmachung seiner Interessen und wirkt der strukturellen Unterlegenheit entgegen. Natürlich ist auch der Arbeitgeber durch Art. 9 GG geschützt und ihm stehen Arbeitgeberverbände zur Seite. So sollten zumindest die rechtlichen Voraussetzungen gegeben sein,

---

Ungleichgewichten bei Verbraucherverträgen herausgebildet. Hierbei sind bspw. fehlende Marktübersicht des Verbrauchers, mangelnde Vertrautheit mit wirtschaftlichen oder rechtlichen Grundtatbeständen, eingeschränkte Fähigkeit zur Selbsteinschätzung der Bedürfnisse, grundsätzliches Missverhältnis zwischen Konsumwünschen und finanziellen Möglichkeiten oder Anfälligkeiten für externe Verhaltenssteuerung bedeutsam - Fallgruppen nach Kemper, S. 36 ff.

395 Vor allem Zöllner/Loritz/Hergenröder, § 1 I, S. 2. Wirtschaftliche Ungleichgewichte werden ergänzend auf die relativ geringe Nachfragemacht des Verbrauchers gegenüber dem Anbieter zurückgeführt, vgl. Kemper, S. 60. Ähnlich Larenz/Wolf, § 42 RN 6, S. 755 bezieht sich auch auf die Marktposition des Einzelnen.

396 Vgl. Hönn, S. 305 ff.; Vaupel, S. 2; Zöllner/Loritz/Hergenröder, § 3 II, S. 24 f. Schutznormen finden sich heute in unterschiedlichen Gesetzen, da bislang noch keine Kodifikation eines einheitlichen Arbeitsgesetzbuches vorliegt, vgl. ErfK/Preis, § 611 BGB, RN 1; Vaupel, S. 2.

397 Vgl. auch BAG v. 16.3.1994, BAGE 76, 155 (169); bereits Fechner, RdA 1955, 161 (162); Singer, JZ 1995, 1133 (1138) m.w.N.; Vaupel, S. 2; MüHdb ArbR/Richardi, § 12, RN 37; MüKo BGB Bd. 4/Müller-Glöge, § 611, RN 278.

398 Rspr. im ArbR zu ausgewählten Grundrechten bei Prütting in: Grupp/Weth, S. 15 ff.

zu einem ausgewogenen Kräfteverhältnis auf beiden Vertragsseiten zu kommen.[399]

Das Arbeitsverhältnis ist allerdings in zunehmendem Maße geprägt von sozialen, politischen und wirtschaftlichen Brennpunkten, gerade auch in Bezug auf die mit Wertguthabenvereinbarungen erreichbaren Freistellungs- und Vorsorgemöglichkeiten. Der überwiegende Teil der Bevölkerung sichert mit Hilfe eines oder mehrerer Arbeitsverhältnisse seine Existenz,[400] oftmals sogar die der ganzen Familie. Der Druck, den die Notwendigkeit der Beschaffung und Sicherung finanzieller Mittel für die Existenzsicherung ausübt, nimmt nach wie vor Einfluss auf Vertragsverhandlungen sowie auf bestehende Vertragsverhältnisse. Ergänzend erzeugt der angespannte Arbeitsmarkt wirtschaftliche und soziale Zwangswirkungen.[401] Gleichzeitig wird durch die anhaltenden demografischen Entwicklungen der Zwang abhängig Beschäftigter immer stärker, selbst für das Alter vorzusorgen.[402] Eigenvorsorge, die bis vor wenigen Jahren aufgrund umfassender staatlicher Wohlfahrtsregelungen nicht – zumindest nicht in dem Maße - notwendig war und daher kaum praktiziert wurde, führt heute zu Unsicherheiten in Bezug auf die individuelle Lebensqualität im Alter und indirekt zu einer Verstärkung von Abhängigkeit und Zwangsverhalten der Arbeitnehmer gegenüber dem Arbeitgeber. Arbeitnehmer können zeitlich und finanziell aufwändige Vorhaben im Regelfall nur im Einvernehmen und mit Förderung durch den

399 Kritisch dazu Reuter, ZfA 1995, 1 (25 ff.). Ein weiterer Bereich der Bekämpfung struktureller Ungleichgewichtslagen ist das Betriebsverfassungsrecht. Durch den Betriebsrat erhält der einzelne Arbeitnehmer Einfluss auf Entscheidungen des Arbeitgebers. Entscheidungen in verschiedenen betrieblichen Angelegenheiten sind von der Mitwirkung des Betriebsrates abhängig. Der Einfluss des Betriebsrates ist allerdings nicht in allen Bereichen gleich groß, sondern besteht je nach Schwere der Betroffenheit sozialer Belange, personeller oder wirtschaftlicher Angelegenheiten, vgl. §§ 87 ff. BetrVG, dazu Zöllner/Loritz/Hergenröder, § 1 I., S. 4.

400 Vgl. nur Zöllner/Loritz/Hergenröder, § 2 I 2., S. 10.

401 Vgl. bereits Dieterich RdA 1995, 129 (135); Fastrich RdA 1997, 65 (73).

402 So die Ergebnisse des Rentenversicherungsberichtes 2009, insbes. S. 12 aufgrund der 12. Koordinierten Bevölkerungsvorausberechnung 2009. Wegen der anhaltenden demografischen Entwicklungen sah sich die Deutsche Rentenversicherung (DRV) zum Erhalt des gesetzlichen Rentensystems gezwungen, dieses mit Hilfe eines Nachhaltigkeitsfaktors auf Dauer abzusenken und gleichzeitig das Renteneintrittsalter zu erhöhen. In Zukunft werden die Leistungen aus der gesetzlichen Rentenversicherung damit tendenziell nicht mehr ausreichen, um im Alter denselben Lebensstandard gewährleisten zu können, den sich Arbeitnehmer im Laufe ihres Arbeitslebens aufgebaut haben. Eigenvorsorge wird unerlässlich, will man nicht Einbußen finanzieller Art im Alter in Kauf nehmen oder sogar in die Altersarmut geraten. Wenn selbst vorgesorgt wird, drohen keine Altersarmut, so Kröger, BetrAV 2008, 370 ff.

Arbeitgeber erreichen. Mögliche (private) Belastungen muss der Arbeitnehmer bei Aufnahme einer aktiven Arbeitnehmertätigkeit zwar kennen, die weitreichenden Folgen können jedoch nicht immer bedacht werden bzw. haben aufgrund der einseitig diktierten Arbeitsverträge keinen Einfluss auf Vertragsverhandlungen.

Das alles spricht dafür, dass Arbeitnehmer weiterhin, auch, wenn bereits eine große Anzahl an Schutzgesetzen zur Verfügung steht, aufgrund des strukturellen Ungleichgewichtes als besonders schutzbedürftig einzustufen sind.[403]

Individuelle Verhandlungsdefizite werden grundrechtlich erst dann relevant, wenn sie ein generelles Verhaltensmuster ergeben. Typisierbar ist eine strukturelle Unterlegenheit danach, wenn die entsprechenden Merkmale in einer Mehrzahl der Fälle vorliegen.[404] Aus den zahllosen Einzelfällen, denen die Gefahr vom Ungleichgewichtslagen typischerweise innewohnt, werden dann Fallgruppen gebildet, um eine Gleichbehandlung gleichgelagerter Fälle zu gewährleisten. Die daraus gewonnenen Regelfälle können unabhängig von der Machtverteilung im Einzelfall zur Bestimmung typisierbarer struktureller Ungleichgewichtslagen herangezogen werden.[405] In dem sozialen und wirtschaftlichen Bereich, zu dem das Arbeitsverhältnis zählt, bestehen in der überwiegenden Zahl der Fälle Ungleichgewichtslagen unter den Vertragspartnern und werden besonders häufig Freiheitsrechte des schwächeren Vertragspartners beschränkt.[406]

b. Ungewöhnliche Belastungen durch die Vertragsfolgen

Mit den Maßstäben des Bundesverfassungsgerichtes müssen den unterlegenen Vertragsteil durch die Vertragsfolgen, die auf eine strukturelle Unterlegenheit zurückzuführen sind, ungewöhnliche Belastungen treffen.[407] Dieses Kausalitätskriterium grenzt andere mögliche Nachteile von schutzwürdigen Belastungen i.S. staatlicher Schutzpflichten ab. Denn der Einzelne ist im Grundsatz nicht gehindert, sich unvorteilhaft zu verpflichten, selbst dann, wenn ihm daraus starke

403 So auch Geißler, JuS, 1991, 617 (621) m.w.N.: Zöllner/Loritz/Hergenröder, § 1 I, S. 2 f.

404 St. Rspr., BVerfG v. 10.4.1997, BVerfGE 96, 1 (6); v. 28.4.1999, BVerfGE 100, 138 (174); v. 7.12.1999, BVerfGE 101, 297 (309); v. 4.4.2001, BVerfGE, 103, 310 (319). Dazu Isensee/Kirchhof, HdbStR V, § 124, RN 293 ff., S. 967 ff.

405 Dazu und zu dem damit einhergehenden Verlust an Einzelfallsgerechtigkeit, der jedoch durch einen Gewinn an Rechtssicherheit ausgeglichen wird, Vaupel, S. 26 f.

406 Vgl. BVerfG v. 7.2.1990, BVerfGE 81, 242 (260 f.) in einem Vergleich Handelsvertreter - Arbeitnehmer; BAG v. 16.3.1994, BAGE 76, 155 (167 ff.); Geißler, JuS 1991, 617 ff.

407 Sog. Kausalitätsmoment, vgl. BVerfG v. 19.10.1993, BVerfGE 89, 214 (232).

Belastungen erwachsen. Griffe der Staat dennoch schützend ein, würde er dem Einzelnen die Freiheit nehmen, sich zu entscheiden, ob vorteilhaft oder nicht.[408]

Wenn sich also der Vertragsinhalt aufgrund der strukturellen Unterlegenheit für eine Vertragspartei als ungewöhnlich belastend und für einen Interessenausgleich offensichtlich ungeeignet darstellt, liegt eine schutzbedürftige, strukturell ungleiche Verhandlungsstärke zumindest nahe.[409] Es überwiegt dann das Interesse des Unterlegenen, sich von dem Vertrag zu lösen, gegenüber dem Interesse des Überlegenen am Bestand des Vertrages.[410]

Ungewöhnliche Belastungen sind im Bereich von Arbeitsverhältnissen lediglich dann noch anzutreffen, wenn nicht bereits Vorkehrungen gegen bestehende Belastungen durch staatliche Maßnahmen, wie Arbeitnehmerschutzgesetze, getroffen wurden und ein Mindestmaß an Schutz noch nicht gewährleistet ist. Ein angemessener Interessenausgleich in Bezug auf die Ausgangsfrage ist demnach anzunehmen, wenn ausreichender Schutz der Arbeitnehmer hinsichtlich der mit Wertguthabenvereinbarungen erreichbaren Freistellungs- und Vorsorgezwecke besteht. Bei der Einschätzung sind Veränderungen der Schutzanforderungen aufgrund politischer, sozialer, wirtschaftlicher, aber auch gesellschaftlicher oder naturwissenschaftlicher Neuerungen einzubeziehen.

Ungewöhnliche Belastungen können sich aus finanziellen, zeitlichen, sogar existenziellen Belastungen ergeben, die mit der Abstimmbarkeit von Arbeitszeit und Freizeit (1), der Absicherung des Bestehens des Beschäftigungsverhältnisses (2), der Betreuung von Kindern (3), der Pflege naher Angehöriger (4), eigene Aus- und Weiterbildungen (5), einem vorgezogenen Ruhestand (6) oder der Absicherung des Ruhestandes (7) verbunden sind.

(1) Abstimmbarkeit von Arbeitszeit und Freizeit

Ungewöhnliche Belastungen kommen bezüglich der Abstimmbarkeit des Arbeits- und Privatlebens von Arbeitnehmern nach ihren individuellen Vorstellungen und Plänen in Betracht, wenn es entweder keine Arbeitszeitregelungen gibt, die die grundlegenden Bedürfnisse der Arbeitnehmer berücksichtigen oder existierende Schutzregelungen nicht geeignet sind, ein Mindestmaß an freier Lebensplanung zu ermöglichen.

Das Arbeitsrecht bietet jedoch weitgehende Regelungen, die der Absicherung der Arbeitnehmer im Hinblick auf zu leistende Arbeitszeit dienen und ei-

408 Vgl. Krings, S. 338; Ruffert, S. 243.

409 Vgl. BVerfG v. 19.10.1993, BVerfGE 89, 214 (234).

410 Vgl. Lorenz, S. 253.

nen Mindestschutz gewährleisten. Das ArbZG[411] bestimmt in § 1 Arbeitszeitvorgaben, ausgerichtet an den Schutzzwecken Sicherheit und Gesundheit der Arbeitnehmer und dem Staatsziel Flexibilisierung der Arbeitszeit.[412] Höchstarbeitszeiten und Mindestruhezeiten, Pausenzeiten und Sonderregelungen für Nacht- und Schichtarbeit sind gesetzlich vorgegeben, eine Abstimmung von Arbeits- und Privatleben ist möglich.

In Tarifverträgen oder aufgrund von Tarifverträgen in Betriebsvereinbarungen dürfen in den Grenzen des § 7 ArbZG von den Höchstarbeitszeiten des § 3 ArbZG abweichende Regelungen getroffen werden. Auf diese Weise soll Arbeitnehmern kollektivrechtlich der branchen- und unternehmensspezifisch notwendige Schutz effektiver gewährleisten werden.[413] Außerdem existieren spezielle Arbeitszeitregelungen für bestimmte, tendenziell besonders gefährdete Personengruppen, wie bspw. §§ 84 – 92 Seemannsgesetz, §§ 10 f. HeimarbeitsG, das JArbSchG, das LSchlG oder das AltTzG, die FahrpersonalVO, die europäische LenkzeitenVO oder die BildschirmarbeitsVO. Zudem gibt es gesetzliche Modelle der Kurzarbeit und Mehrarbeit i.S.d. § 611 BGB. Auf Teilzeitarbeit besteht nach § 8 TzBfG ein gesetzlicher Anspruch.

Das BUrlG regelt den gesetzlichen Mindesturlaub, nach § 3 Abs. 1 BUrlG von mindestens 24 Werktagen jährlich.[414] Während der Zeit der Freistellung behält der Arbeitnehmer seinen Entgeltanspruch.[415] Die Realisierung des Urlaubszeitpunktes bestimmt der Arbeitgeber unter Berücksichtigung der Wünsche des Arbeitnehmers, gem. § 7 Abs. 1 BUrlG. Ergänzende Schutzregelungen mit Arbeitnehmeransprüchen auf weitere bezahlte Urlaubstage bestehen für besonders

---

411 BGBl. I 1994, S. 1170 ff.; basierend auf der jeweils aktuellen europäischen Arbeitszeitrichtlinie, derzeit RL 2003/88/EG des europäischen Parlaments und des Rates über bestimmte Aspekte der Arbeitszeitgestaltung v. 4.11.2003, ABl. 2003 L 299 S. 9 v. 18.11.2003. Eine Reform der Richtlinie ist bisher gescheitert (Stand Januar 2011).

412 Die Flexibilisierungsmöglichkeiten sind insoweit beschränkt, als sie Sicherheit und Gesundheit des Arbeitnehmers nicht gefährden, denn das ArbZG ist Spezialgesetz und sonstige Rechtsvorschrift im Rahmen von § 1 Abs. 3 ArbSchG, vgl. Buschmann/Ulber, ArbZG § 1, RN 11.

413 Vgl. Buschmann/Ulber, ArbZG § 3, RN 14.

414 Bzw. 20 Arbeitstage, st. Rspr., BAG v. 8.3.1984, BAGE 45, 184; v. 9.6.1998, BAGE 89, 91; dazu ErfK/Dörner/Gallner, § 3 BUrlG, RN 4 ff. Der Urlaubsanspruch kann nach § 7 Abs. 3 BUrlG nur für das laufende Jahr genommen werden, oder ist innerhalb eines kurzen Zeitfensters auf das Folgejahr übertragbar.

415 Str. ist der Inhalt des Anspruchs. Frühere Rspr. und Teile der Lit. sprechen von einem Einheitsanspruch auf Freizeitgewährung und Zahlung eines Urlaubsentgelts. Die neuere Rspr. spricht von einem Freistellungsanspruch ohne Wegfall der Pflicht zur Entgeltzahlung. Überblick in ErfK/Dörner/Gallner, § 1 BUrlG, RN 7 f.. Das Urlaubsentgelt berechnet sich nach § 11 BUrlG.

schutzbedürftige Arbeitnehmergruppen wie Jugendliche nach § 19 JArbSchG oder Schwerbehinderte nach § 125 SGB IX. Weitere kurzfristige Freistellungsansprüche haben Arbeitnehmer bspw. gem. § 616 BGB für die Geburt des Kindes der Ehefrau oder Partnerin, die eigene Hochzeit oder die des Kindes, eines Elternteils, die goldene Hochzeit der Eltern oder auch für die Arbeitsplatzsuche gem. § 629 BGB.[416] Langfristige Arbeitszeitverkürzungen sind mit Hilfe des Anspruchs auf Teilzeitarbeit nach Maßgabe des § 8 TzBfG sowie in der Altersteilzeit nach dem AltTzG möglich.

Alle Formen von Arbeitszeitkonten dienen im weitesten Sinne der Flexibilisierung von Arbeitszeit. Mit Wertguthabenvereinbarungen ist darüber hinaus das Sparen auf ein Sabbatical[417] möglich, bzw. können flexibel Freistunden oder Freitage genommen werden, vgl. § 7c SGB IV. Das betrifft jedoch nicht den Mindestschutz bezüglich der Abstimmung von Arbeitszeit und Freizeit, ohne den es für Arbeitnehmer zu ungewöhnlichen Belastungen kommt. Staatlicher Schutzzweck von Freistellungsregelungen als Mindestschutz ist vielmehr das Bedürfnis der Arbeitnehmer nach dem Erhalt der Gesundheit und Regeneration, also dem dauerhaften Erhalt der Arbeitskraft. Arbeitgeber haben die Pflicht, Arbeitnehmern einen angemessenen Freiraum zur eigenen Verwirklichung und Entfaltung zu überlassen. Diese Bedürfnisse sind in jedem Fall, auch ohne weitergehende Ansprüche, gesichert. Die dazu bestehenden Arbeitszeit- und Freistellungsregelungen zuzüglich der Ruhezeitenregelungen des ArbZG bieten ausreichenden Schutz der Arbeitnehmer - zu ungewöhnlichen Belastungen kommt es nicht.

(2) Beschäftigungssicherung

Die Sicherung des Beschäftigungsstandes und das Erreichen von Vollbeschäftigung ist Gemeinwohlbelang und politisches Anliegen. Die Frage, ob ein gesetzlicher Mindestschutz in Bezug auf die Beschäftigungssicherung aus der Perspektive des einzelnen Arbeitnehmers besteht, sodass es nicht zu ungewöhnlichen Belastungen kommt, ist zu bejahen. Das KSchG enthält Bedingungen, die im Falle einer Kündigung eingehalten werden müssen. Für besonders gefährdete Arbeitnehmergruppen wie schwangere Frauen und Mütter von neugeborenen Kindern bestehen Kündigungsschutzregelungen nach § 9 KSchG, Auszubildende sind nach § 22 BBiG geschützt, Schwerbehinderte nach § 85 ff. SGB IX. Im Übrigen hat das Bundesverfassungsgericht klargestellt, dass die in Art. 12 GG

416 Vgl. ErfK/Dörner, BGB § 616, RN 4, 10; Staudinger/Oetker, § 616, RN 60 ff.

417 D.h. für einen längerfristigen Urlaub, eine Auszeit.

normierte Berufsfreiheit keinen Anspruch des Einzelnen auf Arbeit bietet.[418] Die Berufsfreiheit nimmt vielmehr den Rang eines Gestaltungsauftrages ein, der sozialen Schieflagen vorbeugen soll.

Mithilfe von Wertguthabenvereinbarungen kann aufgrund der flexiblen Nutzung der Arbeitskraft in gewissem Umfang eine verbesserte Beschäftigungssicherung realisiert werden. Mit fast allen Arbeitszeitkonten- und auch Wertguthabenkontenmodellen können Beschäftigungsschwankungen aufgefangen und Beschäftigungszahlen konstant gehalten werden.[419] Auch die Nutzung von Arbeitszeitkonten in Krisenzeiten im Wege der Kurzarbeit hat sich in der jüngsten Vergangenheit bewährt.[420] Die Vorzüge können zwar Anreize für die Einführung von Arbeitszeitkonten- oder Wertguthabenmodellen setzen, einen Anspruch aus Mindestschutzaspekten begründen sie hingegen nicht.

(3) Betreuung von Kindern

Ungewöhnliche Belastungen können weiterhin auftreten, soweit Arbeitnehmer Kinder haben. Sie müssen betreut und bei Krankheit gepflegt werden. Belastungen betreffen sowohl die Freiheit der Arbeitnehmer, familiäre Beziehungen und Verpflichtungen zeitlich koordinieren zu können, als auch die finanzielle Absicherung während Erziehungs- und Pflegezeiten. Die gesetzlichen Regelungen bieten jedoch auch hier ausreichende Möglichkeiten und damit den notwendigen Mindestschutz.

Kindererziehung ist heute noch in der überwiegenden Zahl der Familien Sache der Frauen.[421] Immer häufiger beruht das aber nicht auf traditionellen Familienbildern, wonach Frauen für die Familie da sind und Männer für die finanzielle Absicherung Sorge tragen. Rein tatsächliche Gegebenheiten, wie die individuelle Verdienstsituation und Berufsaussichten, sorgen für eine erzwungene Rollenverteilung.[422] Eine steigende Zahl der mit der Betreuung von Kindern Beschäftigten sind alleinerziehende Mütter oder Väter, die zumeist finanziell keine

418 Vgl. BVerfG v. 24.4.1991, BVerfGE 84, 133 (146). Art. 12 GG wird zwar als „Grundrecht der Arbeit" bezeichnet, jedoch nicht als Grundrecht auf Arbeit, ErfK/Dieterich/Schmidt, GG Art. 12, RN 5. m.w.N.

419 Dazu im 2. Kapitel, IV. 1. b. (2).

420 Vgl. zur Kurzarbeit in der Wirtschaftskrise der Jahre 2008 und 2009, vgl. Jentgens, AiB 2009, 559 ff.; Seel, DB 2009, 2210; Seitz/Reiche, BB 2009, 1862 f.

421 Familienorientierte Maßnahmen werden daher auch hauptsächlich von Frauen genutzt, vgl. D´Aprile/D´Aprile/Geisen, S. 156; Rürup/Gruescu, S. 45.

422 Mit dem veränderten Familienbild verstärkt sich aber durchaus der Wunsch männlicher Arbeitnehmer, Beruf und Familie besser vereinbaren zu können, vgl. Rürup/Gruescu, S. 5.

Alternativen haben, als neben der Erziehung der Kinder einer Erwerbstätigkeit nachzugehen.[423]

Eine auskömmliche Familienpolitik ist wichtiger denn je, um diesem Prozess zu begegnen. Das staatliche Regelungssystem der Vereinbarkeit von Familie und Beruf ist geprägt durch infrastrukturelle, finanzielle und zeitliche Hilfestellungen, die einen umfangreichen Schutz bieten können. Zum einen existieren Freistellungsregelungen, sog. Beschäftigungsverbote,[424] zum Schutz vor gesundheitlichen und existenziellen Risiken von Mutter und Kind. Für die Zeit der Beschäftigungsverbote besteht finanzielle Absicherung gem. §§ 11 ff. MuSchG in Form von Entgeltschutz.[425] Weitere Regelungen finden sich im BEEG.[426] Für die Zeit bis zur Vollendung des 14. Lebensmonates des Kindes besteht ein Anspruch auf Elterngeld von im Regelfall 67 % des Einkommens der letzten 12 Monate, vgl. § 2 BEEG.[427] Die Regelung hat Entgeltersatzfunktion. § 15 BEEG regelt weiterhin einen privatrechtlichen Anspruch auf unbezahlte Freistellung bis zur Vollendung des dritten Lebensjahres des Kindes, ohne den Verlust des Arbeitsplatzes riskieren zu müssen.[428] Ein bis zu zwölfmonatiger Freistellungszeitraum kann durch Vereinbarung der Arbeitsvertragsparteien bis zu dem achten Lebensjahr des Kindes genommen werden, vgl. § 15 Abs. 2 Satz 4 BEEG.[429] In der Elternzeit ist darüber hinaus Teilzeitarbeit möglich, gem. § 15

---

423 So zumindest Rürup/Gruescu, S. 5.

424 Für werdende Mütter gelten gem. §§ 3 ff. MuSchG zum Schutz der Gesundheit von Mutter und Kind Beschäftigungsverbote. Zumindest für eine Zeit von 6 Wochen vor (§ 3 Abs. 2 MuSchG) und 8 Wochen nach der Entbindung (§ 6 Abs. 1 MuSchG) besteht ein Beschäftigungsverbot. Vor der Geburt ist ein Verzicht auf das Beschäftigungsverbot möglich, nach der Geburt gilt es absolut. Weitere Verbote richten sich nach dem MuSchG und dem Gesundheitszustand von Mutter und Kind.

425 Für Beschäftigungsverbote nach §§ 3 Abs. 2 und 6 Abs. 1 MuSchG besteht Anspruch auf Mutterschaftsgeld nach § 13 MuSchG i.V.m. § 200 RVO mit evtl. Aufstockungsverpflichtung durch den Arbeitgeber gem. § 14 Abs. 1 MuSchG. Damit erhalten werdende Mütter finanzielle Unterstützung in Höhe ihres durchschnittlichen Arbeitsentgeltes der letzten drei abgerechneten Kalendermonate.

426 Das BEEG hat zum 1.1.2009 das BErzGG ersetzt. Auf diese Weise soll den sich ändernden Anforderungen einer nachhaltigen Familienpolitik Rechnung getragen werden, so die Gesetzesbegründung eines Gesetzes zur Einführung des Elterngeldes (BEEG), BT-Drucks. 16/1889, S. 14.

427 Für die Zeit des Beschäftigungsverbotes nach der Geburt wird das Mutterschaftsgeld auf das Elterngeld angerechnet, vgl. § 3 BEEG.

428 Vgl. ErfK/Dörner/Gallner, § 15 BEEG, RN 2. Die Norm schafft damit ein einseitiges Gestaltungsrecht des Arbeitnehmers.

429 Damit soll bspw. Hilfe bei der Betreuung des Kindes für den Zeitraum der Einschulung ermöglicht werden, vgl. ErfK/Dörner/Gallner, § 15 BEEG, RN 7.

Abs. 4 BEEG bis zu dreißig Wochenstunden.[430] Möglich ist grundsätzlich auch die Verringerung der regelmäßigen Arbeitszeit auf ein Teilzeitarbeitsverhältnis nach den Vorschriften des TzBfG.[431]

Zur besseren Vereinbarkeit von Beruf und Kinderbetreuung wurden Betreuungsregelungen geschaffen. Gem. §§ 22 ff. SGB VIII besteht ab dem dritten Lebensjahr bis zum Schuleintritt des Kindes ein Anspruch auf den Besuch einer Tageseinrichtung.[432] An der praktischen Durchsetzung dieser Regelungen besteht allerdings noch Bedarf. Die Tendenz spricht zwar von einem Ausbau der vorhandenen Kindertageseinrichtung, von einem flächendeckenden Angebot ist man jedoch noch weit entfernt.[433]

Weitere kurzfristige und flexible Freistellungen zur Kinderbetreuung älterer Kinder sind möglich. § 616 BGB ermöglicht bis zum vollendeten zwölften Lebensjahr des Kindes[434] eine kurzzeitige Freistellung[435] ohne Verlust des Arbeitsentgelts. § 45 SGB V begründet für gesetzlich krankenversicherte Personen zudem einen Anspruch auf Krankengeld bei Erkrankung des Kindes bis zu der genannten Altersgrenze für zehn Arbeitstage je Kalenderjahr und Elternteil.[436]

Gem. § 7c Abs. 1 Nr. 1b SGB IV wird der Wertguthabenaufbau auch für Zwecke der Kindererziehung und -betreuung gefördert. Der Nutzen von Wertguthabenvereinbarungen für eine familienfreundliche Arbeitszeitgestaltung ist allerdings zweifelhaft. Wertguthaben werden heute noch regelmäßig kollektivrechtlich geregelt und von Unternehmensseite gesteuert. Der Grad der Mitbestimmung der Arbeitnehmer ist dann sehr gering.[437] Eine vorwiegende Verwendung der Wertguthaben im Interesse und für Zwecke des Unternehmens widerspricht jedoch gerade dem Wunsch nach Stabilität und Kontinuität, die eine Familie braucht. Positive Effekte können Wertguthabenvereinbarungen erzielen, wenn sie im konkreten Einzelfall familienfreundlich ausgestaltet werden und

430 Vgl. ErfK/Dörner/Gallner, § 15 BEEG, RN 12 ff.

431 Teilzeitarbeit ist Umfragen zufolge eine Lösung zur Bewältigung der Familienphase, dazu D´Aprile/D´Aprile/Geisen, S. 157 f.

432 Für die Zeit davor und danach haben die Träger der öffentlichen Jugendhilfe nach § 22 Abs. 2 und 3 SGB VIII zumindest für erwerbstätige Eltern ein bedarfsgerechtes Angebot an Plätzen in Tageseinrichtungen und in der Kindertagespflege vorzuhalten.

433 Vgl. D´Aprile/D´Aprile/Geisen, S. 157.

434 Auch bei der Erkrankung älterer Kinder wird teilweise ein Lohnfortzahlungsanspruch bei einer Freistellung für einen nicht erheblichen Zeitraum aufgrund dieser Regelung angenommen, vgl. ErfK/Dörner, § 616 BGB, RN 8.

435 Als nicht erheblich wird eine Freistellung von bis zu 5 Tagen betrachtet, vgl. ErfK/Dörner, § 616 BGB, RN 10.

436 Vgl. ErfK/Rolfs, § 45 SGB V, RN 1. Privatversicherte Arbeitnehmer müssen dieses Lohnausfallrisiko individuell absichern.

437 Vgl. Rürup/Gruescu, S. 6, 12.

dem Arbeitnehmer neben dem Verwendungszweck ein entsprechendes Mitspracherecht einräumen.[438] Neben einer Erhöhung der Frauenerwerbsquote könnte durch familienfreundlich ausgestaltete Wertguthabenvereinbarungen auch eine Steigerung der Geburtenrate bei abhängig beschäftigten Frauen erreicht werden.[439]

Die mit Wertguthabenvereinbarungen erreichbaren Vorteile sind jedoch nicht im Wege eines staatlichen Schutzauftrages zu betrachten, sondern sollten als freiwillige Förderung im Einvernehmen und zu einem Vorteil aller Beteiligten angestrebt werden. Die gesetzlichen Freistellungs- und Entgeltregelungen bieten einen ausreichenden Schutz und fördern eine familienfreundliche Lebensgestaltung. Zu ungewöhnlichen Belastungen kommt es mit Ausnahme seltener Einzelfälle, die zumindest unter den derzeitigen Voraussetzungen keinen umfassenden und umfangreichen Arbeitnehmeranspruch rechtfertigen können, nicht.

(4) Pflege Angehöriger

Auch in Bezug auf die Pflege naher Angehöriger ist ausreichender Schutz der Arbeitnehmer aus heutiger Perspektive gewahrt. Zu ungewöhnlichen Belastungen kommt es im Grunde nicht. Die Pflege naher Angehöriger fällt einerseits unter das SGB XI, soweit der Pflegende dem Kreis der Pflegepersonen des § 19 SGB XI angehört. Das sind Personen, die nicht erwerbsmäßig einen nach dem SGB XI Pflegebedürftigen in seiner häuslichen Umgebung pflegen. Die Pflegepersonen sind nach § 44 SGB XI sozial abgesichert, für sie werden Beiträge an die gesetzliche Rentenversicherung und Unfallversicherung entrichtet. Finanzielle Hilfen erhalten die Pflegebedürftigen selbst, vgl. §§ 36 ff. SGB XI.

Mit dem zum 1. Juli 2008 in Kraft getretenen PflegeZG[440] sollte die Vereinbarkeit von Berufstätigkeit und Pflege naher Angehöriger[441] verbessert werden. Vollständige oder teilweise Pflegefreistellungen von bis zu zehn Tagen sind kurzfristig bei akuter Notwendigkeit (§ 2 PflegeZG)[442] oder als Pflegezeit von bis zu sechs Monaten (§§ 3 und 4 PflegeZG)[443] möglich. Eine kurzfristige Pflege

438 Das Ziel familienfreundlicher Arbeitszeitsysteme setzt sich auch die Bundesregierung im Koalitionsvertrag 2009, S. 68.

439 Vgl. Rürup/Gruescu, S. 8 m.w.N. Dass ein Zusammenhang zwischen der individuellen Jobsituation besteht, dazu eine Analyse des MPIDR, vgl. MPIDR Presseinformation v. 8.12.2009.

440 Mit dem Pflegeweiterentwicklungsgesetz v. 28.5.2008, BGBl. I 2008, S. 874.

441 Vgl. § 7 Abs. 1 und 3 PflegeZG zum Begriff des Beschäftigten und des nahen Angehörigen, vgl. Schaub/Linck, § 107, RN 4 ff., 18 ff.

442 Vgl. nur Schaub/Linck, § 106, RN 23 ff.

443 Vgl. nur Schaub/Linck, § 106, RN 40 ff.

ist als Arbeitsverweigerungsrecht im Regelfall auch mit der Folge des § 616 BGB finanziell abgesichert.[444] Während der Pflegezeit besteht Kündigungsschutz nach § 5 PflegeZG. Während der vollständigen Pflegezeit ruht das Arbeitsverhältnis, ein Anspruch auf Arbeitsentgelt besteht nicht.[445] Pflegepersonen sind jedoch zumindest sozialversicherungsrechtlich abgesichert.[446] Bei langfristigen Freistellungen zur Pflege naher Angehöriger kann zudem auf Teilzeitvereinbarungen ausgewichen werden, vgl. § 3 Abs. 4 PflegeZG.[447] Aus Mindestschutzgesichtspunkten bestehen damit angesichts der Dringlichkeit von Maßnahmen gerade noch ausreichende Regelungen. Zu Schutzlücken kann es bereits im Einzelfall bei langfristiger (Vollzeit-)Pflege aufgrund von Einkommensausfällen kommen.

Eine weitere Reform des Pflegerechtes soll in Zukunft einen Anspruch auf Verkürzung der Arbeitszeit um 50 % für zwei Jahre bei 75 % Gehaltsfortzahlung bringen. Im Anschluss soll dann für die gleiche Zeitspanne voll gearbeitet werden bei Weiterzahlung von 75 % des Gehaltes.[448] Der Anspruch soll ähnlich wie Wertguthaben über ein Zeit- bzw. Geldkonto funktionieren. Damit gäbe es einen Rechtsanspruch auf Pflegezeit, der zumindest zu einem Teil bereits den Gedanken der Wertguthaben wiederspiegelt. Bei Umsetzung dieses oder eines ähnlichen Gesetzesvorschlages könnten Einkommensausfälle bei langfristiger Pflege eingedämmt werden.

Die Bedeutung einer nachhaltigen Pflegepolitik nimmt ersichtlich mit den anhaltenden demografischen Entwicklungen zu.[449] Denn die anstehenden Verän-

---

444 Vgl. ErfK/Dörner, § 616 BGB, RN 8 ff; Schaub/Linck, § 106, RN 36 f.; Staudinger/Oetker, § 616, RN 54, 56 ff. Nur in wenigen Fällen könnte es zu kurzfristigen finanziellen Einbußen kommen, wenn § 616 BGB individualvertraglich bzw. kollektivrechtlich abgedungen wurde, vgl. ErfK/Dörner, § 616 BGB, RN 13; Linck, BB 2008, 2738 (2741).

445 Vgl. nur Schaub/Linck, § 106, RN 57.

446 In Form von Zuschüssen auf Antrag in Höhe der Mindestbeiträge in der KV und PV gem. § 44a SGB XI, gem. § 26 Abs. 2b SGB III in der AlV; gem. § 3 Abs. 1 Nr. 1 SGB VI in der RV sowie gem. § 2 Abs. 1 Nr. 17 SGB VII in der UV, vgl. nur Schaub/Linck, § 106, RN 77 ff..

447 Vgl. nur Schaub/Linck, § 106, RN 60 ff.

448 Vgl. Pressemitteilungen, u.a. Eubel/Woratschka, Der Tagesspiegel v. 4.3.2010, S. 2. Das Konzept ist nicht unumstritten, insbesondere bei Sozial- und Arbeitgeberverbänden, so Berliner Morgenpost online Ausg. 62 v. 4.3.2010, „Ministerin will zwei Jahre Pflegezeit für Familien; Rechtsanspruch auf Teilzeitarbeit geplant. Sozialverbände begrüßen den Vorstoß Arbeitgeber lehnen ihn als zu teuer ab“; ddp Basisdienst v. 17.3.2010 „Merkel für Gespräche über Pflegezeit“. Derzeit (Stand Januar 2011) bestehen berechtigte Hoffnung, dass sich das Modell durchsetzt.

449 Vgl. nur Klinge, S. 30 ff.

derungen prognostizieren eine Überalterung der Bevölkerung.[450] Im Gegensatz zu der steigenden Lebenserwartung verbessert sich der individuelle und allgemeine Gesundheitszustand im Alter nicht gleichermaßen, womit auch eine Zunahme von Pflegefällen in der Zukunft erwartet werden kann.[451] Aufgrund der niedrigen Geburtenraten sind zudem immer weniger junge Menschen nicht nur zur Finanzierung, sondern auch zur Pflege und Betreuung der älteren Bevölkerungsteile verfügbar. Verstärkte finanzielle Belastungen und außerberufliche Verpflichtungen Angehöriger sind zu erwarten. Die Gefahr der Belastung Angehöriger ist besonders hoch, denn ob, wann und für welche Dauer in der Familie ein Angehöriger zu pflegen ist, ist regelmäßig nicht oder nicht konkret vorhersehbar.[452] Flexible Handlungsmöglichkeiten sind dann gefragt. Zwar steigt auch der Grad der Professionalisierung der Pflege, jedoch ist nicht sichergestellt, dass damit der Trend der steigenden Pflegebedürftigkeit vollständig aufgefangen werden kann.[453]

Damit ist zumindest auch mit Hilfe von Wertguthabenvereinbarungen die Pflege naher Angehöriger – ein nach § 7c Abs. 1 Nr. 1a SGB IV geförderter Verwendungszweck - zu bewerkstelligen. Die Notwendigkeit eines Anspruches auf Wertguthabenvereinbarungen ergibt sich über den gesetzlichen Anspruch, ein vorhandenes Wertguthaben für eine Pflegefreistellung zu nutzen, hinaus aufgrund der existierenden gesetzlichen Regelungen, die - zumindest aus heutiger Sicht - noch einen ausreichenden Schutz bieten nicht.

(5) Weiterbildung

Die betriebliche, gesellschaftliche und politische Weiterbildung von Arbeitnehmern ist politisches Ziel und Gemeinwohlbelang.[454] Die Notwendigkeit der Anpassung vorhandener Kenntnisse und Fähigkeiten an den ständigen technischen und sozialen Wandel,[455] macht das Lernen zu einer Voraussetzung der Selbstbehauptung in Wirtschaft und Gesellschaft. Neben dem Einzelnen haben auch Un-

---

450 Vgl. 11. Koordinierte Bevölkerungsvorausberechnung 2006, S. 23 ff. und 12. Koordinierte Bevölkerungsvorausberechnung 2009, S. 17 ff.; zusammenfassend Klinge, S. 30 ff.

451 So auch der Entwurf eines Gesetzes zur strukturellen Weiterentwicklung der Pflegeversicherung (Pflege-Weiterentwicklungsgesetz): BR-Drucks. 718/07 S. 153. Zu der steigenden Lebenserwartung, Destatis, Sterbetafel 2006/2008.

452 Vgl. Pressemitteilungen zu den Überlegungen über neue Pflegezeit, hier nur Schmitt, Welt am Sonntag v. 21.3.2010, S. 54.

453 So zumindest Rürup/Gruescu, S. 5.

454 Bereits Koalitionsvertrag 2005, insbes. S. 35 f. und 109; auch Koalitionsvertrag 2009, insbes. S. 62 f.

455 So ErfK/Schlachter, BBiG § 1, RN 5.

ternehmen und das Gemeinwesen ihren Beitrag für eine am Fortschritt und den Fähigkeiten angepasste Aus- und Weiterbildung zu leisten.

Schutz der Bildung als Mindestschutz findet sich in Form der Schulpflicht Minderjähriger wieder, als verfassungsrechtlicher Anspruch auf Zugang zu einer universitären Ausbildung sowie durch weitere Schutzgesetze wie das BBiG. Das BBiG regelt in § 1 Abs. 4 i.V.m. §§ 53 ff. Grundsätze der beruflichen Fortbildung. Normiert sind Ziele der Berufsbildung und eine Ermächtigung für die Schaffung von Fortbildungsordnungen.

Die berufliche-, politische und gesellschaftliche Weiterbildung ist nach Wegfall der Rahmenkompetenz des Bundes[456] insgesamt Ländersache. Derzeit normieren 12 Bundesländer[457] einen Anspruch der Arbeitnehmer gegen den Arbeitgeber auf bezahlten Bildungsurlaub.[458] Die Regelungen unterscheiden sich in einzelnen Voraussetzungen und im Umfang.[459] Der Freistellungszeitraum beträgt im Durchschnitt etwa 5 Tage im Jahr. Unterschiedlich geregelt sind auch die Bedingungen der Anerkennung von Bildungsveranstaltungen. Aus dringenden betrieblichen Erfordernissen oder personaler Überbelastung durch übermäßige Inanspruchnahme kann ein Bildungsurlaub auch abgelehnt werden.

Darüber hinaus fehlt es in Bezug auf Aus- und Weiterbildung bereits an einer (ungewöhnlichen) Belastung durch die Vertragsfolgen eines Arbeitsvertrages. Weiterbildung ist zukunftsgerichtet und setzt ein vorhandenes Bildungsniveau voraus, ohne das das Arbeitsverhältnis regelmäßig nicht zustande kommen würde. Mangelnde Weiterbildung kann zwar u.U. Folgewirkungen haben, allerdings führt dies nicht zu verfassungsrechtlich relevanten ungewöhnlichen Belastungen im Arbeitsverhältnis.

Es ist allerdings anzumerken, dass Wertguthabenvereinbarungen gem. § 7c Abs. 1 Nr. 2. b) SGB IV sinnvoll für Weiterbildungsmaßnahmen genutzt werden und positive Anreize schaffen können. Denn Arbeitnehmer vermeiden Bil-

---

456 Ehemals Art. 75 GG.

457 Alle Bundesländer bis auf Baden-Württemberg, Bayern, Sachsen und Thüringen.

458 Die Länderregelungen gehen auf das Übereinkommen Nr. 140 über bezahlten Mindesturlaub der ILO (International Labour Organisation, im deutschen Internationale Arbeitsorganisation (IAO)) aus dem Jahre 1974, 1976 von Deutschland ratifiziert, zurück.

459 Berlin – BiurlG - GVBl. 1999 S. 178; Brandenburg – BbgWBG - GVBl.I/04, [Nr. 09] , S. 186, 194; Bremen – Brem.BUG - Brem.GBl. S. 348; Hamburg – HmbBUG - GVBl 1974, S. 6, 1991 S. 113; Hessen – HBUG - GVBl. I S. 294, ber. S. 348; Mecklenburg-Vorpommern – Bfg M-V - GVOBl. M-V 2001, S. 112; Niedersachsen – GVBI., 1996 S. 488); Nordrhein-Westfalen – AWBG - SGV.NRW.800; Rheinland-Pfalz – BFG - GVBl 1993, S. 157; Saarland – SWBG - Amtsbl., 2006 S. 474, 530; Sachsen-Anhalt – Bildungsfreistellungsgesetz - GVBl. LSA 1998, S. 92; Schleswig-Holstein – BFQG - GVOBl. 1990, S. 364.

dungsurlaub aus Furcht um ihre Arbeitsplätze, da bei Fehlzeiten Konkurrenten eingestellt werden könnten und diese bei dem Arbeitgeber nicht gern gesehen sein könnten.[460] Bildungsurlaub, wie er mit den gesetzlichen Vorgaben existiert, ist bei den Arbeitgebern vor allem deshalb nicht beliebt, da er für ‚Freizeitveranstaltungen' missbraucht werden kann.[461] Wertguthabenvereinbarungen können hier immerhin positive Anreize setzen. Da die Freizeit, die für eine Weiterbildungsmaßnahme des Arbeitnehmers verwendet wird, von ihm selbst angespart wurde und somit selbst finanziert ist, sinkt das Missbrauchsrisiko. Denn die angesparte Freizeit könnte alternativ auch offiziell als Freizeit verwendet werden, dazu müsste nicht an Fortbildungsveranstaltungen teilgenommen werden. Das hätte möglicherweise zur Folge, dass Fortbildungsmaßnahmen zumindest mit Hilfe von Wertguthaben bei Arbeitnehmern wie Arbeitgebern wieder beliebter werden und ein Verlust des Arbeitsplatzes nicht mehr zu befürchten wäre.

(6) Vorgezogener Ruhestand

Ungewöhnliche Belastungen können entstehen, wenn ein vorgezogener Ruhestand aufgrund gesundheitlicher, betrieblicher oder anderer Umstände in Anspruch genommen werden muss, Arbeitnehmer jedoch dazu keine Möglichkeit haben und dadurch ungewöhnlich schwere Folgewirkungen auf sich nehmen müssen.[462]

Mit der Erhöhung des Renteneintrittsalters[463] in der gesetzlichen Rentenversicherung steigt auch das Risiko der vorzeitigen Inanspruchnahme von Rentenleistungen aus gesundheitlichen Gründen. Der Mensch wird zwar durch ständige medizinische Fortschritte immer älter, jedoch hängt damit nicht zwangsläufig eine gesteigerte körperliche Fitness im Alter zusammen. Mit steigendem Alter erhöht sich auch das Risiko körperlicher Gebrechen. Die Reformen in der gesetzlichen Rentenversicherung erfolgten ohne Rücksicht auf die individuelle körperliche Integrität und Belastbarkeit des einzelnen Arbeitnehmers. Zumindest in Branchen körperlich starker oder einseitiger Belastungen, wie der Bauwirtschaft oder Fließbandarbeit, bleiben nicht alle Arbeitskräfte bis zum Eintritt in

---

460 Bisher ist die Inanspruchnahme von Bildungsurlaub sehr gering, Hopfner/Auktor, NZA 2002, 113 m.w.N.; Link/Wierer, AuA 1999, 555 m.w.N.

461 Beispiele bei Kopp, Die Welt v. 22.4.2008, S. 37; das Problem besteht schon seit einigen Jahren, dazu: Hopfner/Auktor, NZA 2002, 113 ff.; Link/Wierer, AuA 1999, 555 (556); Schiefer, DB 2010, 336.

462 Bspw. Kündigung und Arbeitslosigkeit.

463 Mit dem Gesetz zur Anpassung der Regelaltersgrenze an die demographische Entwicklung und zur Stärkung der Finanzierungsgrundlagen der gesetzlichen Rentenversicherung, BGBl. I 2007, S. 554.

das gesetzliche Rentenalter voll arbeitsfähig. Das kann im Einzelfall einen gravierenden Einschnitt beim Alterseinkommen bedeuten, berücksichtigt man, dass das Rentenniveau der gesetzlichen Rentenversicherung gleichzeitig auf Dauer abgesenkt wird.[464] Bei gesundheitlichen Problemen in der Phase kurz vor dem Eintritt in den gesetzlichen Ruhestand können Arbeitnehmer im Ernstfall auch gezwungen sein, Gespartes, das für den Ruhestand gedacht war, zu verbrauchen.

Jedoch kommt es zumindest im Regelfall infolge der Notwendigkeit der Beendigung des aktiven Arbeitslebens nicht zu ungewöhnlichen Belastungen. Es existieren ausreichende gesetzliche Regelungen, die ein Mindestmaß an Schutz gewährleisten. Vorschriften über einen vorgezogenen Ruhestand enthält neben dem SGB VI,[465] wonach eine vorzeitige Inanspruchnahme der gesetzlichen Rente - allerdings mit Abschlägen - möglich ist, vor allem das AltTzG. Danach ist ein vorgezogener Ruhestand als Blockmodell möglich.[466] Bis zum Jahr 2009 wurden Altersteilzeitverhältnisse staatlich gefördert, vgl. §§ 3, 4 AltTzG. Die Förderung wurde aufgrund der veränderten Politik der Vermeidung von Frühverrentungen zwar beendet.[467] Altersteilzeit als Blockmodell kann jedoch weiterhin, wenn auch ohne staatliche Förderung, durch den Arbeitnehmer in Anspruch genommen werden.[468]

Freistellungen vor dem Ruhestand sind nach § 7c Abs. 1 Nr. 2. a) SGB IV geförderter Verwendungszweck von Wertguthaben. Bereits die Möglichkeit, Wertguthaben steuer- und sozialversicherungsfrei aufzubauen, bringt Anreize, Freistellungen vor dem Ruhestand mit Hilfe von Wertguthabenvereinbarungen zu nutzen, auch wenn dies gesundheitlich nicht erforderlich ist. Die Notwendigkeit des Erhalts der aktiven Arbeitskraft älterer Arbeitnehmer ist allerdings aufgrund der demografischen Entwicklungen (vor allem des drohenden Fachkräf-

464 Aufgrund der demografischen Entwicklungen müssen diese Einschnitte auch grundsätzlich hingenommen werden, um das System der gesetzlichen Rente als Ganzes stabil für die Zukunft erhalten zu können.

465 Vgl. § 77 SGB VI. Einerseits kann man die Rentenminderung nach § 187 a SGB VI mit einer Zahlung (möglicherweise nicht ganz unerheblicher) zusätzlicher Beiträge abfedern. Bei einem Hinzuverdienst im Vorruhestand bestehen Hinzuverdienstgrenzen nach § 34 Abs. 3 SGB VI.

466 Vgl. ErfK/Rolfs, § 1 AltersteilzeitG, RN 1.

467 §§ 1 Abs. 3, 16 AltTZG. Vgl. der Koalitionsvertrag 2009, S. 24. In Zukunft ist es notwendig, ältere Arbeitnehmer besser in den Arbeitsmarkt zu integrieren, um dem drohenden Arbeitskräfte- und vor allem Fachkräftemangel zu begegnen, vgl. Giesen, NZA 2008, 905 ff.; Preis, NZA 2008, 922 ff. Bestrebungen der SPD und der Linken für eine Verlängerung der Förderung wurden abgelehnt, Beschlussempfehlung v. 5.3.2010, BT-Drucks 17/952.

468 Eine gewisse staatliche Förderung besteht weiterhin mit der Steuer- und Sozialversicherungsfreiheit der Aufstockungsbeträge des Arbeitgebers.

temangels) zu berücksichtigen.[469] Ein gesetzlicher Anspruch auf Wertguthabenvereinbarungen, um das Guthaben für Freistellungen vor dem Ruhestand zu nutzen, wäre in Anbetracht der Entwicklungen, aufgrund möglicher politisch nicht gewünschter Anreize, nicht förderlich.

Freiwillig geführte Lebensarbeitszeitkontenmodelle sind jedoch weiterhin eine sinnvolle Alternative für die auslaufende staatlich geförderte Altersteilzeit, soweit sich die Notwendigkeit eines vorgezogenen Ruhestandes aus individuellen Gründen ergibt.[470] Tatsache ist, dass Arbeiten bis zu dem 67. Lebensjahr oder darüber hinaus nicht für jeden Arbeitnehmer, insbesondere aus gesundheitlichen Gründen, möglich ist. Vor allem in Branchen mit körperlich schwerer Arbeit - wie der Bauwirtschaft oder in anderen Bereichen einseitiger Belastung, wie bspw. bei Fließbandarbeit, kann es bei gesundheitlichen Problemen kurz vor dem Eintritt in den gesetzlichen Ruhestand zu existenzbedrohenden Notlagen kommen, in denen auch Gespartes, das für den Ruhestand gedacht war, verbraucht werden muss. Je früher das aktive Arbeitsleben eines Arbeitnehmers im Einzelfall beendet wird, desto größer sind die auftretenden Versorgungslücken. Wertguthaben können dann auch neben anderen Vorruhestandsmaßnahmen ergänzend genutzt werden.

An dieser Stelle soll angeregt werden, gezielte unternehmens- oder branchenabhängige Regelungen, in Branchen schwerer körperlicher Arbeit, einseitiger Belastung und hohen Vorruhestandsquoten, möglicherweise gewährleistet durch tarifvertragliche Ansprüche, einzuführen. Dort könnte sich bei intensiver Nutzung von Wertguthaben die notwendige Flexibilität einstellen, um in größerem Maße auftretenden potentiellen Schutzlücken vorzubeugen.

(7) Altersvorsorge

Ungewöhnliche Belastungen können abschließend auftreten, soweit Arbeitnehmer nicht ausreichend für das Alter vorsorgen.[471]

Grundsätzlich ist aus heutiger Sicht ausreichender Schutz auch im Hinblick auf die Altersvorsorge gewährleistet. Rentenleistungen erhalten pensionierte Arbeitnehmer vornehmlich aus der gesetzlichen Rentenversicherung nach dem

469 Auch wenn durch den technischen Fortschritt eine Veränderung in der Arbeit und in dem Arbeitspensum des Einzelnen stattfindet und in Zukunft weniger Arbeitnehmer mehr Arbeit schaffen.

470 Vgl. Scherf/Kick, Lohn+Gehalt Spezial Juni 2009, 19 (22).

471 Dieses Problem besteht zunehmend: Zur Diskussion über verschämte Altersarmut bereits im Gesetzentwurf zum AVmG, BT-Drucks. 14/4595, S. 43; vgl. auch Kröger, BetrAV 2008, 370 ff. Zur Absenkung des Lebensstandards teilweise unter das Sozialhilfeniveau, vgl. die Studie von Miegel/Wahl/Hefele, S. 2 ff.

SGB VI.[472] Aufgrund des anhaltenden demografischen Wandels[473] wurde die gesetzliche Rentenversicherung in der jüngeren Vergangenheit mehrfach durch Reformen den neuen Anforderungen angepasst. Das Renteneintrittsalter für die Regelaltersrente wurde gem. § 35 SGB VI von 65 auf 67 Jahren angehoben.[474] Zudem wurde das Rentenniveau durch einen sog. Nachhaltigkeitsfaktor[475] und einen Riesterfaktor[476] auf Dauer abgesenkt. Die gesetzliche Rente allein kann heute und in Zukunft eine lebensstandardsichernde finanzielle Versorgung für Arbeitnehmer im Ruhestand damit nicht mehr gewährleisten.[477]

Zur Deckung der Versorgungslücke wurde die zusätzliche, betriebliche und private, Altersvorsorge, als zweite und dritte Säule ausgebaut und mit Fördermechanismen versehen. Gefördert werden vor allem die betriebliche Altersvorsorge (bAV) nach dem BetrAVG[478] sowie Mitarbeiterbeteiligungen am Unternehmenserfolg.[479] Eine bAV ist arbeitgeberfinanziert oder arbeitnehmerfinanziert in Form der Entgeltumwandlung möglich. Seit dem Jahr 2002[480] enthält

---

472 Sog. erste Säule des deutschen Rentensystems. Das Altersvorsorgesystem steht auf drei Säulen, der gesetzlichen Rentenversicherung nach dem SGB VI als „erste Säule“, der betrieblichen Altersversorgung als „zweite Säule“ und der privaten Altersversorgung als „dritte Säule“. Zur Sicherung des Existenzminimums durch die gesetzliche Rente und der weiteren finanziellen Absicherung im Rahmen der Verantwortung des Einzelnen, vgl. Diskussionen um die Ausrichtung der gesetzlichen Rente am britischen Modell der Grundversorgung, Kröger, BetrAV 2008, 370.

473 Die Bevölkerungsstruktur ändert sich nachhaltig aufgrund steigender Lebenserwartung und aufgrund zu geringer Geburtenraten; ausführlich dazu, Klinge, S. 30 ff.

474 Vgl. §§ 235 ff. SGB VI, durch das Gesetz zur Anpassung der Regelaltersgrenze an die demographische Entwicklung und zur Stärkung der Finanzierungsgrundlagen der gesetzlichen Rentenversicherung, BGBl. I 2007, S. 554.

475 Vgl. § 68 Abs. 1, Nr. 3 i.V.m. Abs. 4 SGB VI. Der Nachhaltigkeitsfaktor spiegelt die sich verändernde Relation von Beitragszahlern zu Rentnern in der Berechnung des aktuellen Rentenwertes wieder, vgl. LPK-SGB VI/Silber, § 68 RN 10; Klinge, S. 44 ff.

476 Lässt eine zusätzliche Altersvorsorgemöglichkeit in die Berechnung des aktuellen Rentenwertes einfließen. Auswirkungen durch Anpassung von 0,5 auf 4% verstärkt bis zum Jahr 2011: Hauck/Noftz 2/Stahl, K § 68, RN 21, 28.

477 Das Gesamtsystem der gesetzlichen Altersrente wird jedoch auch für die Zukunft finanzierbar erhalten. Daraus folgt eine Zunahme der Versorgungslücke von Arbeitnehmern im Ruhestand, vgl. Rentenversicherungsberichte 2008, S. 13 und 2009, S. 13 und Alterssicherungsbericht 2008, S. 146; Börsch-Supan/Essig/Wilke, S. 26 f. Zumindest nicht unter Beibehaltung des derzeitigen Systems, Börsch-Supan/Essig/Wilke, S. 21 ff.; Giesen, NZA 2008, 905; Klinge, insbes. S. 47 ff.; Preis, NZA 2008, 922 (924).

478 Vgl. ErfK/Steinmeyer, BetrAVG Vorbem., RN 4.

479 Als sog. Investivlohn: 5. VermBG und § 3 Nr. 39 EStG; zur Förderung und zum Gesetzesvorhaben, Veit, S. 37 f.

480 Vgl. AVmG v. 26.6.2001, BGBl. I 2001, S. 1310 ff.

§ 1a BetrAVG einen Arbeitnehmeranspruch auf Entgeltumwandlung. Diese Form der zusätzlichen Altersvorsorge ist von Arbeitgebern in jedem Fall zu akzeptieren und damit geeignet, die Rentenlücke einer Vielzahl von Arbeitnehmern zu kompensieren.

Eine staatliche Förderung innerhalb der dritten Säule, der privaten Altersvorsorge, findet für Arbeitnehmer vor allem in Form von Sonderausgabenabzug gem. §§ 10a, 79 ff. EStG und Zulagen, sog. Riester-Rente,[481] statt. Die Riester-Rente wurde zur Kompensation der Versorgungslücke für eine breite Bevölkerungsschicht entworfen.[482] Sie ist neben dem privaten Riestersparvertrag auch in Form der betrieblichen Altersversorgung möglich.[483] Daneben gibt es weitere Vermögensanlageprodukte, die einer zusätzlichen Altersversorgung dienen können, bspw. Lebens- und Rentenversicherungen[484] oder freie Anlagen in Form von Wertpapieren oder anderen Bankprodukten wie Bundesschatzbriefe, geschlossene Beteiligungen für die Altersvorsorge oder ähnliches.

Die ausreichende Altersvorsorge jedes Einzelnen kann damit zwar nicht sichergestellt werden. Das hat allerdings vielfach andere Ursachen als das Fehlen von Vorsorgemöglichkeiten. Dass die verfügbaren Vorsorgemöglichkeiten noch nicht in dem notwendigen Maße genutzt werden, resultiert regelmäßig aus der fehlenden Kenntnis über die im Einzelfall drohende Versorgungslücke. Mangelnde Einschätzungsfähigkeit über die eigene Lebenserwartung,[485] mangelnde Voraussicht über das persönliche Renteneintrittsalter[486] bzw. andere individuelle Gründe dämpfen die Inanspruchnahme vorhandener Systeme und erhöhen damit

481 Seit 1.1.2002, eingeführt durch das Altersvermögensgesetz AVmG v. 26.6.2001, BGBl. I 2001, S. 1310 ff. Dazu Datz, S. 43 ff. Darüber hinaus die Wohn-Riester, eingeführt mit dem Gesetz zur verbesserten Einbeziehung der selbst genutzten Wohnimmobilie in die geförderte Altersvorsorge (EigRentG), BGBl 2008 I, S. 1509. Für Nichtarbeitnehmer die Rürup-Rente, eingeführt durch das Gesetz zur Neuordnung der einkommensteuerlichen Behandlung von Altersvorsorgeaufwendungen und Altersbezügen (Alterseinkünftegesetz-AltEinkG) v. 5.7.2004, BGBl. I 2004, S. 1427 ff.

482 Vgl. Gesetzentwurf zum AvmG, BT-Drucks. 14/4595, S. 1.

483 Als Nettoentgeltumwandlung, vgl. Datz, S. 60 f.

484 Steuererleichterungen gab es dort bis zum Jahr 2004 durch das sog. Lebensversicherungsprivileg, mit dem ein Sonderausgabenabzug der Versicherungsbeiträge im Rahmen der Einkommensteuererklärung möglich war. Mit dem AltEinkG wurde das Privileg wegen des Vorwurfs der sonstigen Kapitalanlage abgeschafft - die unbedingte Verwendung für die Altersvorsorge sei auf Grund von Kündigungsmöglichkeiten nicht sichergestellt. Damit überwiege der Charakter als reine Vermögensanlage, vgl. dazu Dreher, S. 77. Für Altverträge, die vor dem 1.1.2005 geschlossen wurden, gelten die Förderregelungen weiter und laufen damit in absehbarer Zeit aus.

485 Vgl. Börsch-Supan/Essig/Wilke, S. 11 ff., insbes. 18.

486 Vgl. Börsch-Supan/Essig/Wilke, S. 19 f.

das Risiko einer Versorgungslücke. Von staatlicher Seite werden daher zunehmend Anreize gesetzt und wird über die Möglichkeit und Notwendigkeit der Eigenvorsorge anhand der existierenden (geförderten) Vorsorgemöglichkeiten aufgeklärt. Denn Schutz ergibt sich heute in erster Linie aus der Realisierung von Selbsthilfe.

Bei sehr geringem Alterseinkommen[487] hat ein Bedürftiger[488] Anspruch auf Grundsicherung im Alter nach dem Recht der Sozialhilfe, vgl. § 41 SGB XII. Die Grundsicherung gewährleistet auf diese Weise den Schutz des Existenzminimums und verhindert ungewöhnliche Belastungen in den Fortwirkungen des Arbeitsverhältnisses.[489] Auf die Mindestbedingungen eines menschenwürdigen Daseins hat jedermann einen verfassungsrechtlich gewährleisteten Schutzanspruch aus den Gewährleistungen des Sozialstaates und der Menschenwürde nach Art. 1 Abs. 1 i.V.m. Art. 20 Abs. 1 GG.[490]

Zusätzliche Altersvorsorge wäre zwar auch mit Hilfe von Wertguthabenvereinbarungen - geknüpft an enge Voraussetzungen - zumindest denkbar, vgl. § 23b Abs. 3a SGB IV. Das würde allerdings nicht ohne weiteres dem bestehenden Dilemma entgegenwirken können, denn Ansprüche müssen weiterhin geltend gemacht werden.[491] Ein Anspruch auf Wertguthabenvereinbarungen wäre darüber hinaus auch nicht zweckmäßig, da die Wertguthabenverwendung für eine bAV zwar möglich, jedoch (mittlerweile) gegenüber alternativen Vorsorgemöglichkeiten wirtschaftlich nachteilig ist.[492] Unter geänderten gesetzlichen Rahmenbedingungen, dazu im vierten Kapitel, könnten für eine bAV verwendete Wertguthaben die Entgeltumwandlung ergänzen. Einen Anspruch auf Wertguthabenvereinbarungen könnte das jedoch nicht begründen, da Wertguthaben bereits nicht der Altersvorsorge im eigentlichen Sinne, sondern Freistellungszwecken dienen und lediglich als Auffanglösung für eine bAV verwendet werden können.

---

487 Vgl. §§ 82 ff. SGB XII.

488 Wenn er zudem kein oder kaum verwertbares Vermögen i.S.d. § 90 SGB XII besitzt, Subsidiaritätsgebot des § 2 SGB XII.

489 Vgl. Entwurf zum Gesetz über eine bedarfsorientierte Grundsicherung im Alter und bei Erwerbsminderung (GSiG), BT-Drucks. 14/5150, S. 48 f.

490 Vgl. BVerfG v. 29.5.1990, BVerfGE 82, 60 (85) – steuerfreies Existenzminimum.

491 Um das zu erreichen wird bspw. über Opting out-Modelle oder über Kontrahierungszwänge nachgedacht, vgl. nur Rüffert, S. 237 ff.

492 Aufgrund der Störfallverbeitragung und der eingeschränkten Voraussetzungen einer Inanspruchnahme, dazu ausführlich das 4. Kapitel dieser Arbeit.

5. Berücksichtigung der Belange der Arbeitgeber

Staatliche Schutzpflichten erzeugen in Vertragsbeziehungen eine Dreiecksbeziehung.[493] Eine Partei ist der Störer, dessen Grundrechtsausübung ungewöhnliche Belastungen bei der zweiten Partei - dem Gestörten - verursacht. Ihnen gegenüber steht der Staat – der Dritte im Bunde -, der durch grundrechtliche Wertungen Schutz vermitteln soll. Staatliche Regulierung wird dann ermöglicht durch Stärkung der schwächeren Partei (des Gestörten), was in der Regel einen Eingriff in die Freiheitsrechte der stärkeren Partei (des Störers) bedingt.

Ein Arbeitnehmeranspruch auf Wertguthabenvereinbarungen würde damit zugleich einen Eingriff in die Grundrechte der Arbeitgeber aus Artt. 12 und 14 GG bedeuten. Art. 12 GG schützt neben der Berufsfreiheit der Arbeitnehmer auch die Unternehmerfreiheit der Arbeitgeber.[494] Das Verhältnis zwischen Berufsfreiheit des Beschäftigten und Unternehmerfreiheit des Arbeitgebers bürgt dabei Spannungen in sich, welche durchaus die Freiheiten beider Parteien einengen können. Die Eigentumsfreiheit des Art. 14 GG schützt ebenfalls den Arbeitgeber.[495] Bspw. fällt der Schutz des „eingerichteten und ausgeübten Gewerbebetriebs“ nach überwiegender Ansicht in der Literatur unter Art. 14 GG.[496] Aber auch das Recht auf privatautonome Gestaltung von Verträgen wird zu einem Teil Art. 14 GG,[497] zumindest aber Art. 2 Abs. 1 GG entnommen.

Die Wertungen der Grundrechte als Abwehrrechte des Bürgers gegen den Staat bewirken, dass sich staatliche Eingriffe, auch in Form von Schutzpflichten in den Grenzen der verfassungsmäßigen Ordnung halten müssen.[498] Nicht jeder Bürger kann in jedem Fall seine Rechte in vollem Umfang von jedem Dritten einfordern. Vielmehr sind besondere Anforderungen an Eingriffe des Staates in die Grundrechte der Bürger zu stellen, um einen weitgehenden Erhalt der staats-

---

493 Sog. Rechts-Dreieck: Isensee, S. 34; oder mehrpoliges Verfassungsverhältnis: Calliess, JZ 2006, 321 ff.

494 Der Begriff ist weit auszulegen, vgl. BVerfG v. 11.6.1958, BVerfGE 7, 377 (397); v. 1.3.1979, BVerfGE 50, 290 (362); v. 18.6.1980, BVerfGE 54, 301 (313); Münch/Kunig/Gubelt, GG I, Art. 12, RN 17 f.

495 Vgl. Gamillscheg, S. 18 f.; Prütting in: Grupp/Weth, S. 12 f. und 15 ff.

496 Vgl. Dreier/Wieland, Art. 14 RN 51; Sachs/Wendt, Art. 14, RN 26; von Mangoldt/Klein/Starck/Depenheuer, Art. 14, RN 99; a.A. ErfK/Dieterich/Schmidt, GG Art. 14, RN 5, 20, bejaht aber eigentumsrechtliche Positionen bei Anteilen an Unternehmen. Vom BVerfG bisher offen gelassen, aber Zweifel geäußert, vgl. BVerfG v. 22.5.1979, BVerfGE 51, 193 (221 f.).

497 So das BAG v. 16.3.1994, BAGE 76, 155 (166).

498 Zu Eingriffsverboten, Canaris, JuS 1989, 161 f.; Isensee/Kirchhof, HdbStR II, § 15, RN 82 ff.; ähnlich Unruh, S. 56 f. m.w.N.

unabhängigen Freiheitssphäre gewährleisten zu können.[499] Werden Rechte der Arbeitnehmer durch grundrechtlichen Schutz gestärkt, wird gleichzeitig in die Rechte der Arbeitgeber auf Unternehmensfreiheit und Privatautonomie eingegriffen.

Je weiter ein Eingriff in die Rechte der Arbeitgeber über das Maß einer Mindestregelung zugunsten der Arbeitnehmer hinausginge, desto schwerer würde der Eingriff in die grundrechtlich gewährleisteten Rechte der Arbeitgeber wiegen. Diese Überlegungen wären ergänzend zu berücksichtigen, soweit im Hinblick einzelner Schutzbereiche der Mindestschutz nicht mehr als gewährleistet angesehen werden sollte.

Flexibilisierung dürfte bspw. in Hinblick auf die Abstimmbarkeit von Arbeitszeit und Freizeit des Arbeitnehmers niemals so weit gehen, dass sie für Arbeitgeber unvorhersehbar und unplanbar würde, aufgrund der grundrechtlich gewährleisteten Rechte, die Unternehmensplanung flexibel an den Bedürfnissen des Unternehmens auszurichten. Auch in Bezug auf die Beschäftigungssicherung wären die Abwehrrechte des Arbeitgebers zu beachten. Denn Kündigungen erfolgen nicht grundlos, sondern regelmäßig, um die Wirtschaftlichkeit des Unternehmens zu gewährleisten. Damit träfe ein zu weitgehender Anspruch auf Wertguthabenvereinbarungen zur Beschäftigungssicherung Arbeitgeber u.U. im Kernbereich freier Unternehmensführung nach Art. 12 GG. In dem Fall würden die Rechte der Arbeitgeber dem Schutzbedürfnis der Arbeitnehmer überwiegen. Eine anderslautende Entscheidung würde mittelbar durch ineffektives Wirtschaften des Unternehmens wiederum auf die Arbeitsplätze der anderen Arbeitnehmer zurückwirken und diese zusätzlich gefährden.

6. Fazit

Staatliche Schutzpflichten, die einen Anspruch auf Wertguthabenvereinbarungen begründen könnten, ergeben sich nicht. Zwar besteht weiterhin eine strukturelle Unterlegenheit der Arbeitnehmer im Arbeitsverhältnis. Jedoch sind daraus resultierende ungewöhnliche Belastungen durch die Vertragsfolgen in Bezug auf die Abstimmbarkeit von Arbeitszeit und Freizeit, die Beschäftigungssicherung, vor allem aber in Bezug auf die möglichen Freistellungszwecke von Wertguthaben sowie eine zusätzliche Altersvorsorge zumindest unter den heutigen Voraussetzungen in der Regel nicht festzustellen. Bei Unterschreiten eines Mindestschutzes wären zudem die grundrechtlich gesicherten Belange der Arbeitgeber zu berücksichtigen.

499 Vgl. Vaupel, S. 16 f. m.w.N.

Sollte es im Einzelfall zu ungewöhnlichen Belastungen kommen, so in dem Falle einer langfristigen Pflege von Angehörigen, können mit Hilfe der gesetzlichen Freistellungsansprüche bei vorhandenem Wertguthaben Maßnahmen getroffen werden, ein weitergehender gesetzlichen Anspruch auf Wertguthabenvereinbarungen bietet sich hingegen nicht an. Ein Anspruch auf Wertguthabenvereinbarungen wäre zudem nicht bedingungslos geeignet, den jeweiligen Schutzzweck zu fördern und das vorhandene Schutzniveau zu erhöhen. Das betrifft ebenso den vorgezogenen Ruhestand. Dabei sind die veränderten demografischen Verhältnisse und damit der vorrangig zu erreichende Erhalt der aktiven Arbeitskraft zu berücksichtigen. Ein gesetzlicher Anspruch auf Wertguthabenvereinbarungen für einen vorzeitigen Ausstieg aus dem aktiven Arbeitsleben könnte politisch nicht gewünschte Anreize schaffen. Anders sieht dies in Branchen körperlich schwerer oder einseitiger Belastungen und damit hohen Vorruhestandsquoten aus. Dort sollte ernsthaft über einen (branchenabhängigen, tarifvertraglichen) Anspruch auf Wertguthabenvereinbarungen für einen vorzeitigen Ausstieg aus dem aktiven Arbeitsleben nachgedacht werden. In Bezug auf eine Altersvorsorge mit Lebensarbeitszeitkonten sind schon aufgrund ihrer wirtschaftlichen Nachteile und ihrer abweichenden Zwecksetzung andere vorhandene Vorsorgemöglichkeiten zu wählen.

Freiwillig geführte Wertguthabenkontensysteme können i.Ü positive Anreize geben, vor allem in Hinsicht auf notwendige Freistellungen zur Betreuung der Kinder, zur Pflege Angehöriger, für eine Weiterbildung sowie einen u.U. unumgänglichen vorgezogenen Ruhestand. Ein Mitspracherecht der Arbeitnehmer bei der Einführung und Durchführung von Wertguthaben sowie familienfreundlich und branchenspezifisch ausgestaltete Modelle wären dabei zwingende Voraussetzung für eine Anhebung des vorhandenen Schutzniveaus.

Die abweichende Beurteilung von Arbeitszeitkonten und Wertguthabenvereinbarungen im Rahmen der ökonomischen Analyse stellt nur scheinbar einen Widerspruch zu dem hier gefundenen Ergebnis dar. Die angestellten Untersuchungen erfolgten mit unterschiedlichen Zielrichtungen. Die ökonomische Analyse versucht die Herstellung eines ökonomisch idealen Gleichgewichtes, sozusagen eines optimalen Standards. Arbeitszeitkonten konnten dort gegenüber starren Arbeitszeitregelungen ökonomische Vorteile aufzeigen. Die verfassungsrechtliche Untersuchung erfolgt davon unabhängig nicht auf Basis einer Optimierung, sondern auf Basis von Schutzstandards. Soweit eine Schutzschwelle nicht unterschritten ist, können keine Schutzansprüche gegenüber dem Staat statuiert werden.

VI. Europarechtlicher Anspruch

Unterschiedliche arbeitsrechtliche Standards in den Mitgliedsstaaten verursachen unterschiedlich hohe Personalkosten und wirken sich auf die innergemeinschaftliche Wirtschaft und den Handel aus. Auf nationaler Ebene neutral wirkende arbeitsrechtliche Regelungen können auf internationaler Ebene für den Binnenmarkt Gefahren verursachen, da sich Staaten mit niedrigen arbeitsrechtlichen Standards durch niedrigere Kosten einen Standortvorteil verschaffen können.[500] Aus diesem Grund finden sich im europäischen Recht auf der Ebene des Primärrechtes (1.), des Sekundärrechtes (2.) und den sonstigen Regelungen (3.) arbeitsrechtsrechtliche Vorgaben.[501] Aus diesen könnte sich abschließend ein Anspruch der Arbeitnehmer auf Wertguthabenvereinbarungen ergeben. Daneben könnten sich zudem aus dem europäischen Recht Schutzpflichten ergeben (4.).

1. Primärrecht

Im Primärrecht finden sich mit Bezug auf die Ausgangsfrage vor allem die Arbeitnehmerfreizügigkeit in Artt. 45 ff. AEUV, die Beschäftigungspolitik Artt. 145 ff. AEUV, die Sozialpolitik Artt. 151 ff. AEUV sowie die allgemeine Ermächtigungsgrundlage des Art. 19 AEUV.[502]

Die Arbeitnehmerfreizügigkeit ist eine der Grundfreiheiten und als Personenverkehrsfreiheit unmittelbar anwendbares Recht.[503] Sie schützt Arbeitnehmer vor Diskriminierungen im Zusammenhang mit einer Beschäftigung innerhalb des Gemeinschaftsgebietes, der Entlohnung und weiteren Arbeitsbedingungen. Für die Geltendmachung von Grundfreiheiten muss allerdings ein gemeinschaftsrechtlicher Bezug bestehen. Für den angestrebten Anspruch auf Wertguthabenvereinbarungen hieße das, dass deutsche Arbeitnehmer in Unternehmen im Gemeinschaftsgebiet, bzw. in Deutschland arbeitende Arbeitnehmer aus dem Gemeinschaftsgebiet ohne einen Anspruch in anderen Mitgliedstaaten in ihrer Freizügigkeit diskriminiert oder benachteiligt sein müssten – oder umgekehrt. Solch ein grenzüberschreitender Bezug kann höchstens im Einzelfall bestehen. Eine mögliche Beeinträchtigung der Freizügigkeit, hätte dann die Nichtanwend-

500 Vgl. nur Schlachter, S. 22.

501 Eine umfassende Harmonisierung des Arbeitsrechtes war nie beabsichtigt und ist bislang auch nicht notwendig geworden, vgl. Schlachter, S. 22 f.

502 Aufgrund der geringen Harmonisierung und der damit fehlenden Kompetenzen existieren arbeitsrechtliche Regelungen fast ausschließlich im Bereich der Arbeitnehmerfreizügigkeit und der Sozialpolitik, vgl. MüHdb ArbR/Oetker, § 10, RN 9 ff.

503 Vgl. EuGH v. 5.2.1963, NJW 1963, 1751 – Formaldehyd; dazu auch Schlachter, S. 43 f.; Fuchs/Langer, Teil I, Art. 45, RN 15 ff., 31 f.

barkeit der nationalen Vorschrift in dem konkreten Fall zur Folge.[504] Ein genereller Verstoß gegen die Arbeitnehmerfreizügigkeit besteht hingegen nicht.

Die Beschäftigungspolitik gem. Art. 145 ff. AEUV zielt vor allem auf ein hohes Beschäftigungsniveau in den Mitgliedsstaaten ab. Die Beschäftigungspolitik bleibt dabei grundsätzlich in dem Zuständigkeitsbereich der einzelnen Mitgliedsstaaten.[505] Den Mitgliedsstaaten bleibt es überlassen, welche Maßnahmen zur Zielerreichung getroffen werden, ein Anspruch auf Wertguthabenvereinbarungen kann schon aus diesem Grund nicht ohne weiteres bestehen.

Die Sozialpolitik gem. Art. 151 ff. AEUV strebt u.a. die Förderung der Beschäftigung, die Verbesserung der Lebens- und Arbeitsbedingungen und die Entwicklung des Arbeitskräftepotentials im Hinblick auf ein dauerhaft hohes Beschäftigungsniveau an.[506] Auch hier liegen die Kompetenzen jedoch neben der Europäischen Union weiterhin bei den Mitgliedsstaaten.[507] Das nationale Recht kann darüber hinaus die in den Sozialpolitiken angestrebten Mindeststandards vorweisen.

Die Ermächtigungsgrundlage des Art. 19 AEUV betrifft Regelungen zur Bekämpfung von Diskriminierungen aufgrund des Geschlechts, der Rasse, der ethnischen Herkunft, der Religion oder der Weltanschauung, einer Behinderung, des Alters oder der sexuellen Ausrichtung. Die Norm ist für einen Anspruch auf Wertguthabenvereinbarungen nicht einschlägig.

Daneben zählen ungeschriebene allgemeine Grundsätze des Gemeinschaftsrechtes, wie das Recht des Arbeitnehmers auf freie Wahl des Arbeitgebers oder die Koalitionsfreiheit, zu dem Primärrecht.[508] Diese Grundsätze binden lediglich

---

504 Vgl. EuGH v. 9.3.1978 - C-106/77 - Simmenthal, EuGHE 1978, 629; BVerfG nur unter den Beschränkungen der Solange-Rechtsprechung: Solange II, BVerfG v. 22.10.1986, BVerfGE 73, 339 ff.; Maastricht, v. 12.10.1993, BVerfGE 89, 155; Bananenmarkt, v. 7.6.2000, BVerfGE 102, 147.

505 Die Regelungen beinhalten eine gemeinsame Beschäftigungsstrategie als Rahmen für Aktionen der Mitgliedsstaaten zur Förderung der Beschäftigungspolitik, vgl. Geiger, Art. 125 EGV, RN 3 f. Lediglich zur Zielverwirklichung haben sich die Staaten verpflichtet, vgl. Geiger, Art. 126 EGV RN 1.

506 Vgl. nur Dauses/Eichenhofer, D. III. 1., RN 8.

507 Die Maßnahmen der Gemeinschaft haben lediglich unterstützenden und ergänzenden Charakter, vgl. Geiger, Art. 136 EGV, RN 12, Art. 137, RN 1. Nach Art. 153 AEUV hat der Rat jedoch eine Richtlinienkompetenz, die eine weitergehende Harmonisierung des Arbeitsrechtes bei den Mindeststandards verspricht, vgl. Dauses/Eichenhofer, D. III. 1., RN 15 ff..

508 Vgl. ErfK/Wißmann, Vorbem. zum AEUV, RN 6.

die Gemeinschaftsorgane und die Mitgliedsstaaten, bieten demnach ebenfalls keinen Arbeitnehmeranspruch.[509]

2. Sekundärrecht

Im Sekundärrecht sind im Hinblick auf die Ausgangsfrage im Wesentlichen Richtlinien nach Art. 288 Abs. 3 AEUV von Bedeutung.[510] Richtlinien können nach der Rechtsprechung des Europäischen Gerichtshofes nach Fristablauf unmittelbare Wirkung entfalten, wenn die Umsetzung nicht rechtzeitig oder nicht richtig erfolgt ist.[511] Bedeutung für einen Anspruch der Arbeitnehmer auf Wertguthabenvereinbarungen könnte die Arbeitszeitrichtlinie haben.[512] Sie enthält Mindestvorschriften hinsichtlich der Sicherheit und Gesundheit der Beschäftigten in Form von wöchentlichen Höchstarbeitszeiten, täglichen und wöchentlichen Mindestruhezeiten, einen Mindestjahresurlaub. Außerdem enthält sie spezielle Regelungen zur Nacht- und Schichtarbeit.[513] Das nationale Arbeitsrecht entspricht weitgehend den Bestimmungen der Arbeitszeitrichtlinie,[514] ein Anspruch auf Wertguthabenvereinbarungen ergibt sich demnach nicht.

Der 'Dialog der Sozialpartner' stellt eine Besonderheit im Gemeinschaftsrecht dar, der auf den Abschluss von Vereinbarungen hinwirkt und gem. Art. 155 Abs. 2 AEUV den Erlass von Rechtsakten durch den Rat bewirken kann. Die Rechtsakte haben richtliniengleiche Wirkung.[515] Die Richtlinie über die Einräumung eines Elternurlaubs,[516] die Richtlinie zur Teilzeitarbeit[517] und die

509 Vgl. ErfK/Wißmann, Vorbem. zum AEUV, RN 6a.

510 Richtlinien verkörpern das europäische Sozialmodell und geben einheitliche Mindeststandards für alle Mitgliedsstaaten vor. Weitere in Art. 288 AEUV genannte Regelungsinstrumente haben für die Ausgangsfrage keine Relevanz. Durch Verordnungen, die unmittelbar in jedem Mitgliedsstaat gelten, wurde insbesondere die Arbeitnehmerfreizügigkeit der Art. 45 ff. AEUV nach Art. 46 AEUV näher ausgestaltet, Bsp. in Geiger, Art. 39 EGV, RN 4. Dieses hat auf einen Anspruch auf Wertguthabenvereinbarungen jedoch, wie eben festgestellt, keinen Einfluss.

511 Die Richtlinienbestimmung muss für eine unmittelbare Wirkung hinreichend bestimmt und inhaltlich unbedingt sein, vgl. ErfK/Wißmann, Vorbem. zum AEUV, RN 9.

512 RL 2003/88/EG des europäischen Parlaments und des Rates über bestimmte Aspekte der Arbeitszeitgestaltung v. 4.11.2003, ABl. 2003 L 299, S. 9 v. 18.11.2003.

513 Vgl. Erwägungsgründe der RL 2003/88/EG; ErfK/Wank, ArbZG § 3, RN 5.

514 Bis auf den im deutschen Recht geregelten Ausgleichszeitraum für Mehrstunden von 6 Monaten oder 24 Wochen. Die Richtlinie sieht ein Zeitraum von lediglich 4 Monaten vor, vgl. Buschmann/Ulber, ArbZG § 3, RN 12.

515 Bedürfen also einer Umsetzung in nationales Recht.

516 RL 1996/34/EG v. 3.6.1996, ABl. 1996 L 145, S. 4.

517 RL 1997/81/EG v. 15.12.1997, ABl. 1998 L 14, S. 9.

Richtlinie zu befristeten Arbeitsverträgen[518] stellen derartige Sozialpartnervereinbarungen dar.[519] Ihre Umsetzung ist bereits erfolgt, ein weitergehender Anspruch ergibt sich nicht.

3. Weitere Regelungen

Die Europäische Sozialcharta (ESC) vom 18. Oktober 1961,[520] ist ein vom Europarat geschlossener völkerrechtlicher Vertrag. Sie beinhaltet auszugsweise das Recht auf Arbeit (Artikel 1), das Recht auf gerechte Arbeitsbedingungen (Artikel 2), das Recht auf sichere und gesunde Arbeitsbedingungen (Artikel 3), das Recht auf ein gerechtes Arbeitsentgelt (Artikel 4), das Recht auf berufliche Ausbildung (Artikel 10) und das Recht auf Fürsorge (Artikel 13).

Völkerrechtliche Verträge binden die Vertragsparteien und sind von ihnen nach Treu und Glauben zu erfüllen.[521] Die Rechtswirkung der Sozialcharta ist darüber hinaus bislang nicht abschließend geklärt.[522] Die überwiegende Ansicht spricht ihr keine unmittelbare Wirkung zu.[523] Mit ihrer Erwähnung in den Sozialpolitiken in Art. 151 AEUV steht ihr zumindest der Rang einer allseits akzeptierten Prinzipienerklärung des europäischen Arbeitsrechtes zu.[524] Allein als Prinzipienerklärung und Zielvorgabe lassen sich aus der Sozialcharta jedoch keine Ansprüche begründen.[525] Zudem ginge ein Anspruch auf Wertguthabenvereinbarungen bereits weit über die Grundverbürgungen der Sozialcharta hinaus.

Die weltweit geltenden Übereinkommen der ILO[526] sind ebenfalls Zielvorgaben, die außerdem bei der Auslegung durch den Gesetzgeber und die Recht-

---

518 RL 1999/70/EG v. 28.6.1999, ABl 1999 L 175, S. 43.

519 Vgl. Schlachter, S. 52.

520 Von Deutschland am 26.2.1965 ratifiziert, jedoch bislang nicht in ihrer revidierten Fassung unterzeichnet, vgl. MüHdb ArbR/Oetker, § 10, RN 5.

521 Vgl. nur Herdegen, § 15, S. 127, RN 16.

522 Vgl. Leinemann, BB 1993, 2519; Lörcher, AuR 1991 S. 97, 102; MüHdb ArbR/Oetker, § 10, RN 6.

523 Überblick in Däubler/Kittner/Lörcher, S. 604; Zöllner/Loritz/Hergenröder, § 10 I, S. 104 m.w.N.

524 Vgl. nur Dauses/Eichenhofer, D. III. 1., RN 9 ff.

525 I.Ü. geht sie bereits in dem nationalen Recht auf bzw. wurde umgesetzt, auch Zöllner/Loritz/Hergenröder, § 10 I, S. 104 f.

526 International Labour Organisation, vgl. Herdegen, § 48, S. 377, RN 1; Leinemann, BB 1993, 2519; Zöllner/Loritz/Hergenröder, § 10 I, S. 105. Zu den wichtigsten ratifizierten ILO-Übereinkommen gehören jene über Grundrechte der Arbeitnehmer wie die Vereinigungsfreiheit, die Abschaffung der Zwangsarbeit, Gleichheit des Entgelts sowie dem

sprechung zu beachten sind. Als Zielvorgaben lassen sich jedoch keine Ansprüche begründen.

Die EMRK, die den Europarat einschließlich Russland bindet, bietet nach innerstaatlicher Rechtswegerschöpfung gem. Art. 35 Abs. 1 EMRK Rechtsschutz vor dem Gerichtshof in Form eine Individualbeschwerde.[527] Für einen Anspruch kann jedoch auch das aufgrund von Einzelfallsentscheidungen nicht genügen.

Das Grünbuch der Europäischen Gemeinschaften vom 22.11.2006[528] fordert einen „flexiblen, integrativen Arbeitsmarkt“ als politisches Ziel. Die Mitgliedstaaten sollen für eine Weiterentwicklung des Arbeitsrechts im Sinne nachhaltigen Wachstums und der Vermehrung und Verbesserung der Arbeitsplätze sorgen. Die Kompetenz liegt dabei bei den Mitgliedsstaaten. Das Grünbuch selbst enthält keine Anspruchsgrundlagen und kann auch keine enthalten.[529]

4. Schutzpflichten aus dem europäischen Recht

In der Literatur wurde bereits thematisiert, ob sich Schutzverpflichtungen aus dem Gemeinschaftsrecht ergeben. Dabei wird vor allem auf die auch im Europarecht verankerten Ausprägungen einer objektiven Wertordnung[530] sowie auf abwehrrechtliche Lösungen[531] verwiesen. Soweit man dieser Ansicht folgt, ist hier, ohne weiter auf gemeinschaftliche oder staatliche Verantwortlichkeiten für die Bereitstellung von Schutz eingehen zu müssen,[532] jedenfalls davon auszugehen, dass mit der Umsetzung von arbeitsrechtlichen Mindeststandards zur Ermöglichung eines einheitlichen Binnenmarktes auch den diesbezüglichen Schutzverpflichtungen genüge getan ist.

Verbot der Diskriminierung in Beschäftigung und Beruf, vgl. Herdegen, § 48, S. 377, RN 1 m.N.

527 Europäische Menschenrechtskommission, EMRK vom 4.11.1950, BGBl. II 1952, S. 686 in der Fassung der Bekanntmachung vom 17.5.2002, BGBl. II 2002, S. 1055. Die EMRK enthält als Aufgabe des Europarates den Schutz und die Fortentwicklung der Menschenrechte und Grundfreiheiten. Das Arbeitsrecht betrifft hier das Koalitionsrecht der Arbeitnehmer, vgl. Herdegen, § 49, S. 383 f., RN 3; Meyer-Ladewig, Einleitung, RN 1; Zöllner/Loritz/Hergenröder, § 10 I, S. 104.

528 Grünbuch - Ein moderneres Arbeitsrecht für die Herausforderungen des 21. Jahrhunderts, KOM (2006) 708.

529 Da es weder zum Primär- noch zum Sekundärrecht gehört.

530 Vgl. Szczekalla, S. 1051 ff.

531 Vgl. Szczekalla, S. 1056 ff.

532 Dazu Szczekalla, S. 1067 ff.

5. Fazit

Dem Europarecht kann wie dem nationalen Recht aufgrund der eingehaltenen Mindeststandards kein Arbeitnehmeranspruch auf Wertguthabenvereinbarungen entnommen werden.

VII. Zusammenfassung des dritten Kapitels

Ein vertraglicher oder tarifvertraglicher Anspruch auf Wertguthabenvereinbarungen besteht nicht. Insbesondere ergibt sich ein solcher nicht im Wege der Auslegung von Arbeitsverträgen. Arbeitsverträge sind als solche flexibel ausgestaltet und können grundsätzlich nach den Interessen der Vertragsparteien den sich verändernden Schutzbedürfnissen angepasst werden. Im Laufe der Zeit entstehende Schutzlücken im Einzelfall können keinen Anspruch auf Wertguthabenvereinbarungen begründen.

Auch aus Fürsorgepflichten des Arbeitgebers ergibt sich kein Anspruch. Die den Arbeitgeber treffenden vertraglichen Nebenpflichten sind zu erfüllen, weitere Schutzpflichten können nicht abstrakt bestimmt werden. Im Einzelfall müssten konkrete Schutzmaßnahmen erst notwendig werden. Diese können dann regelmäßig durch gezieltere und weniger aufwändige Maßnahmen als durch Wertguthabenvereinbarungen erreicht werden.

Auch das Bestimmungsrecht über das erdiente Arbeitsentgelt sowie Eigentumspositionen an dem Wertguthaben begründen keine Arbeitnehmeransprüche, da diese stets verhandelbar sind.

Ein einfachgesetzlicher Anspruch besteht ebenfalls nicht. Insbesondere enthalten das ArbZG und das Flexi-Gesetz keine anspruchsbegründenden Regelungen.

Die Existenz staatlicher Schutzpflichten aus der objektiven Werteordnung der Verfassung ist allgemein anerkannt. Das Bundesverfassungsgericht folgert sie aus dem Schutz der Menschenwürde gem. Art. 1 Abs. 1 Satz 2 GG, deren Reichweite nach Art. 2 Abs. 2 Satz 1 GG näher ausgestaltet wird. Staatliche Schutzpflichten vermitteln ein subjektives Recht auf Schutz.

Veränderungen der Schutzpflichten in der Zeit sowie soziale Prinzipien sind bei der Bestimmung staatlicher Schutzpflichten stets zu berücksichtigen.

Der Schutzbereich staatlicher Schutzpflichten ist eröffnet. Vorliegend sind Freiheitsgrundrechte der Arbeitnehmer aus Artt. 12, 14, 6 sowie 2 Abs. 1 GG tangiert.

Nicht jeder Eingriff in Grundrechte der Arbeitnehmer durch Dritte kann Schutzpflichten des Staates erzeugen. Das schutzpflichtenaktivierende Gefährdungsniveau bestimmt sich mit der ständigen Rechtsprechung des Bundesverfassungsgerichtes nach der Evidenzformel und dem Untermaßverbot. Der Maßstab ist im Bereich struktureller Ungleichgewichtslagen das Ausbleiben eines annähernd angemessenen Interessenausgleiches - das Unterschreiten eines Mindestschutzes, der unerlässlich ist, um die einseitige Durchsetzung überlegener Vertragsmacht zu verhindern.

Im Arbeitsverhältnis besteht auch heute noch, trotz der vorliegenden Vielzahl an Regelungen und Rechtsprechung zum Arbeitnehmerschutz eine strukturelle Unterlegenheit der Arbeitnehmer als typisierbare Fallgruppe. Soziale, politische und wirtschaftliche Zwänge, ein permanent angespannter Arbeitsmarkt und anhaltende demografische Entwicklungen bewirken weiterhin starke Abhängigkeiten des Arbeitnehmers von dem Arbeitsverhältnis, die sich auf das Kräfteverhältnis der Arbeitsvertragsparteien auswirken.

Die strukturelle Unterlegenheit der Arbeitnehmer erzeugt unter Berücksichtigung aller Faktoren allerdings keine ungewöhnlichen Belastungen im Hinblick auf die mit Wertguthabenvereinbarungen erreichbaren Vorteile. Mit den vorhandenen gesetzlichen Regelungen haben Arbeitnehmer grundsätzlich ausreichende Möglichkeiten der Absicherung ihrer Bedürfnisse.

Mit den vorhandenen gesetzlichen Regelungen ist eine Abstimmung von Arbeitszeit und Freizeit mit Blick auf Mindestschutzerwägungen bzgl. Freizeit – dem Erhalt der Gesundheit und Regeneration - gewährleistet. Weitere Flexibilisierungen durch einen Arbeitnehmeranspruch auf Wertguthaben sind nicht notwendig.

Beschäftigungssicherung ist Gemeinwohlbelang, gebietet jedoch nicht den Schutz des Einzelnen vor Kündigung. Die diesbezüglichen Vorzüge von Wertguthabenvereinbarungen können sich nicht in Form eines Arbeitnehmeranspruches auswirken.

Der Nutzen von Wertguthabenvereinbarungen in Bezug auf eine familienfreundliche Arbeitszeitgestaltung ist aufgrund ihrer heute regelmäßig kollektiven Regelungen und des oftmals fehlenden Mitspracherechtes der Arbeitnehmer zweifelhaft. Positive Effekte könnten dennoch durch familienfreundlich ausgestaltete Arbeitsverhältnisse - auch mit Hilfe von Wertguthabenvereinbarungen - erzielt werden. Eines Anspruches bedarf es dazu jedoch nicht. Die vorhandenen gesetzlichen Regelungen gewährleisten ausreichende Freistellungs- und Entlohnungsansprüche.

Die Nutzung von Wertguthaben für die Pflege naher Angehöriger ist aufgrund des gesetzlichen Freistellungsanspruches zweckmäßig. Aufgrund der anhaltenden demografischen Entwicklungen gewinnt eine nachhaltige Pflegepolitik an Bedeutung. Zu Schutzlücken kann es bereits im Einzelfall bei langfristiger Pflege Angehöriger aufgrund von Einkommensausfällen kommen. Ein umfassender gesetzlicher Anspruch ist aufgrund der existierenden gesetzlichen Regelungen - zumindest aus heutiger Sicht - noch nicht notwendig. Geplante Gesetzesvorhaben könnten in Zukunft weitergehenden Schutz bieten.

In Bezug auf Weiterbildungen kommt es nicht zu (ungewöhnlichen) Belastungen durch die Vertragsfolgen. Wertguthabenvereinbarungen können allerdings bei Verwendung für Weiterbildungen positive Anreize setzen, da die Zeit, die für eine Weiterbildungsmaßnahme in Anspruch genommen wird, von dem Arbeitnehmer selbst vorfinanziert ist. Es bestehen keine Missbrauchsgefahren im Hinblick auf ‚Freizeitveranstaltungen', wie sie mit den landesgesetzlichen Regelungen existieren.

Mindestschutz in Hinsicht auf einen möglicherweise notwendig werdenden vorgezogenen Ruhestand besteht grundsätzlich. Im Einzelfall können aber durchaus ungewöhnliche Belastungen auftreten, vermehrt in Branchen mit starker körperlicher und einseitiger Belastung. Nachgedacht werden sollte daher über Ansprüche auf Wertguthabenkontenmodelle als Lebensarbeitszeitkonten zumindest im tariflichen Bereich, in Branchen mit hohen Vorruhestandsquoten. Ein allgemeiner gesetzlicher Arbeitnehmeranspruch würde hingegen möglicherweise politisch nicht erwünschte Anreize - aufgrund der demografischen Entwicklungen und dem notwendigen Erhalt der aktiven Arbeitskraft älterer Arbeitnehmer - setzen. Die freiwillige Nutzung von Wertguthaben für Freistellungen vor dem Ruhestand ist jedoch weiterhin zweckmäßig.

Mindestschutz hinsichtlich der Altersversorgung besteht in Form der Absicherung des Existenzminimums. Eine ausreichende Altersvorsorge jedes Einzelnen ist zwar zur Schließung der Versorgungslücke der gRV derzeit noch nicht vorhanden. Das ist aber weniger auf mangelnden staatlichen Schutz als vielmehr auf fehlende Kenntnis von der drohenden Schutzlücke, mangelnde Voraussicht u.s.w. zurückzuführen. Wertguthaben sind zudem mit Blick auf eine Verwendung für die Altersvorsorge wirtschaftlich nachteilig gegenüber anderen Vorsorgemöglichkeiten, darüber hinaus in ihrer Funktion als Auffanglösung nicht für einen Anspruch geeignet.

Im Übrigen wären bei Unterschreitung des Mindestschutzes auch die entgegenstehenden, grundrechtlich gewährleisteten Belange der Arbeitgeber aus Artt. 12, 14 und 2 Abs. 1 GG zu berücksichtigen, insbesondere in Hinblick auf die Abstimmung von Arbeitszeit und Freizeit sowie die Beschäftigungssicherung.

Der Widerspruch zwischen der ökonomischen Analyse, in der mit Arbeitszeitkonten Optimierungen gegenüber starren Arbeitszeitkonten erreicht werden konnten, und der verfassungsrechtlichen Untersuchung besteht nur scheinbar. Im Gegensatz zu ökonomischen Überlegungen zielt die verfassungsrechtliche Untersuchung auf die bloße Einhaltung von Schutzstandards und eben nicht auf deren Optimierung.

Europarechtlichen Regelungen lässt sich ebenfalls ein Anspruch nicht entnehmen. Das Primärrecht, das Sekundärrecht wie auch die weiteren Regelungen sollen einen einheitlichen Binnenmarkt ermöglichen und dafür einheitliche arbeitsrechtliche Mindeststandards setzen. Diese sind allerdings bereits durch das nationale Recht gewahrt bzw. umgesetzt worden.

Auch aus Europarechtlichen Schutzpflichten ergibt sich aufgrund der eingehaltenen europäischen Mindeststandards kein Anspruch.

Viertes Kapitel – Verfassungsrechtliche Bedenken an der beitragspflichtigen Umwandlung von Wertguthaben in eine bAV

I. Problemstellung

Die sozialversicherungsbeitragsfreie Umwandlung von Wertguthaben in eine bAV ist für Vereinbarungen,[533] die nach dem 13. November 2008 geschlossen wurden, ausgeschlossen. Mit der vollständigen Verbeitragung des umzuwandelnden Wertguthabens als Störfall[534] werden Wertguthaben seither gegenüber der originären Entgeltumwandlung benachteiligt.[535]

In der Unternehmenspraxis werden Wertguthabenvereinbarungen auch mit der Option einer Umwandlung in eine bAV genutzt. Insbesondere im tariflichen Bereich sind solche Vereinbarungen keine Seltenheit.

Diese Schlechterstellung kann und wird in Zukunft dazu führen, dass Arbeitnehmer Wertguthaben nicht mehr für eine bAV verwenden, da es wirtschaftlich nachteilig ist. Solange Arbeitnehmer die Wahl unter verschiedenen Vorsorgeprodukten haben, ist die faktische Abschaffung einer Vorsorgemöglichkeit keine Belastung. An dieser Stelle soll klargestellt werden, dass nach hier vertretener Ansicht die Wertguthabenverwendung für eine bAV keine von vornherein gleichwertige Alternative zu einer originären Entgeltumwandlung darstellen soll. Eine vom Arbeitnehmer finanzierte bAV ist über die originäre Entgeltumwandlung zu bewerkstelligen, solange dem Arbeitnehmer dafür freies Entgelt zur Verfügung steht. Dies ist stets vorrangig, ein „entweder-oder“ soll es nicht geben.[536]

Das gilt jedoch nicht mehr, wenn die Alternative Entgeltumwandlung nicht in Betracht kommt. Für Arbeitnehmer, die sich mangels regelmäßigem überschüssigem Einkommen eine originäre Entgeltumwandlung, geschweige denn anderweitige Eigenvorsorge, nicht ohne existenzielle Einschränkungen leisten können oder sich aufgrund von Unsicherheiten, eingegangene Verpflichtungen

---

533 Das betrifft alle neu geschlossenen Vereinbarungen, nicht jedoch einzelvertragliche Vereinbarungen, die auf bestehenden tariflichen oder betrieblichen Vereinbarungen basieren. Dort besteht Vertrauens- und Bestandsschutz (str.). Dazu ausführlich im 1. Kap. unter II. 11.; zum Vertrauensschutz, 4. Kap. Abschnitt III. 4.

534 Vgl. zum Störfall, 1. Kap. unter II. 10.

535 Um diesen Vergleich belegen zu können, wird in diesem Kapitel dargestellt, warum Wertguthaben bei Umwandlung in eine bAV mit der originären Entgeltumwandlung vergleichbar sind; dazu im Abschnitt III. 3. a. (2).

536 So ausdrücklich auch Uckermann, S. 274.

auf Dauer finanzieren zu können, vor dem Abschluss von Altersvorsorgevereinbarungen scheuen, schaffen wirtschaftlichen Überlegungen u.U. faktische Zwangslagen.

Dem allgemeinen politischen Willen und dem Zeitgeist sollte es jedoch entsprechen, dass eine zusätzliche, eigenverantwortliche Altersvorsorge aufgrund der zunehmenden Versorgungsdefizite der gesetzlichen Rentenversicherung gefördert wird.[537] Dazu gehört auch, dass Arbeitnehmer motiviert werden vorzusorgen. Ob der Aufbau einer Altersvorsorge über eine originäre Entgeltumwandlung oder über Umwege erfolgt, sollte dann nicht von entscheidender Bedeutung sein.[538]

Mit dieser Vorüberlegung soll in dem nun folgenden Kapitel untersucht werden, ob die Neuregelung, die die Möglichkeit der sozialversicherungsfreien Umwandlung von Wertguthaben in eine bAV für Vereinbarungen nach dem 13. November 2008 beendete, dem geltenden Recht entspricht und, ob nicht eine alternative, weniger einschneidende Regelung hätte gefunden werden können, um die gesetzgeberischen Ziele gleichermaßen zu erfüllen.

1. Entwicklung der gesetzlichen Vorgaben der Umwandlung von Wertguthaben in eine bAV

Das 4. Euro-Einführungsgesetz[539] ermöglichte im Jahr 2001 durch Schaffung des § 23b Abs. 3a SGB IV die sozialversicherungsbeitragsfreie Umwandlung von Wertguthaben in eine bAV:

> „§ 23b Beitragspflichtige Einnahmen bei flexiblen Arbeitszeitregelungen
>
> [...]
>
> (3a) Sieht die Vereinbarung nach § 7b bereits bei ihrem Abschluss für den Fall, dass Wertguthaben wegen der Beendigung der Beschäftigung auf Grund verminderter Erwerbsfähigkeit, des Erreichens einer Altersgrenze, zu der eine Rente wegen Alters beansprucht werden kann, oder des Todes des Beschäftigten nicht mehr für Zeiten einer Freistellung von der Arbeitsleistung oder der Verringerung der vertrag-

537 Die Leistungen der gesetzlichen Rentenversicherung allein sichern heute nicht mehr den Erhalt des Lebensstandards im Alter: Vgl. Rentenversicherungsbericht 2008, S. 13; Alterssicherungsbericht 2008, S. 146 sowie Rentenversicherungsbericht 2009, S. 12. Politisches Anliegen ist die Förderung der betrieblichen und privaten, zusätzlichen Altersvorsorge bereits seit langem, zuletzt Koalitionsvertrag 2005, S. 84.; Koalitionsvertrag 2009, S. 84.

538 Davon zu unterscheiden ist die Notwendigkeit im Einzelfall, sich für eine Altersvorsorge zu entscheiden.

539 Gesetz zur Einführung des Euro im Sozial- und Arbeitsrecht sowie zur Änderung anderer Vorschriften (4. Euro-Einführungsgesetz) v. 21.12.2000, BGBl I 2000, S. 1983 ff.

lich vereinbarten Arbeitszeit verwendet werden können, deren Verwendung für Zwecke der betrieblichen Altersversorgung vor, gilt das bei Eintritt dieser Fälle für Zwecke der betrieblichen Altersversorgung verwendete Wertguthaben nicht als beitragspflichtiges Arbeitsentgelt; dies gilt nicht,

1. wenn die Vereinbarung über die bAV eine Abfindung vorsieht oder zulässt oder Leistungen im Fall des Todes, der Invalidität und des Erreichens einer Altersgrenze, zu der eine Rente wegen Alters beansprucht werden kann, nicht gewährleistet sind oder

2. soweit bereits im Zeitpunkt der Ansammlung des Wertguthabens vorhersehbar ist, dass es nicht für Zwecke nach § 7c oder § 7f Absatz 2 Satz 1 verwendet werden kann."

Der Gesetzgeber wollte auf diese Weise Anreize setzen, Wertguthaben, die in dem Zeitpunkt der Umwandlung alternativ als Störfall zu versteuern, zu verbeitragen und gegebenenfalls auszuzahlen wären, noch einem sinnvollen, staatlich geförderten Vorsorgezweck zuzuführen.

Möglich war eine beitragsfreie Umwandlung nach dieser Vorschrift nur, wenn die Auflösung des Wertguthabens aus bestimmten, das aktive Erwerbsleben endgültig beendende, Gründen erfolgen muss und das Wertguthaben gerade nicht mehr für Freistellungen von der Arbeitsleistung bzw. Arbeitszeitverkürzung verwendet werden kann. Solche Gründe sind die Beendigung der Beschäftigung auf Grund verminderter Erwerbsfähigkeit, des Erreichens einer Altersgrenze, zu der eine Rente wegen Alters beansprucht werden kann, oder des Todes des Beschäftigten. Als weitere Voraussetzungen durfte die bereits bei Abschluss der Wertguthabenvereinbarung als Option festzulegende Verwendungsmöglichkeit für eine bAV keine Abfindungsregelung vorsehen oder zulassen, vgl. § 23b Abs. 3a, Nr. 1 SGB IV. Außerdem durfte die mangelnde Verwendbarkeit für eine Freistellung nicht bereits im Zeitpunkt der Ansammlung der Wertguthaben vorhersehbar sein, vgl. § 23b Abs. 3a, Nr. 2 SGB IV. Nur unter Einhaltung dieser engen Voraussetzungen konnte eine beitragsfreie Umwandlung in eine bAV überhaupt erfolgen. In allen anderen Fällen war eine Umwandlung zwar auch möglich, jedoch schon mangels Vorliegen der Voraussetzungen sozialversicherungspflichtig.

Eine weitere Voraussetzung für die sozialversicherungsbeitragsfreie Umwandlung bestimmt seit der Reform im Jahr 2008[540] § 23b Abs. 3a Satz 2 SGB IV:

> „Die Bestimmungen dieses Absatzes finden keine Anwendung auf Vereinbarungen, die nach dem 13. November 2008 geschlossen worden sind."

---

540 Gesetz zur Verbesserung der Rahmenbedingungen für die Absicherung flexibler Arbeitszeitregelungen und zur Änderung anderer Gesetze (Flexi II) v. 21.12.2008, BGBl. I 2008, S. 2940 ff.

Die Wertguthabenvereinbarung muss danach spätestens am 13. November 2008 geschlossen worden sein. Das bedeutet, dass für alle nach dem 13. November 2008 geschlossenen Wertguthabenvereinbarungen eine nach § 23b Abs. 3a SGB IV beitragsfreie Umwandlung in eine bAV nicht mehr möglich ist.

Steuerlich wird das umzuwandelnde Wertguthaben nach wie vor wie eine Entgeltumwandlung behandelt und damit der originären bAV gleichgestellt.[541] Die Umwandlung erfolgt in den für die einzelnen Durchführungswege der Entgeltumwandlung geltenden steuerlichen Grenzen.[542]

2. Gründe des Gesetzgeber für die Neuregelung des § 23b Abs. 3a Satz 2 SGB IV

Die Aufhebung der beitragsfreien Umwandlungsmöglichkeit von Wertguthaben in eine bAV wird in der Beschlussempfehlung zum Gesetzentwurf vom 12. November 2008 mit verschiedenen Argumenten begründet:

> „Die bisherige Möglichkeit, Wertguthaben beitragsfrei in die betriebliche Altersversorgung (bAV) zu überführen, wird in der Praxis teilweise sehr exzessiv ausgenutzt. Zunehmend werden Wertguthaben entgegen der gesetzlichen Intention ausschließlich zur späteren Überführung in die bAV geführt. Aus der ursprünglich gedachten Auffanglösung in der bAV für durch Freizeitausgleich nicht mehr verwendbare Wertguthaben hat sich ein massiv beworbenes Modell mit erheblichen Beitragsausfällen in der Sozialversicherung entwickelt. Mit dem Gesetz sollen über einen verbesserten Insolvenz- und Anlageschutz gerade die Wertguthaben zur späteren Verwendung für eine Freistellung für z.B. Weiterbildung, Pflege, Kinderbetreuung, Sabbatical oder den gleitenden Übergang in den Ruhestand abgesichert werden. Eine systematische Verwertung zur späteren Überführung in die bAV läuft dem zuwider. Dem entsprechen Forderungen aus der Fachwelt, diese Umgehungsmöglichkeit der bestehenden originären Durchführungswege der betrieblichen Altersversorgung zu beenden. Denn bei dieser Form, die sich zu einem 6. Durchführungsweg zu entwickeln droht, werden die Beitragsmittel der Versorgungswerke für den kontinuierlichen Aufbau entzogen und erst am Ende durch einen Einmalbetrag zu einem sogleich entstehenden oder verstärkten Anspruch aus der betrieblichen Altersvorsorge umgewandelt. Das Modell entspricht damit nicht den Anforderungen an einen solidarischen Aufbau einer kollektiven betrieblichen Altersvorsorge.“[543]

Zwar kann es bisher weder zu einer gravierenden Anzahl an Missbrauchsfällen gekommen sein, da die beitragsfreie Umwandlungsmöglichkeit erst im Jahr

541 Vgl. BMF-Schreiben v. 17.6.2009, BStBl. I 2009, S. 1286 ff., Abschnitt A. III.

542 Vgl. BMF-Schreiben v. 20.1.2009, BStBl. I 2009, S. 273 ff. (RN 189).

543 Aus der Beschlussempfehlung und Bericht des Ausschusses für Arbeit und Soziales zu dem Gesetzentwurf der Bundesregierung v. 12.11.2008, BT Drucks. 16/10901, S. 14.

2001 geschaffen wurde[544] und entsprechend hohe Wertguthaben weder bereits angesammelt wurden, noch eine der möglichen Störfallsituationen in einer Mehrzahl der Fälle eingetroffen sind. Dennoch ist der Argumentation aus dem Gesetzgebungsverfahren insoweit zuzustimmen, dass mit § 23b Abs. 3a SGB IV a.F. eine Regelung geschaffen wurde, die Anreize für einen Missbrauch setzte. Entsprechende Tendenzen kann man diversen Beiträgen entnehmen, die von einer Angliederung von Arbeitszeitkonten an die fünf Durchführungswege der bAV, von Vorteilhaftigkeitsüberlegungen oder gar von einem Königsweg oder 6. Durchführungsweg in der bAV sprechen.[545]

Vorteile bestanden vor allem für die der Unternehmensführung nahestehenden Arbeitnehmergruppen, wie Gesellschafter-Geschäftsführer, denen auf diese Weise eine begünstigte zusätzliche Vorsorge in enormer Höhe ermöglicht wurde.[546] Allerdings wurde dieser Arbeitnehmer-Gruppe zum 1. Oktober 2008 ohnehin auch aus steuerlicher Sicht der Anreiz genommen, Wertguthabenvereinbarungen abzuschließen. Vereinbarungen von Arbeitnehmern, die gleichzeitig Organe der Körperschaft oder beherrschende Anteilseigner sind, werden steuerlich nicht mehr anerkannt, bereits die Wertgutschrift auf dem Konto führt nach den Grundsätzen der verdeckten Gewinnausschüttung zu einem Zufluss von Arbeitslohn.[547] Die sofortige Besteuerung würde ohnehin zu einem nicht unbeträchtlichen Teil etwaige Vorteile aus einer sozialversicherungsrechtlichen Privilegierung aufbrauchen, sodass Wertguthaben schon aus diesem Grund nicht mehr attraktiv für die genannte Personengruppe sind. Außerdem ist zu bedenken, dass diese Arbeitnehmergruppe regelmäßig Arbeitsentgelte jenseits der Beitragsbemessungsgrenzen bezieht. Ein Missbrauch aus sozialversicherungsrechtlicher Sicht ist nicht zu befürchten.

Dennoch war die Umwandlung von Wertguthaben in eine bAV reizvoll, vor allem, als das Auslaufen der sozialversicherungsrechtlich begünstigten ‚An-

---

544 Durch das Gesetz zur Einführung des Euro im Sozial- und Arbeitsrecht sowie zur Änderung anderer Vorschriften (4. Euro-Einführungsgesetz) v. 21.12.2000, BGBl. I 2000, S. 1983 ff.; dieser Auffassung ist auch Uckermann, S. 354.

545 Vgl. Geiling, VW 2006, 1221 ff.; Hageböcker/Gellrich, DSWR 2004, 305; Heide, S. 42; Hoppach in: FS Kemper, 193 (200); Klemm, BetrAV 2006, 353 (358); Schwind, BetrAV 2003, 712 ff.; Tacke, BetrAV 2001, 226 ff.; Veit, S. 2; Wellisch, BetrAV 2004, 735 (736); Wellisch/Näth, FB-Beil. 2004, 16 ff.; Wellisch/Näth/Machill, BB 2006, 1100 ff.; Wellisch/Quast, BetrAV 2006, 527 (529).

546 So auch Langohr-Plato/Sopora, NZA 2008, 1377 (1381).

547 Vgl. BMF-Schreiben v. 17.6.2009, BStBl. I 2009, S. 1286 ff., Abschnitt IV 2. b) und c); kritisch dazu Uckermann, S. 362 ff.

schubförderung' der Entgeltumwandlung noch im Raume stand.[548] Zum 1. Januar 2009 sollte auch die der Höhe nach begrenzt auf max. 4 % der Beitragsbemessungsgrenze in der Rentenversicherung mögliche sozialversicherungsfreie Entgeltumwandlung abgeschafft werden.[549] Zum Ende des Jahres 2007 wurde nach anhaltenden Diskussionen jedoch ein Gesetz beschlossen, das die sozialversicherungsrechtliche Förderung auf unbegrenzte Zeit weitergewährt.[550] Eine begrenzt beitragsfreie Entgeltumwandlung ist weiterhin möglich, vgl. §§ 14 Abs. 1 Nr. 1, 17 Abs. 1 Nr. 2 SGB IV i.V.m. § 1 Abs. 1 Nr. 9 SVEV für die Pensionskasse, Pensionsfonds und Direktversicherung, vgl. § 14 Abs. 1 Satz 2 SGB IV für die Direktzusage und Unterstützungskasse.

3. Vorgehensweise

Die folgenden Untersuchungen sollen zeigen, dass es mit der Neuregelung in § 23b Abs. 3a Satz 2 SGB IV für Wertguthabenvereinbarungen, die nach dem 13. November 2008 geschlossen wurden, zu verfassungsrechtlich relevanten Eingriffen in Freiheits- und Gleichheitsrechte kommt (III.). Es ist daher zu untersuchen, ob die Eingriffe gerechtfertigt werden können.

Zuvor und nachfolgend wird geprüft, ob Verstöße gegen einfaches Recht (II.) sowie das Recht der Europäischen Union vorliegen (IV.).

Zum Abschluss dieses Kapitels soll versucht werden, eine Alternativregelung zu der Bestehenden des § 23b Abs. 3a Satz 2 SGB IV zu formulieren, die ebenfalls in der Lage ist, einen Missbrauch zu verhindern und dennoch eine sinnvolle Nutzungsmöglichkeit von Wertguthabenvereinbarungen für eine bAV bietet (V.).

II. Verstoß gegen einfaches Recht

Das Allgemeine Gleichbehandlungsgesetz (AGG), das Gesetz über Teilzeitarbeit und befristete Arbeitsverträge (Teilzeit- und Befristungsgesetz - TzBfG) und das Betriebsverfassungsgesetz (BetrVG) enthalten Regelungen zur Bekämp-

---

548 Anschubförderung eingeführt zum 1.1.2002 durch das Gesetz zur Reform der gesetzlichen Rentenversicherung und zur Förderung eines kapitalgedeckten Altersvorsorgevermögens (Altersvermögensgesetz-AVmG) v. 26.6.2001, BGBl. I 2001, S. 1310; vgl. jurisPK-SGB IV/Werner, § 115, RN 7; LPK-SGB IV/Winkler, § 115, RN 2.

549 Zur Diskussion Rieble, BetrAV 2007, 5 ff.; Recktenwald, BetrAV 2007, 8 ff.; Giesen, VSSR 2005, 21 ff. und 77 ff.; Rochlitz, nestor informiert 9, 13 ff.

550 Gesetz zur Förderung der zusätzlichen Altersvorsorge und zur Änderung des Dritten Buches Sozialgesetzbuch v. 10.12.2007, BGBl. I 2007, S. 2838.

fung diskriminierender Maßnahmen und sind Ausprägungen des allgemeinen Gleichbehandlungsgrundsatzes des Art. 3 GG. Als Spezialgesetze erfassen sie typisierte Beispiele sachwidriger Gruppenbildung und konkretisieren in diesem Bereich den allgemeinen Grundsatz.[551] In den geregelten Bereichen gehen sie dem allgemeinen Gleichheitsgrundsatz des Art. 3 Abs. 1 GG vor.[552]

Die rechtliche Grundlage, auf der die diskriminierende Maßnahme erfolgt, ist für den Anwendungsbereich des AGG und des TzBfG nicht maßgeblich. Diskriminierende Maßnahmen oder Regelungen können auf individualvertraglicher- bzw. kollektivrechtlicher Ebene erfolgen.[553] Einzig nicht erfasst sein können Diskriminierungen aufgrund von Bundesgesetzen wegen der Ansiedelung auf derselben Ebene der Normenhierarchie.[554]

Denkbare Diskriminierungen bestehen jedoch gerade aufgrund der Neuregelung in § 23b Abs. 3a Satz 2 SGB IV. Ein Verstoß gegen einfaches Gesetz kommt mithin nicht in Betracht.

III. Verstoß gegen Verfassungsrecht

1. Formelle Verfassungsmäßigkeit

Die Neuregelung des § 23b Abs. 3a Satz 2 SGB IV ist formell verfassungsgemäß. Insbesondere liegt die Gesetzgebungskompetenz für die Sozialversicherung gem. Art. 74 Nr. 12 GG in konkurrierender Gesetzgebung beim Bund. Das Gesetz ist gem. Art. 76 ff. GG ordnungsgemäß zustande kommen.

Die konkrete Nichtfortführung der sozialversicherungsbeitragsfreien Umwandlungsmöglichkeit wurde zwar letztlich während der Beratungen im Ausschuss für Arbeit und Soziales zu Beginn des Monats November 2008 problematisiert.[555] Die Zeitspanne von gerade anderthalb Monaten bis zu dem Ab-

---

551 Vgl. für das TzBfG: ErfK/Preis, TzBfG § 4, RN 4, 8; ähnlich BeckOK ArbR/Bayreuther TzBfG § 4, vor RN 1; für das AGG: ErfK/Schlachter, AGG Vorbem, RN 5; für das BetrVG BeckOK ArbR/Werner, BetrVG § 75, vor RN 1; ErfK/Kania, BetrVG § 75, RN 1.

552 Vgl. nur § 4 Abs. 1 TzBfG, ErfK/Preis, TzBfG § 4, RN 16.

553 Vgl. BeckOK ArbR/Roloff AGG § 2, RN 10; BeckOK ArbR/Bayreuther TzBfG § 4, RN 2 ff.; BetrVG ist ausgerichtet auf die kollektivrechtliche Ebene.

554 Vgl. nur BeckOK ArbR/Roloff AGG § 2, RN 11.

555 Der Gesetzentwurf v. 22.9.2008, BT-Drucks. 16/10289, enthielt noch keine Regelung. Sie wurde erst im Rahmen einer Stellungnahme der Arbeitsgemeinschaft für betriebliche Altersversorgung e.V. (aba) zur öffentlichen Anhörung von Sachverständigen am 5.11.2008 angeregt, Ausschussdrucks. 16(11)1119, S. 25, und in der öffentlichen Anhörung vor dem Ausschuss für Arbeit und Soziales am 5.11.2008 diskutiert, BT-Protokoll 16/102, S. 1340 Stiefermann (aba) sowie S. 1342 Skipka (DRV).

schluss des Gesetzgebungsverfahrens erscheint auf den ersten Blick zu kurz, um eine sachgerechte Beratung zu gewährleisten. Jedoch wurde über eine Aufhebung der Regelung in § 23b Abs. 3a SGB IV bereits zu Beginn des Reformvorhabens im Jahr 2007 nachgedacht, sodass die gegen die Regelung erhobenen Vorwürfe bekannt waren und Informationen zugänglich. Nachdem in dem Diskussionsentwurf vom 6. Juli 2007 erstmals die Rede davon war, die geförderte Verwendung von damals noch Arbeitszeitkonten für die bAV zu beenden,[556] wurde dieses Ziel in den folgenden Gesetzesentwürfen zunächst nicht weiter verfolgt. Erst im Zuge der Sachverständigenanhörungen im Ausschuss wurde das Thema erneut aufgegriffen. Die Gesetzesänderung wurde dann kurz vor Abschluss des Reformvorhabens eingefügt.[557]

Die zweite und dritte Lesung erfolgten am 13. November 2008 - eingeschlossen § 23b Abs. 3a Satz 2 SGB IV -, am 21. Dezember 2008 wurde das Gesetz beschlossen. Die Entscheidungsfreiheit der Abgeordneten kann damit nicht als eingeengt angesehen werden, denn trotz der relativ kurzen Zeitspanne lag die Neuregelung in ihrer konkreten Form zumindest auch bei zwei von drei Lesungen vor.

Die Form des Art. 82 GG wurde ebenfalls beachtet.

2. Verstoß gegen Art. 2 Abs. 1 GG

a. Eröffnung des Schutzbereiches

Der persönliche Schutzbereich des Grundrechtes auf freie Entfaltung der Persönlichkeit gem. Art. 2 Abs. 1 GG ist eröffnet. Arbeitnehmer sind als natürliche Person grundrechtsberechtigt.[558]

Nach Art. 20 Abs. 3 i.V.m. Art. 1 Abs. 3 GG bindet das Grundgesetz die Legislative, Exekutive und Judikative als unmittelbar geltendes Recht. Der Gesetzgeber als Urheber der Neuregelung des § 23b Abs. 3a Satz 2 SGB IV ist damit Grundrechtsverpflichteter.

---

556 „Die Aufhebung der beitragsfreien Übertragbarkeit von Wertguthaben in die Betriebliche Altersversorgung im Störfall gleicht einen derzeit nicht unerheblichen Beitragsentzug in allen Sozialversicherungszweigen aus und führt insoweit zu Beitragsmehreinnahmen." Aus dem Diskussionsentwurf eines Gesetzes zur Verbesserung von Rahmenbedingungen der sozialrechtlichen Absicherung flexibler Arbeitszeitregelungen v. 6.6.2007, S. 2 unter D. Kosten der öffentlichen Hand.

557 Die Neuregelung wurde in der Beschlussempfehlung v. 12.11.2008, BT-Drucks 16/10901 berücksichtigt.

558 Vgl. nur von Münch/Kunig, GG I, Art. 2, RN 3.

Die Altersvorsorge mit Hilfe von Wertguthabenvereinbarungen ist von Art. 2 Abs. 1 GG umfasst. Der sachliche Schutzbereich des Art. 2 Abs. 1 GG als Auffanggrundrecht beinhaltet jegliches menschliche Verhalten und schützt damit im weitesten Sinne die allgemeine Handlungsfreiheit. Es ist in einer Negativabgrenzung zu den speziellen Freiheitsgrundrechten zu bestimmen.[559]

Der Schutzbereich spezieller Grundrechte, wie die Freiheit des Eigentums gem. Art. 14 GG oder die Berufsfreiheit gem. Art. 12 GG, ist vorliegend, abweichend zu den Ausführungen in Kapitel 3, wo es um einen Anspruch auf Wertguthaben an sich ging, nicht berührt. Der Schutz des Eigentums i.S.d. Art. 14 GG umfasst das Eigentum als das Erworbene, Chancen und Hoffnungen sind dagegen nicht erfasst. Wertguthabenvereinbarungen werden in Bezug auf künftige Entgelte getroffen. In dem Zeitpunkt des Abschlusses der Wertguthabenvereinbarung bestehende Entgeltforderungen des Arbeitnehmers gegen den Arbeitgeber werden nicht in die Vereinbarung einbezogen. Mit dem Abschluss der Vereinbarung wird jedoch bereits die Option einer Umwandlung in eine bAV festgelegt. Vermögenswerte Rechte bestehen in dem Zeitpunkt nicht. Auch in dem Zeitpunkt der eigentlichen Umwandlung ist der Schutzbereich des Eigentums nach Art. 14 GG nicht berührt. Der Eigentumsschutz umfasst nicht das Vermögen als solches. Bei der Auferlegung von Geldleistungspflichten, wie der Beitragspflicht zu der Sozialversicherung, liegen grundsätzlich nur Beeinträchtigungen des Gesamtvermögens und keine Eigentumsbeeinträchtigungen vor.[560] Etwas anderes gilt nur, wenn eine Abgabe den Verpflichteten übermäßig belastet und seine Vermögensverhältnisse grundlegend beeinträchtigt, sog. "erdrosselnde Wirkung".[561] Davon kann bei der Erhebung von Sozialversicherungsbeiträgen jedoch nicht ausgegangen werden, allenfalls, soweit die zu entrichtenden Beiträge über alle Maßen ansteigen würden.[562] Der Beitragspflicht stehen Anwartschaften und Ansprüche auf Sozialleistungen gegenüber, für die der Verpflichtete alternativ privat aufkommen müsste. Ihr könnte höchstens im Einzelfall erdrosselnde Wirkung zukommen, wenn der Verpflichtete die Unwirtschaftlichkeit der Beitragsverpflichtung gegenüber einer privaten Vorsorge darlegen kann.[563] Verallgemeinern lässt sich das jedoch nicht.

---

559 St. Rspr. u. h.L. seit dem Elfes-Urteil des BVerfG v. 16.1.1957, BVerfGE 6, 32 (insbes. 41 f.); Jarass/Pieroth, Art. 2, RN 2; Sachs/Murswiek, Art. 2, RN 53.

560 St. Rspr., BVerfG v. 20.7.1954, BVerfGE 4, 7 (17); v. 10.5.1960, BVerfGE 11, 105 (126); v. 27.6.1962, BVerfGE 14, 221 (224); v. 3.7.1985, BVerfGE 70, 219 (230); v. 8.4.1987, BVerfGE 75, 108 (154); v. 25.9.1990, NJW 1991, 746 f.

561 St. Rspr., BVerfG v. 17.7.1974, BVerfGE 38, 61 (102); v. 31.5.1988, BVerfGE 78, 232 (243); v. 31.5.1990, BVerfGE 82, 159 (190).

562 Vgl. BVerfG v. 31.5.1988, BVerfGE 78, 232 (243).

563 Vgl. LSG Baden-Württemberg v. 19.9.2002 - L 13 RA 890/02 - (juris), RN 26 m.w.N.

Der Schutzbereich der Berufsfreiheit des Art. 12 GG ist ebenfalls nicht berührt. In Abgrenzung zu Art. 14 GG, der das Erworbene schützt, umfasst Art. 12 GG den Erwerb.[564] Arbeitnehmer werden jedoch durch die Regelung des § 23b Abs. 3a Satz 2 SGB IV in ihrer Berufswahl oder Berufsausübung, dem Abschluss oder der Durchführung des Arbeitsvertrages, nicht beschränkt. Es fehlt zudem an einer mittelbar berufsregelnden Tendenz der Vorschrift.[565]

Die Beschränkung liegt vielmehr in der nicht weiter durch Beitragsfreiheit geförderten Verwendung von Wertguthaben für eine bAV. Daraus entstehen bei Arbeitnehmern zusätzliche Geldleistungspflichten, die die wirtschaftliche Betätigungsfreiheit beeinträchtigen. Die allgemeine Sozialversicherungspflicht, die in der Folge (wieder) entsteht, ist als vom Gesetzgeber angeordnete Zwangsmitgliedschaft und Beitragspflicht in einem öffentlich-rechtlichen Verband der Sozialversicherung vom Schutzbereich des Art. 2 Abs. 1 GG umfasst.[566] Die staatsunabhängige Freiheitssphäre des Art. 2 Abs. 1 GG schützt darüber hinaus auch die freie und selbstverantwortliche Lebensplanung nach den individuellen Plänen und Vorstellungen des Einzelnen.[567] Als Ausprägung der wirtschaftlichen Entfaltungsfreiheit unterliegt auch eine selbstbestimmte, nachhaltige und auskömmliche Altersvorsorgeplanung dem Schutz des Art. 2 Abs. 1 GG.

b. Unmittelbare Eingriffe

Ein Eingriff in den Schutzbereich der Freiheitsgrundrechte liegt vor, soweit staatliches Handeln ein Verhalten, welches in den Schutzbereich fällt, einschränkt oder behindert.

(1) In die Privatautonomie

Als Ausprägung der allgemeinen Handlungsfreiheit nach Art. 2 Abs. 1 GG umfasst Privatautonomie die Selbstbestimmung des Einzelnen im Rechtsver kehr.[568] Die Privatautonomie der Arbeitnehmer wird durch die Regelung des

564 Für Nichtdeutsche, insbes. für EU-Bürger muss gem. Art. 12 EG gleichwertiger Schutz bestehen –Schutz nach Art. 2 Abs. 1 GG; vgl. nur Dreier/Wieland, Art. 12, RN 72.

565 Zur berufsregelnden Tendenz bei Zwangsmitgliedschaften, BVerfG v. 29.12.2004, NVwZ- RR 2005, 297 m.w.N.

566 Vgl. BVerfG v. 15.6.1988, BVerfGE 78, 320 (329); v. 8.2.1994, BVerfGE 89, 365 (376); v. 11.1.1995, BVerfGE 92, 53 (68 f.).

567 Allg. Prinzip der grundrechtlichen Gewährleistung; BVerfG v. 19.10.1993, BVerfGE 89, 214 (231); von Münch/Kunig, GG I, Art. 2, RN 12 u. 16.

568 St. Rspr., BVerfG v. 12.11.1958, BVerfGE 8, 274 (328); v. 13.5.1986, BVerfGE 72, 155 (170); v. 19.10.1993, BVerfGE 89, 214 (231); und h.L., vgl. Alexy, Grundrechte, S. 491; Canaris, JZ 1987, 993 (994); Dieterich, RdA 1995, 129 (130); Geißler, JuS

§ 23b Abs. 3a Satz 2 SGB IV nicht berührt. Denn zivilrechtlich bleibt es unbenommen, Vereinbarungen über Wertguthaben zu treffen. Darüber hinaus ist die Vereinbarung frei in ihrer Ausgestaltung – sie unterliegt allein dem Interessenausgleich und dem Verhandlungsgeschick der Beteiligten.

In der Vertragspraxis werden zwar regelmäßig - freiwillig - bestimmte Verwendungszwecke von Wertguthaben ein- bzw. ausgeschlossen, indem bspw. ausschließlich Freistellungen oder Arbeitszeitverkürzungen als mögliche Verwendungszwecke festgelegt werden. Tarifverträge und Betriebsvereinbarungen regeln darüber hinaus die freiwillige Teilnahme an bestimmten Langzeitkontenmodellen oder Opt–out Modellen. Eine Ausnahme bildet die obligatorische Teilnahme. In den betreffenden Unternehmen nutzen bspw. alle unbefristet beschäftigten Arbeitnehmer Arbeitszeitkonten oder Wertguthabenvereinbarungen. Die obligatorische Teilnahme ist vor allem in Unternehmen anzutreffen, die bislang in Zeit geführte Konten zur Auslastungssteuerung mit Langzeitkonten kombinieren.[569] Die obligatorische Teilnahme bezieht sich im weitesten Sinne jedoch auf den Bereich der Kurzzeitkonten, welche die Voraussetzungen des § 7b SGB IV nicht erfüllen. Auf diese Weise kann eine betriebsumfassende, einheitliche Auslastungssteuerung optimiert werden. Wertguthabenvereinbarungen nach §§ 7b ff. SGB IV sind bisher nicht erfasst. Solche Vereinbarungen betreffen zudem nicht die Verpflichtung, diese auch zu nutzen und Entgelt einzubringen.[570]

Die konkrete Ausgestaltung der getroffenen Vereinbarung hat dann Folgewirkungen hinsichtlich der sozialversicherungs- und steuerrechtlichen Behandlung. Bezüglich Wertguthabenvereinbarungen bestehen unter den in §§ 7b ff. SGB IV bestimmten Voraussetzungen sozialversicherungsbeitragsrechtliche Sonderregelungen, die bei Einhaltung eine sozialversicherungsrechtliche Privilegierung in Form von Beitragsstundungen in der Ansparphase darstellen. Alle nicht den Voraussetzungen unterfallenden zivilrechtlichen Arbeitszeitkontenvereinbarungen sind jedoch ebenfalls denkbar. Die Ausgestaltung der vertraglichen Vereinbarung kann sich durch privatautonome Vereinbarungen durchaus an den bestehenden Privilegierungen ausrichten. Die zivilrechtliche Vertragsfreiheit kann jedoch in keinem Fall umgekehrt über die vorhandenen Privilegien disponieren.

1991, 617 ff.; Jarass/Pieroth, Art. 2 RN 4; Sachs/Murswiek, Art. 2, RN 54; Zöllner, AcP 176, 221 ff.

569 Vgl. Statistiken zur Verbreitung obligatorischer Modelle, vgl. Rauser Towers Perrin, Umfrage 2007, S. 11; Deutsche Zeitwert, Studie 2007, S. 22.

570 Kein „aufgebürdeter Verzicht“ möglich, so Uckermann, S. 277.

(2) *In die allgemeine Handlungsfreiheit*

Ein Eingriff in die allgemeine Handlungsfreiheit gem. Art. 2 Abs. 1 GG liegt dagegen vor, da die Regelungswirkung der Neuregelung des § 23b Abs. 3a Satz 2 SGB IV die wirtschaftliche Betätigungsfreiheit der Arbeitnehmer erfasst.

§ 23b Abs. 3a Satz 2 SGB IV bestimmt, dass Wertguthaben in dem Zeitpunkt der Umwandlung in eine bAV im Wege eines Störfalls nach § 23b Abs. 2 SGB IV zu verbeitragen sind, wenn die Wertguthabenvereinbarung[571] nach dem 13. November 2008 geschlossen wurde. Die Störfallregelung bewirkt eine Beitragsberechnung, wie sie ohne Berücksichtigung der Wertguthabenvereinbarung durchzuführen wäre; dann wäre das eingebrachte Entgelt bereits in dem Zeitpunkt der tatsächlichen Arbeitsleistung beitragspflichtig gewesen.

Die Regelungen der § 23b Abs. 3a Satz 2 SGB IV i.V.m. § 23b Abs. 2 SGB IV enthalten jedoch keinen eigenständigen Eingriff in die allgemeine Handlungsfreiheit der Arbeitnehmer. Es kommt lediglich durch den Wegfall der zuvor mit der Altregelung des § 23b Abs. 3a SGB IV bestehenden Beitragsfreiheit zu einer Verbeitragung des Wertguthabens nach allgemeinen Grundsätzen.

Die Zwangsmitgliedschaft und Beitragspflicht in einem öffentlich-rechtlichen Verband der Sozialversicherung stellen nach ständiger Rechtsprechung des Bundesverfassungsgerichtes einen unmittelbaren Grundrechtseingriff dar, aufgrund der nicht unerheblichen Einengung der allgemeinen Betätigungsfreiheit durch Einschränkung der wirtschaftlichen Voraussetzungen.[572] Der Eingriff in Grundrechte von Arbeitnehmern liegt damit in der Sozialversicherungsbeitragspflicht selbst, in der Auferlegung von Geldleistungspflichten. Die Aufhebung der Privilegierung und die damit (wieder-)auflebende allgemeine Sozialversicherungsbeitragspflicht stellt einen unmittelbaren und finalen Eingriff in die Grundrechte der Arbeitnehmer aus Art. 2 Abs. 1 GG dar.

(3) *Rechtfertigung bzw. Schutzpflichtenaktivierendes Gefährdungsniveau*

Zu klären ist nun, wodurch es zu einer Beeinträchtigung der Freiheitsrechte der Arbeitnehmer kommt. Dabei ist zu unterscheiden, ob der Eingriff des Gesetzgebers durch positives Tun oder durch Unterlassen erfolgt. Danach bestimmt sich, ob der Eingriff gerechtfertigt sein muss (so bei aktivem Tun) oder, ob lediglich

---

571 Das betrifft alle neu geschlossenen Vereinbarungen, nicht jedoch einzelvertragliche Vereinbarungen, die auf bestehenden tariflichen oder betrieblichen Vereinbarungen basieren. Dort besteht Vertrauens- und Bestandsschutz (str.). Dazu ausführlich im 1. Kap. unter II. 11.

572 Vgl. BVerfG v. 15.6.1988, BVerfGE 78, 320 (329); v. 8.2.1994, BVerfGE 89, 365 (376); v. 11.1.1995, BVerfGE 92, 53 (68 f.); v. 18.2.1998, BVerfGE 97, 271 (Orientierungssatz 3a). So auch Giesen, VSSR 2005, 77 (83).

ein Verstoß gegen Schutzpflichten in Betracht kommt, der nur unter bestimmten Voraussetzungen eine Handlungspflicht begründet (so bei Unterlassen).

(a) Rechtfertigung bei Annahme eines Eingriffs durch aktives Tun

Einerseits könnte ein Eingriff durch aktives Tun des Gesetzgebers mit der Neuregelung des Satzes 2 in § 23b Abs. 3a SGB IV vorliegen. Allein durch Satz 2 entfällt für Vereinbarungen ab dem 14. November 2008 die Möglichkeit einer beitragsfreien Umwandlung von Wertguthaben in eine bAV. Stellt also die Aufhebung der Privilegierung durch Anfügung des Satzes 2 aktives Tun dar, muss dieses gerechtfertigt sein.

Nimmt man aktives Tun an, sind hoheitliche Eingriffe in den Schutzbereich von Freiheitsrechten gerechtfertigt, wenn sie Ausdruck der grundrechtlichen Schranken sind. Das bedeutet für die allgemeine Handlungsfreiheit des Art. 2 Abs. 1 GG umgekehrt, dass diese nur in den Schranken des Art. 2 Abs. 1, 2. HS GG gewährleistet ist. Die Befugnis des Gesetzgebers zum Erlass einschränkender Gesetze ergibt sich aus der dort genannten Schrankentrias, vor allem aus der verfassungsmäßigen Ordnung. Die verfassungsmäßige Ordnung umfasst alle formell und materiell rechtmäßigen Rechtsnormen.[573] Im sozial- und gesellschaftspolitischen Bereich ist dem Gesetzgeber aufgrund gewichtiger Gemeinwohlbelange ein weiter Gestaltungsspielraum zuzubilligen. Soweit sich eine Zielsetzung nur unter Eingriff in die allgemeine Handlungsfreiheit des Einzelnen erreichen lässt, muss der Gesetzgeber das Spannungsverhältnis zwischen dem individuellen Freiheitsanspruch und dem Sozialstaatsgedanken lösen.[574] Als sog. Schranken-Schranke, die Ausfluss des Rechtsstaatsprinzips ist, ist allerdings die Verhältnismäßigkeit der in die Freiheitsrechte eingreifenden Regelung zu wahren.[575] Die Interessen der Betroffenen an der Beibehaltung der Sozialversicherungsfreiheit überwiegen danach dann nicht die Veränderungsgründe des Gesetzgebers, wenn die Maßnahme geeignet, erforderlich und verhältnismäßig ist.

Der unmittelbare Eingriff in die allgemeine Handlungsfreiheit der Arbeitnehmer durch die Zwangsversicherung in den Zweigen der Sozialversicherung ist nach ständiger Rechtsprechung des Bundesverfassungsgerichtes insbesondere mit dem „öffentlichen Interesse an einer kollektiven Zwangsversicherung der für sozial schutzbedürftig erachteten Arbeitnehmer auf solidarischer Grundlage ge-

---

573 Vgl. BVerfG v. 16.1.1957, BVerfGE 6, 32 (37 f.); v. 6.6.1989, BVerfGE 80, 137 (153).

574 Vgl. nur BVerfG v. 25.2.1960, BVerfGE 10, 354 (370 f.); v. 14.10.1970, VersR 1971, 219.

575 Vgl. BVerfG v. 15.12.1965, BVerfGE 19, 342 (347 ff.); v. 27.10.1970, BVerfGE 29, 312 (316); v. 19.10.1982, BVerfGE 61, 126 (134); v. 24.4.1985, BVerfGE 69, 1 (35).

rechtfertigt".[576] Die Bereitschaft und Fähigkeit zur freiwilligen Selbstvorsorge bleibt nach Auffassung des Bundesverfassungsgerichtes grundsätzlich unberührt, d.h. das Interesse des Einzelnen an der freien Entfaltung seiner Persönlichkeit wird zurückgestellt.[577] Hinter der Einbeziehung in das Sozialversicherungssystem stehen Gemeinwohlinteressen an der Erhaltung der Funktions- und Leistungsfähigkeit des Sozialsystems.[578] Beschränkungen, die sich aus der allgemeinen Sozialversicherungspflicht ergeben, müssen hingenommen werden, da man sich mit der Entscheidung, Arbeitnehmer zu werden, auch den Schutz der Sozialversicherung zu eigen macht.

Neben dem überragenden Interesse am sozialversicherungsrechtlichen Schutz der Bedürftigen ist bei der Abwägung zu berücksichtigen, dass eine Ausweitung der Verpflichtung zur Beitragszahlung auch individuelle Vorteile bringt. Bspw. spart der Arbeitnehmer in der Folge höhere Anwartschaften in der gesetzlichen Rentenversicherung an. Auch andere Leistungen aus der Sozialversicherung, wie das Krankengeld, können sich erhöhen. Die Beitragsbelastung der Gemeinschaft wird insgesamt verringert. Bei den Interessen der Arbeitnehmer ist zu berücksichtigen, dass der Eingriff in die wirtschaftliche Betätigungsfreiheit bereits durch die Berufswahl und den Eintritt in das sozialversicherungsrechtliche Zwangskollektiv erfolgt, indem er sich entscheidet, sozialversicherungspflichtig Beschäftigter zu werden. Alle weiteren Eingriffe haben demgegenüber untergeordnete Bedeutung.

In der Folge tritt die allgemeine Sozialversicherungspflicht in allen Zweigen der Sozialversicherung (Renten-, Kranken-, Arbeitslosen- und Pflegeversicherung) in dem Zeitpunkt der Umwandlung sowie in dem Zeitpunkt der Leistungen aus der bAV (Renten und Kapitalleistungen) zusätzlich in der Kranken- und Pflegeversicherung ein. Es kommt in den Zweigen der Kranken- und Pflegeversicherung zu einer doppelten Verbeitragung desselben Arbeitsentgeltes. Die doppelte Verbeitragung stellt jedoch im Gegensatz zu der doppelten Versteuerung keinen Verstoß gegen Verfassungsrecht dar.[579] Im Gegensatz zu Steuern, die gem. § 3 AO keine Gegenleistung erfordern, kommt Arbeitnehmern durch die Zahlung von Sozialversicherungsbeiträgen Schutz in den jeweiligen Versicherungszweigen zu. Zum einen lässt sich daraus schließen, dass es schon gar nicht zu einer Mehrbelastung kommt, denn man erlangt im Gegenzug Leistun-

576 Vgl. BVerfGE v. 25.2.1960, BVerfGE 10, 354; v. 14.10.1970, VersR 1971, 219; BSG v. 29.6.2000, BSGE 86, 262.

577 Vgl. nur BVerfG v. 14.10.1970, VersR 1971, 219.

578 St. Rspr. des BVerfG u. BSG, zuletzt BSG v. 12.11.2008 – B 12 KR 9/08 R – (juris), insbes. RN 15 u. 27 m.w.N.

579 Vgl. Gutachten von Giesen in VSSR 2005, 21 ff. und 77 ff.; Rochlitz, BetrAV 2007, 209 (213).

gen aus den Sozialversicherungszweigen in unterschiedlichen Zeiträumen. Zum anderen stellt bereits die Sozialversicherungspflicht einen gerechtfertigten Eingriff in Art. 2 Abs. 1 GG dar. Die doppelte Verbeitragung stellt einen Folgeeingriff dar, der dann ebenfalls gerechtfertigt ist.

(b) Schutzpflichtenaktivierendes Gefährdungsniveau bei Annahme eines Eingriffs durch Unterlassen

Allerdings ist zu berücksichtigen, dass eine Umwandlung von Wertguthaben in eine bAV auch ohne eine Regelung in § 23b Abs. 3a SGB IV möglich war und ist. Die Umwandlung folgt dann in sozialversicherungsrechtlicher Hinsicht den allgemeinen Regeln. Zum einen kann, soweit die Voraussetzungen für Wertguthaben nach den §§ 7b ff. SGB IV nicht erfüllt sind, mit Erdienung des umzuwandelnden Wertguthabens bereits Sozialversicherungspflicht nach allgemeinen Regeln entstehen. Außerdem kommt es bei sozialversicherungsrechtlicher Anerkennung des Wertguthabens zumindest bei Störfalleintritt, hier der Umwandlung, zu einer Verbeitragung nach § 23b Abs. 2 SGB IV.

Dass eine privilegierende Regelung vor Anfügung des Satzes 2 in § 23b Abs. 3a SGB IV bestand, bedeutet damit nicht zwingend, dass bei dessen Aufhebung durch Anfügung eines weiteren Satzes auch positives Tun vorliegt. Denn § 23b Abs. 3a Satz 2 SGB IV stellt lediglich für Vereinbarungen ab dem 14. November 2008 den Zustand wieder her, der vor Schaffung des § 23b Abs. 3a SGB IV bestand. Aus Zweckmäßigkeitsgründen, aufgrund von Vertrauens- und Bestandsschutzinteressen, erfolgte die Aufhebung der Privilegierung durch Anfügung des Satzes 2. Der eigentliche Eingriff besteht jedoch in der nicht weiter bestehenden Privilegierung, mithin in einem Unterlassen einer weiteren Förderung.

Bei Eingriffen durch Unterlassen stellt sich für das Bestehen einer Handlungsverpflichtung die Frage nach der Qualität des Verlangens einer Privilegierung. Grundsätzlich steht die Vergabe und die Entziehung von Subventionen im Ermessen der öffentlichen Hand. Staatliches Unterlassen als Grundrechtsverletzung und eine Rechtspflicht zum Handeln kann lediglich dann angenommen werden, wenn qualifiziertes Unterlassen vorliegt, d.h., dass ein gebotenes Verhalten verweigert wird.

Dass die beitragsrechtliche Privilegierung von Wertguthaben bei Umwandlung in eine bAV aus Perspektive staatlicher Schutzpflichten geboten ist, ist eher abzulehnen. Eine Pflicht zum Tätigwerden besteht erst bei Unterschreiten eines Mindestmaßes an Schutz, wenn also der vorhandene Schutz gänzlich unzulänglich ist.[580] Bei der Bewertung sind die Entscheidungen des Bundesverfassungs-

580 Ausführlich zum schutzpflichtenaktivierenden Gefährdungsniveau im 3. Kap. V. 4.

gerichtes zu den Überschussanteilen in der Lebensversicherung[581] und der Bestandsübertragung von Lebensversicherungsverträgen[582] aus dem Jahre 2005 zu berücksichtigen. Dort wurde klargestellt, dass die Altersvorsorge einen besonders sensiblen Bereich, der der Sicherung der wirtschaftlichen Existenz dient, betrifft und daher auf einen besonderen Schutz durch die Rechtsordnung angewiesen ist. Die Urteile betrafen Fälle, in denen für die Betroffenen nachteilige vertragliche Regelungen bestanden, auf deren Inhalt sie keinen Einfluss nehmen konnten. Ihnen wurde damit die Möglichkeit genommen, privatautonome Entscheidungen zu treffen. Dies muss mit dem Schutz der Rechtsordnung jedoch gewährleistet sein. In den Fällen wurde im Ergebnis das vorhandene Schutzniveau verweigert durch vertragliche Regelungen.

Vorliegend ist die Privatautonomie ist wie festgestellt, nicht betroffen. Das vorhandene Schutzsystem der Altersvorsorge wird auch nicht gesenkt oder verweigert, es wird lediglich eine Auffanglösung nicht weiter privilegiert. Dem besonderen Schutz und dem erhöhten Schutzniveau genügt das vorhandene Alterssicherungssystem im Übrigen, auch soweit Arbeitnehmer keine zusätzliche Altersvorsorge mit Hilfe von Wertguthabenvereinbarungen abschließen. Zum einen existieren ausreichend alternative – auch staatlich geförderte – Altersvorsorgeprodukte. Zum anderen wahrt die gesetzliche Rentenversicherung nach dem SGB VI und die Grundsicherung im Alter nach dem SGB XII zumindest einen Mindestschutz in Bezug auf die Altersvorsorge der Arbeitnehmer.[583]

Die Gebotenheit positiven Handelns ergibt sich auch nicht aus dem höheren Schutzniveau, das mit der Privilegierung bis zum Jahr 2008 bestand, denn eine Änderung des Schutzniveaus in der Zeit ist durchaus möglich, solange dabei das Mindestniveau nicht unterschritten wird.

c. Mittelbare Eingriffe

(1) Aufgrund wirtschaftlicher Nachteiligkeit

Auch mittelbare Eingriffe in die allgemeine Handlungsfreiheit von Arbeitnehmern aufgrund wirtschaftlicher Nachteiligkeit von Wertguthaben bei Verwendung für die bAV sind gegeben.

Wertguthabenvereinbarungen können zwar weiterhin die Option auf Umwandlung in eine bAV enthalten. Das Ansparen der Wertguthaben erfolgt auch unter den Voraussetzungen der §§ 7b ff. SGB IV sozialversicherungsbeitragsfrei. Durch die Neuregelung des § 23b Abs. 3a Satz 2 SGB IV sind die umzu-

581 BVerfG v. 26.7.2005, 1 BvR 782/94, 1 BvR 957/96, BVerfGE 114, 1 ff.

582 BVerfG v. 26.7.2005, 1 BvR 80/95, BVerfGE 114, 73 ff.

583 Zu den Altersvorsorgemöglichkeiten auch im 3. Kap. V. 4. b. (7).

wandelnden Beträge jedoch nunmehr als Störfall nach § 23b Abs. 2 SGB IV zu verbeitragen. Zu der Verbeitragung des Wertguthabens in dem Zeitpunkt der Umwandlung in die bAV tritt eine Verbeitragung der Leistungen aus der bAV hinzu. In der Auszahlungsphase der bAV werden die Leistungen mit dann voller Beitragslast (des Rentners) in der Kranken- und Pflegeversicherung noch einmal verbeitragt.

Die doppelte Beitragslast bewirkt finanzielle Nachteile bei Nutzung von Wertguthaben für eine bAV gegenüber der originären Entgeltumwandlung und sehr wahrscheinlich auch gegenüber vielen anderen eigenfinanzierten Altersvorsorgeformen. Das wird in der Praxis dazu führen, dass sich Arbeitnehmer aufgrund der wirtschaftlichen Nachteile von vornherein gegen die Nutzung von Wertguthaben für eine bAV entscheiden werden. Weil es einfach nicht rentabel ist, wird Arbeitnehmern so im Ergebnis faktisch die Nutzung einer bestehenden, flexiblen Vorsorgemöglichkeit verwehrt.

(2) Weitergehendes, erhöhtes Vorsorgerisiko Wenigverdienender

Ein weitergehender mittelbarer Eingriff durch den Wegfall der sozialversicherungsfreien Umwandlung von Wertguthaben in eine bAV liegt in dem daraus folgenden erhöhten Vorsorgerisiko für Wenigverdienende.

Unterstellt wird, dass Wenigverdiener regelmäßig nicht die Möglichkeit haben, mehrere Sparformen und Vorsorgeformen nebeneinander zu betreiben. Zudem wird unterstellt, dass sich Wenigverdiener aufgrund finanzieller Lasten und Unsicherheit vor Altersvorsorgeentscheidungen ‚drücken'. Wenigverdiener gehören damit in der Mehrzahl potentiell zu der Gruppe in der Bevölkerung, die (zumindest derzeit noch) überhaupt nicht selbst für das Alter finanziell vorsorgt.

Als Wenigverdiener kann man einen Arbeitnehmer bezeichnen, der aus seinem regelmäßigen Arbeitsentgelt kaum oder gar keine finanziellen Mittel für eine originäre Entgeltumwandlung mit regelmäßiger Beitragszahlung, bzw. eine alternative Altersvorsorge mit regelmäßiger Beitragszahlung entbehren kann. Der Wenigverdiener gehört vornehmlich zu dem Teil der Bevölkerung, die in einer Familie leben, in der lediglich ein Partner arbeitstätig ist. 33 % aller Haushalte - Singlehaushalte wie auch Familien – lebten vergleichsweise im Jahr 2006 von einem monatlichen Einkommen bis max. 1.300 EUR.[584] In dieser Gruppe werden sich vornehmlich die Wenigverdiener finden. Ein besonders großer Anteil an Personen dieser Einkommensklasse findet sich unter den abhängig Beschäftigten. Diese Arbeitnehmergruppe wird in dieser Arbeit fortan als ‚Wenigverdiener' bezeichnet.

584 Vgl. Destatis, Datenreport 2008, S. 145 f.

In der jüngeren Vergangenheit wurde das System der ‚Minijobrente' entwickelt.[585] Mit der Minijobrente können die sog. 'Minijobber' (mit einem regelmäßigen Arbeitsentgelten von bis zu 400 Euro) eine bAV vereinbaren. Sie verzichten nicht auf regelmäßiges Entgelt, sondern arbeiten mehr. Arbeitnehmern, denen dieses Modell offen steht, sind nicht Teil der Gruppe der hier beschriebenen Wenigverdiener, denn sie haben die Möglichkeit des Abschlusses einer bAV auf anderem Wege, und zwar ohne Einbußen in ihrem regelmäßigen Arbeitsentgelt in Kauf nehmen zu müssen. Die hier beschriebenen Wenigverdiener arbeiten 40 bis 48 Stunden pro Woche. Sie haben nicht die Möglichkeit, auf Dauer einfach mehr zu arbeiten.

Für Wenigverdiener kann eine zusätzliche Altersvorsorge (insgesamt) nicht mehr durchführbar sein. Ihnen verbleiben aus ihrem auszuzahlenden Arbeitslohn entweder keine regelmäßig wiederkehrenden finanziellen Mittel für eine Altersvorsorge oder Mittel in lediglich so geringem Maße, dass sie sich vor dem Risiko, Altersvorsorgevereinbarungen langfristig nicht bedienen zu können, scheuen. Wertguthaben werden wegen ihrer Nachteile nicht für eine bAV genutzt. Wenigverdiener werden möglicherweise auch keine Altersvorsorgeverträge mit regelmäßiger Beitragszahlung, wie bspw. eine Entgeltumwandlungsvereinbarung, abschließen, aufgrund des Risikos, diese auf Dauer nicht bedienen zu können.

Zwar bietet die bAV mit dem Wortlaut des § 1a Abs. 1 Satz 5 BetrAVG grundsätzlich die Möglichkeit, von der monatlichen, einmal jährlichen oder sonst regelmäßigen Beitragszahlung abweichende Regelungen zu treffen.[586] Der Arbeitgeber könnte die Entgeltumwandlungsbeträge während des Jahres sammeln und als Jahresbetrag abführen. Auch eine Umwandlung in anderen Zeitabständen wäre nach Vereinbarung möglich. Die rechtlichen Möglichkeiten werden allerdings in der Praxis der Entgeltumwandlung aufgrund des hohen Verwaltungsaufwandes selten genutzt, denn eine flexible Handhabung ist verwaltungstechnisch aufwendig.[587] Der Arbeitnehmer kann in der Unternehmenspraxis, wenn überhaupt, lediglich jährlich neu entscheiden, ob und wie viel er umwandelt.[588] Aufgrund der Verbreitung gezillmerter Tarife in den versicherungsförmigen Durchführungswegen der bAV sind Beitragsanpassungen nach unten darüber hinaus wirtschaftlich nicht sinnvoll. Auch die Zillmerung verhindert

---

585 Vgl. Görsdorf-Kegel, VW 2008, 789.

586 „Soweit der Arbeitnehmer Teile seines regelmäßigen Entgelts für betriebliche Altersversorgung verwendet, kann der Arbeitgeber verlangen, dass während eines laufenden Kalenderjahres gleich bleibende monatliche Beträge verwendet werden." - § 1a Abs. 1 Satz 5 BetrAVG.

587 Ähnlich Schwintowski, VuR 2003, 327 (328).

588 Vgl. auch Höfer, § 1a , RN 2628 f.; ErfK/Steinmeyer, BetrAVG § 1a, RN 7.

damit faktisch Flexibilität.[589] Das in der Praxis verbreitete Konzept der Entgeltumwandlung ist nicht mit der Flexibilität von Wertguthaben vergleichbar.

Ganz besonders diesen Wenigverdienern wird die Möglichkeit des flexiblen Sparens mit Hilfe von Wertguthaben und deren Umwandlung in eine bAV aufgrund der wirtschaftlichen Nachteile faktisch verwehrt. Darüber hinaus bleiben ihnen mangels regelmäßiger, finanzieller Überschüsse aus ihrem Arbeitslohn auch andere Vorsorgeformen faktisch - aus der Sorge heraus, die Verträge nicht durchhalten zu können - verwehrt. Darin, dass sich diese Arbeitnehmer aus Unsicherheit vor dem Abschluss einer Altersvorsorgevereinbarung insgesamt drücken könnten, liegt ein weitergehender Eingriff in die allgemeine Handlungsfreiheit nicht zu unterschätzendes Vorsorgerisiko.

(3) Faktischer Zwang zur Auszahlung bzw. Freistellung

Soweit einem Arbeitnehmer nicht gelingen sollte, sein über einen langen Zeitraum angespartes Wertguthaben bis zu der Beendigung seines Arbeitsverhältnisses aus den in § 23b Abs. 3a SGB IV genannten Gründen[590] abzubauen, kommt es zu weiteren Eingriffen in die allgemeine Handlungsfreiheit.

Mit der Neuregelung des § 23b Abs. 3a Satz 2 SGB IV ist für Vereinbarungen nach dem 13. November 2008, neben der wirtschaftlich nachteiligen Umwandlung in eine bAV, eine Kapitalauszahlung möglich - ebenfalls als Störfall nach § 23b Abs. 2 SGB IV. Eine Übertragung des Wertguthabens auf die DRV gem. § 7f SGB IV kommt in diesem Zeitpunkt nicht mehr in Frage, da die Verwendungszwecke nach Absatz 2 der Regelung - Freistellung oder Arbeitszeitverringerung nach § 7c Abs. 1 SGB IV oder Freistellung vor dem Ruhestand nach § 7c Abs. 1 Nr. 2a SGB IV - nicht mehr durchführbar sind.

Denkbar ist in dem Zusammenhang der Fall, dass ein Arbeitnehmer aus betrieblichen Gründen eine ursprünglich geplante Freistellung, bspw. eine Freistellung vor dem Ruhestand, nicht antreten kann. Der Vorruhestand wird heute noch als wirksames Mittel angesehen, um Beschäftigungszahlen zu erhöhen und die Arbeitslosenstatistik zu senken. In naher Zukunft kann es jedoch schon zu Kapazitätsengpässen auf dem Arbeitmarkt kommen, da nachwachsende Generationen nicht mehr ausreichend (ausgebildete) Arbeitskräfte stellen können. Zwar wird aufgrund des steten technischen Fortschrittes in Zukunft noch mehr Arbeit von noch weniger Menschen bewältigt werden können, jedoch wird der Fortschritt den anstehenden demografischen Wandel in den Unternehmen, insbesondere den drohenden Fachkräftemangel, nicht vermeiden können. In Zukunft

589 Vgl. Schwintowski, VuR 2003, 327 (329).

590 dem Eintritt in den Ruhestand, im Todesfall oder im Fall verminderter Erwerbsfähigkeit.

werden ältere Arbeitnehmer als aktive Arbeitskräfte erwünscht und gefordert sein. Heute geplante Freistellungen vor dem Ruhestand mit Hilfe von Wertguthaben kann dann vielleicht nicht mehr in die Tat umgesetzt werden.

Eine Alternative wäre zumindest in dem Fall des regulären Eintrittes in den Ruhestand, den Zeitpunkt des Renteneintritts in die Zukunft zu verschieben und das Guthaben zu verbrauchen. Das ist jedoch im Regelfall für Arbeitnehmer wirtschaftlich nachteilig gegenüber der Auszahlung als Störfall und dem sofortigen Renteneintritt, denn in dem Zeitpunkt haben Arbeitnehmer bereits den ungekürzten Rentenanspruch erreicht, auf den sie nun verzichten. Dass sie durch den späteren Renteneintritt weitere rentenrechtliche Zeiten erwerben sowie einen Zuschlag für die spätere Inanspruchnahme, kann diesen Verzicht im Regelfall nicht ausgleichen.

Da der Abbau des Wertguthabens auch gerade bei plötzlich eintretenden Ereignissen, wie einer Erwerbsminderung, mangels Vorhersehbarkeit faktisch unmöglich ist, entsteht mangels sinnvoller Alternativen ein Zwang zur Auszahlung. Eine Kapitalauszahlung kann aber nach der Zielsetzung der §§ 7b ff. SGB IV nicht erwünscht sein, diese kann nur ultima ratio sein zu den vorgesehenen Verwendungszwecken. Denn zu einer Kapitalauszahlung würde es ohnehin kommen, wenn der Arbeitnehmer den Aufbau eines Wertguthabens gar nicht erst wählt. Schließt er jedoch eine Wertguthabenvereinbarung ab, möchte er gerade nicht das Kapital ausgezahlt bekommen.

Auch Arbeitnehmer, die gezwungen sind, Wertguthaben durch Freistellungen abzubauen, da der Ruhestand, Tod oder die Erwerbsminderung plötzlich und unmittelbar bevorsteht, befinden sich in einer Zwangslage. Eine Freistellung oder Auszahlung, die dem Arbeitnehmer nicht gelegen kommt und nicht sinnvoll genutzt werden kann, sollte nicht im Sinne der Wertguthaben sein.

(4) Eingriffsschwelle bei mittelbaren Eingriffen

Mittelbare Beeinträchtigungen werden nur bedeutsam im Hinblick auf einen zu rechtfertigenden Eingriff, soweit sie ein beträchtliches Ausmaß annehmen, die Gruppe der Betroffenen in Abgrenzung zu den Nichtbetroffenen identifizierbar ist und die Regelung die faktische Betroffenheit final auslöst.[591]

Alle drei Voraussetzungen sind vorliegend zweifelhaft, zumindest aber schwer zu bestimmen. Die Abgrenzung der Gruppe der betroffenen Arbeitnehmer von den Nichtbetroffenen lässt sich möglicherweise anhand des Verdienstes unter Berücksichtigung privater Lebensumstände bewerkstelligen. Ob die Beeinträchtigungen von der Neuregelung bezweckt sind, kann bezweifelt werden.

591 Vgl. von Münch/Kunig, GG I, Art. 2, RN 18; Jarass/Pieroth, Art. 2, RN 13 m.w.N.; ablehnend zu faktischen Eingriffen: Sachs/Murswiek, Art. 2, RN 79 f.

Einzig problematisch ist die Einschätzung der Erheblichkeit der Beeinträchtigung. Von einer Beeinträchtigung in erheblichem Maße kann man bei mittelbaren Eingriffen erst sprechen, wenn die Möglichkeit, sich als verantwortlicher Arbeitnehmer eine auskömmliche Altersvorsorge aufzubauen, im Ganzen und tatsächlich verhindert wird. Schwere wirtschaftliche Nachteile und faktisches Vorenthalten von sinnvollen Altersvorsorgemöglichkeiten verhindern aber aufgrund der bestehenden Privatautonomie und des immer noch auf hohem Niveau bestehenden gesetzlichen Rentensystems grundsätzlich nicht die auskömmliche Altersvorsorge im Ganzen. Der Faktor der Unsicherheit und der Scheu vor dem Abschluss einer Altersvorsorge sorgt zwar für Zwangslagen, jedoch nicht im Ausmaß einer erheblichen Beeinträchtigung.

Dem stehen auch nicht Wertungen des Sozialstaatsprinzips entgegen. Zwar betrifft die Altersversorgung einen besonders sensiblen Bereich, der der Sicherung der wirtschaftlichen Existenz dient und daher auf einen besonderen Schutz durch die Rechtsordnung angewiesen ist. Das wurde zuletzt in den Entscheidungen des Bundesverfassungsgerichtes aus dem Jahre 2005 zu den Überschussanteilen in der Lebensversicherung[592] und der Bestandsübertragung von Lebensversicherungsverträgen[593] klargestellt. Mit diesen Anforderungen sind an die Erheblichkeit der Beeinträchtigung nicht allzu enge Maßstäbe anzulegen. Dem besonderen Schutz genügt jedoch das vorhandene Alterssicherungssystem, eine auskömmliche Altersvorsorge wird im Grunde gewährleistet und bei weitem nicht im Ganzen verwehrt. Die Urteile betrafen darüber hinaus Fälle, in denen für die Betroffenen nachteilige vertragliche Regelungen bestanden, auf deren Inhalt sie keinen Einfluss nehmen konnten und ihnen damit die Möglichkeit genommen wurde, privatautonome Entscheidungen zu treffen. Dies muss mit dem Schutz der Rechtsordnung jedoch gewährleistet sein. Vorliegend trifft dies jedoch nicht zu, die Privatautonomie ist gerade nicht gestört.

d. Fazit

Es liegen unmittelbare und mittelbare Eingriffe in die Handlungsfreiheit von Arbeitnehmern vor. Ein Eingriff in die allgemeine Handlungsfreiheit gem. Art. 2 Abs. 1 GG durch die (wieder-)eintretende Sozialversicherungsbeitragspflicht ist bei Annahme eines Eingriffs durch aktives Tun aufgrund überragender Gemeinwohlbelange an der Sozialversicherungspflicht und dem System der Sozialversicherung gerechtfertigt. Allerdings liegt ein Eingriff durch Unterlassen näher. Die Eingriffe in die allgemeine Handlungsfreiheit der Arbeitnehmer erreichen auch in dem Bereich der Altersvorsorge, der unter dem besonderen Schutz

592 BVerfG v. 26.7.2005, 1 BvR 782/94, 1 BvR 957/96, BVerfGE 114, 1 ff.

593 BVerfG v. 26.7.2005, 1 BvR 80/95, BVerfGE 114, 73 ff.

der Rechtsordnung steht, aufgrund des vorhandenen Schutzniveaus jedenfalls nicht die Schwelle staatlicher Handlungspflichten.

Mittelbare Eingriffe in die allgemeine Handlungsfreiheit von Arbeitnehmern bestehen zwar aufgrund der wirtschaftlich nachteiligen Verwendung der Wertguthaben für eine bAV, vor allem wegen der doppelten Beitragslast. Dadurch wird Arbeitnehmern faktisch eine ansonsten vorteilhafte, flexible Vorsorgemöglichkeit vorenthalten. Wenigverdiener sind darüber hinaus beeinträchtigt, da Wertguthaben mit einer Option der Verwendung für eine bAV aufgrund ihrer Flexibilität möglicherweise faktisch die einzige zusätzliche Vorsorgemöglichkeit für sie darstellen. Weitere faktische Zwänge treten hinzu, wenn Arbeitnehmer ihre Wertguthaben bis zum Vorliegen eines der in § 23b Abs. 3a SGB IV genannten Störfälle nicht zu ihrem Nutzen abbauen können und dann eine wirtschaftlich nachteilige und nicht gewollte Handlungsalternative wählen müssen. Allerdings erreichen die mittelbaren Eingriffe nicht die für einen Eingriff maßgebliche Eingriffsschwelle. Denn eine auskömmliche Altersvorsorge wird durch Zwangslagen und Unsicherheit nicht gänzlich verhindert.

3. Verstoß gegen Art. 3 GG

Art. 3 GG schützt vor Ungleichbehandlungen bei der Rechtssetzung und der Rechtsanwendung von wesentlich gleichen Lebenssachverhalten und Personen(-gruppen). Ein Verstoß gegen Art. 3 GG liegt aufgrund der Neuregelung des § 23b Abs. 3a Satz 2 SGB IV vor, soweit nach der Neufassung eine nicht gerechtfertigte unmittelbare oder mittelbare Ungleichbehandlung von Gleichem auftritt.

Bei der folgenden Prüfung wird zunächst auf unmittelbare Ungleichbehandlungen und im Anschluss auf mögliche mittelbare Ungleichbehandlungen eingegangen. Im Rahmen der mittelbaren Ungleichbehandlungen wird ein Verstoß gegen die speziellen Gleichbehandlungsgebote der Artt. 3 Abs. 2 und 3 Satz 1 GG geprüft und ebenfalls auf das allgemeine Gleichbehandlungsgebot des Art. 3 Abs. 1 GG eingegangen.

a. Unmittelbare Ungleichbehandlung nach Art. 3 Abs. 1 GG

§ 23b Abs. 3a SGB IV enthält eine für die Umwandlung von Wertguthaben in eine bAV abweichende sozialversicherungsrechtliche Regelung im Vergleich zu der originären Entgeltumwandlung.[594] Diese beiden Formen der Umwandlung

594 Vor der Neuregelung lag ebenfalls eine Ungleichbehandlung vor, da Wertguthaben bis dahin unbegrenzt sozialversicherungsfrei umgewandelt werden konnten, während die

von Arbeitsentgelt in eine bAV (Wertguthaben / Entgeltumwandlung) stellen das maßgebende Vergleichspaar bei der Feststellung einer Ungleichbehandlung von Lebenssachverhalten dar.

(1) Vorrangige Anwendbarkeit der Regelungen über die Entgeltumwandlung

In der Literatur wurde im Zusammenhang mit der Altregelung des § 23b Abs. 3a SGB IV die Ansicht vertreten, dass die Regelung neben den §§ 14 Abs. 1 Satz 1 und 2, 17 Abs. 1 Nr. 2 SGB IV, § 1 Abs. 1 Nr. 9 SvEV zu der sozialversicherungsrechtlichen Behandlung der Entgeltumwandlung stehe und den gleichen Vorgang abbilde.[595] Ob eine Entgeltumwandlung aus dem Gehalt direkt oder über den Umweg eines Wertguthabenkontos erfolge, mache im Ergebnis keinen Unterschied. Da die Regelung des § 23b Abs. 3a SGB IV in der Fassung bis 13. November 2008 gegenüber der originären Entgeltumwandlung vorteilhaft war, sei § 23b Abs. 3a SGB IV bei einer Umwandlung von Wertguthaben anzuwenden.

Liegt der sozialversicherungsrechtliche Vorteil nunmehr auf Seiten der Entgeltumwandlung, wären folgerichtig die Regelungen der Entgeltumwandlung anzuwenden. In der Konsequenz dürften für Wertguthaben, deren Vereinbarungen nach dem 13. November 2008 getroffen werden, aufgrund der Sozialversicherungspflicht des § 23b Abs. 3a Satz 2 SGB IV die nunmehr vorteilhaften Regelungen über die Entgeltumwandlung mit begrenzter Sozialversicherungsfreiheit zur Anwendung kommen.

Folgte man dieser Ansicht, stellt sich die Frage nach einer verfassungsrechtlich relevanten Ungleichbehandlung nicht, da für beide Sachverhalte für Vereinbarungen nach dem 13. November 2008 die sozialversicherungsrechtlichen Regeln der Entgeltumwandlung anzuwenden wären. Dieser Ansatz ist zwar im Ergebnis wünschenswert, kann jedoch so nicht bestehen.

Die Befürworter dieser Ansicht gehen davon aus, dass der Entgeltverzicht bei der Entgeltumwandlung mit der Herabsetzung des Wertguthabens für die bAV gleichzusetzen ist.[596] Dem ist grundsätzlich zuzustimmen.[597] In Hinblick

---

Entgeltumwandlung in Bezug auf die Sozialversicherungsfreiheit der Höhe nach begrenzt war. Anders in steuerlicher Hinsicht, dort ist beides vor und nach der Neuregelung als Entgeltumwandlung zu identischen Konditionen zu behandeln: BMF-Schreiben v. 17.6.2009, BStBl. I 2009, S. 1286 ff., Abschnitt A. III.

595 Vgl. Hoppach in: FS Kemper, S. 193 (206); Veit, S. 93 ff.; zumindest im Ergebnis Welisch/Näth, DStR 2003, 309; kritisch v.a. Ars/Blümke/Scheithauer, BB 2009, 2252 (2261 f.).

596 Ausführlich Veit, S. 88 ff., 94.

597 Die beiden Vorgänge stellen nach der hier vertretenden Ansicht gleiche Sachverhalte i.S.d. Art. 3 GG dar. Dazu sogleich unter III. 3. a. (2).

auf eine unmittelbare Anwendung der Vorschriften über die Entgeltumwandlung genügt das jedoch nicht. §§ 14 Abs. 1 Satz 1, 17 Abs. 1 Nr. 2 SGB IV i.V.m. § 1 Abs. 1 Nr. 9 SvEV sowie § 14 Abs. 1 Satz 2 SGB IV verweisen auf § 1 Abs. 2 Nr. 3 BetrAV. Dort heißt es, dass künftige Entgeltbestandteile umgewandelt werden. Das bedeutet, dass die Entgelte in dem Zeitpunkt der Vereinbarung noch nicht erdient sein dürfen. Bei der Entgeltumwandlung ist das in dem Zeitpunkt der Entgeltumwandlungsvereinbarung der Fall. Bei einer Wertguthabenvereinbarung wird zunächst nur eine Umwandlungsoption festgelegt. Diese Option steht einer Vereinbarung nicht gleich. Die Entgeltumwandlungsvereinbarung soll verhindern, dass dem Arbeitnehmer das umzuwandelnde Guthaben vor Eintritt des Verwendungszweckes – des Ruhestandes – zu Verfügung steht. Bei einer Option auf Umwandlung in eine bAV werden zunächst andere, vorrangige Verwendungszwecke gem. § 7c SGB IV vereinbart. In dem Zeitpunkt, in dem von der Option Gebrauch gemacht, eine Umwandlungsvereinbarung geschlossen und das Wertguthaben für eine bAV herabgesetzt wird, ist das Wertguthaben aus diesem Grund nicht mehr „zukünftig". Das Entgelt war nicht nur erdient, es stand dem Arbeitnehmer auch bis dahin unter den Voraussetzungen des § 7c SGB IV oder anderen vereinbarten Verwendungszwecken zur Verfügung.

Der soeben beschriebene, in dieser Arbeit als ‚technischer'- bezeichnete Unterschied, sperrt zumindest eine direkte Anwendung der Regelungen über die sozialversicherungsrechtliche Behandlung der Entgeltumwandlung. Auch eine analoge Anwendung scheidet mangels Regelungslücke - aufgrund der existierenden Störfallregelung des § 23b Abs. 3a SGB IV - aus.

(2) Ungleichbehandlung wesentlich gleicher Sachverhalte

Damit ist zu prüfen, ob es sich bei den zu vergleichenden Sachverhalten - der Verwendung von Wertguthaben für eine bAV und der originären Entgeltumwandlung - tatsächlich um wesentlich Gleiche i.S.d. Art. 3 Abs. 1 GG handelt.

In der Entgeltumwandlung so wie bei Wertguthabenvereinbarungen wird Arbeitsentgelt des Arbeitnehmers nicht ausgezahlt, sondern einbehalten und durch den Arbeitgeber dem vereinbarten Zweck zugeführt, bzw. auf einem Wertguthabenkonto zwischengelagert.[598] Trotz der gleichartigen Einbringungsweise handelt es sich bei Wertguthabenvereinbarungen zunächst um ein Personalplanungs- und bei der Entgeltumwandlung um ein Altersvorsorgeinstrument. Das Arbeitsentgelt wird für verschiedene Zwecke zugeführt, bei Wertguthaben für Freistellungszwecke und zur Arbeitszeitverkürzung während des aktiven Arbeitslebens, wo hingegen die Entgeltumwandlung der Absicherung im Ruhe-

598 Rieble hält beide Formen schon aufgrund der in beiden Fällen verlagerten Entlohnung für vergleichbar, in BetrAV 2007, 5 (7); daran anlehnend, Veit, S. 93.

stand dient.[599] Bei Wertguthaben bleibt daher der Entgeltanspruch bestehen, bei der Entgeltumwandlung wandelt sich dieser in einen Versorgungsanspruch um. In dem Zeitpunkt der entsprechenden Wertguthaben- bzw. Entgeltumwandlungsvereinbarung sind beide Sachverhalte damit nicht vergleichbar. Allerdings stehen sich beide Sachverhalte in dem Augenblick, da eine tatsächliche Verwendung des Wertguthabens bzw. des Arbeitsentgeltes für eine bAV stattfindet, vergleichbar gegenüber. Der Verwendungszweck deckt sich von da an - beides dient nunmehr ausschließlich der zusätzlichen Altersvorsorge über den Arbeitgeber.

Dieser Auffassung könnte entgegnet werden, dass die Wertguthabenvereinbarung bereits zuvor geschlossen und dabei die Option einer Umwandlung mit festgelegt wurde. Darin und in dem Gebrauchmachen von der Option könnte man einen einheitlichen Vorgang erblicken, sodass eine Trennung in Vereinbarung und tatsächliche Umwandlung nicht erfolgen kann. Dem ist jedoch nicht zu folgen, ein einheitlicher Vorgang ist gerade nicht gegeben. Vielmehr handelt es sich bei der Verwendung für eine bAV um eine Ausnahme - in Art Zäsur -, eben eine Abweichung von dem einheitlichen Vorgang der Vereinbarung und Nutzung zu Freistellungszwecken, die endgültig gescheitert ist.[600]

Der Vergleichbarkeit könnte zudem entgegenstehen, dass der Vergleichsmaßstab enger zu fassen ist, da Sinn und Zweck der beiden Sachverhalte wesentlich differieren und die Möglichkeit der Umwandlung von Wertguthaben in eine bAV niemals denselben Stellenwert haben kann wie die originäre Entgeltumwandlung. Dem ist zuzugeben, dass eine Umwandlung von Wertguthaben nur unter bestimmten, engen Voraussetzungen erfolgen kann, denn Zweck der Wertguthabenvereinbarungen ist es in erster Linie, Freistellungen und Arbeitszeitverkürzungen zu ermöglichen. Jedoch ist auch hier zu bedenken, dass, solange eine Freistellung oder Arbeitszeitverringerung noch möglich ist, eine Umwandlung nach § 23b Abs. 3a SGB IV ausscheidet. In dem Zeitpunkt der möglichen Umwandlung scheidet hingegen eine Nutzung des Wertguthabens für Freistellungen und Arbeitszeitverkürzungen aus, es verbleiben keine vorrangigen Freistellungszwecke. Das gilt unabhängig davon, welchen Stellenwert die Verwendung von Wertguthaben für eine bAV ursprünglich in dem Konzept von Wertguthabenvereinbarungen eingenommen hat. Es ist einzig noch eine Umwandlung in eine bAV bzw. die Kapital- oder Entgeltauszahlung wählbar.

---

599 Vgl. Uckermann/Fuhrmanns, NZA 2010, 550 (552) juristischer Unterschied: „Lohn bleibt Lohn“ bei Wertguthaben – „aus Lohn wird Versorgungszusage“ bei der Entgeltumwandlung.

600 Freistellungen sind nach Eintritt der in § 23b Abs. 3a SGB IV genannten Gründe nicht mehr möglich.

Das Argument, dass der oben genannte ‚technische` Unterschied zwischen den Sachverhalten die Anwendung der Regelungen über die Entgeltumwandlung sperrt, betrifft lediglich die Frage nach der direkten Anwendung der §§ 14 Abs. 1 Satz 1 und 2, 17 Abs. 1 Nr. 2 SGB IV i.V.m. § 1 Abs. 1 Nr. 9 SvEV[601] und ist nicht auf die Frage nach der wesentlichen Gleichheit der beiden Sachverhalte i.S.d. Art. 3 Abs. 1 GG zu übertragen.

Auch nicht maßgeblich ist die Art der Umwandlungsvereinbarung. Bei der Entgeltumwandlungsvereinbarung ‚verliert' der Arbeitnehmer seinen Anspruch auf Arbeitsentgelt. Dieser wird in eine Zusage auf betriebliche Altersversorgung transferiert.[602] Bei der Wertguthabenvereinbarung behält der Arbeitnehmer seinen Anspruch auf Arbeitsentgelt. Dieser wird lediglich gestundet, bis zu dem Zeitpunkt der Freistellung bzw. Auszahlung.[603] Das kann jedoch nicht in Bezug auf eine wesentliche Gleichheit nach Art. 3 Abs. 1 GG gelten. Vielmehr ist auch hier der Gedanke an eine Zäsur heranzuziehen. Denn in dem Zeitpunkt, da die Umwandlung des Wertguthabens in eine bAV möglich wird, kann von der vereinbarten Option Gebrauch gemacht werden und der Arbeitsentgeltanspruch in Form des Wertguthabens ebenfalls in eine Zusage auf betriebliche Altersversorgung transferiert werden.

Für die Prüfung, ob beide Sachverhalte wesentlich gleich sind, ist entscheidend auf eine wirtschaftliche Sichtweise abzustellen. Art. 3 Abs. 1 GG bestimmt die Gleichbehandlung aller Menschen vor dem Gesetz. Die Gleichbehandlung ist damit aus Sicht der Menschen - der Arbeitnehmer oder der Berater - zu bestimmen. Für Arbeitnehmer, die sich zu einer Altersvorsorge entschließen ist regelmäßig maßgeblich, was wirtschaftlich in dem Zeitpunkt passiert, in dem sie sich entscheiden, erarbeitetes Entgelt in eine bAV zu investieren. Die Antwort: Es geschieht in beiden Fällen das Gleiche - Arbeitsentgelt wird für eine bAV verwendet. Die technische- und für die sozialversicherungsrechtliche Behandlung maßgebliche Frage, ob erdient oder zukünftig, hat auf die Bewertung des Arbeitnehmers bei der Beratung über den Abschluss einer Umwandlungsvereinbarung gerade keinen Einfluss.

Zudem handelt es sich in dem Zeitpunkt des Abschlusses einer Wertguthabenvereinbarung bzw. einer Entgeltumwandlungsvereinbarung in beiden Fällen um zukünftiges, noch nicht erdientes Arbeitsentgelt. In dem Zeitpunkt der Vereinbarung wird zwar lediglich die ‚Option' der Umwandlung in eine bAV mit festgelegt. Aus Sicht des Arbeitnehmers bzw. des Beraters wird das jedoch ge-

601 Dazu unter III. 3. a. (1).

602 „Aus Lohn wird Versorgungszusage“, vgl. Uckermann, S. 310 f.

603 „Lohn bleibt Lohn“, Uckermann, S. 310 f.

rade keinen Unterschied machen, geschweige denn verständlich sein, denn etwas anderes als eine Option ist in dem Zeitpunkt nicht denkbar.

In dem Zeitpunkt der Umwandlung, der vorliegend maßgebend ist, sind damit beide Sachverhalte vergleichbar i.S.d. Art. 3 Abs. 1 GG.

(3) Rechtfertigungsansatz

Materielle Anforderungen an einen Rechtfertigungsgrund für Ungleichbehandlungen reichen im Rahmen des Gleichheitsgebotes des Art. 3 Abs. 1 GG vom bloßen Willkürverbot bis zu einer strengen Bindung an Verhältnismäßigkeitserfordernisse.[604] Das Willkürverbot wirkt als absolute Grenze zu rechtfertigender Ungleichbehandlungen von Sachverhalten.[605] Nach der Willkürformel liegt eine Verletzung des Gleichheitsgebotes vor, wenn die Differenzierung von Sachverhalten evident unsachlich erfolgte.[606] Eine Rechtfertigung ist danach durch jeden vernünftigen, sich aus der Natur der Sache ergebenden oder sonst einleuchtenden Differenzierungsgrund möglich.[607]

Für die Ungleichbehandlung von Personengruppen wird ein strengerer Prüfungsmaßstab nach der sog. ‚neuen Formel' angelegt.[608] Das gilt auch, soweit sich eine sachverhaltsbezogene Differenzierung mittelbar auf Personengruppen auswirkt.[609] Um den Prüfungsmaßstab ermitteln zu können ist damit zunächst zu prüfen, ob die vorliegende unterschiedliche Behandlung von Sachverhalten zudem mittelbare Auswirkungen auf Personengruppen hat. Eine Rechtfertigungsprüfung ist im Anschluss gegebenenfalls an einem strengeren Maßstab auszurichten.

b. Mittelbare Ungleichbehandlung von Personengruppen

In der Folge der unmittelbaren Ungleichbehandlung gleicher Sachverhalte entsteht möglicherweise eine mittelbare Ungleichbehandlung von Personengrup-

604 St. Rspr., vgl. BVerfG v. 26.1.1993, BVerfGE 88, 87 (96); v. 11.1.2005, 112, 164 (174); v. 7.7.2009, 124, 199 (219). H.L., Dreier/Heun, Art. 3, RN 21 f.; Sachs/Osterloh, Art. 3, RN 25 ff.; Schmidt-Bleibtreu/Hofmann/Hopfau/Kannengießer, Art. 3, RN 17 ff.; Jarass/Pieroth, Art. 3, RN 17 m.N.

605 Vgl. nur Jarass/Pieroth, Art. 3, RN 20.

606 St. Rspr., vgl. BVerfG v. 23.10.1951, BVerfGE 1, 14 (52); v. 9.5.1961, BVerfGE 12, 326 (333); v. 7.10.1980, BVerfGE 55, 72 (89 f.); u. h.L., von Münch/Kunig/Gubelt, GG I, Art. 3, RN 11; Sachs/Osterloh, Art. 3, RN 8.

607 Vgl. nur BVerfG v. 23.10.1951, BVerfGE 1, 14 (52).

608 St. Rspr., vgl. nur BVerfG v. 7.7.2009, BVerfGE 124, 199 (219 f.). Vgl. auch Jarass/Pieroth, Art. 3, RN 19.

609 Vgl. BVerfG v. 8.6.1993, BVerfGE 89, 15 (22); v. 2.3.1999, BVerfGE 99, 367 (388).

pen. Dies ist der Fall, wenn sich eine unmittelbar auf alle Arbeitnehmer gleichermaßen zutreffende und anwendbare Regelung mittelbar auf verschiedene Personen oder Personengruppen unterschiedlich auswirkt.

(1) Mittelbare Ungleichbehandlung von Wenigverdienern und Mehrverdienern

Die Bildung eines Vergleichspaares folgt dem Grundsatz des tertium comparationis – des die Gleichheit begründenden Dritten.[610] Als Mittel der Abgrenzung der (zwei) Gleichen von dem Ungleichen (Dritten) dient (mindestens) eine ungleich verteilte Eigenschaft. Die Gruppe der Gleichen bilden alle Arbeitnehmer, im Gegensatz zu den Ungleichen - den Nichtarbeitnehmern. Alle Arbeitnehmer können grundsätzlich an einer bAV durch Entgeltumwandlung und an Wertguthabenvereinbarungen teilnehmen. Die ungleich verteilte Eigenschaft für die Bildung des Vergleichspaares ist das Arbeitseinkommen der Arbeitnehmer.

Eine Gruppe innerhalb der Arbeitnehmer wird in dieser Arbeit als ‚Mehrverdiener' bezeichnet. Der Begriff des Mehrverdieners ist flexibel zu verstehen - als ein Arbeitnehmer, der dauerhaft aus seinem laufenden Arbeitslohn finanzielle Mittel zu Sparzwecken entbehren kann, ohne existenzielle Einschränkungen in seinen Lebensverhältnissen in Kauf nehmen zu müssen. Mehrverdiener können von ihrem regelmäßigen Arbeitsentgelt eine Entgeltumwandlung finanzieren.[611] Daneben kann diese Arbeitnehmergruppe Wertguthaben für Freistellungszwecke ansparen. Diese Arbeitnehmer sind wirtschaftlich durch die volle Verbeitragung von Wertguthaben bei Umwandlung in eine bAV nicht betroffen.

Die andere Gruppe innerhalb der Arbeitnehmer wird als ‚Wenigverdiener' bezeichnet. Sie können nicht auf das laufend auszuzahlende Arbeitsentgelt verzichten, ohne Einbußen in ihren existenziellen Bedürfnissen in Kauf nehmen zu müssen. Sie haben aus ihrem laufenden Arbeitsentgelt für eine betriebliche Altersvorsorge kaum oder keine finanziellen Reserven. Es besteht zudem das Risiko, dass Wenigverdiener aus Unsicherheit über die langfristige Finanzierbarkeit auch bei geringen finanziellen Reserven keine Entgeltumwandlungsvereinbarung abschließen, trotz des auch für sie geltenden Anspruchs auf Entgeltumwandlung. Erst recht werden sich Wenigverdiener nicht für die gegenüber der originären Entgeltumwandlung wirtschaftlich nachteilige Variante der bAV mit ‚Zwischenschaltung' von Wertguthaben entscheiden, wenn auch diese Variante flexibler und ohne Verzicht auf laufendes Arbeitsentgelt und damit ohne finan-

610 Zum tertium comparationis, vgl. Gast, BB 1997, 1304 (1310).

611 Es wird davon ausgegangen, dass eine Altersvorsorge im Wege der Entgeltumwandlung aufgrund ihrer Privilegierung und des Anspruchs von Arbeitnehmern gegenüber einer Wertguthabenvereinbarung zur Altersvorsorge auch tatsächlich bevorzugt wird.

zielles Risiko möglich wäre. Auf die Gruppe der Wenigverdiener und ihr insoweit besonders hohes Vorsorgerisiko wurde bereits im Rahmen des Eingriffs in Art. 2 Abs. 1 GG eingegangen.[612] Auf diese Arbeitnehmergruppe wirkt sich die Neuregelung des § 23b Abs. 3a Satz 2 SGB IV in Form unmittelbarer und mittelbarer - allerdings gerechtfertigter - Eingriffe in die allgemeine Handlungsfreiheit aus, die jedoch entweder die Rechtfertigungsschwelle nicht erreichen bzw. gerechtfertigt sind.

Je nach persönlichen, insbesondere familiären, Lebensverhältnissen kann durchaus die gleiche Arbeitnehmergruppe in einem Unternehmen aus Wenigverdienern und Mehrverdienern bestehen. So hat bspw. ein Arbeitnehmer mit Familie, in der nur ein Partner erwerbstätig ist, weit andere finanzielle Belastungen als ein gleichverdienender Single. Mehrverdiener haben die volle Entscheidungsfreiheit, Wenigverdiener haben diese Entscheidungsfreiheit infolge der nachteiligen Neuregelung des § 23b Abs. 3a SGB IV nicht. Damit besteht eine nach Art. 3 Abs. 1 GG relevante Ungleichbehandlung, möglicherweise sogar innerhalb einer im Unternehmen anzutreffenden Arbeitnehmergruppe.

(2) Vorrangige mittelbare Ungleichbehandlung wegen des Geschlechts nach Art. 3 Abs. 2 Satz 2 bzw. 3 Satz 1 GG

Ist eine Gruppe nach Merkmalen bestimmt, die nicht in Art. 3 Abs. 2 oder Abs. 3 GG genannt sind, so ist die Regelung an Art. 3 Abs. 1 GG zu messen. Soweit wie hier durch die Neuregelung in § 23b Abs. 3a Satz 2 SGB IV möglicherweise insbesondere Frauen betroffen sind, ist dagegen vorrangig Art. 3 Abs. 2 bzw. Abs. 3 Satz 1 GG anzuwenden. Art. 3 Abs. 2 und 3 GG verstärken den allgemeinen Gleichheitssatz des Art. 3 Abs. 1 GG durch das Aufzeigen engerer Grenzen in Bezug auf die Gestaltungsfreiheit des Gesetzgebers.[613]

(a) Abgrenzung der Anwendungsbereiche von Art. 3 Abs. 2 und Abs. 3 GG

Zunächst ist zu klären, ob auf eine möglicherweise bestehende mittelbare Ungleichbehandlung von Frauen gegenüber Männern Art. 3 Abs. 2 bzw. Abs. 3 GG anzuwenden ist. Eine Abgrenzung von Art. 3 Abs. 3 Satz 1 GG und Art. 3 Abs. 2 GG fällt bisweilen schwer und wird in der Literatur und sogar in der höchstrichterlichen Rechtsprechung bislang dogmatisch uneinheitlich gehandhabt.[614]

612 Vgl. Abschnitt III. 2. b. (3) (b).

613 Vgl. nur BVerfG v. 28.1.1992, BVerfGE 85, 191 (206); Sacksofsky, S. 23.

614 Ausführlich dazu Brauer, S. 35 ff.; Dreier/Heun, Art. 3 RN 103 f.; Sacksofsky, S. 23 ff. Schiek, S 70 ff.

Art. 3 Abs. 3 GG regelt als Diskriminierungsverbot[615] Benachteiligungs- und Bevorzugungsverbote. Die Verfassungsnorm des Art. 3 Abs. 2 GG zielt hingegen als Gleichberechtigungsgebot in erster Linie auf die Angleichung der Lebensverhältnisse von Frauen und Männern als Regelung der Chancengleichheit ab.[616] Art. 3 Abs. 2 GG enthält seit dem Jahr 1994 mit Satz 2 ergänzend ein Förderungsgebot.[617]

In der Literatur sowie in älteren Entscheidungen des Bundesverfassungsgerichtes zu Art. 3 Abs. 3 Satz 1 GG wurde die mittelbare Ungleichbehandlung als nicht durch die Regelung intendiert abgelehnt. Nur eine bezweckte Benachteiligung oder Bevorzugung sollte Ausdruck des Art. 3 Abs. 3 Satz 1 GG sein, nicht hingegen Nachteile oder Vorteile, die lediglich Folge einer ganz andere Zwecke verfolgenden Regelung sind. Der Wortlaut der Norm: „Niemand darf *wegen* seines Geschlechtes [...]" beziehe sich nach dieser Ansicht nur auf die bezweckte Benachteiligung. Nicht bezweckte Differenzierungen sollten hingegen nach Art. 3 Abs. 1 GG zu beurteilen sein,[618] mittelbare Ungleichbehandlungen allenfalls nach Art. 3 Abs. 2 GG.[619]

Seit einer Entscheidung des 1. Senates aus dem Jahr 1992 wendet das Bundesverfassungsgericht Art. 3 Abs. 3 Satz 1 GG auch auf mittelbare Diskriminierungen an.[620] Dieser Auffassung ist zwischenzeitlich auch der 2. Senat gefolgt.[621] Als Begründung führt das Gericht an, Art. 3 Abs. 3 Satz 1 GG regele konkrete Diskriminierungsverbote, u.a. auch geschlechtsbedingte. Vor Diskriminierungen sei umfassend zu schützen, das bedeute, dass auch mittelbare Diskriminierungen von Art. 3 Abs. 3 Satz 1 GG erfasst sein müssen. Soweit sich eine nicht von Art. 3 Abs. 3 Satz 1 GG direkt erfasste Regelung in der gesellschaftlichen Wirk-

---

615 Zum Begriff der Diskriminierung ausführlich, Schiek, S. 24 ff.

616 Vgl. BVerfG v. 7.7.1992, BVerfGE 87, 1 (42); v. 18.11.2003, BVerfGE 109, 64 (89) m.w.N.; v. 5.4.2005, BVerfGE 113, 1 (15); Schmidt-Bleibtreu/Hofmann/Hopfau/Kannengießer, Art. 3, RN 51 ff.; ausführlich auch Brauer, S. 47 ff.

617 Vgl. Sacksofsky, S. 392 ff; Schmidt-Bleibtreu/Hofmann/Hopfau/Kannengießer, GG Art. 3, RN 56.

618 D.h. Regelungen, die zwar an das Geschlecht anknüpfen, jedoch anderen Zwecken dienen. Zusammenfassend Schiek, S. 51.

619 Vgl. BVerfG v. 22.5.1975, BVerfGE 39, 334 (368); v. 8.4.1987, BVerfGE 75, 40 (70); BVerwG v. 21.10.1986, BVerwGE 75, 86 (96); dazu Epping, S. 360, RN 821; Sacksofsky, S. 144 f., 372, 374; Schiek, S. 66.

620 Vgl. BVerfG v. 28.1.1992, BVerfGE 85, 191 (206) bezieht sich wörtlich „klarstellend" auf BVerfGE 75, 40 (70); in der Folge BVerfG v. 27.11.1997, BVerfGE 97, 35 (43 f.); v. 30.1.2002, 104, 373 (393); ausführlich bei Brauer, S. 42 f.; zusammenfassend Sachs/Osterloh, Art. 3, RN 255 und 259 f.; Schiek, S. 66 f.

621 Vgl. BVerfG v. 25.10.2005, BVerfGE 114, 357; v. 18.6.2008, BVerfGE 121, 241 (254); v. 7.11.2008, NJW 2009, 661.

lichkeit aufgrund natürlicher oder gesellschaftlicher Unterschiede zwischen den Geschlechtern weitgehend nur auf eine Gruppe in Form einer faktischen Benachteiligung auswirke - deren Ungleichbehandlung nach Art. 3 Abs. 3 Satz 1 GG verboten ist - solle eine Anknüpfung an das Geschlecht auch bei geschlechtsneutraler Formulierung gegeben sein.[622] Bedenken in der Literatur an einer Anknüpfung an Art. 3 Abs. 3 Satz 1 GG in Bezug auf mittelbare Diskriminierungen ergeben sich vor allem aus der Konzeption der Norm als individuelles Abwehrrecht, wo hingegen Art. 3 Abs. 2 GG als Gruppenrecht formuliert sei.[623]

Neuere Entscheidungen des 1. Senates des Bundesverfassungsgerichtes seit dem Jahr 2003[624] messen mittelbare Diskriminierungen wegen des Geschlechts nunmehr an Art. 3 Abs. 2 Satz 2 GG und begründen dies mit einem Verweis auf Art. 157 AEUV (vormals Art. 141 EG), die Europarechtlichen Antidiskriminierungsrichtlinien[625] sowie diverse Urteile des Europäischen Gerichtshofes.[626] Das Gericht betont, dass durch die Anfügung des Satzes 2 in Art. 3 Abs. 2 GG im Jahr 1994 ausdrücklich klargestellt worden sei, dass sich das Gleichberechtigungsgebot auf die gesellschaftliche Wirklichkeit erstrecke. Geschlechtsneutral formulierte Regelungen, die im Ergebnis aufgrund natürlicher Unterschiede oder der gesellschaftlichen Bedingungen überwiegend Frauen betreffen, hinderten die Durchsetzung der Gleichberechtigung.[627] Dem folgen zumindest im Ergebnis weite Teile der Literatur, insbesondere mit Betonung der RL 76/207/EWG, diese enthalte ein Gleichbehandlungsgebot auf Gemeinschaftsebene und mit ihm ein umfassendes Verbot mittelbarer Diskriminierungen wegen des Geschlechts.[628]

Entscheidungen anderer Gerichte verzichten auf eine Unterscheidung und zitieren Art. 3 Abs. 2 und Abs. 3 GG gemeinsam.[629]

---

622 „Das Geschlecht darf grundsätzlich nicht zum Anknüpfungspunkt und zur Rechtfertigung für rechtliche Ungleichbehandlungen benachteiligender oder bevorzugender Art herangezogen werden. Das gilt auch dann, wenn eine Regelung nicht auf eine nach Art. 3 Abs. 3 GG verbotene Ungleichbehandlung angelegt ist, sondern in erster Linie - oder gänzlich - andere Ziele verfolgt." Vgl. BVerfG v. 18.6.2008, BVerfGE 121, 241 (254). „Wegen" ist als „anhand" zu verstehen, vgl. Epping, S. 360 f., RN 822 f.

623 So Sacksofsky, S 106, kritisch dazu Schiek, S. 70 f.

624 Vgl. BVerfG v. 18.11.2003, BVerfGE 109, 64; v. 5.4.2005, BVerfGE 113, 1; v. 14.4.2010 - 1 BvL 8/08 - (juris).

625 Vor allem RL 76/207/EWG v. 9.2.1976, Abl. EG 1976 L 039, S. 40 und RL 2004/113/EG v. 13.12.2004, Abl. EG 2004 L 373, S. 37.

626 Vgl. EuGH v. 13.7.1989, RS C-171/88; v. 23.10.2003, C 4/02 und C-5/02; v. 11.11.2010, RS C-232/09.

627 Vgl. BVerfG v. 5.4.2005, BVerfGE 113, 1 (15);

628 Vgl. Calliess/Ruffert/Krebber, EGV Art. 141, RN 11; ebenso Dreier/Heun, Art. 3 RN 108; Sacksofsky, S. 191; Schiek, S. 63 f.

629 Vgl. nur BAG v. 20.4.2010, NZA 2010, 1188.

(b) Empirische Daten und Grundsätze bezogen auf eine geschlechtsspezifische Ungleichbehandlung

Damit ist zu prüfen, ob eine mittelbare Diskriminierung von Frauen vorliegt. Nach dem Wortlaut des Art. 2 Abs. 2 der Antidiskriminierungsrichtlinie,[630] sowie sinngemäß nach § 3 Abs. 2 AGG liegt eine mittelbare Diskriminierung vor, „wenn dem Anschein nach neutrale Vorschriften, Kriterien oder Verfahren Personen, die einem Geschlecht angehören, in besonderer Weise gegenüber Personen des anderen Geschlechts benachteiligen können [...]“.[631] Entscheidend ist damit die Frage, ob die offensichtlich geschlechtsneutral formulierte Regelung des § 23b Abs. 3a Satz 2 SGB IV Frauen tatsächlich mittelbar gegenüber ihren männlichen Kollegen benachteiligen kann – sog. ‚geschlechtsspezifische' Wirkung. Erforderlich ist die Bildung von Vergleichsgruppen, die Feststellung der unterschiedlichen Betroffenheit der Geschlechter sowie ggf. die Bewertung des Grades der unterschiedlichen Betroffenheit wegen der erforderlichen Relevanzschwelle für statistische Diskriminierungen.[632]

Eine Ungleichbehandlung i.S.d. Art. 3 Abs. 1 GG besteht, wie festgestellt, zwischen Wenig- und Mehrverdienern, da Wenigverdiener im Gegensatz zu Mehrverdienern mangels regelmäßig verfügbarer finanzieller Mittel keine Entgeltumwandlung vereinbaren können bzw. sich vor dem finanziellen Risiko ‚drücken' und eine Umwandlung von Wertguthaben in eine bAV aufgrund der vollen Sozialversicherungsbeitragspflicht für sie nachteilig ist. In dieser Ungleichbehandlung liegt zugleich eine mittelbare Benachteiligung von Frauen, da überwiegend Frauen Arbeitsplätze mit geringerer Bezahlung, sog. Wenigverdiener-Berufe, ausüben. Der Nachweis ist anhand statistischer Belege zu führen.[633]

Nach Erhebungen des Statistischen Bundesamtes aus dem Jahr 2008 verdienen Frauen 23 % weniger als Männer, was regelmäßig Folge der Berufswahl ist.[634] Zudem finden sich im Teilzeitbereich überwiegend Frauen. In Deutschland waren im Jahr 2006 35 % der Frauen teilzeitbeschäftigt, im Gegensatz zu lediglich 5 % der Männer.[635] Ein weiteres zentrales Problem ist, dass Teilzeitarbeit im

---

630 RL 76/207/EWG i.d.F der RL 2002/73/EG.

631 Ähnlich Def. bei Schiek, S. 63.

632 Maßstab „statistischer Diskriminierung“ nach Schiek, S. 64 f.

633 Vgl. Epping/Hillgruber/Kischel, Art. 3, RN 166 f.; Schiek S. 64; Schiek/Schiek, AGG, § 3, RN 30, 37 ff.

634 Vgl. Destatis, Verdienstabstand, S. 1.

635 Vgl. Destatis, Verdienstabstand, S. 3. Zunahme der Teilzeitjobs seit 2003 um 1,13 Mio., Minijobs um 930.000, vgl. Spiegelonline zur Veröffentlichung des Statistischen Bundesamtes, v. 8.3.2010, „Frauen können von ihrem Job kaum leben“, vgl. auch Brauer, S. 26 f.

Gegensatz zur gleichen Vollzeitstelle regelmäßig schlechter bezahlt wird.[636] 743.000 Frauen bezogen im Jahr 2008 Hartz IV, obwohl sie erwerbstätig waren.[637]

Warum Frauen statistisch weniger verdienen als Männer liegt daran, dass Frauen zum großen Teil eine andere Lebensausrichtung haben als Männer. Ihr Leben wird häufiger durch die Familie bestimmt.[638] Damit sind Berufe, die auf einer niedrigeren Stufe der ‚Karriereleiter' stehen und Berufe mit geringerer Qualifikation oder Wochenstundenzahl häufiger von Frauen besetzt, obwohl Frauen heute statistisch einen gleich hohen Bildungsabschluss haben wie Männer.[639] Die entsprechenden Berufe sind im Allgemeinen schlechter bezahlt. Ergänzend ist dabei zu erwähnen, dass schlecht bezahlte Berufe wie der der Reinigungs- oder Pflegekraft laut Angaben des Statistischen Bundesamtes, da sie mit einer Familienplanung gut vereinbar sind, ganz überwiegend von Frauen ausgeübt werden.[640]

Diese Lebensausrichtung wird familienpolitisch gefördert und findet weite Verbreitung. Teilzeitarbeit diene bspw. dem Schutz von Ehe und Familie.[641] Nach Ansicht des Bundesverfassungsgerichtes trägt das System der Teilzeitarbeit einen Anteil an der Ermöglichung einer:

> „effektiven Wahlfreiheit in der Entscheidung über Rollenwahl und Rollenverteilung in Ehe, Familie und Beruf. Diese Wahlfreiheit unterfällt dem Schutz von Ehe und Familie nach Art. 6 GG. Die verfassungsrechtlich gewährleistete Gleichberechtigung von Mann und Frau auch hinsichtlich der möglichen Teilhabe am Arbeitsleben verpflichtet den Staat, die Grundlagen dafür zu schaffen, dass Familientätigkeit und Erwerbstätigkeit aufeinander abgestimmt werden können und die Wahrnehmung familiärer Aufgaben nicht zu unverhältnismäßigen beruflichen Nachteilen führt."[642]

---

636 Vgl. Destatis, Verdienstabstand, S. 3.

637 Vgl. Spiegelonline zur Veröffentlichung des Statistischen Bundesamtes, v. 8.3.2010, „Frauen können von ihrem Job kaum leben"

638 Die Tendenz findet sich auch in den Überlegungen zur Absenkung des Mindestalters für unverfallbare Anwartschaften in der bAV: Eine Absenkung von 35 auf 30 Lebensjahren sei u.a. erfolgt, damit Frauen, die wegen Familiengründung früh aus dem Erwerbsleben aussteigen, noch unverfallbare Anwartschaften erhalten können (str.). Vgl. Beckmann/ Matusche-Beckmann/Schwintowski, § 43, RN 73 m.w.N.; Zur Lebensausrichtung auch Brauer, S. 26 f.

639 Vgl. Destatis, Verdienstabstand, S. 3 f.

640 Weitere Berufsgruppen, Destatis, Verdienstabstand, S. 1.

641 Dies verdeutlicht ein Beschluss des BayVerwGH Beschluss v. 27.8.2007 – 3 B 05.2471 – (juris), insbes. RN 49 m.w.N.

642 Vgl. BVerfG v. 18.6.2008, JZ 2008, 1107 (1109) mit Bezug auf BVerfG v. 28.5.1993, BVerfGE 88, 203 (260) und v. 10.11.1998, BVerfGE 99, 216 (234).

Die statistische Signifikanz der unterschiedlichen Behandlung und mit ihr das Vorliegen einer geschlechtsspezifischen Ungleichbehandlung wird aufgrund der vorliegenden Grundsätze und Daten des Statistischen Bundesamtes für die folgenden Untersuchungen vorausgesetzt. Damit trifft die Neuregelung, die mittelbar Wenigverdiener gegenüber Mehrverdienern benachteiligt, weitaus mehr Frauen als Männer.

Statistisch geführte mittelbare Diskriminierungen sind allerdings erst dann rechtfertigungsbedürftig, wenn sie eine wesentlich größere Betroffenheit zur Folge haben, als dies bei unmittelbaren Diskriminierungen der Fall sein muss.[643]

Die besondere Betroffenheit von Frauen kann schon aus den vorgenannten statistischen Daten geschlussfolgert werden. Die familienpolitischen Motive, die eine Diskriminierung von wenigverdienenden Frauen noch fördern, bestätigen die besondere Betroffenheit. Die Vermeidung unverhältnismäßiger beruflicher Nachteile, wie sie die derzeitige Familienpolitik fordert, macht nur dann Sinn, soweit sie sich auf das gesamte Leben von Frauen bezieht, auf die aktive Erwerbsphase sowie auf den Ruhestand. Eine lediglich auf das aktive Erwerbsleben von Frauen gestützte Verpflichtung des Staates würde den Zweck der Wahlfreiheit und Absicherung von Frauen, damit diese familiäre Pflichten übernehmen können, verfehlen. Versorgungsdefizite im Alter können sich zudem auf Entscheidungen in der aktiven Erwerbsphase auswirken, ein umfassender Schutz vor Nachteilen muss danach gewährleistet sein.

Geringere Entlohnung, geringere Erwerbszeiten und eine höhere Lebenserwartungen von Frauen führen im Ergebnis bereits zu einer größeren Versorgungslücke im Alter als bei Männern.[644] Ergänzend sei darauf hingewiesen, dass sich Frauen aufgrund der geringeren Entlohnung, geringeren Vermögens und der unterbrochenen Erwerbsverläufe mehr als Männer vor dem Abschluss zusätzlicher Altersvorsorge ‚drücken'.[645]

Frauen, die trotz familiärer Aufgaben einer beruflichen Tätigkeit nachgehen und dafür bereit sind, auf Karriere, auf einen besseren Verdienst und eine gute Altersversorgung zu verzichten, dürfen nicht durch Folgewirkungen unmittelbar

---

643 Erhebliche Nachteile, vgl. Epping/Hillgruber/Kischel, Art. 3, RN 166.

644 Zur Rentenlücke von Frauen gibt es diverse Statistiken, in der jüngeren Vergangenheit von den R+V Versicherungen in Zusammenarbeit mit dem HWWI, Ergebnisse unter www.freiraum-fuers-leben.de. Näheres Hubrich, Sozialer Fortschritt 2008, 132 (133 f.); Rasner, DRV 2006, 737 (738 ff.); zu den Auswirkungen von Teilzeitarbeit auf das Ruhestandsgehalt ein Beschluss des BayVerwGH v. 27.8.2007 – 3 B 05.2471 – (juris), RN 49 ff.

645 Frauen verfügen statistisch über weniger Vermögen als Männer, zudem sind Frauen nicht so risikofreudig wie Männer, vgl. Studie des DIW - wesentliche Ergebnisse, Badunenko/Barasinska/Schäfer, DIW Wochenbericht 2009, 832.

geschlechtsneutraler Gesetzesnormen zusätzlich in ihren Entscheidungsmöglichkeiten gegenüber Männern beschränkt werden. Eine wesentlich größere Betroffenheit wenigverdienender Frauen liegt vor.

(3) Rechtfertigung der mittelbaren Diskriminierung

(a) Rechtfertigungsmaßstab

In Bezug auf unmittelbare Diskriminierungen besteht ein striktes Differenzierungsverbot. Das ergibt sich aus dem Wortlaut des Art. 3 Abs. 3 Satz 1 GG. Eine diskriminierende Regelung ist nach Auffassung des Bundesverfassungsgerichtes nur gerechtfertigt, wenn sie zwingend erforderlich zur Lösung von Problemen ist, die ihrer Natur nach nur bei Frauen oder Männern auftreten können.[646] Darüber hinaus kann sie nur durch kollidierendes Verfassungsrecht gerechtfertigt werden.[647]

Der Rechtfertigungsmaßstab mittelbarer Diskriminierungen wird hingegen aufgrund der unterschiedlichen Handhabung der Art. 3 Abs. 2 und 3 GG in den Senaten des Bundesverfassungsgerichtes und in der Literatur bislang nicht einheitlich gehandhabt.

In seinen Entscheidungen aus den Jahren 1992 bis 2002 ging der erste Senat sowie geht der zweite Senat des Bundesverfassungsgerichtes in seinen Entscheidungen seit dem Jahr 2005 davon aus, dass eine mittelbare Diskriminierung wegen des Geschlechtes unter Art. 3 Abs. 3 Satz 1 GG fällt. Diese könne dann nur „in verhältnismäßiger Weise durch sonstige Güter von Verfassungsrang" gerechtfertigt werden.[648]

Bei mittelbaren Diskriminierungen wegen des Geschlechts fordert der erste Senat des Bundesverfassungsgerichtes in seinen jüngsten Entscheidungen[649] unter Verweis auf Art. 3 Abs. 2 Satz 2 GG, dass „ungeachtet weiterer Voraussetzungen" die Regelung auf hinreichenden sachlichen Gründen beruhen müsse,

646 Vgl. BVerfG v. 28.1.1992, BVerfG 85, 191, 2. Leitsatz; so auch BVerfG v. 24.1.1995, BVerfGE 92, 91, Orientierungssatz 1.a.; BayVerwGH Beschluss v. 27.8.2007 – 3 B 05.2471 – (juris), RN 45. Probleme der Natur nach sind vor allem Unterschiede in der physischen Konstellation von Männern und Frauen, somit rein biologische Unterschiede, vgl. BeckOK GG/Kischel, Art. 3, RN 171; Brauer, S. 84 ff.; Schiek, S. 53, 61 f.

647 Art. 3 Abs. 2 GG erlaubt dem Gesetzgeber bspw., faktische Nachteile, die typischerweise Frauen treffen, durch begünstigende Regelungen auszugleichen (durch Förderung oder Kompensation), vgl. BVerfG v. 28.1.2987, BVerfGE 74 ,163 (180); v. 24.1.1995, BVerfGE 92, 91, Orientierungssatz 1.b. und (109); dazu auch Brauer, S. 86 ff.

648 Vgl. Abschnitt III., 3., b., (2) (a), hier nur BVerfG v. 18.6.2008, BVerfGE 121, 241 (254).

649 Vgl. BVerfG v. 18.11.03, BVerfGE 109, 64; v. 5.4.2005, BVerfGE 113, 1 (20 f.); v. 14.4.2010 - 1 BvL 8/08 – (juris).

die nichts mit der geschlechtsbezogenen Wirkung der Regelung zu tun haben. Die Entscheidungen gehen mit der Rechtsprechung des Europäischen Gerichtshofes zu mittelbaren Diskriminierungen und den europäischen Maßstäben für mittelbare Diskriminierungen konform, nach denen jegliche mittelbare und unmittelbare Diskriminierung verboten ist.[650] Soweit nicht diskriminierende Gründe vorhanden sind, müsse die Regelung zudem geeignet sein, ihr Ziel zu erreichen, angemessen und erforderlich sein. Eine Verhältnismäßigkeitsprüfung hat der erste Senat in seinen Entscheidungen bislang lediglich nicht vorgenommen, da es insoweit bereits an hinreichenden sachlichen Gründen fehlte. Insoweit genügte der Verweis auf: „ungeachtet weiterer Voraussetzungen".[651]

Gem. Art. 3 Abs. 2 Satz 2 GG wird mit der aktuellen höchstrichterlichen Rechtsprechung in dieser Arbeit eine Verhältnismäßigkeitsprüfung in Bezug auf die Rechtfertigung der mittelbaren Diskriminierung von Frauen vorgenommen. Der Maßstab der objektiven Rechtfertigung wird zudem in weiten Teilen der Literatur favorisiert.[652]

(b) Rechtfertigung

Die vorliegende Diskriminierung von Frauen ist nach dem eben genannten Maßstab gerechtfertigt, wenn sie auf sachlichen Gründen beruht, die nichts mit der geschlechtsbezogenen Wirkung der Regelung zu tun haben. Soweit nicht diskriminierende Gründe vorhanden sind, muss die Regelung geeignet sein, ihr Ziel zu erreichen, angemessen und erforderlich sein. Eine solche Rechtfertigung ist nach der in dieser Arbeit vertretenen Auffassung in der vollen Reichweite der Regelung nicht anzunehmen.

Der Gesetzgeber rechtfertigt die Gesetzesänderung und damit die mittelbare Diskriminierung von Frauen vor allem mit Missbrauchsrisiken für das Sozialsystem, soweit Wertguthaben bei Umwandlung in eine bAV gegenüber der ori-

---

650 Vgl. EuGH v. 13.7.1989, RS C-171/88; v. 23.10.2003, C 4/02 und C-5/02.
Art. 2 Abs. 2 RL 76/207/EWG i.d.F. der RL 2002/73/EG: „'mittelbare Diskriminierung': wenn dem Anschein nach neutrale Vorschriften, Kriterien oder Verfahren Personen, die einem Geschlecht angehören, in besonderer Weise gegenüber Personen des anderen Geschlechts benachteiligen können, es sei denn, die betreffenden Vorschriften, Kriterien oder Verfahren sind durch ein rechtmäßiges Ziel sachlich gerechtfertigt und die Mittel sind zur Erreichung dieses Ziels angemessen und erforderlich"

651 Vgl. nur BVerfG v. 5.4.2005, BVerfGE 113, 1 (20);

652 Vgl. Epping, S. 364, RN 835; Jarass/Pieroth, Art. 3, RN 96; Schiek, S. 63 gehen davon aus, dass eine Verhältnismäßigkeitsprüfung geboten ist. Kritisch Kischel, JZ 2008, 1110 ff.; Epping/Hillgruber/Kischel, Art. 3, RN 169; anders BeckOK GG/Kischel, Art. 3, RN 169, eine sachlich notwendige Regel soll nach einer Ansicht in der Literatur nicht nur deshalb unzulässig sein, „weil sie zufällig Frauen schwerer trifft als Männer".

ginären Entgeltumwandlung bevorzugt wurden und dem Sozialsystem dadurch Beitragsausfälle entstanden. Weitere Gründe waren die Gefahr der systematischen Verwertung von Wertguthaben zur späteren Überführung in die bAV. Diese liefe dem System der Wertguthaben zuwider. Zudem rechtfertigt der Gesetzgeber die Neuregelung mit der Benachteiligung oder gar Schwächung der Versorgungswerke, denen Beiträge für den kontinuierlichen Aufbau entzogen würden.

Zu prüfen ist damit zunächst, ob die Ziele des Gesetzgebers und die vorgenannten Gründe sachliche Gründe darstellen, die nichts mit der geschlechtsbezogenen Wirkung der Regelung zu tun haben.

Sachliche Gründe - Zielsetzungen des Gesetzgebers in Bezug auf Wertguthaben und Entgeltumwandlung

Die unterschiedlichen Zielsetzungen des Gesetzgebers in Bezug auf die Entgeltumwandlung und Wertguthabenvereinbarungen können eine Ungleichbehandlung schon sachlich nicht rechtfertigen. Die unterschiedlichen Ziele, die lediglich im Zeitpunkt der Wertguthaben- und Entgeltumwandlungsvereinbarung selbst bestehen, stellen keinen sachlichen Grund für eine Ungleichbehandlung dar.

Bei der Entgeltumwandlung wird Arbeitsentgelt des Arbeitnehmers in eine bAV eingebracht. In Wertguthaben wird Arbeitsentgelt des Arbeitnehmers eingebracht, um ihm flexible Freistellungen und Arbeitszeitverkürzungen zu finanzieren. Doch darin erschöpft sich das Konzept der Wertguthaben nicht. Der Gesetzgeber hat die Regelung des § 7 Abs. 1a Satz 4 SGB IV, mit der die Option einer Umwandlung von Wertguthaben in eine bAV bei Abschluss der Wertguthabenvereinbarung festgelegt werden kann und ein sozialversicherungsfreies Ansparen der Wertguthaben dennoch möglich ist, mit der Flexi II-Reform unverändert gelassen. Sie steht damit zwar nicht mehr an zentraler Stelle, da Wertguthabenvereinbarungen seit dem 1. Januar 2009 vorrangig in den §§ 7b ff. SGB IV geregelt sind. Der Gesetzgeber bringt jedoch mit dem Belassen der Regelung zum Ausdruck, dass die Vereinbarung einer Option zur Umwandlung in eine bAV weiterhin explizit erwünscht ist und zwar weiterhin „nur für den Fall, dass Wertguthaben wegen der Beendigung der Beschäftigung auf Grund verminderter Erwerbsfähigkeit, des Erreichens einer Altersgrenze, zu der eine Rente wegen Alters beansprucht werden kann, oder des Todes des Beschäftigten nicht mehr für Zeiten einer Freistellung von der Arbeitsleistung verwendet werden können“. Sozialversicherungsfreies Ansparen von Wertguthaben ist unter den weiteren Voraussetzungen des §§ 7b ff. SGB IV auch dann möglich, wenn eine solche Option vereinbart worden ist. Dahinter steht der Gedanke, dass das verbleibende Wertguthaben aus einer Wertguthabenvereinbarung schlussendlich noch einem weiteren sinnvollen, und durch den Gesetzgeber bewusst geregelten, Zweck zugute kommen kann. Auch das ist damit Teil der Zielsetzung des Gesetzgebers in Bezug auf Wertguthabenvereinbarungen. Kommt es zu einer Umwandlung und wird Entgelt des Arbeitnehmers über den Umweg des Wertguthabens für eine bAV verwendet, kann aufgrund der Einhaltung aller Voraussetzungen und aufgrund der ausdrücklichen Billigung zumindest nicht die Rede davon sein, dass das nicht der Zielsetzung des Gesetzes entspricht.

Sozialpolitische Erwägungen

Regelmäßig stellen sozialpolitische Erwägungen sachliche Gründe dar.[653] In diesem Fall vermögen sie jedoch keinen zu begründen.

Die Politik hat sich zum Ziel gesetzt, die Schließung der Rentenlücke, die mit der Senkung der Leistungen aus der gesetzlichen Rentenversicherung entsteht, staatlich zu fördern. Zwar unterliegt die Ausgestaltung des dazu erforderlichen geförderten Sozialsystems einem weiten gesetzgeberischen Spielraum, insbesondere aus sozialpolitischen Erwägungen, und trägt auf diese Weise dem Sozialstaatsprinzip Rechnung. Die Beschränkung der begrenzten Sozialversicherungsfreiheit auf die originäre Entgeltumwandlung ist dennoch aus sozialpolitischen, insbesondere aus demografischen Gründen fragwürdig. Denn gerade für Wenigverdiener können Wertguthaben eine reizvolle Möglichkeit darstellen, für das Alter vorzusorgen, wenn eine originäre Entgeltumwandlung aus finanziellen Gründen nicht erreichbar oder zu risikoreich ist. Arbeitnehmer, denen freie finanzielle Mittel zur Verfügung stehen, werden die Entgeltumwandlung nutzen, schon aufgrund der besseren Planbarkeit der Altersleistungen. Wenigverdiener werden das System der Entgeltumwandlung dagegen mangels frei verfügbarem Arbeitsentgelt nicht in jedem Fall nutzen. Sie können jedoch auf die Auszahlung unregelmäßiger zusätzlicher Entgeltbestandteile verzichten und diese in Wertguthaben investieren.

Bei einer Gleichstellung der Systeme kommt es daher in erster Linie zu einer Ausweitung der Personengruppe, denen der Zugang zu einer Entgeltumwandlung ermöglicht wird. Denn auch Wenigverdiener, die bisher keine Entgeltumwandlungsvereinbarung abgeschlossen haben, haben nach § 1a BetrAVG einen Anspruch darauf, Teile ihres Arbeitsentgeltes begrenzt sozialversicherungsfrei in eine bAV umzuwandeln. Wenn dies durch den Umweg der Wertguthaben Arbeitnehmern, die alternativ keine Entgeltumwandlungsvereinbarung abschließen, erleichtert wird, sollte das sozialpolitisch erwünscht sein.

653 Vgl. BeckOK GG/Kischel, Art. 3, RN 56 ff.

Außerdem entsteht bei der Umwandlung der Wertguthaben, wenn auch spät, noch eine bAV. Damit wird das System der bAV durch Wertguthabenvereinbarungen sogar ausgebaut, wenn sich, wie anzunehmen ist, Wenigverdiener ohne die Umwandlungsmöglichkeit zumindest in einer nicht unbeachtlichen Zahl gegen eine Entgeltumwandlung entscheiden würden. In dem Fall entginge dem Arbeitnehmer der ihm grundsätzlich gem. § 1a BetrAVG zustehende Anspruch begrenzt steuer- und sozialversicherungsfrei in eine Betriebsrente anzusparen. Diese Betragsausfälle sind von dem Gesetzgeber für jeden Arbeitnehmer, der einen Anspruch auf eine Entgeltumwandlung hat, einkalkuliert. Auf welchem Weg der Arbeitnehmer das Entgelt in eine bAV einbringt, darf dabei aus sozialpolitischer Sicht nicht ausschlaggebend sein.

Missbrauchsgefahr

Weiter ist festzustellen, ob die im Gesetzgebungsverfahren als Grund für die Neuregelung des § 23b Abs. 3a Satz 2 SGB IV angeführte Missbrauchsgefahr einen sachlichen Grund für die Ungleichbehandlung bietet, der nichts mit der geschlechtsbezogenen Wirkung der Regelung zu tun hat.[654] Aufgrund des gegebenen Missbrauchspotentials der Altregelung und der speziellen Förderung der Entgeltumwandlung ist dies zu bejahen.

Mit der Altregelung des § 23b Abs. 3a SGB IV bestand unzweifelhaft eine solche Missbrauchsgefahr. Durch den Umweg über Wertguthaben konnte ganz legitim Arbeitsentgelt ohne Begrenzung sozialversicherungsfrei in eine bAV umgewandelt werden und die nur beschränkte Sozialversicherungsfreiheit bei der originären Entgeltumwandlung umgangen werden. Ein noch viel größeres Missbrauchspotential hätte bestanden, soweit im Rahmen der Entgeltumwandlung die Anschubförderung zum 31. Dezember 2008 beendet worden wäre.[655] Zu der Zeit als die Weiterführung der Anschubförderung nach dem 31. Dezember 2008 noch nicht beschlossen war, wurde förmlich nach Wegen gesucht, um die drohende Sozialversicherungspflicht in der Entgeltumwandlung und den in der Folge befürchteten ‚Untergang der bAV' abzuwenden. Das dabei (damals noch) Arbeitszeitkonten als geeignete Umgehung betrachtet wurden und sogar als ‚sechster Durchführungsweg' oder ‚Königsweg' der bAV, war aus damaliger Sicht verständlich und jedenfalls nicht zu vermeiden. Eine Missbrauchsgefahr bestand jedoch darüber hinaus und der Gesetzgeber hat mit der Schaffung des Satzes 2 in § 23b Abs. 3a SGB IV eine Regelung gefunden, die diese definitiv beendet.

654 Zu Missbrauchsgefahr im Abschnitt I. 2; Missbrauchsgefahr als Rechtfertigungsgrund, vgl. Epping/Hillgruber/Kischel, Art. 3, RN 62.

655 Vgl. nur Rieble, BetrAV 2007, 5 (7).

Finanzielle Erwägungen

Auch etwaige finanzielle Belastungen[656] des Sozialsystems durch unbegrenzt sozialversicherungsfreie Umwandlung von Wertguthaben in eine bAV stellen ergänzend einen nicht geschlechtsbezogenen sachlichen Grund dar.[657]

Verhältnismäßigkeitsprüfung

Zu ermitteln ist damit auf der zweiten Stufe, ob die Neuregelung des § 23b Abs. 3a Satz 2 SGB IV zur Vermeidung von Missbrauch am System der Sozialversicherung und der Wertguthaben sowie zur Vermeidung der Schwächung der betrieblichen Altersvorsorge verhältnismäßig, also geeignet, erforderlich und angemessen ist. An der Geeignetheit der Regelung in § 23b Abs. 3a Satz 2 SGB IV zur Erreichung der genannten Zwecke bestehen keine Zweifel.

Man kann auch durchaus davon ausgehen, dass die Regelung erforderlich war, da ein zur Zielerreichung gleich geeignetes und in Bezug auf die Diskriminierung milderes Mittel nicht zur Verfügung stand. Als milderes Mittel könnte eine Regelung dienen, die eine begrenzte Sozialversicherungsfreiheit wie in der Entgeltumwandlung zuließe. Diese könnte einschränkend so aussehen, dass die begrenzte Sozialversicherungsfreiheit (sog. 4 Prozent-Grenze) auf beide Wege, die originäre Entgeltumwandlung und die umzuwandelnden Wertguthaben, kumulativ anzuwenden ist.[658] Eine solche Regelung würde die mittelbare Diskriminierung von Frauen beenden. Allerdings würde sie kein milderes, gleich geeignetes Mittel in Bezug auf die vom Gesetzgeber angestrebten Ziele, nämlich die Vermeidung von Beitragsausfällen in der Sozialversicherung, die Beendigung der systematischen Nutzung von Wertguthaben für eine bAV und die Vermeidung der Schwächung der originären bAV, darstellen. Es käme weiterhin zu Beitragsausfällen in der Sozialversicherung und es könnte nicht gänzlich verhindert werden, dass sich Arbeitnehmer weiterhin - u.U. auch systematisch - für eine Nutzung von Wertguthaben für eine bAV entscheiden.

Die Regelung des § 23b Abs. 3a Satz 2 SGB IV ist allerdings in seiner derzeitigen Reichweite nicht angemessen, d.h. nicht verhältnismäßig im engeren Sinne. Angemessen ist eine Maßnahme nur dann, wenn die Nachteile, die mit ihr verbunden sind, nicht völlig außer Verhältnis zu den Vorteilen stehen, die sie bewirkt. Dazu ist eine Interessenabwägung vorzunehmen. Auf der einen Seite

---

656 Vgl. nur Epping/Hillgruber/Kischel, Art. 3, RN 60.

657 Für sich genommen können finanzielle Aspekte hingegen in aller Regel keinen sachlichen Grund darstellen, vgl. nur BVerfG v. 8.4.1987, BVerfGE 75, 40 (72) m.w.N.; Schmidt-Bleibtreu/Hofmann/Hopfau/Kannengießer, Art. 3, RN 28.

658 Vgl. dazu der Vorschlag einer Neuregelung in Abschnitt V.

stehen die verfassungsrechtlich geschützten Interessen des Staates an einem funktionierenden Sozial- und Altersvorsorgesystem und mit ihm die Vermeidung systematischen Missbrauchs sowie die Vermeidung von Beitragsausfällen und einer Schwächung der originären bAV. Auf der anderen Seite stehen die schutzwürdigen Belange von Frauen an einer angemessenen Altersvorsorge, auch bei geringerem Einkommen.

Es gilt die Nachteile auf Seiten der Frauen in Bezug auf die Altersvorsorge mit den Vorteilen in Bezug auf Beitragsausfälle, Missbrauchsrisiken und das System der bAV abzuwägen. Die genannten Nachteile auf Seiten der Frauen würden sich auflösen, soweit Wertguthaben bei Umwandlung in eine bAV mit der Entgeltumwandlung gleichbehandelt, indem sie als Auffanglösung in Ergänzung der originären Entgeltumwandlung betrachtet würden. Dann ständen Frauen verbesserte Altervorsorgemöglichkeiten auch bei geringerem Einkommen zur Verfügung, da die Nutzung von Wertguthaben für eine bAV nicht mehr wirtschaftlich nachteilig gegenüber der originären Entgeltumwandlung wäre.

Die Vorteile in Bezug auf Vermeidung von Missbrauch, Beitragausfällen und Schwächung der bAV würden sich in dem Fall nicht auflösen. Sie beständen weiter, wenn auch weniger umfassend. Die volle Verbeitragung stellt den sozialversicherungsrechtlichen Grundsatz dar und die begrenzte Sozialabgabenfreiheit eine staatliche Förderung, die jederzeit beendet werden kann. Missbrauch und Beitragsausfälle gingen zulasten aller an dem System Beteiligten. Nachfolgende potentielle Beitragserhöhungen würden die Arbeitnehmer wirtschaftlich mehr belasten. Allerdings greift diese Beurteilung, da jedem Arbeitnehmer ein Rechtsanspruch auf staatliche Förderung in Form von Entgeltumwandlung tatsächlich zusteht, zu kurz. Damit sind Beitragsausfälle in dem in der Entgeltumwandlung gewährten begrenzten Rahmen bereits für jeden Arbeitnehmer eingeplant und hinzunehmen. Diesen Anspruch haben auch Arbeitnehmer, die keine originäre Entgeltumwandlung durchführen bzw. durchführen können. Soweit diesen Arbeitnehmern eine beitragsfreie betriebliche Altersvorsorge in den Grenzen der Entgeltumwandlung ermöglicht wird, kommt es zumindest nicht zu ungeplanten Beitragsausfällen. Der Anspruch wird nicht erweitert, es bleibt bei den Grenzen der Förderung der Entgeltumwandlung.

Missbrauchsrisiken beständen insoweit ebenfalls nicht, da eine übermäßige Umwandlung von Wertguthaben weiterhin aufgrund der Beitragspflicht nachteilig wäre. Eine solche Regelung wahrt damit die Vorteile des Sozialsystems weitgehend und verwehrt sie lediglich in den ohnehin zu duldenden Grenzen. Eine darüber hinausgehende Regelung, wie sie mit § 23b Abs. 3a Satz 2 SGB IV besteht, belastet Frauen unverhältnismäßig.

Hinzu kommt, dass die originäre bAV nur noch in geringem Maße geschwächt werden würde, wobei die Schwächung lediglich darin bestände, dass

Beiträge erst kurz vor Erreichung des Ruhestandes eingezahlt würden, dies aber längst nicht in dem Ausmaß wie vorgeworfen. Der letztgenannte Nachteil ist gegenüber den Interessen von Frauen an einer angemessenen Altersvorsorge auch aufgrund folgender grundlegender Überlegungen als nachrangig zu betrachten. Die verfassungsrechtlich geschützten Interessen beider Seiten an einer angemessenen zusätzlichen Altersversorgung aufgrund der demografischen Entwicklungen und der steigenden Versorgungslücke gebieten es, die Altersvorsorge zu stärken, wenn auch durch Einmalbetrag. Bereits der Anspruch auf Entgeltumwandlung i.S.d. § 1a BetrAVG macht deutlich, dass die Förderung der bAV essenziell ist. Soweit eine originäre Entgeltumwandlung aus individuellen Gründen nicht durchführbar ist, muss sie zumindest auf anderem, gleichwertigem Wege möglich sein. Das schließt Altersvorsorge durch Einmalbeträge mit ein, zumindest wenn alternativ überhaupt keine Altersvorsorge betrieben würde.

Die Neuregelung in der genannten Reichweite ist nach alldem nicht verhältnismäßig, da die Nachteile von Frauen außer Verhältnis zu den Vorteilen im Sozialsystem stehen, soweit eine zusätzliche sozialversicherungsrechtliche Benachteiligung gegenüber der originären Entgeltumwandlung bestehen bleibt.

(4) Rechtfertigung der mittelbaren Ungleichbehandlungen von Personengruppen nach Art. 3 Abs. 1 GG

(a) Rechtfertigungsmaßstab

Der Schutz des Art. 3 Abs. 1 GG soll vor allem eine Verschiedenbehandlung von Personen verhindern. Mit der sog. ‚neuen Formel' des Bundesverfassungsgerichtes werden für die Rechtfertigung einer Ungleichbehandlung von Personen oder Personengruppen wie bereits festgestellt engere Voraussetzungen als das bloße Willkürverbot angenommen.[659] Eine strengere Bindung besteht nach neuerer Rechtsprechung gerade auch, wenn, wie vorliegend, eine unmittelbare Ungleichbehandlung von Sachverhalten mittelbar eine Ungleichbehandlung von Personengruppen bewirkt.[660]

---

659 St. Rspr., BVerfG v. 7.10.1980, BVerfGE 55, 72 (88); v. 16.3.1982, BVerfGE 60, 123 (133 f.); v. 4.10.1983, BVerfGE 65, 104 (112 f.); v. 7.12.1983, BVerfGE 65, 377 (384); v. 11.1.1995, BVerfGE 92, 53 (68); v. 7.7.2009, BVerfGE 124, 199 (219 f.); v. 21.7.2010, NJW 2010, 2783 (2784). Vgl. auch Dreier/Heun, Art. 3 RN 21; Sachs/Osterloh, Art. 3, RN 13; Schmidt-Bleibtreu/Hofmann/Hopfau/Kannengießer, Art. 3, RN 17. Zu einer mehrstufigen Prüfung nach der neuen Formel: Maaß, NVwZ 1988, 14 ff.; Wendt, NVwZ 1988, 778 (781).

660 Vgl. BVerfG v. 26.1.1993, BVerfGE 88, 87 (96); v. 11.1.1995, BVerfGE 92, 53 (68); v. 14.7.1999, BVerfGE 101, 54 (101); Dreier/Heun, Art. 3 RN 21; Jarass/Pieroth, Art. 3, RN 20; Schmidt-Bleibtreu/Hofmann/Hopfau/Kannengießer, Art. 3, RN 17.

„Art. 3 Abs. 1 GG gebietet, dass hinsichtlich der Ungleichbehandlung an ein sachlich gerechtfertigtes Unterscheidungsmerkmal angeknüpft wird. Zur Begründung einer Ungleichbehandlung von Personengruppen reicht es nicht aus, dass der Normgeber ein seiner Art nach geeignetes Unterscheidungsmerkmal berücksichtigt hat. Vielmehr muss auch für das Maß der Differenzierung ein innerer Zusammenhang zwischen den vorgefundenen Verschiedenheiten und der differenzierenden Regelung bestehen, der sich als sachlich vertretbarer Unterscheidungsgesichtspunkt von hinreichendem Gewicht anführen lässt."[661]

Der Prüfungsmaßstab richtet sich überdies an den Besonderheiten des geregelten Lebens- und Sachbereichs aus.[662]

Eine Verhältnismäßigkeitsprüfung soll bei Differenzierungen nach personenbezogenen bzw. personengebundenen Merkmalen erfolgen.[663] Ein umso strengerer Maßstab sei anzuwenden, je mehr sich die personenbezogenen Merkmale den in Art. 3 Abs. 3 GG genannten annähern. Dann käme die Ungleichbehandlung u.U. einer Diskriminierung von Minderheiten gleich.[664] Vorliegend geht es um die Ungleichbehandlung von Mehr- und Wenigverdienern, unabhängig von der bereits festgestellten Diskriminierung von Frauen. Eine Unterscheidung anhand des Geschlechtes findet vorliegend nicht statt, vielmehr liegt der Unterschied nunmehr in der finanziellen Leistungskraft. Diese ist kein Merkmal i.S.d. Art. 3 Abs. 3 GG.

Strengere Maßstäbe können sich ebenso aus der Berücksichtigung weiterer Verfassungsvorschriften wie dem Sozialstaatsprinzip ergeben.[665] Diese sind zu beachten. Eine weitere Modifikation des Rechtfertigungsmaßstabes nimmt das Bundesverfassungsgericht vor, wenn die Ungleichbehandlung von Personen oder Sachverhalten Auswirkungen auf Freiheitsrechte hat. Dann sei die Grenze der zu rechtfertigenden Ungleichbehandlung je enger zu setzen, desto stärker die geschützten Freiheitsrechte betroffen sind und je weniger der Betroffene durch

---

661 Vgl. BVerfG v. 7.7.2009, BVerfGE 124, 199 (219 f.); bereits Entscheidung v. 16.1.1993, BVerfGE 88, 87 (97).

662 Vgl. BVerfG v. 16.11.1982, BVerfGE 62, 256 (274); v. 8.4.1987, BVerfGE 75, 108 (157); v. 8.2.1994, BVerfGE 89, 365 (376); v. 21.7.2010, NJW 2010, 2783 (2784); sog. sach- und regelungsbereichsspezifische Abwägung, Sachs/Osterloh, Art. 3, RN 37; Dreier/Heun, Art. 3 RN 21.

663 Vgl. nur BVerfG v. 26.1.1993, BVerfGE 88, 87 (96); Dreier/Heun, Art. 3 RN 21; zusammenfassend Schmidt-Bleibtreu/Hofmann/Hopfau/Kannengießer, Art. 3, RN 17.

664 Vgl. BVerfG v. 26.1.1993, BVerfGE 88, 87 (96); v. 27.1.1998, BVerfGE 97, 169 (180 f.); v. 4.4.2001, BVerfGE, 103, 310 (319); v. 7.7.2009, BVerfGE 124, 199 (220). Zusammenfassend Dreier/Heun, Art. 3 RN 31.

665 Vgl. nur BVerfG v. 6.5.1975, BVerfGE 39, 316 (327); zusammenfassend Jarass/Pieroth, Art. 3, RN 22 m.w.N.

eigenes Verhalten auf die unterschiedliche Regelung Einfluss nehmen kann.[666] Ohne Bedeutung sei dabei im Gegensatz zu Eingriffen in Freiheitsrechte, ob die Ungleichbehandlung nur eine verhältnismäßig kleine Zahl von Personen betrifft und der Verstoß gegen Art. 3 Abs. 1 GG nicht sehr intensiv ist.[667] Bei gewährender Staatstätigkeit soll demgegenüber ein großzügigerer Rechtfertigungsmaßstab angelegt werden. Bei Subventionen oder Sozialleistungen an Bedürftige seien Freiheitsrechte regelmäßig nicht oder weniger betroffen.[668]

Die Ausführungen zu Art. 2 Abs. 1 GG haben ergeben, dass es insbesondere bei Wenigverdienern zu unmittelbaren und mittelbaren Eingriffen in Form faktischer Handlungszwänge aufgrund der wirtschaftlichen Nachteile von Wertguthaben bei der Verwendung für eine bAV bis hin zu hohen Vorsorgerisiken kommen kann. Es handelt sich dabei um gerechtfertigte Eingriffe aufgrund von Gemeinwohlbelangen bzw. wird ein schutzpflichtenaktivierendes Gefährdungsniveaus nicht erreicht.[669] Überdies liegt die Ungleichbehandlung in einer Privilegierung der Entgeltumwandlung und damit in einer gewährenden Staatstätigkeit.

Die Anforderungen an den Rechtfertigungsmaßstab sind fließend. Vorliegend muss sich nach den Maßstäben des Bundesverfassungsgerichtes ein sachlich vertretbarer Unterscheidungsgesichtspunkt von hinreichendem Gewicht finden lassen. Dabei müssen der betroffene Regelungsbereich sowie Art und Gewicht der Unterschiede in den Personengruppen der Mehr- und Wenigerverdiener in einem angemessenen Verhältnis Berücksichtigung finden.

(b) Rechtfertigung

Im Hinblick auf die vorliegende mittelbare Ungleichbehandlung sind die Missbrauchsgefahren sowie finanzielle Erwägungen zur Rechtfertigung heranzuziehen. Die weiteren angeführten Erwägungen stellen, wie im Rahmen der mittelbaren Diskriminierungen festgestellt, bereits keine sachlichen Gründe dar.

Die Unterschiede in den Personengruppen der Wenig- und der Mehrverdiener liegen vor allem in dem verfügbaren Einkommen und in den privaten, insbesondere den familiären Verhältnissen. Es handelt sich mithin um soziale und

---

666 Vgl. BVerfG v. 7.10.1980, BVerfGE 55, 72 (89); v. 18.11.1986, BVerfGE 74, 9 (24); v. 11.1.2005, BVerfGE 112, 164 (174); v. 21.7.2010, NJW 2010, 2783 (2784 f.); BeckOK GG/Kischel, Art. 3, RN 44 ff.; Dreier/Heun, Art. 3 RN 31; Jarass/Pieroth, Art. 3, RN 21; Münch/Kunig/Gubelt, GG I, Art. 3, RN 14; Maaß, NVwZ 1988, 14 (16).

667 Billigkeitsregelungen vgl. BVerfG v. 8.2.1983, BVerfGE 63, 119 (128); v. 29.5.1990, BVerfGE 82, 60 (102); v. 17.11.1992, 87, 234 (255).

668 Vgl. BVerfG v. 20.4.2004, BVerfGE 110, 274 (293); v. 2.2.1999, BVerfGE 100, 197 (205); zusammenfassend Jarass/Pieroth, Art. 3, RN 21a m.w.N.

669 Vgl. Abschnitt III. 2. b. und c.

wirtschaftliche Unterschiede. Vorliegend sind die Sachbereiche der Sozialversicherung und ergänzend der Altersvorsorge einzubeziehen, denen die in Frage stehende Regelung des § 23b Abs. 3a Satz 2 SGB IV zu entnehmen ist.

Das Sozialversicherungsrecht und das System der Altersvorsorge dienen der sozialen Absicherung und dem sozialen Ausgleich. Das Sozialsystem versucht, vorhandenen wirtschaftlichen und sozialen Schieflagen vorzubeugen und ihnen zu begegnen. Es schützt die 'Schutzbedürftigen', diejenigen, die insbesondere aufgrund eines Abhängigkeitsverhältnisses regelmäßig nicht in der Lage sind, sich selbst vor existenziellen Risiken zu bewahren. Um das zu erreichen, werden alle, dem zu schützenden Personenkreis angehörenden Personen, berechtigt und nach ihren wirtschaftlichen Möglichkeiten im Sinne einer Zwangsgemeinschaft zur Leistung von Beiträgen verpflichtet. Mehr- und wenig verdienende Personengruppen werden gleichermaßen nach ihren wirtschaftlichen Möglichkeiten bei der allgemeinen Beitragspflicht in der Sozialversicherung herangezogen. Staatliche Förderungen innerhalb des Sozialsystems kommen im Grundsatz auch allen zugute. Das Sozialsystem berücksichtigt bereits soziale und wirtschaftliche Unterschiede in den zu schützenden Personengruppen und versucht diese auszugleichen. Zu fragen ist damit, ob sich unter Berücksichtigung der Ziele und Funktionsweise der Sozialversicherung und der sozialen und wirtschaftlichen Unterschiede zwischen Mehr- und Wenigverdienern hinreichend sachliche Gründe für die Neuregelung des § 23b Abs. 3a Satz 2 SGB IV finden lassen.

Nur auf den ersten Blick scheint die Regelung des § 23b Abs. 3a Satz 2 SGB IV von dem Grundsatz der Förderung im Sozialsystem abzuweichen. Denn faktisch steht es überwiegend nur Mehrverdienern offen, einen Teil ihres Arbeitsentgeltes (begrenzt) sozialversicherungsfrei für eine bAV zu verwenden. Ihnen steht die originäre Entgeltumwandlung zur Verfügung. Wenigverdiener haben oftmals mangels frei verfügbarem Einkommen diese Möglichkeit nicht bzw. scheuen den Abschluss einer Entgeltumwandlungsvereinbarung aufgrund des Risikos, diese nicht langfristig, ohne existenzielle Einbußen hinnehmen zu müssen, bedienen zu können. Der Anspruch auf begrenzt sozialversicherungsfreie Entgeltumwandlung, den auch sie haben, läuft bei vielen von ihnen ins Leere. Auch die verbleibende Möglichkeit, flexibel Wertguthaben auch für eine bAV zu nutzen, ist ihnen aufgrund der wirtschaftlichen Nachteile faktisch verwehrt. Es ist jedoch dabei zu bedenken, dass das Sozialsystem lediglich die Fördermechanismen zur Verfügung stellt. Diese sind grundsätzlich allen gleichermaßen zugänglich. Die Entgeltumwandlung ist ein solches gefördertes Altersvorsorgeprodukt. Die Förderung erstreckt sich auf einen Anspruch der Arbeitnehmer auf Entgeltumwandlung gem. § 1a BetrAVG, sowie auf eine begrenzt sozialversicherungsfreie Umwandlungsmöglichkeit, vgl. §§ 14 Abs. 1 Satz 1 und 2, 17 Abs. 1 Nr. 2 SGB IV, § 1 Abs. 1 Nr. 9 SvEV. Der Gesetzgeber hat sich aufgrund des ihm zustehenden Handlungsspielraumes dafür entschieden, gerade die Entgeltumwandlung zu fördern.

Damit verbleibt es im Übrigen bei dem Grundsatz der Sozialversicherungspflicht nach den wirtschaftlichen Möglichkeiten des Einzelnen.[670] Eine Differenzierung in Form einer Privilegierung der Entgeltumwandlung unterläuft nicht den Schutz und die Funktionsweise der Sozialversicherung und lässt wirtschaftliche und soziale Unterschiede nicht unberücksichtigt. Die genannten Gründe stellen damit hinreichend gewichtige sachliche Gründe dar.

c. Fazit

Die Regelungen über die sozialversicherungsrechtliche Behandlung der Entgeltumwandlung sind aufgrund eines ‚technischen' Unterschiedes nicht direkt auf die Umwandlung von Wertguthaben anwendbar. Eine analoge Anwendung scheitert an einer Regelungslücke. Im Hinblick auf das Vorliegen wesentlich gleicher Sachverhalte i.S.d. Art. 3 GG ist dagegen nicht der ‚technische' Unterschied maßgeblich. Es ist vielmehr eine wirtschaftliche Sichtweise zu Grunde zu legen. Danach handelt es sich aus Sicht eines Arbeitnehmers bzw. Beraters in dem Zeitpunkt der Umwandlung von Wertguthaben in eine bAV und der Entgeltumwandlung um wesentlich gleiche Sachverhalte.

Das für eine mittelbare Ungleichbehandlung nach Art. 3 Abs. 1 GG relevante Vergleichspaar sind Wenigverdiener und Mehrverdiener. Vorrangig ergibt sich ein Verstoß gegen Art. 3 Abs. 2 GG in Form einer mittelbaren Diskriminierung von Frauen.

Eine mittelbare Diskriminierung nach Art. 3 Abs. 2 Satz 2 GG ist gerechtfertigt, wenn sie auf sachlichen Gründe beruht, die nichts mit der geschlechtsbezogenen Wirkung der Regelung zu tun haben. Soweit nicht diskriminierende Gründe vorhanden sind, muss die Regelung geeignet sein, ihr Ziel zu erreichen, angemessen und erforderlich sein. Die Regelung in § 23b Abs. 3a Satz 2 SGB IV ist mit diesem Maßstab in seiner Reichweite nicht verhältnismäßig. Es ist zwar kein milderes Mittel erkennbar, dass nach den Vorstellungen des Gesetzgebers zur Zielerreichung gleich geeignet wäre. Jedoch ist die Regelung Frauen nicht zuzumuten, da die Vorteile des Sozialsystems in Hinsicht auf Beitragsausfälle, Missbrauchsrisiken und Schwächung der bAV auch bei einer nicht so weitreichenden Regelung, die Frauen nicht diskriminiert, weitgehend aufrecht erhalten werden können. Weitergehende Nachteile für Frauen in Bezug auf eine Nutzung von Wertguthaben für die Altersvorsorge stehen außer Verhältnis zu den Vorteilen der Regelung.

670 Vgl. nur Schmidt-Bleibtreu/Hofmann/Hopfau/Kannengießer, Art. 3, RN 41.

Der Rechtfertigungsmaßstab der sachlichen Rechtfertigung nach Art. 3 Abs. 1 GG in Bezug auf die mittelbare Ungleichbehandlung von Mehr- und Wenigverdienern berücksichtigt die Unterschiede nach Art und Gewicht und die Besonderheiten des geregelten Sach- und Lebensbereiches. Unter Berücksichtigung der Funktionsweise des Sozialsystems sowie des Altersvorsorgesystems und der Maßgabe, dass vor allem finanzielle und soziale Unterschiede zwischen den Personengruppen bestehen, liegen in der Missbrauchsgefahr am Sozialsystem sowie in finanziellen Erwägungen hinreichende sachliche Gründe.

4. Verstoß gegen den Vertrauensschutz

Auf Bestandsschutzinteressen wurde mit der Festlegung des Zeitpunktes - 13. November 2008 - für das Inkrafttreten der Neuregelung des § 23b Abs. 3a Satz 2 SGB IV Rücksicht genommen. Alle Wertguthabenvereinbarungen, die bis zu diesem Zeitpunkt getroffen wurden, können noch eine sozialversicherungsbeitragsfreie Umwandlung in eine bAV realisieren. Die Neuregelung des § 23b Abs. 3a Satz 2 SGB IV war am Stichtag des 13. November 2008 bereits bekannt.[671]

Unklar ist zwar, ob unter die nach dem 13. November 2008 geschlossenen - auch individualvertragliche Vereinbarungen fallen, die auf bestehenden tariflichen oder betrieblichen Vereinbarungen basieren.[672] Um Vertrauens- und Bestandsschutz umfassend gewähren zu können, kann das jedoch nicht gelten. Vielmehr müssen nach dem 13. November 2008 abgeschlossene Individualvereinbarungen denen bestehende tarifliche Regelungen oder Betriebsvereinbarungen zugrunde liegen auch weiterhin eine sozialversicherungsbeitragsfreie Umwandlung ermöglichen.[673]

Eine Benachteiligung in der Zeit durch Gesetzesänderungen ist i.Ü. legitim, gerade wenn es sich um die Aufhebung von Privilegierungen oder das Auslaufen von Förderungen handelt. Eine privilegierende Regelung wie die des § 23b Abs. 3a SGB IV a.F. kann schon wegen des Grundsatzes der Sozialversicherungspflicht nicht die Erwartung begründen, dass die Förderung unbegrenzt bestehen bleibt. Zum einen wurde die privilegierende Regelung erst im Jahr 2001 geschaffen. Mit der Diskussion um die Abschaffung der Privilegierung in der Entgeltumwandlung wurde auch die Abschaffung der Privilegierung des § 23b

671 Mit der Beschlussempfehlung und Bericht des Ausschusses für Arbeit und Soziales zu dem Gesetzentwurf der Bundesregierung v. 12.11.2008, BT Drucks. 16/10901.

672 So zumindest die Ansicht der der Spitzenverbände der Sozialversicherungsträger in dem Rundschreiben v. 31.3.2009, S. 45.

673 Vgl. zum Streit im 1. Kapitel unter II. 11.

Abs. 3a SGB IV a.F. bereits im Jahr 2007 diskutiert, und zunächst auch im Diskussionsentwurf vom 6. Juni 2007 erwähnt.[674] Ein darüber hinausgehender schützenswerter Vertrauenstatbestand besteht damit nicht.

IV. Verstoß gegen Recht der Europäischen Union

Das Recht der Europäischen Union richtet sich in erster Linie an die Mitgliedsstaaten, es regelt Rechte und Pflichten im Umgang der Mitgliedsstaaten miteinander. Unionsrecht kann aber auch unmittelbare Wirkungen auf die Unionsbürger entfalten. Dann können sie sich gegenüber einem Mitgliedsstaat unmittelbar auf eine bestimmte Vorschrift berufen, ohne dass es einer Umsetzung der Regelung in nationales Recht bedarf.

Nicht jede Unionsvorschrift hat diese unmittelbare Wirkung. Jedenfalls aber entfalten Verordnungen gem. § 288 Abs. 2 AEUV eine solche. Auch in Bezug auf die Charta der Grundrechte der Europäischen Union, die Grundfreiheiten des AEUV, unter bestimmten Voraussetzungen Richtlinien und die Rechtsprechung hat der Europäische Gerichtshof eine solche unmittelbare Wirkung anerkannt.

Bezogen auf eine Nutzung von Wertguthaben für eine bAV sind unmittelbar wirkende Vorschriften heranzuziehen, auf die sich Arbeitnehmer berufen können, so vor allem bei Verstößen gegen Arbeitnehmerrechte wie die Freizügigkeit in Artt. 45 ff. AEUV, das Entgeltgleichheitsgebot sowie das allgemeine arbeitsrechtliche Gleichheitsgebot des Art. 157 AEUV, das allgemeine Diskriminierungsverbot nach Art. 19 Abs. 1 AEUV, die Gleichheitsrechte der Charta der Grundrechte der Europäischen Union. Zudem kommen Verstöße gegen Richtlinien in Betracht.

1. Verstoß gegen Grundfreiheiten und das allgemeine Diskriminierungsverbot

Die Europarechtswidrigkeit der nationalen Vorschrift des § 23b Abs. 3a Satz 2 SGB IV kann sich aus einem Verstoß gegen Grundfreiheiten, hier insbesondere

---

674 „Die Aufhebung der beitragsfreien Übertragbarkeit von Wertguthaben in die Betriebliche Altersversorgung im Störfall gleicht einen derzeit nicht unerheblichen Beitragsentzug in allen Sozialversicherungszweigen aus und führt insoweit zu Beitragsmehreinnahmen." Aus dem Diskussionsentwurf eines Gesetzes zur Verbesserung von Rahmenbedingungen der sozialrechtlichen Absicherung flexibler Arbeitszeitregelungen v. 6.6.2007, S. 2 unter D. Kosten der öffentlichen Hand.

der Arbeitnehmerfreizügigkeit gem. Artt. 45 ff. AEUV oder auch aus dem allgemeinen Diskriminierungsverbot des Art. 19 AEUV ergeben.

Allerdings können die Grundfreiheiten des AEUV nur dann betroffen sein, wenn ein grenzüberschreitender Bezug gegeben ist. Für rein inländische Sachverhalte sind die Grundfreiheiten nicht einschlägig, diese sind ausschließlich am nationalen Recht zu messen.

Im Regelfall werden die Folgen des § 23b Abs. 3a Satz 2 SGB IV in Deutschland tätige und aufgrund dessen sozialversicherungspflichtige Arbeitnehmer treffen. Sollte in einem Einzelfall ein grenzüberscheitender Bezug bestehen und kommt es zu Beeinträchtigungen der Freizügigkeit eines EU-Bürgers oder zu sonstigen Diskriminierungen durch die Regelung, hätte ein Verstoß aufgrund des Anwendungsvorranges des Europarechtes die Nichtanwendbarkeit der nationalen Vorschrift in dem konkreten Fall zur Folge.[675] Ein genereller Verstoß gegen die Grundfreiheiten oder das allgemeine Diskriminierungsverbot mit der Folge der Europarechtswidrigkeit der Vorschrift kann dagegen nicht erkannt werden.

2. Verstoß gegen das Gebot der Entgeltgleichheit

Art. 157 AEUV regelt die Gleichbehandlung der Geschlechter im Arbeitsrecht in Bezug auf das Entgelt. Nach der Vorschrift hat jeder Mitgliedsstaat die Anwendung des Grundsatzes des gleichen Entgelts für Männer und Frauen bei gleicher oder gleichwertiger Arbeit sicherzustellen. Im Gegensatz zu den Grundfreiheiten ist der Entgeltgleichheitssatz auch auf rein inländische Sachverhalte anwendbar. Ein grenzüberschreitender Bezug ist nicht notwendig.

Diese Sonderstellung beruht auf einem doppelten Schutzzweck, welcher der Regelung des Art. 157 AEUV innewohnt.[676] Die Vorschrift dient zunächst einem wirtschaftlichen Zweck – der Vermeidung von Wettbewerbsverzerrungen. Unternehmen in Mitgliedsstaaten, welche die Entgeltgleichheit verwirklicht haben, sollen gegenüber Unternehmen anderer Staaten nicht benachteiligt werden. Zum zweiten werden mit Art. 157 AEUV soziale Zwecke verfolgt. Die Vorschrift zielt auf eine Verbesserung der Lebens- und Beschäftigungsbedingungen der europäischen Völker. Dieser doppelte Zweck verlangt nach einem erweiterten

675 Vgl. EuGH v. 9.3.1978 - C-106/77 - Simmenthal, EuGHE 1978, 629; BVerfG nur unter den Beschränkungen der Solange-Rechtsprechung: Solange II, BVerfG v. 22.10.1986, BVerfGE 73, 339 ff.; Maastricht, v. 12.10.1993, BVerfGE 89, 155; Bananenmarkt, v. 7.6.2000, BVerfGE 102, 147.

676 Vgl. EuGH v. 8.4.1976 - C-43/75 - Defrenne II, BB 1976, 841; v. 10.2.2000 - C-50/96 - Lilli Schröder, BB 2000, 983 (985).

Anwendungsbereich. Art. 157 AEUV enthält daher einen unmittelbaren Anspruch von Arbeitnehmern auf gleiches Entgelt. Eine nationale Vorschrift, die gegen Art. 157 AEUV verstößt, ist in dem konkreten Fall nicht anwendbar.[677]

Um zu ermitteln, ob Art. 157 AEUV im vorliegenden Fall einschlägig ist, muss zunächst geklärt werden, wie der Begriff des Entgeltes in Art. 157 Abs. 1 AEUV zu verstehen ist. Nach der weiten Definition des Absatzes 2 der Regelung beinhaltet Entgelt alle üblichen Grund- oder Mindestlöhne und -gehälter sowie alle sonstigen Vergütungen, die der Arbeitgeber aufgrund des Dienstverhältnisses dem Arbeitnehmer unmittelbar oder mittelbar in bar oder als Sachleistungen zahlt. Die Leistungen sind Entgelt, unabhängig davon, ob sie auf Grund eines Arbeitsvertrages, kraft einer Rechtsvorschrift oder freiwillig erbracht werden.[678]

Auch entgeltbestimmende Faktoren wie das Dienstalter und die Arbeitszeit sind erfasst.[679]

Mit der weiten Definition soll Entgelt von sonstigen Arbeitsbedingungen abgegrenzt werden. Vom Entgeltbegriff nicht erfasst sind damit Leistungen oder Belastungen öffentlich-rechtlicher Sozialversicherungssysteme.[680] § 23b Abs. 3a Satz 2 SGB IV regelt gerade die sozialversicherungsrechtlichen Folgen der Umwandlung von Wertguthaben in eine bAV. Auf die Beitragspflicht haben die Parteien des Arbeitsvertrages regelmäßig keinen Einfluss, eine Vergütung des Arbeitgebers - auch im weitesten Sinne - liegt darin nicht. Die Norm stellt somit keine Entgeltregelung im Sinne des Art. 157 Abs. 1 AEUV dar.

3. Verstoß gegen das allgemeine arbeitsrechtliche Gleichheitsgebot der Geschlechter

Art. 157 AEUV enthält zwar keinen Gleichbehandlungsanspruch. Wie geschildert ist lediglich ein Anspruch auf gleiches Entgelt normiert. Art. 157 AEUV beschreibt jedoch in den Absätzen 3 und 4 ein allgemeines arbeitsrechtliches

---

677 Vgl. EuGH v. 9.3.1978 - C-106/77 - Simmenthal, EuGHE 1978, 629; BVerfG unter den Beschränkungen der Solange-Rechtsprechung: vgl. Solange II, BVerfG v. 22.10.1986, BVerfGE 73, 339 ff.; Maastricht, v. 12.10.1993, BVerfGE 89, 155; Bananenmarkt, v. 7.6.2000, BVerfGE 102, 147.

678 Vgl. EuGH v. 4.6.1992 – C-360/90 – Arbeiterwohlfahrt, EuGHE I 1992, 3589; v. 21.10.1999 - C-333/97 - Lewen, EuGHE 1999, 7243; v. 21.7.2005 – C-207/04 – Vergani, EuGHE 2005, 7453.

679 Vgl. nur EuGH v. 3.10.2006 – C-17/05 – Cadman, NJW 2007, 47.

680 Vgl. EuGH v. 25.5.1971 – C-80/70 – Defrenne I, EuGHE 1971, 445; Calliess/Ruffert/Krebber, EGV Art. 141, RN 30.

Gleichheitsgebot der Geschlechter.[681] Von Grundsätzen der Chancengleichheit und Gleichbehandlung ist die Rede, die auf das Arbeitsleben allgemein bezogen sind und damit über den Entgeltgleichheitssatz der Absätze 1 und 2 hinausgehen. Derartige Grundsätze fügen sich in die allgemeine Antidiskriminierungspolitik der Europäischen Union, wie in Art. 19 AEUV niedergelegt, ein.[682]

Worauf das arbeitsrechtliche Gleichheitsgebot jedoch konkret basieren und welchen Inhalt es haben soll, ist bislang unklar.[683] Ein subjektives Recht kann es aufgrund der mangelnden Bestimmtheit jedoch schon nicht enthalten.[684] Das kann allerdings dahinstehen, denn als allgemeiner Rechtsgrundsatz bindet der Gleichbehandlungsanspruch die Gemeinschaftsorgane, eine Bindung der Mitgliedsstaaten ist ohnehin zweifelhaft.[685]

4. Verstoß gegen die Charta der Grundrechte der Europäischen Union

Auch die Grundrechtscharta enthält in Artt. 21 und 23 Gleichheitsrechte, die gem. Art. 6 Abs. 1 AEUV seit dem 1. Dezember 2009 verbindliches Recht sind.[686] Art. 21 der Charta verbietet Diskriminierungen u.a. wegen des Geschlechts. Umfasst sind unmittelbare wie auch jegliche mittelbare Diskriminierungen,[687] mithin auch die Vorliegende.

Unklar war bislang der konkrete Rechtfertigungsmaßstab.[688] In Übereinstimmung mit den sonstigen Europarechtlichen Bestrebungen ist davon auszugehen, dass umfassender Schutz auch vor mittelbaren Diskriminierungen bestehen muss und damit ein objektiver Rechtfertigungsmaßstab anzulegen ist.[689] Damit ergeben sich identische Voraussetzungen wie nach nationalem Recht. Die Vorschrift des § 23b Abs. 3a Satz 2 SGB IV wäre dann auch nach den Maßstä-

---

681 Str., vor allem Calliess/Ruffert/Krebber, EGV Art. 141 RN 1, 75 ff.; ErfK/Schlachter/Wißmann, AEUV Art. 157, RN 23; kritisch Grabitz/Hilf/Langenfeld, EGV Art. 141, RN 4.

682 Vgl. nur Grabitz/Hilf/Langenfeld, EGV Art. 141, RN 5.

683 In der Literatur werden verschiedene Ansätze verfolgt: vor allem Calliess/Ruffert/Krebber, EGV Art. 141, RN 75 ff.; Grabitz/Hilf/Langenfeld EGV Art. 141, RN 2 f.

684 So auch Calliess/Ruffert/Krebber, EGV Art. 141, RN 79.

685 Vgl. nur Grabitz/Hilf/Langenfeld, EGV Art. 141, RN 3.

686 Durch den Vertrag von Lissabon zur Änderung des Vertrags über die Europäische Union und des Vertrags zur Gründung der Europäischen Gemeinschaft v. 13.12.2007, Abl. 2007/C 306/01.

687 Vgl. Meyer/Hölscheidt Art. 21 EU-GRCharta, RN 28.

688 Vgl. Meyer/Hölscheidt Art. 21 EU-GRCharta, RN 29, Art. 20 EU-GRCharta, RN 16.

689 Vgl. EuGH v. 1.3.2011 - C-236/09 sowie sogleich unter 5.

ben der Grundrechtscharta mangels Angemessenheit in seiner vollen Reichweite nicht europarechtskonform.

Art. 23 der Charta enthält ein Gleichstellungsgebot. Auch dieses besteht umfassend. Es ist damit (aktiv) dafür zu sorgen, dass es verwirklicht wird.[690] Jedoch gibt dieses keinen subjektiven Anspruch auf Maßnahmen zur Sicherstellung der Geschlechtergleichheit.[691]

5. Verstoß gegen Sekundärrecht

Ein Verstoß gegen Verordnungen ist nicht ersichtlich. Die Verordnung (EG) Nr. 883/2004 vom 29. April 2004 zur Koordinierung der Systeme der sozialen Sicherheit[692], die sog. Wanderarbeiterverordnung ist auf den vorliegenden Sachverhalt nicht anwendbar. Einzig Richtlinienverstöße kommen in Betracht. Zwar sind Richtlinien innerhalb einer jeweils bestimmten Frist in den Mitgliedsstaaten in nationales Recht umzusetzen und finden sich dann in nationalen Normen wieder. Jedoch ist es möglich, dass das nationale Recht eine Richtlinie nicht fristgemäß, nicht richtig oder nicht umfassend umsetzt. In diesen Fällen kommt der Richtlinie unmittelbare Wirkung zu, wenn ihr Regelungsgehalt hinreichend bestimmt und inhaltlich unbedingt ist.[693] Es ist zu prüfen, ob § 23b Abs. 3a Satz 2 SGB IV gegen Richtlinien verstößt.

a. Richtlinie 2006/54/EG

Vorliegend kommt ein Verstoß gegen die RL 2006/54/EG vom 5. Juni 2006 zur Verwirklichung des Grundsatzes der Chancengleichheit und Gleichbehandlung von Männern und Frauen in Arbeits- und Beschäftigungsfragen in Betracht.[694] Die Richtlinie vereint seit dem 15. August 2009 die RL 75/117/EWG[695] zur Angleichung der Rechtsvorschriften der Mitgliedstaaten über die Anwendung des Grundsatzes des gleichen Entgeltes für Männer und Frauen, RL 76/207/EWG[696] zur Verwirklichung des Grundsatzes der Gleichbehandlung von Männern und Frauen hinsichtlich des Zugangs zur Beschäftigung, zur Berufsbildung und zum beruflichen Aufstieg sowie in Bezug auf die Arbeitsbedingungen, RL 86/378/

690 Vgl. Meyer/Hölscheidt Art. 23 EU-GRCharta, RN 18.

691 Vgl. Meyer/Hölscheidt Art. 23 EU-GRCharta, RN 18.

692 Abl. EG 2004 L 166 v. 30.4.2004.

693 Vgl. Erfk/ Wißmann, Vorbem. zum AEUV, RN 9.

694 ABl. EG 2006 L 204, S. 23.

695 v. 10.2.1975, ABl. EG 1975 L 045, S. 19.

696 v. 9.2.1976, Abl. EG 1976 L 039, S. 40 geändert durch RL 2002/73EG v. 23.9.2002, Abl. EG 2002 L 269, S. 15.

EWG[697] zur Verwirklichung des Grundsatzes der Gleichbehandlung von Männern und Frauen bei den betrieblichen Systemen der sozialen Sicherheit und RL 97/80/EG[698] über die Beweislast bei Diskriminierungen aufgrund des Geschlechts.

In der Folgezeit der RL 75/117/EWG wurde der Begriff des Entgeltes in dem heutigen Art. 157 AEUV[699] auf den Anwendungsbereich der Richtlinie erweitert. Die Umsetzung der Richtlinie in nationales Recht erfolgte durch § 612 Abs. 3 BGB a.F. und schließlich durch das AGG. Eine über Art. 157 AEUV hinausgehende Bedeutung hat die Richtlinie über das gleiche Entgelt von Männern und Frauen für den vorliegenden Fall jedoch nicht. Ein Verstoß gegen Art. 157 AEUV wurde bereits mangels Subsumtion unter den Entgeltbegriff abgelehnt.[700]

RL 76/207/EWG ist auf den vorliegenden Sachverhalt unmittelbar nicht anzuwenden. Sie regelt in Art. 1 den Grundsatz der Gleichbehandlung hinsichtlich des Zuganges zu Beruf und Karriere, in Bezug auf Arbeitsbedingungen sowie die soziale Sicherheit.[701] Durch Art. 2 der RL sind unmittelbare und mittelbare Diskriminierungen verboten. Nach Art. 2 Abs. 2 der Richtlinie liegt eine mittelbare Diskriminierung vor, „wenn dem Anschein nach neutrale Vorschriften, Kriterien oder Verfahren Personen, die einem Geschlecht angehören, in besonderer Weise gegenüber Personen des anderen Geschlechts benachteiligen können, es sei denn, die betreffenden Vorschriften, Kriterien oder Verfahren sind durch ein rechtmäßiges Ziel sachlich gerechtfertigt und die Mittel sind zur Erreichung dieses Ziels angemessen und erforderlich“. Vorliegend geht es nicht um eine mittelbare Diskriminierung in den in Art. 1 genannten Bereichen sondern um eine Diskriminierung bei der zusätzlichen Altersvorsorge.

Art. 2 der Richtlinie enthält jedoch ein hinreichend bestimmtes Gleichbehandlungsgebot auf Gemeinschaftsebene und damit das Verbot mittelbarer Diskriminierungen wegen des Geschlechts auch in Bezug auf sonstige Arbeitsbedingungen.[702] Zweifelhaft ist zunächst, ob die vorliegende Ungleichbehandlung sonstige Arbeitsbedingungen betrifft. Dem kann lediglich bei sehr weiter Auslegung des Begriffs der sonstigen Arbeitsbedingungen zugestimmt werden. Auf-

---

697 v. 24.7.1986, ABl. EG 1986 L 225, S.40; geändert durch RL 96/97EG v. 20.12.1996, ABl. EG 1997 L 046, S. 20.

698 v. 15.12.1997, ABl. EG 1998 L 014, S. 6; ausgedehnt durch RL 98/52/EG v. 22.7.1998, ABl. L 205, S. 66.

699 Damals Art. 119 EGV, bis 30.11.2009 dann 141 EG.

700 Vgl. unter Abschnitt 2.

701 Vgl. Schiek, Europäisches Arbeitsrecht, Teil 2 b., RN 60.

702 Vgl. Calliess/Ruffert/Krebber, EGV Art. 141, RN 11.

grund des anzulegenden Verhältnismäßigkeitsmaßstabes wäre eine dann denkbare mittelbare Diskriminierung von Frauen nicht gerechtfertigt.[703]

RL 97/80/EG wurde ebenfalls durch § 611a BGB sowie durch das AGG umgesetzt und ergänzt in ihrem Anwendungsbereich gem. Art. 3 der RL lediglich die vorstehenden Richtlinien hinsichtlich der Beweislast.

Auch RL 86/378/EWG konkretisiert den Anwendungsbereich des Art. 157 AEUV hinsichtlich der Leistungen des Arbeitgebers zu betrieblichen Systemen der sozialen Sicherheit. Das bedeutet zwar, dass auch hinsichtlich der Betriebsrenten keine unmittelbare oder mittelbare Unterscheidung bei den Leistungen des Arbeitgebers vorgenommen werden darf. Das ist jedoch vorliegend auch nicht der Fall.

b. Richtlinie 2004/113/EG

RL 2004/113/EG[704] als Gleichbehandlungsrichtlinie wegen des Geschlechts - außerhalb der Arbeitswelt – ist nicht einschlägig. Mit ihr sollen insbesondere Geschlechterunterschiede beim Abschluss von Versicherungsverträgen beseitigt werden, die unterschiedliche Leistungen oder Prämien zur Folge haben.

c. Richtlinie 79/7/EWG

Darüber hinaus könnte RL 79/7/EWG,[705] welche die Gleichbehandlung von Männern und Frauen auf dem Gebiet der sozialen Sicherheit regelt, einschlägig sein. Die Richtlinie wurde nicht in das nationale Recht umgesetzt, sie gilt damit unmittelbar. Die Richtlinie findet Anwendung auf die gesamte Erwerbsbevölkerung, damit auch auf Selbständige, Rentner oder arbeitsunfähige Arbeitnehmer sowie auf alle gesetzlichen Systeme der sozialen Sicherheit. Der persönliche Anwendungsbereich ist damit vorliegend eröffnet. Von dem sachlichen Anwendungsbereich des Art. 3 der RL umfasst sind die Risiken der Krankheit, Invalidität, Alter, Arbeitsunfall oder Berufskrankheit und Arbeitslosigkeit. Ein Verstoß gegen die Richtlinie liegt vor, wenn solche Regelungen der Sozialversicherung unmittelbar oder mittelbar diskriminierend wirken, insbesondere bezogen auf den Anwendungsbereich, den Zugang zu den Systemen, die Beitragspflicht oder die Berechnung der Beiträge bzw. der Leistungen, vgl. Art. 4 der RL.

---

703 Der erste Senat des Bundesverfassungsgerichtes richtet sich bei der Rechtfertigung nach europarechtlichen Vorgaben. Insoweit ausführlich zum Rechtfertigungsmaßstab Abschnitt III, 3. b. (2) (a) und (3) (a).

704 v. 13.12.2004, ABl. EG 2004 L 373, S. 37 (40).

705 v. 19.12.1978, ABl. EG 1979 L 006, S. 24.

§ 23b Abs. 3a Satz 2 SGB IV ist vorliegend eine Regelung der Sozialversicherung, die eine mittelbare Diskriminierung von Frauen bewirkt.[706] Dieser Umstand stellt jedoch keine Diskriminierung nach Art. 4 der RL dar. Die Diskriminierung ist nicht gleichzusetzen mit denen in Art. 4 Abs. 1 als Regelbeispiele aufgezählten Tatbeständen, die Nachteile bei der sozialen Sicherung wegen des Geschlechts zu verhindern versucht. Eine Regelung, die Arbeitsentgelt der Sozialversicherungspflicht unterwirft, verstößt gerade nicht gegen die Tatbestände, da sie Beiträge und Leistungen und damit den Erwerb von Ansprüchen aus den sozialen Systemen gewährleistet. In dieser Hinsicht werden Frauen gerade nicht diskriminiert.

6. Fazit

Europarechtlich besteht ebenfalls eine nach dem Verhältnismäßigkeitsmaßstab nicht zu rechtfertigende mittelbare Diskriminierung von Frauen nach Art. 21 der Grundrechtscharta sowie bei weiter Auslegung des Begriffs der sonstigen Arbeitsbedingungen nach der in RL 2006/54/EG enthaltenen RL 76/207/EWG.

V. Vorschlag einer Neuregelung zur sozialversicherungsrechtlichen Behandlung der Umwandlung von Wertguthaben in eine bAV

An dieser Stelle soll der Versuch unternommen werden, eine Alternativregelung zu § 23b Abs. 3a SGB IV zu finden, die gleichermaßen in der Lage ist, einen Missbrauch zu verhindern und dennoch weiterhin eine sinnvolle Verwendung von Wertguthaben für eine bAV als Auffanglösung ermöglicht. Da unter den gegebenen Voraussetzungen in dieser Arbeit die Verfassungs- und Europarechtswidrigkeit des § 23b Abs. 3a Satz 2 SGB aufgrund seiner nachteiligen Folgen für Frauen angenommen werden kann, ist der Gesetzgeber zu einer Neuregelung zu verpflichten. Das eine solche Regelung möglich ist, soll an dieser Stelle verdeutlicht werden.

Überdies ist auch aus rechts- und sozialpolitischen Erwägungen eine Anpassung der Regelung geboten. Denn die Rechtsfolge des § 23b Abs. 3a Satz 2 SGB IV hinterlässt nicht unwesentliche Belastungen bei Wenigverdienern. Erklärtes Ziel der Sozialpolitik ist die Schließung der Rentenlücke, die mit der Senkung der Leistungen aus der gesetzlichen Rentenversicherung entsteht. Die Ausgestal-

706 Vgl. dazu Abschnitt III. 3. b. (2).

tung des dazu erforderlichen geförderten Sozialsystems unterliegt zwar einem weiten gesetzgeberischen Spielraum. Dennoch sollte es dem allgemeinen politischen Willen und dem Zeitgeist entsprechen, dass eine zusätzliche, eigenverantwortliche Altersvorsorge jedermann ermöglicht wird. Auf welchem Wege diese wahrgenommen wird, sollte dann jedoch gerade nicht von entscheidender Bedeutung sein.

Der Gesetzgeber hat in § 7 Abs. 1a Satz 4 SGB IV die Vereinbarung einer Option zur Umwandlung von Wertguthaben in eine bAV ausdrücklich vorgesehen und damit auch eine zumindest ergänzende Altersvorsorge über Wertguthaben ins Auge gefasst. Indem sie nun jedoch unwirtschaftlich ausgestaltet worden ist, werden Arbeitnehmer die ansonsten flexible Vorsorgemöglichkeit über Wertguthaben gerade nicht mehr nutzen. Im Zweifel könnte aber gerade die Flexibilität dieser Vorsorgemöglichkeit den in der Arbeit als Wenigverdiener[707] betitelten Arbeitnehmer dazu motivieren, überhaupt vorzusorgen.

Eine weitere Überlegung ist zu berücksichtigen. Die in diesem Kapitel untersuchten Eingriffe in Art. 2 Abs. 1 GG sowie Diskriminierungen und Ungleichbehandlungen nach Art. 3 GG waren vor allem durch die im Gesetzgebungsverfahren angebrachten Missbrauchsvorwürfe gerechtfertigt.

Ein Missbrauchsvorwurf betraf die „erheblichen Beitragsausfälle in der Sozialversicherung“.[708] Dabei bestand von Seiten des Gesetzgebers aufgrund der Weite der getroffenen Regelung augenscheinlich die Maßgabe, dass jegliche Beitragsausfälle zu vermeiden sind. Diese Position lässt vermissen, dass Wertguthaben ausdrücklich in eine bAV umgewandelt werden können und dann auch nach der Umwandlung wie eine Entgeltumwandlung behandelt werden. Mit der Umwandlung entsteht für den Arbeitnehmer tatsächlich eine eigenfinanzierte betriebliche Altersvorsorge, die dann die gleiche Funktion übernimmt wie die originäre Entgeltumwandlung. Ein Anspruch auf Entgeltumwandlung in Höhe von 4 % der jährlichen Beitragsbemessungsgrenze der allgemeinen Rentenversicherung steht jedem Arbeitnehmer zu. In dieser Höhe müssen Beitragsausfälle in der Sozialversicherung einkalkuliert sein. Dabei sollte maßgebend sein, dass der Arbeitnehmer von seinem Recht auf staatlich geförderte Eigenvorsorge Gebrauch machen kann und sollte gerade nicht maßgebend sein, aus welchem Entgelt und zu welchem Zeitpunkt die Umwandlung erfolgt. Soweit Arbeitnehmer nicht Wertguthaben und Arbeitsentgelt kumulativ über die 4 Prozent-Grenze hinaus sozialversicherungsfrei umwandeln, dürfte es zumindest zu uneinge-

707 Dazu Abschnitt III. 2. b. (3) (b) und III. 3. b. (1).

708 Aus der Beschlussempfehlung und Bericht des Ausschusses für Arbeit und Soziales zu dem Gesetzentwurf der Bundesregierung v. 12.11.2008, BT Drucks. 16/10901, S. 14.

planten Beitragsausfällen gar nicht kommen. Damit wären die Missbrauchsvorwürfe als „erhebliche, nicht eingeplante Beitragsausfällen“ zu konkretisieren.

Ein weiterer Vorwurf betraf die „ursprünglich gedachte Auffanglösung in der bAV für durch Freizeitausgleich nicht mehr verwendbare Wertguthaben“,[709] die nunmehr systematisch missbraucht worden sei. Der Vorwurf bezog sich auf den systematischen Missbrauch und nicht auf die Funktion als Auffanglösung. Die Frage, die sich zwangsläufig stellt, ist, warum sollte nicht eine Auffanglösung bestehen bleiben bzw. das System zu dieser Auffanglösung zurückgeführt werden. Mit der Neuregelung in § 23b Abs. 3a Satz 2 SGB IV wurde aber faktisch aufgrund der Unwirtschaftlichkeit auch die Auffanglösung abgeschafft. Die Regelung geht über den Vorwurf des systematischen Missbrauchs damit weit hinaus. Dabei ist zu beachten, dass verschiedene Mechanismen bereits vor der Neuregelung dafür sorgten, dass eine systematisch missbräuchliche Verwendung von Wertguthaben für eine bAV geprüft werden konnte und das Wertguthaben in einem konkreten Missbrauchsfall nachträglich zu verbeitragen war. Denn Wertguthaben stellten bereits vor der Gesetzesänderung lediglich eine Auffanglösung unter engen Voraussetzungen dar.[710] Ein Missbrauch sollte damit in den wenigsten Fällen unbemerkt stattfinden können, von Systematik kann nicht gesprochen werden.

Der Vorwurf, dass „Beitragsmittel der Versorgungswerke für den kontinuierlichen Aufbau entzogen und erst am Ende durch einen Einmalbetrag zu einem sogleich entstehenden oder verstärkten Anspruch aus der betrieblichen Altersvorsorge umgewandelt“[711] werden, ist ebenfalls nicht zuende gedacht. Denn dazu müsste man unterstellen, dass Arbeitnehmer sich nunmehr anstatt für Wertguthaben für eine Entgeltumwandlung entscheiden, und zwar nicht erst kurz vor Renteneintritt. Aber davon kann gerade nicht ausgegangen werden. Dazu gibt es vielfältige Gründe, die bereits in diesem Kapitel angesprochen wurden und vor allem in dem mangelnden regelmäßigen und frei verfügbaren Einkommen liegen.

Hinzu kommt, dass die originäre Entgeltumwandlung klare Vorteile gegenüber Wertguthaben hat, vor allem kann man abschätzen, welche Rentenleistung zu erwarten ist. Arbeitnehmer, die ausschließlich oder hauptsächlich für das Alter vorsorgen wollen, haben sich bereits zuvor für eine Entgeltumwandlung entschieden und werden dies weiterhin tun. Eine durch den Arbeitnehmer finanzier-

709 Aus der Beschlussempfehlung und Bericht des Ausschusses für Arbeit und Soziales zu dem Gesetzentwurf der Bundesregierung v. 12.11.2008, BT Drucks. 16/10901, S. 14.

710 So auch Uckermann, S. 354.

711 Aus der Beschlussempfehlung und dem Bericht des Ausschusses für Arbeit und Soziales zu dem Gesetzentwurf der Bundesregierung v. 12.11.2008, BT Drucks. 16/10901, S. 14.

te bAV ist über die originäre Entgeltumwandlung zu bewerkstelligen, solange dem Arbeitnehmer dafür freies Entgelt zur Verfügung steht.[712] Die Wertguthabenverwendung für eine bAV ist für diesen Zweck keine gleichwertige Alternative. Hinzu kommt auch hier, dass die Verwendung von Wertguthaben für eine bAV nicht eingeplant werden kann, damit unvorhersehbar und zu ungewiss ist, um darauf seine zusätzliche Altersvorsorge aufzubauen. Beitragsmittel werden damit nicht entzogen, da kein kontinuierlicher Aufbau einer Altersvorsorge geplant ist, der Vorwurf ist nicht berechtigt.

Bei einer Gleichstellung der Systeme in dem Zeitpunkt, in dem eine Umwandlung tatsächlich stattfindet, kommt es mithin zu einer Ausweitung der Personengruppen, denen der Zugang zur Entgeltumwandlung ermöglicht wird. Denn auch Wenigverdienern, die bisher mangels Einkommen (zumindest aus Unsicherheit) keine Entgeltumwandlungsvereinbarung abschließen konnten, steht nach § 1a BetrAVG einen Anspruch darauf zu, Teile ihres Arbeitsentgeltes begrenzt sozialversicherungsfrei in eine bAV umzuwandeln. Wenn dies durch den Umweg der Wertguthaben Arbeitnehmern erleichtert würde, gewinnen die Versorgungswerke nur hinzu. Es entsteht bei der Umwandlung der Wertguthaben, wenn auch spät, immer noch eine bAV. Damit wird das System der bAV durch Wertguthabenvereinbarungen sogar ausgebaut, wenn auch in Form von Einmalbeträgen. Da sich Arbeitnehmer mit der bestehenden Regelung weder für eine Entgeltumwandlung noch für eine Verwendung von Wertguthaben als Auffanglösung entschließen werden, gehen Beiträge endgültig verloren.

Es entsteht der Eindruck, als hätte sich der Gesetzgeber mit den Missbrauchsvorwürfen, die zwar bestanden, jedoch nicht in der erklärten Reichweite, in der Kürze der Zeit des laufenden Gesetzgebungsverfahren nicht in dem gewünschten Maße auseinandergesetzt.[713]

Die ursprüngliche Motivation des Gesetzgebers für eine Abschaffung der sozialversicherungsbeitragsfreien Umwandlung von Wertguthaben lag bekanntlich darin, dass im Juli 2007, als der erste Diskussionsentwurf zu der Flexi II-Reform gestellt wurde,[714] die Abschaffung der Anschubförderung in der Entgeltumwandlung[715] noch beschlossene Sache war. Erst Ende des Jahres 2007 sollte

712 Ähnlich Uckermann, S. 354.

713 Ähnlich Uckermann, S. 354, der von einem „eigentlich schon als abgeschlossen betrachtetes Gesetzgebungsverfahren" spricht.

714 Diskussionsentwurf eines Gesetzes zur Verbesserung von Rahmenbedingungen der sozialrechtlichen Absicherung flexibler Arbeitszeitregelungen v. 6.6.2007, S. 2 unter D. Kosten der öffentlichen Hand.

715 Anschubförderung eingeführt zum 1.1.2002 durch das Gesetz zur Reform der gesetzlichen Rentenversicherung und zur Förderung eines kapitalgedeckten Altersvorsorgever-

sich das nach langen Verhandlungen ändern und die Anschubförderung auf unbestimmte Zeit verlängert werden.[716] Die Nichtfortführung der sozialversicherungsbeitragsfreien Umwandlungsmöglichkeit bei Wertguthaben wurde dann auch offensichtlich fallengelassen, denn in den folgenden Entwürfen war davon nicht mehr die Rede. Erst während der Beratungen im Ausschuss für Arbeit und Soziales zu Beginn des Monats November 2008 wurden die Vorwürfe erneut vorgebracht.[717] Die Zeitspanne bis zu dem Abschluss des Reformvorhabens im Dezember 2008 war dann augenscheinlich nicht mehr ausreichend, um eine weitergehende Folgenbetrachtung zuzulassen.

Eine weitergehende Neuregelung des § 23b Abs. 3a SGB IV, die die Missbrauchsvorwürfe, soweit sie gerechtfertigt sind, verhindert und gleichzeitig einer systematischen Verwendung von Wertguthaben für eine bAV vorbeugt, könnte so aussehen, dass die Umwandlung von Entgelt und Wertguthaben aus Vereinbarungen nach dem 13. November 2008 kumulativ bis in Höhe der 4 Prozent-Grenze zulässig ist:[718]

„§ 23b SGB IV

[...]

(3a) Sieht die Vereinbarung nach § 7b bereits bei ihrem Abschluss für den Fall, dass Wertguthaben wegen der Beendigung der Beschäftigung auf Grund verminderter Erwerbsfähigkeit, des Erreichens einer Altersgrenze, zu der eine Rente wegen Alters beansprucht werden kann, oder des Todes des Beschäftigten nicht mehr für Zeiten einer Freistellung von der Arbeitsleistung oder der Verringerung der vertraglich vereinbarten Arbeitszeit verwendet werden können, deren Verwendung für Zwecke der betrieblichen Altersversorgung vor, gilt das bei Eintritt dieser Fälle für Zwecke der betrieblichen Altersversorgung verwendete Wertguthaben, *für Vereinbarungen nach dem 13. November 2008 jedoch nur bis zu einer Höhe von 4 vom Hundert der jährlichen Beitragsbemessungsgrenze der allgemeinen Rentenversicherung,* nicht als beitragspflichtiges Arbeitsentgelt. *Dies gilt nicht,*

1. wenn die Vereinbarung über die bAV eine Abfindung vorsieht oder zulässt oder Leistungen im Falle des Todes, der Invalidität und des Erreichens einer Altersgrenze, zu der eine Rente wegen Alters beansprucht werden kann, nicht gewährleistet sind oder

2. soweit bereits im Zeitpunkt der Ansammlung des Wertguthabens vorhersehbar ist, dass es nicht für Zwecke nach § 7c verwendet werden kann *oder*

3. wenn bei Vereinbarungen nach dem 13. November 2008 bereits eine betriebliche Altersversorgung durch Entgeltumwandlung nach Maßgabe der § 14 Abs. 1

---

mögens (Altersvermögensgesetz-AVmG) v. 26.6.2001, BGBl. I 2001, S. 1310; vgl. jurisPK-SGB IV/Werner, § 115, RN 7; LPK-SGB IV/Winkler, § 115, RN 2.

716 Mit dem Gesetz zur Förderung der zusätzlichen Altersvorsorge und zur Änderung des Dritten Buches Sozialgesetzbuch v. 10.12.2007, BGBl. I 2007, S. 2838.

717 Die Vorwürfe kamen dann aus der Versicherungswirtschaft, dazu Uckermann, S. 354.

718 Ergänzter bzw. veränderter Gesetzeswortlaut ist kursiv gestellt.

Nr. 1 SGB IV i.V.m. § 1 Abs. 1 Nr. 9 SVEV bzw. § 14 Abs. 1 S. 2 SGB IV in Höhe von 4 vom Hundert der jährlichen Beitragsbemessungsgrenze der allgemeinen Rentenversicherung besteht oder

4. wenn und soweit eine bestehende betriebliche Altersversorgung durch Entgeltumwandlung nach Maßgabe der § 14 Abs. 1 Nr. 1 SGB IV i.V.m. § 1 Abs. 1 Nr. 9 SVEV bzw. § 14 Abs. 1 S. 2 SGB IV zuzüglich des umzuwandelnden Wertguthaben aus einer Vereinbarungen nach dem 13. November 2008 insgesamt 4 vom Hundert der jährlichen Beitragsbemessungsgrenze der allgemeinen Rentenversicherung übersteigt."

Mit der Neuregelung müsste eine zusätzliche Aufzeichnungspflicht aufgenommen werden, wonach für Wertguthaben, für die eine Umwandlungsoption vereinbart wird, jährliche Aufzeichnungen über die 4 Prozent-Grenze geführt werden. Zudem müsste bei Bestehen einer originären Entgeltumwandlung jährlich vermerkt werden bis zu welcher Höhe die 4 Prozent-Grenze tatsächlich genutzt wurde.

Alternativ zu der vorgestellten Regelung in § 23b Abs. 3a SGB IV könnte, wie in einigen wissenschaftlichen Publikationen bereits angedacht,[719] der Anwendungsbereich der sozialversicherungsrechtlichen Regelungen über die Entgeltumwandlung (für die Durchführungswege Pensionskasse, Pensionsfonds und Direktversicherung in § 14 Abs. 1 Satz 1, 17 Abs. 1 Nr. 2 SGB IV i.V.m. § 1 Abs. 1 Nr. 9 SVEV, für die Direktzusage und Unterstützungskasse in § 14 Abs. 1 Satz 2 SGB IV) sowie § 1 Abs. 2 Nr. 3 BetrAVG ausgeweitet werden, mit der Maßgabe, dass die Grenze der Beitragsfreiheit von jährlich 4 % der jeweiligen Beitragsbemessungsgrenze in der allgemeinen Rentenversicherung nur insgesamt einmal für die Entgeltumwandlung und Wertguthaben zusammen in Anspruch genommen werden kann.

VI. Zusammenfassung des vierten Kapitels

Wertguthabenvereinbarungen, die nach dem 13. November 2008 geschlossen wurden, können aufgrund der Neuregelung des § 23b Abs. 3a Satz 2 SGB IV nicht mehr sozialversicherungsbeitragsfrei in eine bAV umgewandelt werden. Durch die Störfallverbeitragung kommt es zu einer Benachteiligung von Wertguthaben gegenüber der originären Entgeltumwandlung, die in Zukunft dazu führen kann, dass sich Arbeitnehmer aufgrund wirtschaftlicher Überlegungen gegen eine Nutzung von Wertguthaben für eine bAV entscheiden, da diese nicht mehr sinnvoll ist.

719 Vgl. Hoppach in: FS Kemper, S. 193 (206); Veit, S. 88 ff., 93 ff.; zumindest im Ergebnis Wellisch/Näth, DStR 2003, 309.

Die Wertguthabenverwendung für eine bAV ist keine von vornherein gleichwertige Alternative zur originären Entgeltumwandlung. Eine vom Arbeitnehmer finanzierte bAV ist vorrangig über die originäre Entgeltumwandlung zu bewerkstelligen, solange dem Arbeitnehmer dafür freies Entgelt zur Verfügung steht. Das gilt jedoch nicht mehr, wenn die Alternative Entgeltumwandlung nicht in Betracht kommt.

Ein Verstoß gegen einfaches Gesetzesrecht wie das AGG, BetrVG oder das TzBfG liegt aufgrund der Ansiedelung auf derselben Ebene der Normenhierarchie mit § 23b Abs. 3a Satz 2 SGB IV nicht vor.

Es bestehen keine Bedenken an der formellen Verfassungsmäßigkeit der Neuregelung des § 23b Abs. 3a Satz 2 SGB IV. Das Ansinnen einer Aufhebung der Beitragsfreiheit bestand zumindest zu Beginn des Reformvorhabens ‚Flexi II', Informationen dazu waren zugänglich. Die Entscheidungsfreiheit der Abgeordneten ist zudem nicht tangiert. Trotz der kurzen Zeitspanne von der Einbringung der Änderung bis zu dem Abschluss der Reform war die Neuregelung bei zwei der drei Lesungen bekannt.

Der Schutzbereich des Grundrechtes der allgemeinen Handlungsfreiheit gem. Art. 2 Abs. 1 GG ist eröffnet. Artt. 12 und 14 GG sind hingegen nicht einschlägig.

Unmittelbare Eingriffe in die Privatautonomie durch die Neuregelung des § 23b Abs. 3a Satz 2 SGB IV sind nicht erkennbar. Ein Eingriff in die allgemeine Handlungsfreiheit gem. Art. 2 Abs. 1 GG liegt in der eintretenden Sozialversicherungsbeitragspflicht.

Bei Annahme eines Eingriffs durch aktives Tun ist dieser aufgrund überragender Gemeinwohlbelange an der Sozialversicherungspflicht und dem System der Sozialversicherung gerechtfertigt. Allerdings liegt ein Eingriff durch Unterlassen einer weiteren Förderung näher. Eine Handlungsverpflichtung kann aufgrund des bestehenden ausreichenden Schutzniveaus insoweit nicht angenommen werden.

Es liegen darüber hinaus mittelbare Eingriffe in die allgemeine Handlungsfreiheit der Arbeitnehmer vor. Aufgrund der doppelten Beitragslast bei der Nutzung von Wertguthaben für eine bAV werden sich Arbeitnehmer in Zukunft gegen die Verwendung von Wertguthaben für eine bAV entscheiden. Das bedeutet im Ergebnis faktisches Vorenthalten einer ansonsten vorteilhaften, flexiblen Vorsorgemöglichkeit. Wenigverdienende Arbeitnehmer sind möglicherweise mangels alternativer finanzierbarer Vorsorgemöglichkeiten einem erhöhten Vorsorgerisiko und damit einer weitergehenden Einschränkung in der Handlungsfreiheit ausgesetzt, die u.U. zu einem vollständigen Verzicht auf Vorsorge führt. Weitere faktische Zwänge treten auf, soweit Arbeitnehmer aus unterschiedlichen Gründen ihre vorhandenen Wertguthaben bis zu dem Eintritt eines der in § 23b

Abs. 3a SGB IV genannten Fälle nicht zu ihrem Nutzenvorteil abbauen können. Sie sind dann zur Auszahlung des Wertguthabens mangels sinnvoller Alternativen (faktisch) gezwungen, was nicht der Zielsetzung von Wertguthabenvereinbarungen entsprechen kann.

Die mittelbaren Eingriffe erreichen nicht die Eingriffsschwelle, da eine auskömmliche Altersversorgung nicht gänzlich verhindert, sondern lediglich erschwert wird. Das gilt auch, soweit man in dem sensiblen Bereich der Altersvorsorge ein erhöhtes Schutzniveau annimmt.

Die Vorschriften der §§ 14 Abs. 1 Satz 1 und 2, 17 Abs. 1 Nr. 2 SGB IV i.V.m. § 1 Abs. 1 Nr. 9 SvEV zur sozialversicherungsrechtlichen Behandlung der Entgeltumwandlung sind auf die Umwandlung von Wertguthaben aufgrund eines ‚technischen' Unterschiedes nicht anwendbar. Es handelt sich, da bei der Wertguthabenvereinbarung lediglich eine Option auf eine Umwandlung in eine bAV festgelegt wird, in dem Falle der tatsächlichen Umwandlung nicht mehr um zukünftiges Entgelt i.S.d. § 1 Abs. 2 Nr. 3 BetrAVG. Eine vorherige mögliche Verwendung zu Freistellungszwecken steht dem entgegen. Eine analoge Anwendung der Vorschriften scheitert an einer Regelungslücke.

Die Sachverhalte der originären Entgeltumwandlung und der Wertguthaben sind jedoch in dem Zeitpunkt der tatsächlichen Umwandlung in eine bAV wesentlich gleich i.S.d. Art. 3 Abs. 1 GG. Maßgeblich für die Gleichheit der Sachverhalte ist dabei allein eine wirtschaftliche Betrachtung aus Sicht der Arbeitnehmer bzw. Berater.

Mittelbare Ungleichbehandlungen von Personengruppen bestehen gem. Art. 3 Abs. 1 GG zwischen Wenigverdienern und Mehrverdienern. Wenigverdiener unterscheiden sich von Mehrverdienern in dem Umstand, dass sie aufgrund ihres Einkommens und ihrer familiären und persönlichen Umstände eine originäre Entgeltumwandlung mangels verfügbarer finanzieller Mittel nicht abschließen können.

Außerdem kommt es zu mittelbaren Diskriminierungen von Frauen. Frauen sind besonders benachteiligt, da sie statistisch gesehen mehrheitlich Teilzeitjobs und schlechter bezahlte Berufe eingehen und da sie in einer Mehrzahl der Fälle ihr Berufsleben auf die Familie abstimmen. Geschlechtsspezifische Ungleichbehandlungen richten sich bei mittelbaren Diskriminierungen mit der Rechtsprechung des ersten Senates des Bundesverfassungsgerichtes nach Art. 3 Abs. 2 GG.

Eine mittelbare Diskriminierung nach Art. 3 Abs. 2 GG kann nur gerechtfertigt werden, wenn sie auf sachlichen Gründe beruht, die nichts mit der geschlechtsbezogenen Wirkung der Regelung zu tun haben. Soweit nicht diskriminierende Gründe vorhanden sind, muss die Regelung geeignet sein, ihr Ziel zu erreichen, angemessen und erforderlich sein. Die Verhältnismäßigkeit der Regelung des § 23b Abs. 3a Satz 2 SGB IV ist in ihrer derzeitigen Reichweite nicht anzunehmen. Es ist zwar kein milderes Mittel erkennbar, dass nach den Vorstellungen des Gesetzgebers zur Zielerreichung gleich geeignet wäre. Auch bei einer begrenzt sozialversicherungsfreien Umwandlungsmöglichkeit von Wertguthaben in eine bAV kommt es zu Beitragsausfällen und zu Missbrauchsrisiken. Die Regelung ist in ihrer Reichweite Frauen jedoch nicht zuzumuten. Die Vorteile der Neuregelung des § 23b Abs. 3a Satz 2 SGB VI in Bezug auf Missbrauchsrisiken und Beitragsausfälle stehen in nicht angemessenen Verhältnis zu den Nachteilen von Frauen in Bezug auf an eine angemessene Altersversorgung, soweit eine Regelung gefunden werden kann, die die Vorteile weitgehend – und zwar in dem vom Gesetzgeber in § 1a BetrAVG geduldeten Rahmen – bestehen lässt. Dies ist bei einer Gleichstellung in Form einer Ergänzung der Wertguthaben zu der originären Entgeltumwandlung als Auffanglösung der Fall.

Die mittelbare Ungleichbehandlung von Wenig- und Mehrverdienern ist unter Berücksichtigung der Unterschiede nach Art und Gewicht (soziale und wirtschaftliche Unterschiede) und der Besonderheiten des geregelten Sach- und Lebensbereiches (Sozialsystem) gerechtfertigt. Hinreichende sachliche Gründe liegen in den Missbrauchsgefahren sowie in finanziellen Erwägungen.

Verstöße gegen Vertrauensschutztatbestände sind nicht ersichtlich. Auf Vertrauens- und Bestandsschutzinteressen wurde mit der Stichtagsregelung in § 23b Abs. 3a Satz 2 SGB IV Rücksicht genommen. Das gilt jedoch nur, soweit man unter den Begriff der Vereinbarung in Satz 2 der Regelung nicht Individualvereinbarungen subsumiert, die aufgrund einer zu dem Stichtag bereits bestehenden tariflichen Regelung oder Betriebsvereinbarung getroffen werden.

Mangels grenzüberschreitendem Bezug im Regelfall liegen Verstöße gegen die Grundfreiheiten der §§ 45 ff. und 19 AEUV nicht vor. Soweit in einem Einzelfall ein grenzüberschreitender Bezug gegeben sein sollte, wäre bei einem Verstoß gegen die Grundfreiheiten § 23b Abs. 3a Satz 2 SGB IV nicht anwendbar.

Ein Verstoß gegen das Entgeltgleichheitsgebot aus Art. 157 AEUV scheitert an der Eigenschaft des § 23b Abs. 3a Satz 2 SGB IV als Regelung einer unmittelbaren oder mittelbaren Leistungsgewährung des Arbeitgebers bzw. an einem entgeltbestimmenden Charakter.

Ein mögliches primärrechtliches arbeitsrechtliches Gleichheitsgebot kann mangels Bestimmtheit subjektive Rechte nicht enthalten, zudem ist eine Bindung der Mitgliedstaaten fraglich. Ein Verstoß ist schon daher abzulehnen.

In Bezug auf eine bestehende mittelbare Diskriminierung von Frauen nach Art. 21 der Charta der Grundrechte der Europäischen Union ist der Rechtfertigungsmaßstab bislang unklar. Nach dem im Europarecht bei mittelbaren Diskriminierungen anzuwendenden Verhältnismäßigkeitsmaßstab wäre die Diskriminierung in seiner Reichweite ebenfalls nicht gerechtfertigt.

Die Schutzbereiche der RL 2004/113/EG oder RL 79/7/EWG sind nicht eröffnet. Zudem hat RL 2006/54/EG nach hier vertretener Auffassung keine über Art. 157 AEUV hinausgehende Bedeutung. Eine nach dem Verhältnismäßigkeitsmaßstab nicht zu rechtfertigende mittelbare Diskriminierung bestände allenfalls bei weiter Auslegung des Begriffs der sonstigen Arbeitsbedingungen nach Art. 2 der in RL 2006/54/EG enthaltenen RL 76/207/EWG.

Aufgrund der Verfassungs- und Europarechtswidrigkeit und aus rechts- und sozialpolitischen Gründen ist eine Neufassung der Regelung vorzuschlagen. Diese ist so zu fassen, dass eine Umwandlung von Wertguthaben zusammen mit einer Entgeltumwandlung in Höhe von insgesamt bis zu 4 % der jährlichen Beitragsbemessungsgrenze der allgemeinen Rentenversicherung zulässig ist.

Wesentliche Ergebnisse der Arbeit

Als wesentliche Ergebnisse der Untersuchungen lassen sich folgende Erkenntnisse festhalten:

1. Arbeitszeitkontenregelungen stellen sich in Unternehmen mit schwankendem Personalbedarf aus ökonomischer Perspektive als überlegen gegenüber starren Arbeitszeitregelungen heraus. Insbesondere aus Gründen der Beschäftigungssicherung sind Arbeitgeber wie auch Arbeitnehmer an Arbeitszeitkontenregelungen interessiert.

2. Aufgrund vielfältiger weiterer Vorteile, die zu einer optimierten Nutzung der Ressource Arbeitskraft beitragen können, sind darüber hinaus Wertguthabenvereinbarungen, letztlich auch in Unternehmen, deren Personalbedarf keinen größeren Schwankungen unterliegt, gegenüber starren Arbeitszeitregelungen vorteilhaft. Einzig Kostenüberlegungen könnten Unternehmen ernsthaft von einer Einführung eines Wertguthabenmodells abhalten (abhängig von der Effektivität der Inanspruchnahme durch die Belegschaft sowie von der Anzahl der beteiligten Arbeitnehmer).

3. In beiderseitigem Interesse sind, um die Durchsetzung von Optimierungsmaßnahmen und das Verhältnis von Kosten und Nutzen nicht zu gefährden, auch die Belange der Arbeitnehmer bei der Wahl und Durchführung des Kontenmodells zu berücksichtigen und ist ihnen ein Mitspracherecht einzuräumen.

4. Ein Anspruch von Arbeitnehmern auf Wertguthabenvereinbarungen gegen den Arbeitgeber besteht nach geltendem Recht nicht und ist auch nicht aufgrund staatlicher Schutzpflichten notwendig. Die ökonomischen Vorzüge von Wertguthabenvereinbarungen im Hinblick auf Beschäftigungssicherung, Betreuung von Kindern, Pflege Angehöriger, Weiterbildungsmöglichkeiten sowie einen vorgezogenen Ruhestand wirken sich nicht in Richtung eines Arbeitnehmeranspruches aus. Der rechtliche Mindestschutz ist in allen Bereichen im Grundsatz gewährleistet.

5. Familienfreundlich, branchenspezifisch und vor allem mit einem Mitspracherecht der Arbeitnehmer ausgestaltete Wertguthabenmodelle können positive Anreize vermitteln. Neben einer Erhöhung der Frauenerwerbsquote können familienfreundlich ausgestaltete Wertguthabenmodelle mutmaßlich auch eine Steigerung der Geburtenrate bei abhängig beschäftigten Frauen bewirken. In Bezug auf Weiterbildungen können Wertguthaben positive Anreize mangels Missbrauchsgefahr für ‚Freizeitveranstaltungen' setzen.

6. Schutzlücken können im Einzelfall bei langfristiger Pflege Angehöriger aufgrund von Einkommensausfällen auftreten. In dem Bereich sind allerdings Gesetzesänderungen geplant. Freiwillig geführte Langzeitkonten könnten diese ergänzen. Ein umfassender Anspruch auf Wertguthaben besteht hingegen nicht.

7. In Bezug auf einen vorgezogenen Ruhestand sind aufgrund der demografischen Entwicklungen der Erhalt der aktiven Arbeitskraft älterer Arbeitnehmer sowie die Begegnung des drohenden Fachkräftemangels zu fördern. Ein gesetzlicher Arbeitnehmeranspruch könnte dort möglicherweise politisch nicht gewünschte Anreize vermitteln. Ein auf Freiwilligkeit basierendes System der Wertguthabenvereinbarungen bleibt jedoch sinnvoll, um in einem Einzelfall u.U. auftretende Schutzlücken zu schließen.

8. Das unter 7. Gesagte muss in Bezug auf Branchen einseitiger oder körperlich schwerer Belastung relativiert werden. Dort sollte aufgrund überdurchschnittlich hoher Vorruhestandsquoten und damit drohender Schutzlücken über branchenspezifische, tarifliche Ansprüche für Arbeitnehmer ernsthaft nachgedacht werden. Diese könnten andere notwendige Vorruhestandsmaßnahmen sinnvoll ergänzen.

9. Im Hinblick auf eine zusätzliche Altersversorgung sind Wertguthaben unter den derzeitigen gesetzlichen Voraussetzungen gegenüber vorhandenen Alterssicherungssystemen nachteilig. Unter geänderten gesetzlichen Rahmenbedingungen (dazu unter 16.) könnten für eine bAV verwendete Wertguthaben die Entgeltumwandlung - weiterhin in der Bedeutung einer Auffanglösung - ergänzen. Für einen Anspruch sind sie nicht geeignet, schon aufgrund ihrer Zwecksetzung zur Erreichung von Freistellungen.

10. Die bestehenden unmittelbaren Eingriffe in die allgemeine Handlungsfreiheit der Arbeitnehmer durch die mit der Neuregelung in § 23b Abs. 3a Satz 2 SGB IV (wieder-)eintretende Sozialversicherungspflicht liegen in einem Unterlassen einer Weiterförderung durch den Gesetzgeber. Dieses erreicht nicht das schutzpflichtenaktivierende Gefährdungsniveau. Ein Mindestmaß an Schutz ist mit der gesetzlichen Rentenversicherung nach dem SGB VI und der Grundsicherung im Alter nach dem SGB XII und weiteren zusätzlichen Altersvorsorgemöglichkeiten gewährleistet.

11. Auf Wertguthaben sind die Regelungen der §§ 14 Abs. 1 Satz 1 und 2, 17 Abs. 1 Nr. 2 SGB IV, § 1 Abs. 1 Nr. 9 SvEV über die sozialversicherungsrechtliche Behandlung der Entgeltumwandlung nicht direkt anwendbar. Der ‚technische' Unterschied - das Wertguthaben stellt in dem Zeitpunkt der tatsächlichen Umwandlung kein zukünftiges Entgelt mehr dar - sperrt die Anwendbarkeit. Eine analoge Anwendung scheitert an einer Regelungslücke.

12. In Bezug auf Art. 3 Abs. 1 GG stellen Wertguthabenumwandlung und Entgeltumwandlung vergleichbare Sachverhalte dar. Dazu ist allein auf die wirtschaftliche Sichtweise aus Sicht des Arbeitnehmers bzw. des Beraters abzustellen. Auf einen technischen Unterschied oder etwaige Zwecksetzungen kommt es nicht an, diese sind aus der Perspektive der Arbeitnehmer nicht nachvollziehbar.

13. Es findet weiterhin eine nach nationalem- sowie nach Europarecht relevante mittelbare Diskriminierung von Frauen statt, da diese überwiegend Arbeitsplätze mit geringerer Bezahlung bzw. Arbeitszeit, sog. Wenigverdiener-Berufe, ausüben. Die Diskriminierung ist nach dem anzulegenden Verhältnismäßigkeitsmaßstab in seiner derzeitigen Reichweite nicht gerechtfertigt. Es existiert zwar kein milderes Mittel, das Beitragsausfälle in der Sozialversicherung und ein mögliches Missbrauchsrisiko gleichsam vollständig vermeidet. Die Regelung des § 23b Abs. 3a Satz 2 SGB IV ist jedoch Frauen unter Berücksichtigung der beiderseitigen Interessen an einer angemessenen Altersvorsorge nicht zumutbar. Zumutbar wäre die Gleichstellung und Ergänzung der originären Entgeltumwandlung durch Wertguthaben als Auffanglösung, denn auch eine solche Regelung wahrt die Vorteile auf Seiten des Sozialsystems weitgehend und bürgt keine weiteren Nachteile für Frauen.

14. Eine mittelbare Ungleichbehandlung von Personengruppen - zwischen Wenigverdienern und Mehrverdienern - nach Art. 3 Abs. 1 GG ist aus hinreichenden sachlichen Gründen unter Berücksichtigung des Sozial- und Altersvorsorgesystems sowie der Art und des Ausmaßes der Ungleichbehandlung vor allem durch die Missbrauchsgefahren und aus finanziellen Erwägungen gerechtfertigt.

15. Um Vertrauens- und Bestandsschutz umfassend wahren zu können, müssen nach dem 13. November 2008 abgeschlossene Individualvereinbarungen, denen bestehende tarifliche Regelungen oder Betriebsvereinbarungen zugrunde liegen, auch weiterhin eine sozialversicherungsbeitragsfreie Umwandlung ermöglichen. Der Wortlaut des § 23b Abs. 3a Satz 2 SGB IV lässt eine solche Auslegung zu.

16. Aufgrund der Verfassungs- und Europarechtswidrigkeit der Neuregelung des § 23b Abs. 3a Satz 2 SGB IV sowie rechts- und sozialpolitischer Gründen ist eine Neufassung der Regelung vorzuschlagen. Diese ist so zu formulieren, dass eine Umwandlung von Wertguthaben und eine Entgeltumwandlung kumulativ in Höhe von bis zu 4 % der jährlichen Beitragsbemessungsgrenze der allgemeinen Rentenversicherung zulässig ist.

Literaturverzeichnis

Adomeit, Klaus: Die gestörte Vertragsparität - ein Trugbild, in NJW 1994, S. 2467 ff.
Zitiert als: Adomeit, NJW 1994, 2467.

Alexy, Robert: Recht, Vernunft, Diskurs. Studien zur Rechtsphilosophie, Frankfurt am Main 1995.
Zitiert als: Alexy, Recht.

Alexy, Robert: Theorie der Grundrechte, 5. Auflage, Frankfurt am Main 2006.
Zitiert als: Alexy, Grundrechte.

Ars, Volker/*Blümke*, Anke/*Scheithauer*, Claudia: Nach dem FlexiG II- Neue Spielregeln für Zeitwertkonten (Teil I), in BB 2009, S. 1358 ff.
Zitiert als: Ars/Blümke/Scheithauer, BB 2009, 1358.

Ars, Volker/*Blümke*, Anke/*Scheithauer*, Claudia: Nach dem FlexiG II- Neue Spielregeln für Zeitwertkonten (Teil II) in BB 2009, S. 2252 ff.
Zitiert als: Ars/Blümke/Scheithauer, BB 2009, 2252.

Assmann, Heinz-Dieter/*Kirchner*, Christian/*Schanze*, Erich (Hrsg.): Ökonomische Analyse des Rechts, 2. Auflage, Tübingen 1993.
Zitiert als: Assmann/Kirchner/Schanze.

Bach, Hans-Uwe/*Spitznagel*, Eugen: Kurzarbeit. Betriebe zahlen mit - und haben was davon, in IAB-Kurzbericht 17/2009, S. 1 ff.
Zitiert als: Bach/ Spitznagel, IAB-Kurzbericht 17/2009, 1.

Badunenko, Oleg/*Barasinska*, Nataliya/*Schäfer*, Dorothea: Geldanlage: Frauen sind vorsichtiger als Männer – weil sie weniger Vermögen haben, in Wochenbericht des DIW Berlin Nr. 48/2009 v. 25.11.2009, S. 832 ff.
Zitiert als: Badunenko/Barasinska/Schäfer, DIW Wochenbericht 2009, 832.

Beckmann, Roland Michael/*Matusche-Beckmann*, Annemarie: Versicherungsrechts-Handbuch, 2. Auflage, München 2009.
Zitiert als: Beckmann/Matusche-Beckmann/*Bearbeiter*.

Beste, Sven/*Haßlöcher*, Thomas: Das mit Flexi II eingeführte „Gebot der sicheren Anlage“ gemäß § 7d Abs. 3 SGB IV, in: Lohn+Gehalt Spezial Februar 2009, S. 23 ff.
Zitiert als: Beste/Haßlöcher, Lohn+Gehalt Spezial Feb 2009, 23.

Beste, Sven/*Eisenreich*, Albrecht: Der Begriff des Wertguthabens nach „Flexi II“, in: Lohn+Gehalt Spezial Juni 2009, S. 14 ff.
Zitiert als: Beste/Eisenreich, Lohn+Gehalt Spezial Juni 2009, 14.

Bleckmann, Albert: Neue Aspekte der Drittwirkung der Grundrechte, in: DVBl. 1988, S. 938 ff.
Zitiert als: Bleckmann, DVBl. 1988, 938.

Blomeyer, Klaus Otto/*Rolfs*, Christian/*Otto,* Klaus: Betriebsrentengesetz. Gesetz zur Verbesserung der betrieblichen Altersversorgung, 5. Auflage, München 2010.
Zitiert als: Blomeyer/Rolfs/Otto.

Böckenförde, Ernst-Wolfgang: Grundrechtstheorie und Grundrechtsinterpretation, in: NJW 1974, S. 1529 ff.
Zitiert als: Böckenförde, NJW 1974, 1529.

Böckenförde, Ernst-Wolfgang: Staat, Verfassung, Demokratie. Studien zur Verfassungstheorie und zum Verfassungsrecht, 2. Auflage, Frankfurt am Main 1992.
Zitiert als: Böckenförde.

Böker, Karl-Hermann: Flexible Arbeitszeit – Langzeitkonten. Betriebs- und Dienstvereinbarungen. Analyse und Handlungsempfehlungen, Frankfurt am Main 2007.
Zitiert als: Böker.

Boemke, Burkhard/*Gründel*, Mirko: Grundrechte im Arbeitsverhältnis, in ZfA 2001, S. 245 ff.
Zitiert als: Boemke/Gründel, ZfA 2001, 245.

Bokranz, Rainer/*Landau*, Kurt: Einführung in die Arbeitswissenschaft. Analyse und Gestaltung von Arbeitssystemen, Stuttgart 1991.
Zitiert als: Bokranz/Landau.

Börsch-Supan, Axel/*Essig*, Lothar/*Wilke*, Christina: Rentenlücken und Lebenserwartung. Wie sich die Deutschen auf den Anstieg vorbereiten, Köln 2005.
Zitiert als: Börsch-Supan/Essig/Wilke.

Brauer, Bianca: Das Verbot der mittelbaren Diskriminierung und seine Anwendung auf die gesetzliche Rentenversicherung, Baden-Baden 2004.
Zitiert als: Brauer.

Brönstrup, Carsten: Krise mit Verspätung; Bislang haben die Firmen auf Massenentlassungen verzichtet. Das könnte sich bis zum Herbst ändern, in: Der Tagesspiegel Ausgabe 20491, vom 6.1.2010, S. 16.
Zitiert als: Brönstrup, Der Tagesspiegel v. 6.1.2010, S. 16

Brüss, Manfred: Das Modell der Altersteilzeit hat ausgedient, in: Versicherungsjournal v. 2.3.2010.
Zitiert als: Brüss, Versicherungsjournal v. 2.3.2010.

Büchel, Dirk: Flexi II – Auslegungen der Spitzenverbände der Sozialversicherung zum Verwaltungsvollzug, in: Lohn+Gehalt Spezial Juni 2009, S. 4 ff.
Zitiert als: Büchel, Lohn+Gehalt Spezial Juni 2009, 4.

Bundesministerium für Arbeit und Soziales: Bericht der Bundesregierung über die gesetzliche Rentenversicherung, insbesondere über die Entwicklung der Einnahmen und Ausgaben, der Nachhaltigkeitsrücklage sowie des jeweils erforderlichen Beitragssatzes in den künftigen 15 Kalenderjahren gemäß § 154 SGB VI (Rentenversicherungsbericht 2008).
Zitiert als: Rentenversicherungsbericht 2008.

Bundesministerium für Arbeit und Soziales: Ergänzender Bericht der Bundesregierung zum Rentenversicherungsbericht 2008 gemäß § 154 Abs. 2 SGB VI (Alterssicherungsbericht 2008).
Zitiert als: Alterssicherungsbericht 2008.

Bundesministerium für Arbeit und Soziales: Bericht der Bundesregierung über die gesetzliche Rentenversicherung, insbesondere über die Entwicklung der Einnahmen und Ausgaben, der Nachhaltigkeitsrücklage sowie des jeweils erforderlichen Beitragssatzes in den künftigen 15 Kalenderjahren gemäß § 154 SGB VI (Rentenversicherungsbericht 2009).
Zitiert als: Rentenversicherungsbericht 2009.

Buschmann, Rudolf/*Ulber*, Jürgen (Hrsg.): Arbeitszeitgesetz, 6. Auflage, Frankfurt am Main 2010.
Zitiert als: Buschmann/Ulber.

Callies, Christian: Die grundrechtliche Schutzpflicht im mehrpoligen Verfassungsrechtsverhältnis, in: JZ 2006, S. 321 ff.
Zitiert als: Calliess, JZ 2006, 321.

Callies, Christian/*Ruffert*, Matthias (Hrsg.): EUV / EGV - Das Verfassungsrecht der Europäischen Union mit Europäischer Grundrechtscharta, 3. Auflage, München 2007.
Zitiert als: Callies/Ruffert/*Bearbeiter.*

Canaris, Claus-Wilhelm: Grundrechte und Privatrecht, in: AcP 184 (1984), S. 201 ff.
Zitiert als: Canaris, AcP 184, 201.

Canaris, Claus-Wilhelm: Verstöße gegen das verfassungsrechtliche Übermaßverbot im Recht der Geschäftsfähigkeit und im Schadensersatzrecht, in: JZ 1987, S. 993 ff.
Zitiert als: Canaris, JZ 1987, 993.

Canaris, Claus-Wilhelm: Grundrechtswirkungen und Verhältnismäßigkeitsprinzip in der richterlichen Anwendung und Fortbildung des Privatrechts, in: JuS 1989, S. 161 ff.
Zitiert als: Canaris, JuS 1989, 161.

Cisch, Theodor B./*Ulbrich*, Mathias: Flexi-Gesetz II: Licht und Schatten, in: BB 2009, S. 550 ff.
Zitiert als: Cisch/Ulbrich, BB 2009, 550.

Cohnen, Karl-Dietmar/*Röger*, Hendrik: Kurzarbeit als Antwort auf kurzfristig auftretende Konjunkturschwächen - Arbeitsrechtliche und sozialversicherungsrechtliche Grundlagen -, in BB 2009, S. 46 ff.
Zitiert als: Cohnen/Röger, BB 2009, 46.

Consult-Kienbaum: Ein Konto für die Arbeit, in: Consult-Kienbaum Kundenmagazin, Jan 2006, S. 14 f.
Zitiert als: Consult 2006, 14.

Cremer, Wolfram: Freiheitsgrundrechte. Funktionen und Strukturen, Tübingen 2003.
Zitiert als: Cremer.

D´Aprile, Dorothee/*D´Aprile,* Iwan/*Geisen,* Richard: Grundwissen Arbeit. Ausgangsfragen. Schlüsselthemen. Herausforderungen, 1. Auflage, Stuttgart/Düsseldorf/Leipzig 2002.
Zitiert als: D´Aprile/D´Aprile/Geisen.

Datz, Nicole: Private Altersvorsorge am Beispiel der „Riester-Rente“. Darstellung und kritische Würdigung aus gesamtwirtschaftlicher Perspektive, Köln 2003.
Zitiert als: Datz.

Däubler, Wolfgang/*Kittner*, Michael/*Lörcher*, Klaus (Hrsg.): Internationale Arbeits- und Sozialordnung, 2. Auflage, Köln 1994.
Zitiert als: Däubler/Kittner/Lörcher.

Dauses, Manfred (Hrsg.): Handbuch des EU-Wirtschaftsrechts, München, Loseblatt Stand Oktober 2010 .
Zitiert als: Dauses/*Bearbeiter*.

Deutsche Zeitwert GmbH: Zeitwertkonten. Ein Modell setzt sich durch, Mainz Januar 2007.
Zitiert als: Deutsche Zeitwert, Studie 2007.

Diederichsen, Uwe: Die Selbstbehauptung des Privatrechts gegenüber dem Grundgesetz, in: Jura 1997, S. 57 ff.
Zitiert als: Diederichsen, Jura 1997, 57

Diel, Udo: Sozialversicherungsrechtliche Aspekte und Insolvenzsicherung bei Zeitkontensystemen – unter besonderer Berücksichtigung des gleitenden

Übergangs in den Ruhestand, in: *Marr*, Rainer (Hrsg.): Arbeitszeitmanagement. Grundlagen und Perspektiven der Gestaltung flexibler Arbeitszeitsysteme, S. 191 ff., 3. Auflage, Berlin 2001.
Zitiert als: Diel in: Marr, 191.

Dieterich, Thomas: Grundgesetz und Privatautonomie im Arbeitsrecht, in RdA 1995, S. 129 ff.
Zitiert als: Dieterich, RdA 1995, 129.

Dietlein, Johannes: Die Lehre von den grundrechtlichen Schutzpflichten, 2. Auflage, Berlin 2005.
Zitiert als: Dietlein.

Dietz, Martin: Der Arbeitsmarkt in institutionentheoretischer Perspektive, Stuttgart 2006.
Zitiert als: Dietz.

Dreier, Horst (Hrsg.): Grundgesetz Kommentar, Band I, 2. Auflage, Tübingen 2008.
Zitiert als: Dreier/*Bearbeiter*.

Dreher, Gordon: Das Alterseinkünftegesetz. Systematische Darstellung und verfassungsrechtliche Zweifelsfragen, Frankfurt am Main 2006.
Zitiert als: Dreher.

Drexl, Josef: Die wirtschaftliche Selbstbestimmung des Verbrauchers, Tübingen 1998.
Zitiert als: Drexl.

Dürig, Günter: Grundrechte und Zivilrechtsprechung, in: Vom Bonner Grundgesetz zur gesamtdeutschen Verfassung, Festschrift für Hans Nawiasky, München 1956, S. 157 ff.
Zitiert als: Dürig, FS Nawiasky, 157.

Eberling, Matthias/*Hielscher*, Volker/*Hildebrandt*, Eckart/*Jürgens*, Kerstin: Prekäre Balancen. Flexible Arbeitszeiten zwischen betrieblicher Regulierung und individuellen Ansprüchen, Berlin 2004.
Zitiert als: Eberling/Hielscher/Hildebrandt/Jürgens.

Eidenmüller, Horst: Effizienz als Rechtsprinzip. Möglichkeiten und Grenzen der ökonomischen Analyse des Rechts, 3. Auflage, Tübingen 2005.
Zitiert als: Eidenmüller.

Epping, Volker: Grundrechte, 4. Auflage, Heidelberg/Dordrecht/London/New York 2010.
Zitiert als: Epping.

Epping, Volker/*Hillgruber*, Christian (Hrsg.): Grundgesetz Kommentar, München 2009.
Zitiert als: Epping/Hillgruber/*Bearbeiter*.

Erlei, Mathias/*Leschke*, Martin/*Sauerland*, Dirk (Hrsg.): Neue Institutionenökonomik, 2. Auflage, Stuttgart 2007.
Zitiert als: Erlei/Leschke/Sauerland.

Esser, Ingo: Arbeitszeitkonten und Altersvorsorge. Chancen für Arbeitgeber und Arbeitnehmer, Saarbrücken 2007.
Zitiert als: Esser.

Eubel, Cordula/*Woratschka*, Rainer: An der Zeit; Bundesfamilienministerin Kristina Schröder will Arbeitnehmern helfen, die Angehörige pflegen. Wie stellt sich die CDU-Politikerin das konkret vor – und wie groß ist die Chance, dass ihr Plan umgesetzt wird?, in: Der Tagesspiegel Ausgabe 20548, vom 4.3.2010. S. 2.
Zitiert als: Eubel/Woratschka, Der Tagesspiegel v. 4.3.2010, S. 2.

Fastrich, Lorenz: Inhaltskontrolle im Arbeitsrecht nach der Bürgschaftsentscheidung des Bundesverfassungsgerichts vom 19.10.1993, in: RdA 1997, S. 65 ff.
Zitiert als: Fastrich, RdA 1997, 65.

Finkin, Matthew W.: Die Bedeutung des Arbeitsrechts für die Wirtschaftsleistung in Deutschland aus Sicht der USA, in: RdA 2002, S. 333 ff.
Zitiert als: Finkin, RdA 2002, 333.

Flume, Werner: Allgemeiner Teil des bürgerlichen Rechts, Zweiter Band - Das Rechtsgeschäft, 4. Auflage, Berlin 1992.
Zitiert als: Flume, BGB AT II.

Frank, Thomas: Zeitwertkonten und ihre Bedeutung für andere Rechtsgebiete, in: DB 2007, S. 1640 ff.
Zitiert als: Frank, DB 2007, 1640.

Frank, Thomas: Sozialrechtliche Absicherung flexibler Arbeitszeitregelungen, in: ZRP 2008, S. 255 ff.
Zitiert als: Frank, ZRP 2008, 255.

Fuchs, Maximilian (Hrsg.): Europäisches Sozialrecht, 5. Auflage, Baden-Baden 2010.
Zitiert als: Fuchs/*Bearbeiter*.

Gamillscheg, Franz: Die Grundrechte im Arbeitsrecht, in: AcP 164 (1964), S. 385 ff.
Zitiert als: Gamillscheg, AcP 164, 385.

Gamillscheg, Franz: Die Grundrechte im Arbeitsrecht, Berlin 1989.
Zitiert als: Gamillscheg.

Gast, Wolfgang: Rhetorik der Gleichbehandlung, in: BB 1997, S. 1304 ff.
Zitiert als: Gast, BB 1997, 1304.

Geiling, Ralf E.: Effizient für das Alter vorsorgen, in: VW 2006, S. 1221 ff.
Zitiert als: Geiling, VW 2006, 1221.

Geißler, Markus: Die Privatautonomie im Spannungsfeld sozialer Gerechtigkeit, in: JuS 1991, S. 617 ff.
Zitiert als: Geißler, JuS 1991, 617.

Gernhuber, Joachim: § 242 BGB – Funktionen und Tatbestände, in: JuS 1983, S. 764 ff.
Zitiert als: Gernhuber, JuS 1983, 764.

Giesen, Richard: Doppelte Erhebung von Sozialversicherungsbeiträgen in der betrieblichen Altersversorgung (Erster Teil), in: VSSR 2005, S. 21 ff.
Zitiert als: Giesen, VSSR 2005, 21.

Giesen, Richard: Doppelte Erhebung von Sozialversicherungsbeiträgen in der betrieblichen Altersversorgung (Zweiter Teil), in: VSSR 2005, S. 77 ff.
Zitiert als: Giesen, VSSR 2005, 77.

Giesen, Richard: Die „alternde Arbeitswelt" vor arbeits- und sozialrechtlichen Herausforderungen, in: NZA 2008, S. 905 ff.
Zitiert als: Giesen, NZA 2008, 905.

Glück, Michael J.: Die große Freiheit für Arbeitszeitguthaben geht zu Ende, in: Versicherungsjournal v. 4.2.2009.
Zitiert als: Glück, Versicherungsjournal v. 4.2.2009.

Goldstein, Joshua R./*Sobotka,* Tomáš/*Jasilioniene,* Aiva: The End of 'Lowest-Low' Fertility? Presseinformation des Max-Planck-Institut für demografische Forschung (MPIDR) v. 8.12.2009, abrufbar unter: http://www.demogr.mpg.de/papers/working/wp-2009-029.pdf, letzter Abruf 1.4.2011.
Zitiert als: MPIDR Presseinformation v. 8.12.2009.

Görsdorf-Kegel, Susanne: Altersvorsorge auch bei kleinem Einkommen. Ein eigens gegründeter Verein zeigt, wie es gehen könnte, in VW 2008, 789.
Zitiert als: Görsdorf-Kegel, VW 2008, 789.

Grabitz, Eberhard/*Hilf*, Meinhard/*Nettesheim,* Martin (Hrsg.): Das Recht der Europäischen Union, Band III – EUV/EGV, Loseblatt Stand Oktober 2009.
Zitiert als: Grabitz/Hilf/*Bearbeiter.*

Hageböcker, Sven/Gellrich, Albert A.: Zeitwertkonten – ein Königsweg für die Altersversorgung? Ersetzt das Modell die Entgeltumwandlung in der betrieblichen Altersversorgung?, in: DSWR 2004, S. 305 ff.
Zitiert als: Hageböcker/Gellrich, DSWR 2004, 305.

Hager, Johannes: Grundrechte im Privatrecht, in: JZ 1994, S. 373 ff.
Zitiert als: Hager, JZ 1994, 373.

Hamm, Ingo: Flexible Arbeitszeiten in der Praxis, 2. Auflage, Frankfurt am Main 2001.
Zitiert als: Hamm, Praxis.

Hamm, Ingo: Flexible Arbeitszeit – Kontenmodelle. Betriebs- und Dienstvereinbarungen. Analyse und Handlungsempfehlungen, Frankfurt am Main 2008.
Zitiert als: Hamm, Kontenmodelle.

Hanau, Peter/*Adomeit*, Klaus (Hrsg.): Arbeitsrecht, 14. Auflage, München 2006.
Zitiert als: Hanau/Adomeit.

Hanau, Peter/*Veit,* Annekathrin: Neues Gesetz zur Verbesserung der Rahmenbedingungen für die Absicherung flexibler Arbeitszeitregelungen und zur Änderung anderer Gesetze, in: NJW 2009, S. 182 ff.
Zitiert als: Hanau/Veit, NJW 2009, 182.

Hauck, Karl/*Noftz*, Wolfgang (Hrsg.): Sozialgesetzbuch VI. Gesetzliche Rentenversicherung. Kommentar, Band 2, Berlin, Loseblatt Stand: Februar 2010.
Zitiert als: Hauck/Noftz 2/*Bearbeiter*.

Heckmann, Markus/*Kettner*, Anja/*Pausch*, Stephanie/*Szameitat*, Jörg/*Vogler-Ludwig*, Kurt: Unternehmensbefragung im II. Quartal 2009. Wie Betriebe in der Krise Beschäftigung stützen, in IAB-Kurzbericht 18/2009, S. 1 ff.
Zitiert als: Heckmann/Kettner/Pausch/Szameitat/Vogler-Ludwig, IAB-Kurzbericht 18/2009, 1.

Heide, Sven: Lebensarbeitszeitkonten aus arbeitsrechtlicher Sicht, Baden-Baden 2008.
Zitiert als: Heide.

Herberger, Maximilian/*Martinek,* Michael/*Rüßmann*, Helmut/Weth, Stephan (Hrsg.): Juris Praxiskommentar BGB, Band 2 Schuldrecht, 4. Auflage, Saarbrücken 2008.
Zitiert als: JurisPK-BGB/*Bearbeiter.*

Herdegen, Matthias: Völkerrecht, 9. Auflage, München 2010.
Zitiert als: Herdegen.

Hesse, Konrad: Grundzüge des Verfassungsrechts der Bundesrepublik Deutschland, 20. Auflage (Neudruck), Heidelberg 1999.
Zitiert als: Hesse.

Hillgruber, Christian: Grundrechtsschutz im Vertragsrecht - zugleich - Anmerkung zu BVerfG NJW 1990, 1469, in: AcP 191 (1991), S. 69 ff.
Zitiert als: Hillgruber, AcP 191, 69.

Hippel, Eike v.: Keine Entschädigung für Waldsterben? Besprechung von BVerfG v. 26.5.1988 – 1 BvR 180/88, in: NJW 1998, S. 3254 f.
Zitiert als: Hippel, NJW 1998, 3254.

Holler, Manfred J./*Illing*, Gerhard (Hrsg.): Einführung in die Spieltheorie, 7. Auflage, Berlin 2008.
Zitiert als: Holler/Illing.

Höfer, Reinhold: Gesetz zur Verbesserung der betrieblichen Altersversorgung. Kommentar. Band 1: Arbeitsrecht unter Berücksichtigung der gesellschafts-, insolvenz-, und internationalrechtlichen Bezüge, München, Loseblatt Stand: Mai 2008.
Zitiert als: Höfer.

Hoff, Andreas: „Flexi II": Signal zur Neuordnung der betrieblichen Zeitkontensysteme, in: Lohn+Gehalt Spezial Februar 2009, S. 19 ff.
Zitiert als: Hoff, Lohn+Gehalt Spezial Feb 2009, 19.

Hönn, Günther, Kompensation gestörter Vertragsparität: Ein Beitrag zum inneren System des Vertragsrechts, München 1982.
Zitiert als: Hönn.

Hopfner, Sebastian/*Auktor*, Christian: Die Rechtsprechung zum Bildungsurlaub seit 1996 – Keine Besserung in Sicht, in: NZA 2002, S. 113 ff.
Zitiert als: Hopfner/Auktor, NZA 2002, 113.

Hoppach, Heike: Betriebliche Altersversorgung und Zeitkonten - Gegensatz oder sinnvolle Ergänzung?, in: Festschrift für Kurt Kemper zum 65. Geburtstag, München 2005, S. 193ff.
Zitiert als: Hoppach in: FS Kemper, 193.

Horn, Norbert: Vertragsbindung unter veränderten Umständen – Zur Wirksamkeit von Anpassungsregelungen in langfristigen Verträgen, in: NJW 1985, S. 1118 ff.
Zitiert als: Horn, NJW 1985, 1118.

Hubrich, Stefan: Zur geschlechtsspezifischen Un-/Gleichbehandlung privater und betrieblicher Altersvorsorgeverträge, in: Sozialer Fortschritt 2008, S. 132 ff.
Zitiert als: Hubrich, Sozialer Fortschritt 2008, 132.

Hunold, Wolf: Unzureichende Arbeitsleistung als Abmahn- und Kündigungsgrund, in: BB 2003, S. 2345 ff.
Zitiert als: Hunold, BB 2003, 2345.

Institut für Arbeitsmarkt- und Berufsforschung: Flexible Arbeitszeiten und Kurzarbeit bremsen Jobverluste. Presseinformation des Instituts für Arbeitsmarkt- und Berufsforschung vom 04.06.2009, abrufbar unter: www.iab.de/de/informationsservice/presse/presseinformationen/az09q1.aspx, letzter Abruf 1.4.2011.
Zitiert als: IAB Presseinformation v. 4.6.2009.

Institut für Arbeitsmarkt- und Berufsforschung: Unternehmen halten trotz Krise Personal in bisher nicht gekanntem Ausmaß. Presseinformation des Instituts für Arbeitsmarkt- und Berufsforschung vom 10.06.2009, abrufbar unter: www.iab.de/de/informationsservice/presse/presseinformationen/proj0 609.aspx, letzter Abruf 1.4.2011.
Zitiert als: IAB Presseinformation v. 10.6.2009.

Institut für Arbeitsmarkt- und Berufsforschung: Flexible Arbeitszeiten und Kurzarbeit sicherten im Jahr 2009 mehr als eine Million Jobs. Presseinformation des Instituts für Arbeitsmarkt- und Berufsforschung vom 2.2.2010, abrufbar unter: http://www.iab.de/1553/section.aspx, letzter Abruf, 1.4.2011.
Zitiert als: IAB Presseinformation v. 2.2.2010,

Ipsen, Jörn (Hrsg.): Staatsrecht I. Staatsorganisationsrecht, 22. Auflage, München 2010.
Zitiert als: Ipsen.

Isensee, Josef: Das Grundrecht auf Sicherheit. Zu den Schutzpflichten des freiheitlichen Verfassungsstaates, Berlin/New York 1983.
Zitiert als: Isensee.

Isensee, Josef: Das staatliche Gewaltmonopol als Grundlage und Grenze der Grundrechte, in: Festschrift für Horst Sendler zum Abschied aus seinem Amt, München 1991, S. 39 ff.
Zitiert als: Isensee in: FS Sendler, 39.

Isensee, Josef/*Kirchhof*, Paul (Hrsg.): Handbuch des Staatsrecht der Bundesrepublik Deutschland, Band II: Verfassungsstaat, 3. Auflage, Heidelberg 2004.
Zitiert als: Isensee/Kirchhof/*Bearbeiter*, HdbStR II.

Isensee, Josef/*Kirchhof*, Paul (Hrsg.): Handbuch des Staatsrechts der Bundesrepublik Deutschland, Band V, 2. Auflage (Nachdruck), Heidelberg 2000.
Zitiert als: Isensee/Kirchhof/*Bearbeiter*, HdbStR V.

Jarass, Hans D./*Pieroth*, Bodo: Grundgesetz für die Bundesrepublik Deutschland. Kommentar, 11. Auflage, München 2011.
Zitiert als: Jarass/Pieroth/*Bearbeiter*.

Jentgens, Barbara: Kurzarbeit nutzen. Zur Qualifizierung in der Krise, in AiB 2009, S. 559 ff.
Zitiert als: Jentgens, AiB 2009, 559 ff.

Joussen, Jacob: Elternzeit und Verringerung der Arbeitszeit, in: NZA 2005, S. 336 ff.
Zitiert als: Joussen, NZA 2005, 336.

JPMorgan: Pressemitteilung „Betriebliche Versorgungsprogramme für deutsche Konzerne immer wichtiger“ zur Studie: Studie von JPMorgan Asset Management zu Trends der bAV und im Bereich Zeitwertkonten, 2008, abrufbar unter: http://www.jpmam.de/DE/showpage.aspx?pageid=216&ItemID=68, letzter Abruf: 1.4.2011.
Zitiert als: JPMorgan, Ergebnisse Studie 2008.

Kemper, Rainer: Verbraucherschutzinstrumente, Baden-Baden 1994.
Zitiert als: Kemper.

Kemper, Kurt/*Kisters-Kölkes*, Margret/*Berenz*, Claus/*Bode*, Christoph/*Pühler*, Karl-Peter: BetrAVG. Kommentar zum Betriebsrentengesetz, 4. Auflage, Köln 2010.
Zitiert als: Kemper/Kisters-Kölkes/Berenz/Bode/Pühler.

Kirchner, Christian: Ökonomische Theorie des Rechts, Berlin 1997.
Zitiert als: Kirchner.

Klein, Eckart: Grundrechtliche Schutzpflicht des Staates, in: NJW 1989, S. 1633 ff.
Zitiert als: E. Klein, NJW 1989, 1633

Klein, Hans H.: Die grundrechtliche Schutzpflicht, in: DVBl. 1994, S. 489 ff.
Zitiert als: H. Klein, DVBl. 1994, 489.

Klein, Oliver: Das Untermaßverbot - Über die Justiziabilität grundrechtlicher Schutzpflichterfüllung, in: JuS 2006, S. 960 ff.
Zitiert als: O. Klein, JuS 2006, 960

Klemm, Bernd: Lebensarbeitszeitkonten - ein Modell für die Zukunft, in: NZA 2006, S. 946 ff.
Zitiert als: Klemm, NZA 2006, 946.

Klemm, Bernd: Lebensarbeitszeitkonten – Rechtliche Grundlagen und Verknüpfungsmöglichkeiten mit betrieblicher Altersversorgung, in: BetrAV 2006, S. 353 ff.
Zitiert als: Klemm, BetrAV 2006, 353.

Klinge, Johann: Ein zukünftiger Altersrentenvertrag unter Wettbewerbsbedingungen, Baden-Baden 2009.
Zitiert als: Klinge.

Knospe, Armin: Die Verpflichtung zum Insolvenzschutz für Vertragsparteien einer Wertguthabenvereinbarung im Rahmen flexibler Arbeitszeitgestaltung, in: NZA 2006, S. 187 ff.
Zitiert als: Knospe, NZA 2006, 187.

Knospe, Armin/*Kehrbach,* Andreas: Flexi II: Neuordnung bei Langzeitkonten und Wertguthaben – Das müssen Arbeitgeber seit 1. Januar 2009 beachten, in Lohn+Gehalt Spezial Februar 2009, S. 5 ff.
Zitiert als: Knospe/Kehrbach, Lohn+Gehalt Spezial Feb 2009, 5.

Koalitionsvertrag der großen Koalition v. 11.11.2005: Gemeinsam für Deutschland – mit Mut und Menschlichkeit, abrufbar unter: http://www.cdu.de/doc/pdf/05_11_11_Koalitionsvertrag.pdf, letzter Abruf: 1.4.2011.
Zitiert als: Koalitionsvertrag 2005.

Koalitionsvertrag zwischen CDU, CSU und FDP v. 26.10.2009: Wachstum. Bildung. Zusammenhalt., abrufbar unter: http://www.cdu.de/doc/pdfc/091026-koalitionsvertrag-cducsu-fdp.pdf, letzter Abruf: 1.4.2011.
Zitiert als: Koalitionsvertrag 2009.

Kopp, Martin: Paddeln und Fußball auf Firmenkosten. Unternehmer warnen vor massivem Missbrauch der Weiterbildung - Kammern wollen Bildungsurlaub kürzen, in: Die Welt, Nr. 94/2008 vom 22.4.2008, S. 37.
Zitiert als: Kopp, Die Welt v. 22.4.2008, S. 37.

Kösters, Ronald: Arbeitszeitflexibilisierung im AXA Konzern Deutschland, in: Lohn+Gehalt Spezial Juni 2009, S. 27 ff.
Zitiert als: Kösters, Lohn+Gehalt Spezial Juni 2009, 27.

Kramer, Ernst August: Die Krise des liberalen Vertragsdenkens, München/Salzburg 1974.
Zitiert als: Kramer.

Krings, Günter: Grund und Grenzen grundrechtlicher Schutzansprüche. Die subjektiv-rechtliche Rekonstruktion der grundrechtlichen Schutzpflichten und ihre Auswirkung auf die verfassungsrechtliche Fundierung des Verbrauchervertragsrechts, Berlin 2003.
Zitiert als: Krings.

Kröger, Martin: Altersarmut ist und bleibt die Ausnahme, in: BetrAV 2008, S. 370 ff.
Zitiert als: Kröger, BetrAV 2008, 370.

Kroll, Oliver: Arbeitszeitkonten und ihre Abwicklung, Berlin 2004.
Zitiert als: Kroll.

Kruse, Jürgen/*Lüdtke*, Peter-Bernd/*Reinhard*, Hans-Joachim/*Winkler*, Jürgen/*Zamponi*, Irene: Sozialgesetzbuch III. Arbeitsförderung. Lehr- und Praxiskommentar, 1. Auflage, Baden-Baden 2008.
Zitiert als: LPK-SGB III/*Bearbeiter*.

Kümmerle, Katrin/*Buttler*, Andreas/*Keller*, Markus: Betriebliche Zeitwertkonten. Einführung und Gestaltung in der Praxis, 2. Auflage, Heidelberg/München/Landsberg/Berlin 2009.

Zitiert als: Kümmerle/Buttler/Keller.

Lange, Nicole: Kurzarbeit rettet Jobs: Agentur für Arbeit rechnet aber mit Anstieg der Arbeitslosigkeit in 2010, in Die Welt vom 6.1.2010, S. 15.
Zitiert als: Lange, Die Welt v. 6.1.2010, S. 15.

Langohr-Plato, Uwe/*Sopora*, Yvonne: Neue gesetzliche Rahmenbedingungen für Zeitwertkonten, in: NZA 2008, S. 1377 ff.
Zitiert als: Langohr-Plato/Sopora, NZA 2008, 1377.

Larenz, Karl: Lehrbuch des Schuldrechts. 1. Band: Allgemeiner Teil, 14. Auflage, München 1987.
Zitiert als: Larenz.

Larenz, Karl/*Wolf*, Manfred (Hrsg.): Allgemeiner Teil des Bürgerlichen Rechts, 9. Auflage, München 2004.
Zitiert als Larenz/Wolf.

Leinemann, Wolfgang: Die Bedeutung internationaler und europäischer Arbeitsrechtsnormen für die Arbeitsgerichtsbarkeit, in BB 1993, S. 2519 ff.
Zitiert als: Leinemann, BB 1993, 2519.

Link, Peter/*Wierer*, Berthold: Arbeitsbefreiung - Urlaub zu Bildungszwecken, in: AuA 1999, S. 555 ff.
Zitiert als: Link/Wierer, AuA 1999, 555.

Linck, Rüdiger: Offene Fragen des Pflegezeitgesetzes, in: BB 2008, S. 2738 ff.
Zitiert als: Linck, BB 2008, 2738.

Lohre, Werner: Anspruch der Arbeitnehmer auf Einführung eines Versorgungssystems, in AuR 1994, S. 57 ff.
Zitiert als: Lohre, AuR 1994, 57.

Loll, Anna: Sabbatical. Auszeit mit Risiko, in: FAZjob.NET v. 11.1.2009, abrufbar unter: http://www.faz.net/s/RubE481DAB3A8B64F8D9188F8FE0AB87BCF/Doc~ECB4A903917404989894AAAA003F551AE~ATpl~Ecommon~Scontent.html, letzter Abruf: 1.4.2011.
Zitiert als: Loll, FAZjob.NET v. 11.1.2009.

Lörcher, Klaus: Die Normen der Internationalen Arbeitsorganisation und des Europarats - Ihre Bedeutung für das Arbeitsrecht der Bundesrepublik, in AuR 1991, S. 97 ff.
Zitiert als: Lörcher, AuR 1991, 97.

Lorenz, Stephan: Der Schutz vor dem unerwünschten Vertrag. Eine Untersuchung von Möglichkeiten und Grenzen der Abschlußkontrolle im geltenden Recht, München 1997.
Zitiert als: Lorenz.

Maaß, Rainald: Die neuere Rechtsprechung des BVerfG zum allgemeinen Gleichheitssatz – Ein Neuansatz?, in: NVwZ 1988, S. 14 ff.

Zitiert als: Maaß, NVwZ 1988, 14.
Marshall, Alfred: A fair rate of Wages, in: Artut C. Pigou, Memorials of Alfred Marshall, New York 1925, S. 216 f.
Zitiert als: Marshall in: Pigou.
Maschmann, Frank: Die mangelhafte Arbeitsleistung, in: NZA Beilage 2006, Nr. 1, S. 13 ff.
Zitiert als: Maschmann, NZA-Beil. 2006, 13.
May, Judith/*Birkel*, Stefan: Verwendung von Wertguthaben für Zwecke der betrieblichen Altersversorgung – welchen Bestandsschutz gewährt das Flexi II?, in: BetrAV 2009, S. 514 ff.
Zitiert als: May/Birkel, BetrAV, 514.
Medicus, Dieter: Abschied von der Privatautonomie im Schuldrecht? Erscheinungsformen, Gefahren, Abhilfen, Köln 1994.
Zitiert als: Medicus, Abschied.
Meyer-Ladewig, Jens: Europäische Menschenrechtskonvention. Handkommentar, 2. Auflage, Baden-Baden 2006.
Zitiert als: Meyer-Ladewig.
Meyer, Jürgen: Charta der Grundrechte der Europäischen Union, 3. Auflage, Baden-Baden 2010.
Zitiert als: Meyer/*Bearbeiter*.
Miegel, Meinhard/*Wahl*, Stefanie/*Hefele*, Peter: Lebensstandard im Alter. Warum Senioren in Zukunft mehr Geld brauchen, Köln 2002.
Zitiert als: Miegel/Wahl/Hefele.
Müller-Glöge, Rudi/*Preis*, Ulrich/*Schmidt*, Ingrid (Hrsg.): Erfurter Kommentar zum Arbeitsrecht, 11. Auflage, München 2011.
Zitiert als: ErfK/*Bearbeiter*.
Münchner Handbuch Arbeitsrecht, Band I, 3. Auflage, München 2009.
Zitiert als: MüHdb ArbR/*Bearbeiter*.
Münchner Kommentar zum Bürgerlichen Recht, Band 1, §§ 1 – 240, 5. Auflage, München 2006.
Zitiert als: MüKo BGB Bd. 1/*Bearbeiter*.
Münchner Kommentar zum Bürgerlichen Recht, Band 2, §§ 241 – 432, 5. Auflage, München 2007.
Zitiert als: MüKo BGB Bd. 2/*Bearbeiter*.
Münchner Kommentar zum Bürgerlichen Recht, Band 4, §§ 611 - 704, EFZG, TzBfG, KSchG, 5. Auflage, München 2009.
Zitiert als: MüKo BGB Bd. 4/*Bearbeiter*.
Murswiek, Dietrich: Die staatliche Verantwortung für die Risiken der Technik. Verfassungsrechtliche Grundlagen und immissionsschutzrechtliche Ausformung, Berlin 1985.

Zitiert als: Murswiek.

Neininger, Meris: Flexible Freizeit, früher Ruhestand, in: Versicherungsmagazin 08/2006, S. 27.
Zitiert als: Neininger, Versicherungsmagazin 08/2006, 26 f.

Neumann, Volker: Sozialstaatsprinzip und Grundrechtsdogmatik, in DVBl. 1997, S. 92 ff.
Zitiert als: Neumann, DVBl. 1997, 92.

Niermann, Walter: Flexibilisierung von Vergütungsabreden durch Einrichtung von Arbeitszeitkonten - Aktuelle steuerrechtliche Verwaltungspraxis, in: DB 2002, S. 2124 ff.
Zitiert als: Niermann, DB 2002, 2124.

Ostrowicz, Alexander: Flexi I und Flexi II – die arbeitsrechtliche Vereinbarung als Grundlage für die Abgrenzung, in: Lohn+Gehalt Spezial Februar 2009, S. 11 f.
Zitiert als: Ostrowicz, Lohn+Gehalt Spezial Feb 2009, 11.

Otto, Björn/*Walk,* Werner: Entgeltflexibilisierung als Weg aus der Krise – Arbeitsrechtliche Gestaltungsmöglichkeiten im Familienunternehmen neben Personalabbau und Kurzarbeit, in: BB 2010, S. 373 ff.
Zitiert als: Otto/Walk, BB 2010, 373.

Palandt Bürgerliches Gesetzbuch, 70. Auflage, München 2011.
Zitiert als: Palandt/*Bearbeiter.*

Petersmeier, Kerstin: Lebensarbeitszeitflexibilisierung: Die Kapitalanlage als wichtiges Gestaltungselement im Zeitwertmodell, in: BB 2005, S. 931 ff.
Zitiert als: Petersmeier, BB 2005, 931.

Pietrzak, Alexandra: Die Schutzpflicht im verfassungsrechtlichen Kontext - Überblick und neue Aspekte, in: JuS 1994, S. 748 ff.
Zitiert als: Pietrzak, JuS 1994, 748.

Plenker, Jürgen: Lohn-/einkommensteuerliche Behandlung sowie Voraussetzungen für die steuerliche Anerkennung von Zeitwertkonten-Modellen. – BMF-Schreiben vom 17.6.2009 – IV C 5 – S 2332/07/0004 [2009/0406609]-, in DB 2009, S. 1430 ff.
Zitiert als: Plenker, DB 2009, 1430.

Preis, Ulrich: Ein modernisiertes Arbeits- und Sozialrecht für eine alternde Gesellschaft. Kurzfassung des Gutachtens für den 67. Deutschen Juristentag Erfurt 2008, in: NZA 2008, S. 922 ff.
Zitiert als: Preis, NZA 2008, 922.

PricewaterhouseCoopers: Zeitwertkonten als vergütungspolitisches Instrument, Studie Februar 2006.
Zitiert als: PWC, Umfrage 2006.

Prütting, Hans: Schutz und Förderung von Arbeitnehmerinteressen durch das Grundgesetz, in: *Grupp*, Klaus/*Weth*, Stephan (Hrsg.): Arbeitnehmerinteressen und Verfassung, S. 11 ff., Berlin 1998.
Zitiert als: Prütting in: Grupp/Weth.

Rasner, Anika: Mind the Gap! Einbeziehung internationaler Benchmarks bei der Beurteilung der geschlechtsspezifischen Rentenlücke in Deutschland, DRV 2006, S. 737 ff.
Zitiert als: Rasner, DRV 2006, 737.

Rassow, Reinhard: Zur Konkretisierung des Untermaßverbotes, in: ZG 2005, S. 262 ff.
Zitiert als: Rassow, ZG 2005, 262.

Rauser Towers Perrin: Zeitwertkonten 2007. Bewältigung demografischer Herausforderungen – von der Idee zum tragfähigen Konzept. Ergebnisse einer Rauser Towers Perrin-Umfrage bei großen und mittelständischen Arbeitgebern, Frankfurt am Main September 2007.
Zitiert als: Rauser Towers Perrin, Umfrage 2007.

Reichold, Hermann: Grundlagen und Grenzen der Flexibilisierung im Arbeitsvertrag, in RdA 2002, S. 321.
Zitiert als: Reichold, RdA 2002, 321.

Reinecke, Gerhard: Flexibilisierung der Arbeitszeit im Arbeitgeber- und Arbeitnehmerinteresse – ein Rechtsprechungsbericht, in: BB Beilage 2008, Nr. 4, S. 21 ff.
Zitiert als: Reinecke, BB-Beil. 2008, 21.

Reinhardt, Helmut (Hrsg.): Sozialgesetzbuch VI. Gesetzliche Rentenversicherung. Lehr- und Praxiskommentar, 2. Auflage, Baden-Baden 2010.
Zitiert als: LPK-SGB VI/*Bearbeiter*.

Recktenwald, Stefan: Wegfall der Beitragsfreiheit bei der Entgeltumwandlung einerseits, Zeitwertkonten, Wohn-Riester, Förderung der Mitarbeiterkapitalbeteiligung andererseits: Bleibt die betriebliche Altersversorgung im Förderdschungel attraktiv?, in BetrAV 2007, S. 8 ff.
Zitiert als: Recktenwald, BetrAV 2007, 8.

Reuter, Dieter: Möglichkeiten und Grenzen einer Auflockerung des Tarifkartells, in: ZfA 1995, S. 1 ff.
Zitiert als: Reuter, ZfA 1995, 1.

Richter, Rudolf: Verträge aus wirtschaftstheoretischer Sicht, in: *Franz*, Wolfgang/*Hesse*, Helmut/*Ramser*, Hans Jürgen/*Stadler*, Manfred (Hrsg.): Ökonomische Analyse von Verträgen, S. 1 ff., Tübingen 2000.
Zitiert als: Richter in: Franz/Hesse/Ramser/Stadler.

Richter, Rudolf/*Furubotn*, Eirik G. (Hrsg.): Neue Institutionenökonomik. Eine Einführung und kritische Würdigung, 3. Auflage, Tübingen 2003.
Zitiert als: Richter/Furubotn.

Rieble, Volker: Doppelverbeitragung der Entgeltumwandlung, in: BetrAV 2007, S. 5 ff.
Zitiert als: Rieble, BetrAV 2007, 5.

Ritgen, Klaus: Vertragsparität und Vertragsfreiheit, in: JZ 2002, S. 114 ff.
Zitiert als: Ritgen, JZ 2002, 114.

Rochlitz, Susann: Doppelte Sozialversicherungspflicht in der betrieblichen Altersversorgung, in: BetrAV 2007, S. 209 ff.
Zitiert als: Rochlitz, BetrAV 2007, 209.

Rochlitz, Susann: Aktuelles zur Sozialversicherungsfreiheit in der Entgeltumwandlung, in: nestor informiert Nr. 9, Juli 2007, S. 13 ff.
Zitiert als: Rochlitz, nestor informiert 9, 13.

Rolfs, Christian/*Giesen*, Richard/*Kreikebohm*, Ralf/*Udsching*, Peter: Beck´scher Online-Kommentar Arbeitsrecht, München, Edition: 18, Stand 1.12.2010.
Zitiert als: BeckOK ArbR/*Bearbeiter*.

Ruffert, Matthias: Vorrang der Verfassung und Eigenständigkeit des Privatrechts. Eine verfassungsrechtliche Untersuchung zur Privatrechtswirkung des Grundgesetzes, Tübingen 2001.
Zitiert als: Ruffert.

Rüffert, Thorsten: Die Rechtspflicht des Arbeitgebers zur Bereitstellung einer Durchführungsmöglichkeit für die Entgeltumwandlung, Baden-Baden 2008.
Zitiert als: Rüffert.

Rürup, Bert/*Gruescu*, Sandra: Familienorientierte Arbeitszeitmuster – Neue Wege zu Wachstum und Beschäftigung. Gutachten im Auftrag des Bundesministeriums für Familie, Senioren, Frauen und Jugend, Juni 2005, abrufbar unter: http://www.bmfsfj.de/RedaktionBMFSFJ/Abteilung2/Pdf-Anlagen/familienorientierte-arbeitszeitmuster,property=pdf,bereich=bmfsfj,sprache=de,rwb=true.pdf, letzter Abruf: 1.4.2011.
Zitiert als: Rürup/Gruescu.

Sachs, Michael (Hrsg.): Grundgesetz Kommentar, 5. Auflage, München 2009.
Zitiert als Sachs/*Bearbeiter*.

Sacksofsky, Ute: Das Grundrecht auf Gleichberechtigung. Ein rechtsdogmatische Untersuchung zu Artikel 3 Absatz 2 des Grundgesetzes, 2. Auflage, Baden-Baden 1996.
Zitiert als: Sacksofsky.

Schäfer, Hans Bernd/*Ott*, Claus (Hrsg.): Lehrbuch der ökonomischen Analyse des Zivilrechts, 4. Auflage, Heidelberg 2005.
Zitiert als: Schäfer/Ott.

Schallberger, Urs: Menschenbilder und das Bild menschengerechter Arbeit, S. 56 ff., in: *Frei,* Felix, *Udris,* Ivars (Hrsg.): Das Bild der Arbeit, 1. Auflage, Bern/Stuttgart/Toronto 1990.
Zitiert als: Schallberger in: Frei/Udris.

Schaub, Günter (Hrsg.): Arbeitsrechts-Handbuch, Systematische Darstellung und Nachschlagewerk für die Praxis, 13. Auflage, München 2009.
Zitiert als: Schaub/*Bearbeiter*.

Scherf, Burkhard: Anforderungen an Zeitwirtschaftssysteme durch Flexi II, in: Lohn+Gehalt Spezial Februar 2009, S. 14 ff.
Zitiert als: Scherf, Lohn+Gehalt Spezial Feb 2009, 14.

Scherf, Burkhard/*Kick,* Thomas: Zeitwertkonten im Focus, in: Lohn+Gehalt Spezial Juni 2009, S. 19 ff.
Zitiert als: Scherf/Kick, Lohn+Gehalt Spezial Juni 2009, 19 ff.

Scherzberg, Arno: „Objektiver" Grundrechtsschutz und subjektives Grundrecht – Überlegungen zur Neukonzeption des grundrechtlichen Abwehrrechts, in: DVBl. 1989, S. 1128 ff.
Zitiert als: Scherzberg, DVBl. 1989, 1128.

Schiefer, Bernd: Bildungsurlaube in NRW (AWbG): Geänderte Spielregeln, in: DB 2010, S. 336 ff.
Zitiert als: Schiefer, DB 2010, 336.

Schiek, Dagmar (Hrsg.): Allgemeines Gleichbehandlungsgesetz (AGG). Ein Kommentar aus europäischer Perspektive, 2007.
Zitiert als: Schiek/*Bearbeiter*, AGG.

Schiek, Dagmar: Europäisches Arbeitsrecht, 3. Auflage, Baden-Baden 2007.
Zitiert als: Schiek, Europäisches Arbeitsrecht.

Schiek, Dagmar: Differenzierte Gerechtigkeit. Diskriminierungsschutz und Vertragsrecht, Baden-Baden 2000.
Zitiert als: Schiek.

Schlachter, Monika (Hrsg.): Casebook Europäisches Arbeitsrecht, Baden-Baden 2005.
Zitiert als: Schlachter.

Schlegel, Rainer/*Voelzke*, Thomas (Hrsg.): Juris Praxiskommentar SGB IV. Gemeinsame Vorschriften für die Sozialversicherung, 1. Auflage, Saarbrücken 2006.
Zitiert als: JurisPK-SGB IV/*Bearbeiter*.

Schliemann, Harald/*Meyer*, Jürgen (Hrsg.): Arbeitszeitrecht – gesetzliche, tarifliche und betriebliche Regelungen, 2. Auflage, Berlin 2002.
Zitiert als: Schliemann/Meyer.

Schmidt-Bleibtreu, Bruno/*Hofmann*, Hans/*Hopfau*, Axel, GG (Hrsg.): Kommentar zum Grundgesetz, 11. Auflage, München 2008.
Zitiert als: Schmidt-Bleibtreu/Hofmann/Hopfau/*Bearbeiter*.

Schmidt-Rimpler, Walter: Grundfragen einer Erneuerung des Vertragsrechts, in: AcP 147 (1941), S. 130 ff.
Zitiert als: Schmidt-Rimpler, AcP 147, 130.*Schmitt,* Sabine: Jeder hat das Recht auf eine Pflege-Auszeit; Viele Nachkommen möchten die Pflege ihrer Eltern anfangs selbst in die Hand nehmen. Arbeitnehmer können schon heute dafür eine Jobpause einlegen. Dafür müssen sie sich aber gut vorbereiten, in: Welt am Sonntag Ausgabe 12, vom 21.3.2010, S. 54.
Zitiert als: Schmitt, Welt am Sonntag v. 21.3.2010, S. 54.

Schuppert, Gunnar Folke: Funktionell-rechtliche Grenzen der Verfassungsinterpretation, Königstein/Ts.1980.
Zitiert als: Schuppert.

Schwabe, Jürgen: Probleme der Grundrechtsdogmatik, 2. Auflage, Hamburg 1997.
Zitiert als: Schwabe.

Schwind, Joachim: Langzeitkonten und betriebliche Altersversorgung, in: BetrAV 2003, S. 712 ff.
Zitiert als: Schwind, BetrAV 2003, 712.

Schwintowski, Hans-Peter: Ökonomische Theorie des Rechts, in: JZ 1998, S. 581 ff.
Zitiert als: Schwintowski, JZ 1998, 581.

Schwintowski, Hans-Peter: Schutzlücken in der betrieblichen Altersversorgung - aufsichts- und arbeitsrechtliche Grenzen bei Tarifwahl und Tarifwechsel für die Entgeltumwandlung -, in VuR 2003, S. 327 ff.
Zitiert als: Schwintowski, VuR 2003, 327.

Schwintowski, Hans-Peter: Juristische Methodenlehre, Frankfurt am Main 2005.
Zitiert als: Schwintowski, Methodenlehre.

Seel, Henning-Alexander: Auszeit auf Zeit als Personalinstrument in der Krise – Worauf ist bei „Sabbaticals“ zu achten?, in DB 2009, S. 2210 ff.
Zitiert als: Seel, DB 2009, 2210.

Seifert, Hartmut: Arbeitszeitkonten – Modelle für mehr Zeitsouveränität oder absatzorientiertes Zeitmanagement?, in: WSI-Mitteilungen 1996, S. 442 ff.
Zitiert als: Seifert, WSI-Mitteilungen 1996, 442.

Seifert, Hartmut: Arbeitszeit nach Wunsch verkürzen?, in: WSI-Mitteilungen 2000, S. 237 ff.
Zitiert als: Seifert, WSI-Mitteilungen 2000, 237.

Seitz, Stefan/*Reiche,* Stefanie: Flexibilisierung von Arbeitsbedingungen in der Krise, in BB 2009, S. 1862 ff.
Zitiert als: Seitz/Reiche, BB 2009, 1862.

Singer, Reinhard: Vertragsfreiheit, Grundrechte und der Schutz des Menschen vor sich selbst, in JZ 1995, S. 1133 ff.
Zitiert als: Singer, JZ 1995, 1133.

Skorczyk, Georgia D./*Klups*, Frank/*Jacobsen*, Thomas: Die Gestaltung von Lebensarbeitszeitkontenregelungen - Rechtliche Fragestellungen, Gestaltungsmöglichkeiten und Insolvenzsicherung, in: BB Beilage 2007, Nr. 4, S. 2 ff.
Zitiert als: Skorczyk/Klups/Jacobsen, BB-Beil. 2007, 2.

Solga, Heike: Fachkräftemangel und Bildungsarmut – Die Krise des deutschen Berufsbildungssystems, in WSI-Mitteilungen 2009, S. 406 ff.
Zitiert als: Solga, WSI-Mitteilungen 2009, 406.

Spitzenorganisationen der Sozialversicherung: Frage-/Antwortkatalog zum Versicherungs-, Beitrags- und Melderecht für flexible Arbeitszeitmodelle, vom 26.6.2002.
Zitiert als: Frage-/Antwortkatalog Spitzenverbände der Sozialversicherungsträger v. 26.6.2002.

Spitzenorganisationen der Sozialversicherung: Rundschreiben der Spitzenorganisationen der Sozialversicherung zur Sozialrechtlichen Absicherung flexibler Arbeitszeitregelungen, vom 29.8.2003.
Zitiert als: Rundschreiben Spitzenverbände der Sozialversicherungsträger v. 29.8.2003.

Spitzenorganisationen der Sozialversicherung: Entwurf eines Rundschreibens der Spitzenorganisationen der Sozialversicherung zur Sozialrechtlichen Absicherung flexibler Arbeitszeitregelungen, vom 9.2.2009.
Zitiert als: Rundschreiben Spitzenverbände der Sozialversicherungsträger v. 9.2.2009.

Spitzenorganisationen der Sozialversicherung: Sozialrechtliche Absicherung flexibler Arbeitszeitregelungen; Auswirkungen des Gesetzes zur Verbesserung der Rahmenbedingungen für die Absicherung flexibler Arbeitszeitregelungen und zur Änderung anderer Gesetze auf das Versicherungs-, Beitrags- und Melderecht, vom 31.3.2009.
Zitiert als: Rundschreiben Spitzenverbände der Sozialversicherungsträger v. 31.3.2009.

Spitzenorganisationen der Sozialversicherung: Ergänzung zum Gemeinsamen Rundschreiben vom 31.3.2009, in: Die Beiträge zur Sozial- und Arbeitslosenversicherung, 2009, S. 669 f.
Zitiert als: Die Beiträge 2009, 669.

Statistisches Bundesamt: Im Blickpunkt - Frauen in Deutschland 2006, abrufbar unter: http://www.beruf-und-familie.de/system/cms/data/dl_data/482c483779b21eae175d139cea14c2a9/Sta tBA_Frauen_in_D.pdf, letzter Abruf: 1.4.2011.
Zitiert als: Destatis, Im Blickpunkt - Frauen in Deutschland 2006.

Statistisches Bundesamt: Bevölkerung Deutschlands bis 2050. 11. Koordinierte Bevölkerungsvorausberechnung, abrufbar unter: http://www.destatis.de/jetspeed/portal/cms/Sites/destatis/Internet/DE/Presse/pk/2006/Bevoelkerungsentwicklung/bevoelkerungsprojektion2050,property=file.pdf, letzter Abruf: 8.4.2010.
Zitiert als: 11. Koordinierte Bevölkerungsvorausberechnung.

Statistisches Bundesamt: Bevölkerung Deutschlands bis 2060. 12. Koordinierte Bevölkerungsvorausberechnung, abrufbar unter: http://www.destatis.de/jetspeed/portal/cms/Sites/destatis/Internet/DE/Presse/pk/2009/Bevoelkerung/pressebroschuere__bevoelkerungsentwicklung2009,property=file.pdf, letzter Abruf: 1.4.2011.
Zitiert als: 12. Koordinierte Bevölkerungsvorausberechnung.

Statistisches Bundesamt: STATmagazin. Verdienste und Arbeitskosten. Verdienstabstand zwischen Frauen und Männern. Frauen verdienen 23% weniger als Männer, abrufbar unter http://www.destatis.de/jetspeed/portal/cms/Sites/destatis/Internet/DE/Content/Publikationen/STATmagazin/VerdiensteArbeitskosten/2008__8/2008__8Verdienste,templateId=renderPrint.psml, letzter Abruf: 1.4.2011.
Zitiert als: Destatis, Verdienstabstand.

Statistisches Bundesamt: Durchschnittliche Kinderzahl je Frau. Zusammengefasste Geburtenziffer, abrufbar unter: http://www.destatis.de/jetspeed/portal/cms/Sites/destatis/Internet/DE/Content/Statistiken/Bevoelkerung/GeburtenSterbefaelle/Tabellen/Content50/GeburtenZiffer, templateId=renderPrint.psml, letzter Abruf: 1.4.2011.
Zitiert als: Destatis, Geburtenziffer.

Statistisches Bundesamt: Lebenserwartung in Deutschland. Durchschnittliche weitere Lebenserwartung, abrufbar unter: http://www.destatis.de/jetspeed/portal/cms/Sites/destatis/Internet/DE/Content/Statistiken/Bevoelkerung/GeburtenSterbefaelle/Tabellen/Content50/Lebenserwartung Deutschland,templateId=renderPrint.psml, letzter Abruf: 1.4.2011.
Zitiert als: Destatis, Sterbetafel 2006/2008.

Statistisches Bundesamt: Datenreport 2008 – Ein Sozialbericht für die Bundesrepublik Deutschland, abrufbar unter: http://www.destatis.de/jetspeed/portal/cms/Sites/destatis/Internet/DE/Presse/pk/2008/Datenreport/Statement__noll__habich,property=file.pdf, letzter Abruf: 1.4.2011.
Zitiert als: Destatis, Datenreport 2008.

Statistisches Bundesamt: Eckzahlen zum Arbeitsmarkt – Deutschland 2008, 2009, abrufbar unter: http://www.destatis.de/jetspeed/portal/cms/Sites/destatis/Internet/DE/Content/Statistiken/Arbeitsmarkt/content75/Eckwertetabelle,templateId=renderPrint.psml, letzter Abruf: 1.4.2011.
Zitiert als: Destatis, Eckzahlen Arbeitsmarkt.

Statistisches Bundesamt: Unternehmen und Arbeitsstätten – Insolvenzverfahren Dezember und Jahr 2009, abrufbar unter http://www.destatis.de/jetspeed/portal/cms/Sites/destatis/Internet/DE/Content/Publikationen/Fachveroeffentlichungen/UnternehmenGewerbeInsolvenzen/Insolvenzen/Insolvenzen2020410091124,property=file.pdf, letzter Abruf: 1.4.2011.
Zitiert als: Destatis, Insolvenzverfahren.

Starck, Christian: Praxis der Verfassungsauslegung, Baden-Baden 1994.
Zitiert als: Starck.

Staudinger, Julius von (Hrsg.): Kommentar zum Bürgerlichen Gesetzbuch mit Einführungsgesetz und Nebengesetzen. Buch 2. Recht der Schuldverhältnisse. Einl zu §§ 241 ff; §§ 241-243 (Einleitung zum Schuldrecht, Treu und Glauben), 13. Auflage Neubearbeitung, Berlin 2009.
Zitiert als: Staudinger/*Bearbeiter.*

Staudinger, Julius von (Hrsg.): Kommentar zum Bürgerlichen Gesetzbuch mit Einführungsgesetz und Nebengesetzen. Buch 2. Recht der Schuldverhältnisse. §§ 611 – 615 (Dienstvertragsrecht 1), 13. Auflage Neubearbeitung, Berlin 2005.
Zitiert als: Staudinger/*Bearbeiter.*

Staudinger, Julius von (Hrsg.): Kommentar zum Bürgerlichen Gesetzbuch mit Einführungsgesetz und Nebengesetzen. Buch 2. Recht der Schuldverhältnisse. §§ 616 – 630, 13. Auflage Neubearbeitung, Berlin 2002.
Zitiert als: Staudinger/*Bearbeiter.*

Stern, Klaus: Das Staatsrecht der Bundesrepublik Deutschland, Band I: Grundbegriffe und Grundlagen des Staatsrechts. Strukturprinzipien der Verfassung, 2. Auflage, München 1984.
Zitiert als: Stern, Staatsrecht I.

Stern, Klaus: Das Staatsrecht der Bundesrepublik Deutschland, Band III/1: Allgemeine Lehren der Grundrechte, München 1988.

Zitiert als: Stern, Staatsrecht III/1.

Stern, Klaus: Das Staatsrecht der Bundesrepublik Deutschland, Band III/2: Allgemeine Lehren der Grundrechte, München 1994.
Zitiert als: Stern, Staatsrecht III/2.

Szczekalla, Peter: Die sogenannten grundrechtlichen Schutzpflichten im deutschen und europäischen Recht. Inhalt und Reichweite einer „gemeineuropäischen Grundrechtsfunktion", Berlin 2002.
Zitiert als: Szczekalla.

Tacke, Karsten: Betriebsrenten aus Zeitguthaben – Zusätzliche Gestaltungsspielräume durch das 4. Euro-Einführungsgesetz, in: BetrAV 2001, S. 226 ff.
Zitiert als: Tacke, BetrAV 2001, 226.

Tschöpe, Ulrich: 'Low Performer' im Arbeitsrecht, in: BB 2006, S. 213 ff.
Zitiert als: Tschöpe, BB 2006, 213.

Uckermann, Sebastian/*Fuhrmanns*, Achim: Entgeltumwandlung bei betrieblicher Altersversorgung nach der Zillmerungsentscheidung des BAG, in NZA 2010, S. 550 ff.
Zitiert als: Uckermann/Fuhrmanns, NZA 2010, 550.

Uckermann, Sebastian: Betriebliche Altersversorgung und Zeitwertkonten. Arbeits- und Sozialrecht, Steuer- und Bilanzrecht, Stuttgart 2009.
Zitiert als: Uckermann.

Ulbrich, Mathias/*Rihn,* Henning: Zeitwertkonten nach Flexi II: Ansichten der Sozialversicherungsträger, in: DB 2009, S. 1466 ff.
Zitiert als: Ulbrich/Rihn, DB 2009, 1466.

Unruh, Peter: Zur Dogmatik der grundrechtlichen Schutzpflichten, Berlin 1996.
Zitiert als: Unruh.

Vaupel, Christian: Die Kompensation von Ungleichgewichtslagen im Arbeits- und Verbraucherrecht, Herbolzheim 2006.
Zitiert als: Vaupel.

Veit, Annekatrin: Arbeitszeitkonten und betriebliche Altersversorgung, Berlin 2008.
Zitiert als: Veit.

Volpert, Walter: Welche Arbeit ist gut für den Menschen? Notizen zum Thema Menschenbild und Arbeitsgestaltung, S. 23 ff., in: *Frei,* Felix, *Udris,* Ivars (Hrsg.): Das Bild der Arbeit, 1. Auflage, Bern/Stuttgart/Toronto 1990.
Zitiert als: Volpert in: Frei/Udris.

von Mangoldt, Hermann/*Klein*, Friedrich/*Starck*, Christian (Hrsg.): Kommentar zum Grundgesetz, Band 1: Präambel, Artikel 1 bis 19, 6. Auflage, München 2010.

Zitiert als: von Mangoldt/Klein/Starck/*Bearbeiter.*
von Münch, Ingo/*Kunig*, Philip (Hrsg.): Grundgesetz-Kommentar, Band 1 (Präambel bis Art. 19), 5. Auflage, München 2000.
Zitiert als: von Münch/Kunig/*Bearbeiter*, GG I.
von Münch, Ingo/*Kunig*, Philip (Hrsg.): Grundgesetz-Kommentar, Band 2 (Art. 20 - 69), 5. Auflage, München 2001.
Zitiert als: von Münch/Kunig/*Bearbeiter*, GG II.
von Steinau-Steinrück, Robert/*Rosing,* Florian: Mehr Schutz für Langzeitkonten – „Flexi-II", NJW-Spezial 2009, S. 146 f.
Zitiert als: Steinau-Steinrück/Rosing, NJW-Spezial 2009, 146.

Weber, Hansjörg: Die Nebenpflichten des Arbeitgebers, in: RdA 1980, S. 289 ff.
Zitiert als: Weber, RdA 1980, 289.
Wellisch, Dietmar/*Näth*, Maik: Arbeitszeitkonten - steuerliche und sozialversicherungsrechtliche Behandlung und Vorteilhaftigkeitsüberlegungen, in DStR 2003, S. 309 ff.
Zitiert als: Wellisch/Näth, DStR 2003, 309.
Wellisch, Dietmar/*Näth*, Maik: Betriebliche Altersvorsorge über Arbeitszeitkonten – Steuerliche und sozialversicherungsrechtliche Behandlung und Vorteilhaftigkeit, in: FB Beilage 1/2004, S. 16 ff.
Zitiert als: Wellisch/Näth, FB-Beil. 2004, 16.
Wellisch, Dietmar: Arbeitszeitkonten, Rückstellungen und die Umwandlung der Guthaben in Leistungen der betrieblichen Altersversorgung, in: BetrAV 2004, S. 735 ff.
Zitiert als: Wellisch, BetrAV 2004, 735.
Wellisch, Dietmar/*Näth*, Maik/*Machill*, Markus: Vorteilhaftigkeitsüberlegungen zur Umwandlung von Zeitwertkonten in betriebliche Altersversorgung, in: BB 2006, S. 1100 ff.
Zitiert als: Wellisch/Näth/Machill, BB 2006, 1100.
Wellisch, Dietmar/*Quast*, Eike: Lebensarbeitszeitkonten zugunsten beherrschender Gesellschafter-Geschäftsführer: Zuflusszeitpunkt des Arbeitlohnes, in: BetrAV 2006, S. 527 ff.
Zitiert als: Wellisch/Quast, BetrAV 2006, 527.
Wellisch, Dietmar/*Lenz*, Sven-Oliver: Wertkonten und andere Arbeitszeitkonten – Neuerungen durch Flexi II – Auswirkungen auf die Arbeitszeitgestaltung -, in: DB 2008, S. 2762 ff.
Zitiert als: Wellisch/Lenz, DB 2008, 2762.
Wellisch, Dietmar/*Machill*, Markus: Bilanzierung von Wertkonten nach dem BilMoG, in: BB 2009, S. 1351 ff.
Zitiert als: Wellisch/Machill, BB 2009, 1351.

Wendt, Rudolf: Der Gleichheitssatz, in: NVwZ 1988, S. 778 ff.
Zitiert als: Wendt, NVwZ 1988, 778.

Winkler, Jürgen (Hrsg.): Sozialgesetzbuch IV. Gemeinsame Vorschriften für die Sozialversicherung. Lehr- und Praxiskommentar, 1. Auflage, Baden-Baden 2007.
Zitiert als: LPK-SGB IV/*Bearbeiter*.

Wolf, Ernst: „Treu und Glauben", „Treue" und „Fürsorge" im Arbeitsverhältnis, in: DB 1971, 1863 ff.
Zitiert als: Wolf, DB 1971, 1863.

Zöllner, Wolfgang: Privatautonomie und Arbeitsverhältnis. Bemerkungen zu Parität und Richtigkeitsgewähr beim Arbeitsvertrag, in: AcP 176 (1976), S. 221 ff.
Zitiert als: Zöllner, AcP 176, 221.

Zöllner, Wolfgang: Regelungsspielräume im Schuldvertragsrecht. Bemerkungen zur Grundrechtsanwendung im Privatrecht und zu den sogenannten Ungleichgewichtslagen, in: AcP 196 (1996), S. 1 ff.
Zitiert als: Zöllner, AcP 196, 1.

Zöllner, Wolfgang: Vorsorgende Flexibilisierung durch Vertragsklauseln, in: NZA 1997, S. 121 ff.
Zitiert als: Zöllner, NZA 1997, 121.

Zöllner, Wolfgang/*Loritz*, Karl-Georg/*Hergenröder*, Curt Wolfgang (Hrsg.): Arbeitsrecht, 6. Auflage, München 2008.
Zitiert als: Zöllner/Loritz/Hergenröder.

Zulehner, Paul M./*Denz*, Hermann: Wie Europa lebt und glaubt: Europäische Wertestudie, Düsseldorf 1993.
Zitiert als: Zulehner/Denz.

HAFTUNGS- UND VERSICHERUNGSRECHT

Rechtliche Probleme der vertraglichen und außervertraglichen Haftung sowie des Versicherungsrechts

Herausgegeben von Prof. Dr. Dr. h.c. mult. Erwin Deutsch,
Prof. Dr. Hans-Peter Schwintowski und
Prof. Dr. Jochen Taupitz

Band 1 Jochen Taupitz: Zivilrechtliche Haftung bei Kreditkartenmißbrauch. 1995.

Band 2 Sabine Scheiper: Der Versicherungsmakler. Aufgabe und Vergütungssystem im Wandel. 1996.

Band 3 Thomas Kritter: Der Ausschluß des Arztes von der Rechnungserstattung in der privaten Krankenversicherung. 2000.

Band 4 Torsten Kretschmer: Die zeitliche Abgrenzung des Versicherungsschutzes in der Allgemeinen Haftpflichtversicherung. Unter besonderer Berücksichtigung des AGB-Gesetzes und internationaler Deckungskonzepte. 2002.

Band 5 Seok-Chan Yoon: Die Gefährdungshaftung für moderne Techniken. Zugleich eine Stellungnahme zum neuen Schadensersatzrecht. 2002.

Band 6 Wolfram Irmer: Sekundärrechtsschutz und Schadensersatz im Vergaberecht. Die Notwendigkeit der Neuordnung des Primär- und Sekundärrechtsschutzes im Vergaberecht. 2004.

Band 7 Tabea Quiring: Die Dritthaftung von Sachverständigen. Nach der Schuldrechtsreform und der Neuregelung des § 839 a BGB. 2006.

Band 8 Jana Kossak: Rechtsfolgen eines Verstoßes gegen das Benachteiligungsverbot im Allgemeinen Zivilrechtsverkehr. Eine Untersuchung des § 21 AGG unter besonderer Berücksichtigung des europäischen Sanktionensystems. 2009.

Band 9 Susann Rochlitz: Arbeitszeitkonten in der (Alters-)Vorsorge. Rechtliche Perspektiven nach der Flexi II-Reform. 2011.

www.peterlang.de